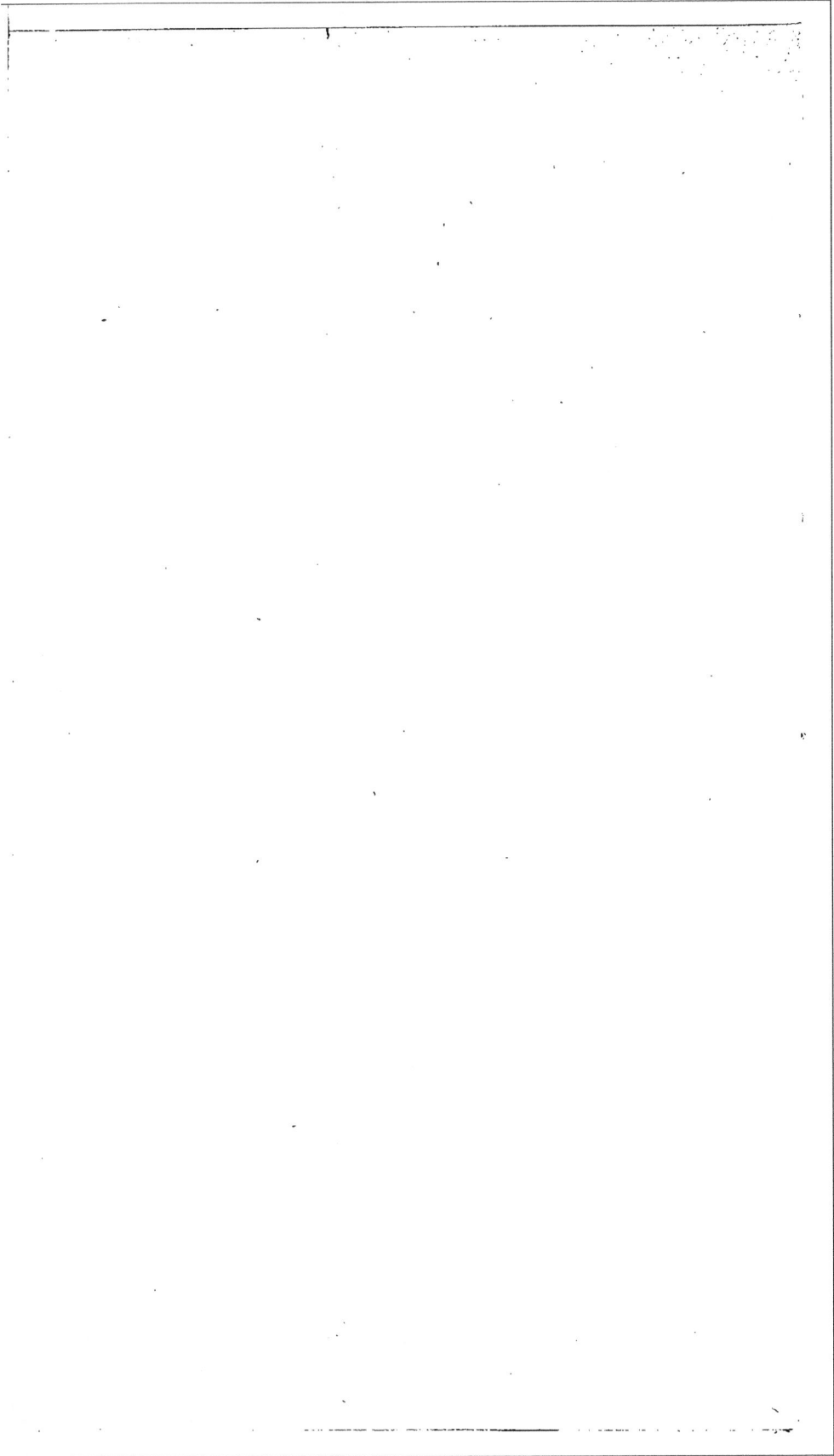

34365

COURS

DE

DROIT FRANÇAIS

SUIVANT LE CODE CIVIL.

Cet Ouvrage se trouve aussi,

A PARIS,

CHEZ VIDECOQ, PLACE SAINTE-GENEVIÈVE, Nº 6;
CHARLES BÉCHET, QUAI DES AUGUSTINS, Nº 57.

PARIS. — DE L'IMPRIMERIE DE RIGNOUX,
Rue des Francs-Bourgeois-St.-Michel, nº 8.

COURS

DE

DROIT FRANÇAIS

SUIVANT LE CODE CIVIL.

Par M. DURANTON,

PROFESSEUR A LA FACULTÉ DE DROIT DE PARIS,
MEMBRE DE LA LÉGION D'HONNEUR.

TOME CINQUIÈME.

DEUXIÈME ÉDITION,
ABSOLUMENT CONFORME A LA PREMIÈRE.

PARIS,

ALEX-GOBELET, LIBRAIRE,
RUE SOUFFLOT, N° 4, PRÈS L'ÉCOLE DE DROIT.
1828.

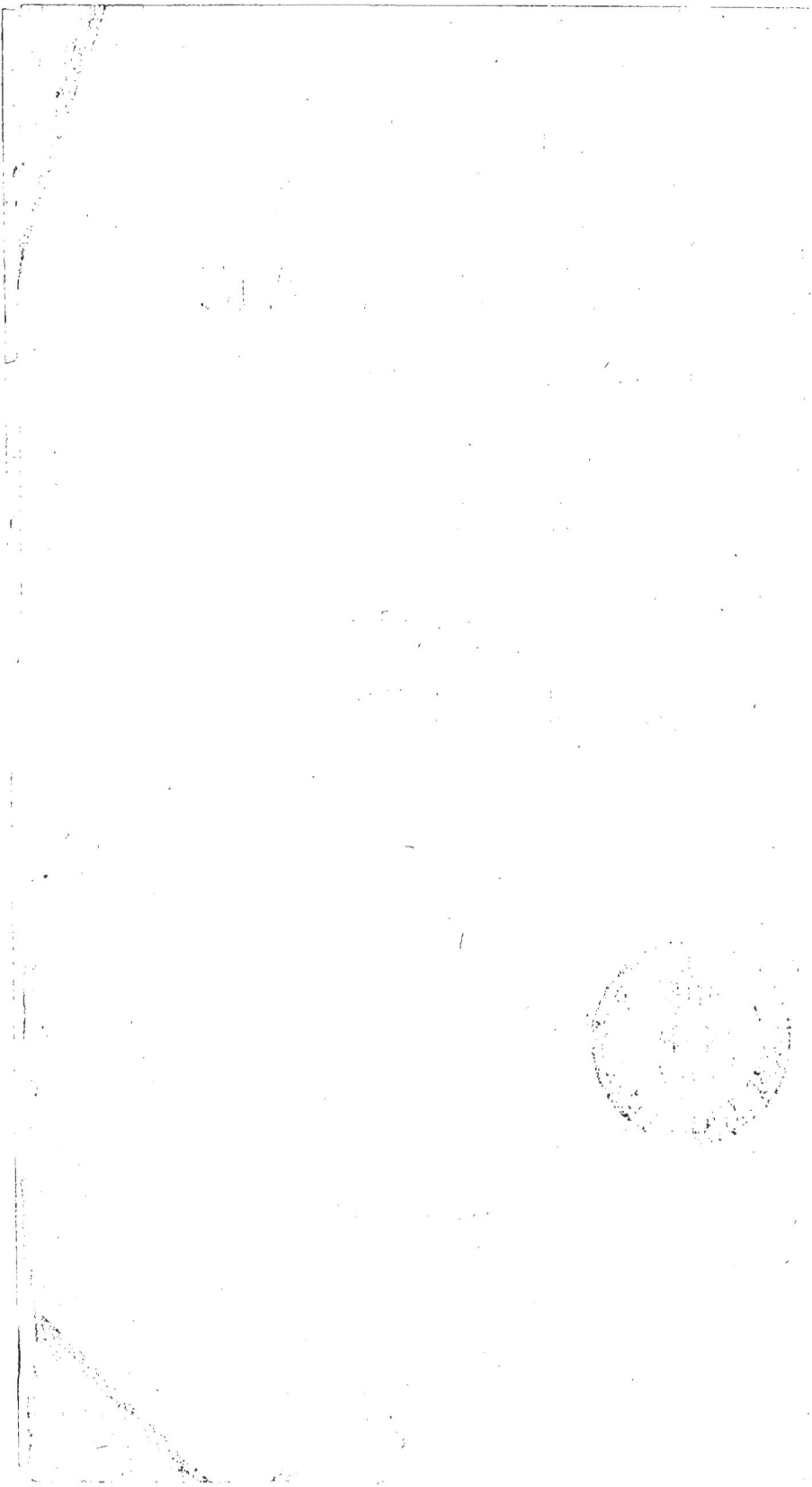

COURS

DE DROIT FRANÇAIS

SUIVANT LE CODE CIVIL.

LIVRE II.

DES BIENS, ET DES MODIFICATIONS DE LA PROPRIÉTÉ.

SUITE DU TITRE III.

CHAPITRE VI.

Des droits d'usage et d'habitation.

SOMMAIRE.

1. *Liaison avec ce qui précède.*
2. *Le droit d'usage veut être considéré sous un double point de vue.*
3. *Division du chapitre.*

1. Nous avons expliqué au tome précédent tout ce qui est relatif au droit d'usufruit; il nous reste maintenant à traiter, sur ce titre, ce qui concerne les droits d'usage et d'habitation, et l'usage dans les bois et forêts.

Mais les droits d'usage et d'habitation ont tant d'affinité avec celui d'usufruit, que la plupart des

V.   I

explications que nous avons données sur ce dernier leur conviennent également; ce qui nous com-
mande la brièveté et nous engage à éviter toute
répétition inutile.

Cependant il existe entre ces diverses modifications du droit de propriété quelques différences
assez importantes pour mériter d'être signalées avec
exactitude, et c'est ce que nous tâcherons de faire
le plus succinctement qu'il nous sera possible.

2. Le droit d'usage veut être considéré sous un
double point de vue : ou comme appartenant à
un ou plusieurs particuliers, sur les biens d'un
autre particulier, ou comme appartenant à une
commune ou communauté d'habitans sur des fonds
situés dans le territoire de son établissement. Ce
denier est perpétuel de sa nature; il fait partie des
biens communaux, et conséquemment il est régi
comme bien communal : les biens communaux,
porte l'article 542, sont ceux à la propriété ou *au
produit* desquels les habitans d'une ou plusieurs
communes ont un droit acquis.

L'usage dans les bois et forêts est également soumis à des lois particulières (art. 636). Nous en
parlerons au chapitre suivant.

3. Dans celui-ci nous traiterons d'abord du
droit d'usage de particulier à particulier;

Ensuite du droit d'habitation;

Et enfin de l'usage appartenant à une commune
ou communauté d'habitans.

SECTION PREMIÈRE.

Du droit d'usage appartenant à un particulier sur les biens d'un autre particulier.

SOMMAIRE.

de ce même fonds, l'usager doit être servi le premier sur les fruits dans la mesure de ses besoins.

30. *Établi au profit d'une personne et de ses* descendans, *il serait censé constitué pour toute la postérité;*

31. *Mais il ne peut être établi par donation entre-vifs ou par testament qu'au profit des enfans ou descendans conçus au moment de la donation ou du décès du testateur, sauf les cas de substitution permise :* secùs *quand il est constitué à titre onéreux.*

32. *Quel est le sens du mot* famille *dans une constitution d'usage au profit d'un individu* et de sa famille?

33. *Le droit d'usage est tantôt servitude personnelle, tantôt servitude réelle : importance de la distinction.*

34. *Règles qui peuvent servir à l'établir avec justesse.*

§. III.

Des obligations de l'usager.

35. *En principe, l'usager ne peut jouir sans donner préalablement caution, ni sans faire des états ou inventaires, comme l'usufruitier.*

36. *Le vendeur ou donateur avec réserve du droit d'usage est dispensé de fournir caution.*

37. *Quand l'usager ne fait que recevoir les fruits, au lieu de cultiver par lui-même, il n'y a pas obligation pour lui de faire des états ou inventaires, quoiqu'il doive néanmoins caution pour assurer le paiement de sa part contributoire dans les frais de culture, d'entretien et impôts.*

38. *Comment se règle cette part contributoire, surtout quant aux semences.*

39. *Il ne faut pas confondre, soit par rapport à cette contribution, soit quant à la nature du droit, la constitution d'une prestation annuelle d'une certaine* quantité *de fruits, avec le droit d'usage.*

40. *Si le fonds désigné pour fournir la prestation ne donnait pas, pendant une ou plusieurs années, suffisamment de fruits, la question de savoir si le débiteur est obligé de suppléer à ce qui manque se résout par les termes de l'acte.*

41. *Quand la constitution est d'une* quotité *des fruits de tel fonds, le concessionnaire contribue aux frais de culture et aux impôts; et la nature de son droit se détermine par l'esprit du titre constitutif.*

§. IV.

De l'extinction du droit d'usage.

42. *Manières dont s'éteint le droit d'usage.*

43. *La disposition de l'art.* 619, *qui limite à trente ans la durée de l'usufruit qui n'est pas accordé à des particuliers, ne s'applique pas à l'usage établi au profit des communes ou communautés.*

4. Il y a à voir sur le droit d'usage de particulier à particulier :

1° Comment ce droit s'établit;

2° Sa nature et son étendue;

3° Les obligations de l'usager;

4° L'extinction du droit d'usage.

§. 1er.

Comment s'établit le droit d'usage de particulier à particulier.

5. Suivant l'art. 625, les droits d'usage et d'habitation s'établissent et se perdent de la même manière que l'usufruit (1); par conséquent, par acte entre-vifs ou testamentaire.

---

(1) Les Instituts, tit. *de usu et habit.* disent aussi : *Iisdem illis modis, quibus ususfructus constituitur, etiam nudus usus constitui solet : iisdemque illis modis finitur, quibus et ususfructus desinit.*

Toutefois, cela n'est pas rigoureusement exact, même dans les

6. Mais nous ne connaissons aucune disposition législative qui établisse un droit d'usage proprement dit, tel que celui dont nous nous occupons; tandis que la loi établit dans plusieurs cas le droit d'usufruit. (Art. 579, combiné avec les art. 384 et 754.)

Cette observation, qui n'est au surplus que de pure doctrine, s'applique également au droit d'habitation : nulle part la loi n'établit elle-même ce droit tel qu'on le conçoit d'après les règles consacrées dans cette partie du titre que nous expliquons maintenant.

Voudrait-on voir, en effet, un droit d'usage et d'habitation établi par la loi dans cette disposition de l'article 1465 qui accorde à la veuve, soit qu'elle accepte, soit qu'elle renonce, pendant les trois mois et quarante jours qui lui sont donnés pour faire inventaire et délibérer, la faculté de prendre sa nourriture et celle de ses domestiques sur les provisions existantes, et, à défaut, par emprunt au compte de la masse commune, à la charge d'en user modérément; qui l'affranchit d'aucuns loyers à raison de l'habitation qu'elle a pu faire,

principes du droit romain; car l'usufruit pouvait être constitué par le juge dans les jugemens de partage : L. 6, § 1, *de usuf.*; L. 6, § 1 *famil. ercis.*; L. 6, § 10 *comm. divid.*, et rien de semblable quant à l'usage.

De plus, quand l'usage s'éteignait, il retournait toujours à la propriété, et jamais au co-légataire : il en était autrement de l'usufruit, ainsi que nous l'avons dit au tome précédent, n° 655.

pendant ces délais, dans une maison dépendante de la communauté ou appartenant aux héritiers du mari ; et qui veut enfin que, au cas où la maison qu'habitaient les époux à l'époque de la dissolution de la communauté, était tenue par eux à titre de loyer, le prix de la location, pendant ces mêmes délais, soit pris sur la masse? Mais il est évident que c'est là un droit particulier, qui n'a que peu ou point de rapport avec le droit d'usage ou d'habitation proprement dit : c'est une indemnité accordée à la femme pendant que, en faisant l'inventaire, elle fait les affaires communes.

Nous en dirons autant de l'option à elle accordée par l'article 1570, d'exiger, à la mort de son mari, ou les intérêts de sa dot pendant l'an de deuil, ou de se faire fournir des alimens pendant ledit temps au dépens de la succession du mari, indépendamment, dans les deux cas, de l'habitation durant cette année, qui doit, ainsi que les habits de deuil, lui être fournie sur la succession, sans imputation sur les intérêts à elle dus. Cela ne constitue non plus ni un droit d'usage, ni un droit d'habitation proprement dit, soit que l'on considère la durée de cette jouissance, soit que l'on considère les charges dont l'usager ordinaire est tenu, et dont la veuve est généralement affranchie : notamment en ce qui touche l'obligation de fournir caution, imposée à l'usager par l'article 626, et qui ne saurait être exigée de la veuve, et notamment aussi en ce qui concerne les impôts, auxquels contribue l'usager proprement dit, et dont, selon nous, la veuve n'est point tenue.

7. En second lieu, l'usufruit, suivant ce que nous avons démontré au tome précédent, n° 502, peut s'acquérir par prescription ; et il n'en saurait être indistinctement ainsi, aujourd'hui, du droit d'usage.

Ce droit est une espèce de servitude : c'est généralement (1) une servitude personnelle en ce que c'est la chose d'autrui qui sert à la personne de l'usager, à la différence de la servitude réelle dans laquelle c'est le fonds de l'un qui est asservi au fonds de l'autre.

Or, suivant le Code (art. 691), toute servitude discontinue dans son exercice, apparente ou non, ne peut actuellement s'acquérir par prescription, même immémoriale : il faut un titre pour cela. Les auteurs du Code ont pensé, avec raison, que la jouissance ou possession dans les servitudes de cette espèce ne pouvait avoir d'une manière parfaite le caractère essentiellement exigé dans toute possession pour pouvoir fonder la prescription : la continuité (art. 2229). Les faits isolés, interrompus, par lesquels on exerce ces sortes de servitudes, leur ont paru porter un caractère équivoque, clan-

---

(1) Nous disons *généralement*, parce que quelquefois, comme on le verra plus bas, l'usage est servitude réelle.

destin, de simple tolérance, ou du moins susceptible d'être souvent tel, et dès lors incompatible
avec la nature de la possession pure et parfaite, la
seule propre à produire l'acquisition du droit par
le moyen de la prescription. Ils ont toutefois res-
pecté les servitudes de cette espèce, déjà acquises
de cette manière lors de la publication de la loi
sur les servitudes, dans les pays où elles pouvaient
s'acquérir de la sorte.

Et comme le droit d'usage qui consisterait dans
la faculté de prendre des fruits de telle ou telle
espèce dans le champ d'autrui pour ses besoins
personnels, de prendre, par exemple, le bois de
son chauffage dans la forêt d'autrui, ne peut s'exercer autrement que par une jouissance discontinue,
par des actes isolés, plus ou moins répétés, et à
des intervalles plus ou moins longs, nous en concluons qu'une telle jouissance ne peut servir de
base à la prescription, sans préjudice toutefois de
l'usage qui aurait été acquis, lors de la publication
de la loi sur les servitudes, soit par la prescription
trentenaire, soit par la possession immémoriale,
dans les pays où il pouvait s'acquérir de cette
manière.

Notre décision principale, ainsi que la modification que nous y apportons relativement aux droits
déjà acquis par la prescription lors de la publication du Code, nous paraissent confirmées par l'arrêt suivant, que nous trouvons au *Répertoire* de
M. Merlin, au mot *Usage*, et dont il n'est pas sans

utilité de rapporter l'espèce, telle qu'elle nous est transmise par cet auteur.

« Entre Michel Arnaud, Clément-Médard Arthui, la dame Soulange Poncet, veuve Châlons, et Marie Charlotte-Élisabeth, veuve Grignault, demandeurs en cassation d'un arrêt rendu par la cour d'appel de Bourges, le 12 août 1807, d'une part; François Branchu et Marie Feuillot, sa femme, défendeurs, d'autre part.

« Dans le fait, le 15 thermidor an x, les demandeurs en cassation ont partagé entre eux un bois appelé *les usages de la Gravelle*, qu'ils prétendent être une dépendance exclusive de leurs propriétés.

« Les défendeurs ont prétendu être en possession immémoriale, par eux, leurs locataires ou fermiers, de l'usage et jouissance de ce bois, tant en y coupant leur chauffage qu'en y envoyant pacager librement leurs bestiaux en toute saison : et regardant tant le partage que l'arpentage qui l'a précédé, comme une atteinte portée à leurs droits, ils ont, après un essai de conciliation, assigné devant le tribunal civil d'Issoudun, pour voir dire qu'eux mariés Branchu seraient maintenus et gardés dans leurs droits et possession immémoriale, notamment depuis trente ans, et qu'il serait fait défenses aux demandeurs de les y troubler.

« Arnaud et consorts signifièrent des exceptions par lesquelles, se fondant sur le principe que tout demandeur doit donner copie de ses titres en tête de sa demande, ils conclurent à ce que Branchu et sa femme fussent déclarés non recevables, faute de justification de titres.

« Les Branchu reconnurent qu'ils n'avaient point de titres, mais ils prétendirent que leur possession immémoriale équivalait à un titre, et ils demandèrent à faire la preuve par témoins de cette possession.

« Arnaud et consorts soutenaient, au contraire, qu'ils étaient exclusivement possesseurs du bois dont il s'agit, et ils invoquaient plusieurs titres à l'appui de cette prétention.

« Le tribunal d'Issoudun, pour s'éclairer par la contradiction sur l'influence de ces titres, ordonna d'abord que ces titres seraient communiqués à Branchu et à sa femme.

« Cette communication eut lieu, et les titres communiqués furent ensuite produits devant le tribunal, qui, par un jugement définitif, du 21 ventose an XIII, déclara Branchu et sa femme mal fondés dans leur demande, et leur fit défense de s'immiscer dans les droits d'usage des bois de la Gravelle.

« Branchu et sa femme ont appelé de ce jugement devant la cour d'appel de Bourges; et là ils ont soutenu qu'Arnaud et consorts n'étaient pas propriétaires; qu'ils étaient simples usagers, et qu'à ce titre ils ne pouvaient écarter les effets de la possession immémoriale dans la jouissance des mêmes usages, possession qu'ils ont encore offert de prouver, en se fondant sur les dispositions des coutumes voisines du Berri, auxquelles il fallait, suivant eux, avoir recours, puisque celle du Berri ne s'expliquait pas sur ce point; et réduisant le procès à un combat entre de simples usagers, ils ont demandé à être admis, contre leurs co-usagers, à la preuve de leur possession immémoriale.

« De leur côté, les intimés ont persisté à soutenir qu'ils étaient seuls propriétaires du bois de la Gravelle, et que la preuve offerte par les appelans n'était pas admissible.

« La cour d'appel de Bourges s'est proposée à décider deux questions : 1° Le droit d'usage peut-il être rangé dans la classe des servitudes proprement dites ? 2° Branchu et sa femme sont-ils admissibles à établir, par la preuve testimoniale, le droit d'usage qu'ils prétendent dans le bois connu sous le nom d'*usages de la Gravelle?*

« Sur la première question, la cour a considéré que, suivant la définition généralement reçue en droit, la servitude est une redevance, charge ou sujétion imposée sur un héritage, pour l'usage ou l'utilité d'un autre héritage, appartenant à un autre maître, et dont l'exercice ne doit jamais tendre à altérer le fonds de l'héritage asservi; qu'un droit d'usage, au contraire, participe du droit de propriété, en ce qu'il peut, en certains cas, attaquer la substance même de l'objet sur lequel il s'exerce : qu'aussi la plupart des coutumes qui régissaient la France admettaient une distinction entre les servitudes et les droits d'usage, en établissant des règles particulières à l'un et à l'autre droit, distinction nouvellement consacrée par les dispositions du Code civil, liv. II, tit. 3 et 4, et que, par conséquent, les maximes et les principes adoptés en matière de servitude ne sont pas applicables au droit d'usage.

« Elle a considéré, sur la seconde question, que, dans le silence de la coutume du Berri, sur le mode d'établir ou conserver un droit d'usage de la nature de celui dont il s'agissait dans l'espèce, on était forcé de recourir aux coutumes circonvoisines et de consulter le droit commun; qu'il résultait particulièrement de la coutume du Nivernais, articles 9 et 10, au titre *des Bois et Foréts*, que le droit d'usage s'établissait, ou par titres, ou par jouissance accompagnée du paiement de redevances, ou par la seule possession immémoriale, et que cette possession était articulée par Branchu et sa femme.

« En conséquence, par arrêt du 12 août 1807, la cour d'appel a autorisé Branchu et sa femme à faire la preuve par eux offerte. »

C'est de cet arrêt que la cassation était demandée.

Les demandeurs prétendaient que la preuve de l'ancienne possession alléguée par les défendeurs n'était pas admissible.

« Le droit d'usage dans les bois, disaient-ils, est un droit de servitude. — En qualité de servitude, l'article 691 du Code civil ne permet pas de l'acquérir par la possession, même immémoriale. — Cet article

contient bien une exception pour les servitudes acquises dans les pays où elles pouvaient s'acquérir
de cette manière ; mais dans le Berri, suivant les
art. 1, 2 et 3 du tit. 11 de la coutume de ce pays,
le principe *nulle servitude sans titre* était admis.
Ainsi l'exception de l'art 691 du Code civil ne peut
s'appliquer à l'ancien ressort de cette coutume, et
la Cour de Bourges devait se borner à l'application
de l'article 688 et de la première partie de l'article 691 du même Code. Et en supposant la coutume du Berri muette sur les prescriptions en matière de servitude, ce n'était pas à la coutume du
Nivernais qu'on devait recourir, mais à la coutume
de Paris, qui formait le droit commun de la France,
ou plutôt au Code civil.

« Sur quoi, ouï le rapport de M. Borel, et
après en avoir délibéré en la chambre du conseil ;

« Attendu que l'instance a été introduite antérieurement à la promulgation des titres 3 et 4 du
livre 11 du Code civil ; d'où résulte que les dispositions contenues dans ces titres ne peuvent être
invoquées comme applicables à la cause, en les
supposant introductives d'un nouveau droit ;

« Attendu que les articles 1, 2 et 3 du tit. 11 de
la coutume du Berri sont étrangers aux droits
d'usage dans les bois et forêts ;

« Attendu que dans le silence de la coutume du
Berri sur les effets et les caractères de la posses-
sion en matière d'usage dans les bois et forêts, la
Cour d'appel de Bourges, qui d'ailleurs n'a rien

préjugé à l'égard de ladite possession, a pu recourir aux coutumes voisines et y puiser des raisons de décider sans violer aucune loi précise;

« La Cour, sans qu'il soit besoin de s'occuper de la fin de non-recevoir proposée par les défenseurs, rejette le pourvoi... »

Il résulte de cette décision trois choses :

1° Que sous le Code, les droits d'usage dont il s'agissait dans l'espèce ne peuvent s'acquérir par prescription; qu'il faudrait pour cela un titre, puisque ce n'est que parce que la Cour d'appel a reconnu qu'ils s'acquéraient par la longue possession dans les lieux de la situation des biens, que celle de cassation s'est déterminée à rejeter le pourvoi;

2° Qu'on a dû maintenir ceux qui étaient déjà acquis par la possession immémoriale lors de la publication de la loi sur les servitudes, parce qu'ils pouvaient s'acquérir dans les lieux de la situation des biens, comme l'a reconnu en fait la Cour d'appel;

Et 3°, que, pour le décider ainsi, cette Cour a pu, dans le silence de la coutume du territoire de la situation des biens, et sans violer aucune loi, recourir aux coutumes voisines, et y puiser les motifs de sa détermination; par conséquent, que si la coutume de la situation eût admis formellement la prescription, l'arrêt de la Cour d'appel, qui a toutefois été maintenu, eût été bien plus inattaquable encore.

Mais s'il s'agissait d'un droit exercé par une jouissance ou une possession continue, on devrait décider, comme nous l'avons fait touchant le droit d'usufruit, qu'il peut aussi s'acquérir par prescription, soit de dix et vingt ans, avec titre et bonne foi, soit de trente ans si ces conditions n'étaient pas réunies. Par exemple, que l'on suppose que celui qui a joui comme usager a été en jouissance et possession du fonds, parce qu'il en absorbait tous les fruits : dans ce cas, sa possession, ou, si l'on veut, sa jouissance n'a pas différé de celle d'un usufruitier; il a, comme lui, perçu tout l'émolument, supporté toutes les charges, soit relativement aux impôts, soit relativement à la culture et à l'entretien du fonds (art. 635) : il a eu, comme lui, une possession continue, permanente, une jouissance non interrompue; à la différence du cas où, n'étant point dans le fonds, il ne fait que prendre ou recevoir de loin en loin les fruits pour ses besoins personnels.

On ne saurait, en effet, mettre sur la même ligne ces deux modes de jouissance : l'un est continu de sa nature, puisqu'il est accompagné de la possession libre de la chose, non pas, il est vrai, à titre de propriétaire, mais à titre d'usager; de même que dans l'usufruit, l'usufruitier possède à titre d'usufruitier (1); l'autre, au contraire, n'étant point accompagné de la possession du fonds, est

_____

(1) *Voy.* tom. précédent, n° 513.

nécessairement discontinu, et ne se manifeste que par des actes isolés, comme dans les servitudes discontinues; et conséquemment, le motif qui a déterminé les auteurs du Code à rejeter l'acquisition de ces servitudes par le mode de la prescription, milite avec la même force pour l'exclure dans les usages où l'usager n'est point en possession du fonds. Mais aussi, en sens inverse, la raison qui a fait admettre la prescription à l'effet d'acquérir l'usufruit, est la même quand il s'agit d'un droit d'usage qui absorbe tous les fruits et dont on jouit comme on jouirait d'un droit d'usufruit; car alors la différence entre ces deux droits est plutôt dans les dénominations que dans le fond des choses elles-mêmes (1).

Ainsi, supposez que Paul, qui était en possession d'un jardin appartenant à Jean, m'ait vendu, donné ou légué *l'usage* de ce jardin; que j'aie été mis en jouissance, en possession, en un mot, par exemple, parce que tous les fruits du fonds étaient nécessaires à mes besoins et à ceux de ma famille : j'ai ainsi joui de ce jardin paisiblement, publiquement, et après un assez grand nombre d'années, Jean fait juger contre Paul, ou l'héritier de celui-ci, que le jardin lui appartient. Nul doute, selon nous, et d'après les principes qui ont été consa-

(1) Sauf ce que nous dirons relativement à la défense imposée par la loi à l'usager de céder et de louer son droit, et sauf d'ailleurs les variations que peuvent éprouver les besoins de l'usager.

crés par l'arrêt de la Cour de cassation, dont nous rapportons la décision au tome précédent, n° 5o2, que je ne puisse invoquer avec succès la prescription de dix et vingt ans contre Jean, comme l'a fait, dans l'espèce de l'arrêt, celui qui avait joui comme usufruitier, puisque ma jouissance a réuni tous les caractères de celle de ce dernier.

8. Nous en disons autant du droit d'habitation, quand bien même celui qui l'aurait exercé n'aurait pas occupé toute la maison; car il a possédé comme usager la partie qu'il a occupée : il en a joui comme l'usufruitier jouit de la chose soumise à l'usufruit, sauf les différences qui peuvent d'ailleurs exister entre l'un et l'autre droits, mais qui ne font rien quant à la question, puisque nous ne considérons rien autre chose, relativement à la prescription, que la nature de la possession, que nous voulons continue, paisible, publique, et pour soi, et qui nous offre ces caractères dans ces divers cas.

La question de prescription doit donc se résoudre par la nature de la jouissance et de la possession de l'objet sur lequel aura été exercé le droit d'usage ou d'habitation. Point d'acquisition du droit, sans titre, aujourd'hui, si cette jouissance n'a consisté que dans des actes isolés, discontinus, car ils peuvent n'avoir été que le résultat d'une concession précaire, ou d'une usurpation clandestine plus ou moins répétée. Mais on devra pouvoir acquérir le droit par la prescription de dix et vingt ans, avec titre et bonne foi, et même par celle de trente ans, sans titre ou bonne foi, si celui qui a exercé le droit prétendu a joui du fonds comme en jouit un usufruitier, d'une manière continue, permanente, et non par des faits isolés, interrompus ; et, dans toutes les hypothèses, sans préjudice encore des droits qui auraient pu être acquis lors de la publication de la loi sur *les servitudes*, dans les pays où ils pouvaient s'acquérir par prescription.

§. II.

De la nature et de l'étendue du droit d'usage.

9. L'usage est le droit de se servir de la chose d'autrui, mais seulement pour ses besoins journaliers et ceux de sa famille, à la charge d'en conserver la substance (1).

Au lieu que l'usufruit, comme on l'a dit, consiste dans le droit de percevoir tout l'émolument dont la chose est susceptible, et de disposer de cet émolument comme on l'entend. Il y a donc un droit bien plus étendu dans l'usufruit que dans l'usage (2).

---

(1) L. 10, § 1, ff. *de usu et habit.*

(2) Cependant quand il s'agit de l'usage d'une somme, ce droit est en tout point aussi plein que celui d'usufruit de la même somme, puisque, dans les deux cas, la propriété des deniers passe à celui qui

10. De cette importante différence entre l'un et l'autre droits résultent plusieurs effets très-différens.

Ainsi, l'usufruit peut s'établir pour partie comme pour le tout : par exemple, je vous lègue la moitié de l'usufruit de mon jardin; tandis que le droit d'usage, considéré en lui-même, et par abstraction, ne peut être constitué pour partie (1); car étant mesuré sur l'étendue des besoins de la personne, en tant, bien entendu, que la chose peut y subvenir, il est clair qu'il ne remplirait plus sa destination s'il n'était pas entier. Il peut, au reste, recevoir plus ou moins d'étendue par l'acte constitutif (art. 628); mais il n'est pas moins indivisible de sa nature, subsistant, à ce titre, sur tout le fonds sur lequel il a été imposé; de même que le droit d'hypothèque, qui grève l'immeuble *totum in toto et in qualibet parte.*

En sens inverse, l'usufruit peut s'éteindre pour partie, puisqu'il consiste dans l'émolument : par exemple, il résidait sur tel fonds, et par l'effet d'une convention postérieure, il est réduit à la moitié sur le même fonds, ce qui ne donnera plus que la moitié des fruits qu'on en retirera. Tandis que l'usage ne saurait s'éteindre pour partie (2),

---

a le droit, et que dans les deux cas aussi il perçoit tout l'émolument. *Voy.* la L. 5 *ult.*; et la L. 10, § 1, ff. *de usufr. earum rer. quæ usu consum.*

(1) L. 5, ff. *de usuf.*, L. 19, ff. *de usu et habit.*; *ubi Paulus ait : frui quidem pro parte posse, uti non posse.*

(2) Mêmes lois.

parce que, bien que les besoins de la personne vinssent à diminuer, ce droit, en soi, resterait toujours entier; sauf aussi aux intéressés à restreindre, s'ils le jugent à propos, l'étendue de l'objet sur lequel il s'exerçait primitivement, et à lui assigner un certain canton du fonds sur lequel seulement il s'exercera désormais; mais, comme droit d'usage, il n'en subsistera pas moins encore entier sur la partie sur laquelle il doit dorénavant s'exercer.

11. L'usufruit peut être constitué à titre universel, ainsi qu'on l'a vu précédemment (1); mais le droit d'usage n'ayant pas ordinairement pour objet tout l'émolument de la chose, étant, au contraire, limité aux besoins de l'usager, il ne saurait être constitué à ce titre, n'importe que l'acte de concession donnât à l'usager le droit de prendre des fruits sur tous les biens; car il n'en prendra jamais au-delà de ses besoins, et c'est là un titre particulier, et non un titre universel.

Cela est bien plus sensible encore à l'égard du droit d'habitation.

12. On a vu aussi (2) que, dans l'usufruit, le droit d'accroissement a lieu dans les cas déterminés par la loi; et il n'en saurait être ainsi du droit d'usage; car l'usager ne peut prendre des fruits que

---

(1) Tome IV, n° 482-632.
(2) *Ibid.*, n° 496 et suiv., voy. aussi n° 555 et suiv.

pour ses besoins : le surplus reste au propriétaire. Il est sensible néanmoins que dans le cas où le fonds n'en produirait que peu au-delà de ce qui est nécessaire à l'usager, il serait utile à celui-ci d'être seul, puisque le concours d'un autre lui en laisserait moins à prendre qu'il ne lui en faudrait; mais la mort du co-usager n'opérerait pas pour cela un véritable accroissement.

13. Si on léguait à l'un l'usufruit d'un fonds, et à l'autre l'usage d'un même fonds, il y aurait bien, si l'on veut, concours quant au droit d'usage, parce que ce droit est implicitement compris dans celui d'usufruit (1); mais cependant l'usager n'en devrait pas moins prendre sur les fruits ceux dont il aurait besoin, par préférence à l'usufruitier; en telle sorte que l'usage pourrait être plus avantageux que l'usufruit : par exemple, si le fonds ne donnait que peu de fruits au-delà des besoins de l'usager. On doit en effet, assimiler l'usufruit à un genre, et l'usage à une espèce, parce que c'est comme si tous les fruits du fonds avaient été légués à l'usufrui-

---

(1) Toutefois il en est distinct sous quelques rapports, notamment en ce qu'il ne s'éteint point par la confusion quand les deux droits se réunissent dans la même main. Par exemple, je lègue à celui qui avait déjà un droit d'usage sur mon fonds l'usufruit du même fonds, mais pour prendre fin à telle époque ou à l'arrivée de tel événement; dans ce cas, l'usage dont l'exercice est assoupi pendant la durée de l'usufruit s'exercera lors de l'extinction de ce dernier droit, s'il n'est pas lui-même éteint par une cause quelconque; et ce ne sera pas là une renaissance de ce droit d'usage, car il n'a jamais été éteint.

tier, et seulement une certaine quantité à l'usager; or, *species generi derogat.* C'est tout comme si j'avais légué à l'un mes chevaux, et à l'autre tel de mes chevaux : il n'y aurait pas concours entre eux quant à ce cheval. La question est décidée en ce sens par la loi 42, *princip.* ff. *de usuf.;* par Voët, tit. *de usu et habit.;* et par les professeurs de Louvain, *Recitationes ad Pandectas,* sur le même titre. Cependant la volonté du disposant serait la première règle à suivre; conséquemment, la solution de la question serait subordonnée à l'esprit de l'acte constitutif; mais dans le doute, le principe ci-dessus devrait être suivi.

14. On peut bien établir un droit d'usufruit au profit de plusieurs personnes successivement, ainsi qu'on l'a vu au tome précédent n° 81 et 491, mais on ne peut le faire à perpétuité, parce que le droit de propriété deviendrait inutile, et même à charge au propriétaire; tandis que l'on peut, comme on le verra plus bas, constituer un droit d'usage au profit d'un individu et de sa postérité, cas dans lequel l'usage peut n'avoir pas de terme; et la propriété ne sera pas pour cela sans effet, puisque les usagers n'auront toujours droit aux fruits qu'en raison de leurs besoins. C'est une autre différence entre l'usage et l'usufruit.

15. Mais, comme le droit d'usufruit, les droits d'usage et d'habitation sont des droits réels, qui affectent la chose et la grèvent, puisqu'ils sont,

comme lui, rangés par le Code au nombre des modifications du droit de propriété : d'où les conséquences suivantes.

1° Ils sont aujourd'hui pleinement constitués par le seul fait de la volonté du constituant, régulièrement exprimée, sans qu'il soit besoin d'une tradition quelconque, d'une entrée en jouissance de l'usager, ou d'une délivrance de fruits. Maintenant la propriété est transférée par le seul effet du consentement des parties (art. 711 et 1138), et les droits d'usage et d'habitation étant, ainsi que nous venons de le dire, des modifications du droit de propriété, par conséquent des droits sur la propriété elle-même, ils se transmettent, par la même raison, comme elle, par l'effet du seul consentement.

Et 2°, ce qui est, au reste, une suite nécessaire de cette première conséquence, en quelque main que passe le fonds soumis à l'usage, depuis sa constitution, l'usager pourra l'y suivre pour exercer son droit. Tout ce que nous avons dit à cet égard, en parlant de l'usufruit (1), s'applique aux droits d'usage et d'habitation.

16. D'après la loi 8, ff. *de servitutibus,* la convention *ut pomum decerpere liceat, vel ut spatiari, aut ut cœnare in alieno possimus,* ne constitue point un droit de servitude, puisqu'en effet ce n'est

_____

(1) *Voy.* tom. précédent, n° 467-512.

point pour l'utilité d'un fonds qu'elle est faite. Mais un grand nombre de jurisconsultes, cités par Vinnius, sur le titre *de usufructu*, INSTIT., et Vinnius lui-même, décident qu'elle produit, au moyen de la quasi-tradition, une servitude personnelle, un droit d'usage irrégulier, qui grève le fonds comme l'usage proprement dit, et qui le suit en quelque main qu'il passe.

Cujas (24 *observ.*, cap. 24) prétend, au contraire, qu'une telle convention n'engendre aucune espèce de servitude, même personnelle, aucun droit d'usage quelconque, mais un simple droit d'obligation, semblable à celui qui naît du contrat de louage; par conséquent que la chose n'est nullement grevée, et que si les héritiers de la partie qui a contracté l'engagement sont obligés, comme de raison, à l'exécuter, les tiers entre les mains desquels a passé le fonds n'en sont point tenus, attendu qu'ils ont reçu le fonds libre, et qu'ils ne sont nullement tenus des obligations personnelles de celui qui le leur a transmis; pas plus, dit-il, que l'acquéreur d'un fonds affermé ne serait, d'après la L. 9 Cod. *locato conducto*, obligé d'exécuter le bail passé par le vendeur, si la condition ne lui en avait point été imposée par le contrat de vente (1).

---

(1) Cæpola, *de servitutibus*, cap. 2, n° 10, décide aussi avec Accurse, Barthole et plusieurs autres anciens docteurs, que la concession dont il s'agit ne constitue qu'un simple droit d'obligation personnelle, qui n'affecte nullement le fonds; et il ajoute que telle est l'opinion com-

En admettant, avec Cujas, qu'une telle convention ne dût être assimilée, dans ses effets à l'égard des tiers détenteurs du fonds, qu'à celle de louage, nous ferons remarquer qu'aujourd'hui la question serait bien moins importante qu'elle ne l'eût été jadis, puisque, d'après l'article 1743, le fermier ou le locataire qui a un bail ayant date certaine, antérieure à la vente du fonds, ne peut être expulsé par l'acquéreur, à moins que le vendeur n'eût stipulé le contraire dans le bail; mais elle aurait néanmoins de l'intérêt sous d'autres rapports : par exemple, si l'on décidait que le droit de prendre des fruits dans tel jardin, *ut pomum decerpere liceat*, est un droit réel, il ne tomberait pas dans la communauté de celui à qui il appartiendrait, attendu que ce serait un droit immobilier : les fruits perçus durant la communauté y entreraient sans doute, mais non le droit lui-même. Si ce n'était, au contraire, qu'un simple droit d'obligation, il y tomberait sans reprise comme droit mobilier, à moins de clause à ce contraire dans le contrat de mariage, ou dans le titre constitutif. (Art. 1401.)

Pour nous, nous pensons qu'il faut s'attacher

---

mune, ce qui est très-contestable, d'après ce que nous enseigne Vinnius.

Il ne fait pas même exception pour la concession *ut pomum decerpere liceat*, quoiqu'elle participe évidemment du droit d'usage, puisqu'elle tend, dans ses effets, à enlever au propriétaire du verger une partie de l'utilité de son fonds, pour la transporter au concessionnaire; aussi les raisons qu'il donne à l'appui de son opinion sur ce cas ne nous ont-elles point convaincu.

principalement à l'esprit de ce titre; et pour le découvrir, quand il ne se manifeste pas par les termes, l'on doit considérer les circonstances particulières de l'affaire dont il s'agit, et voir, d'après cela, s'il est vraisemblable que le constituant a entendu grever la chose même, ou ne conférer qu'un simple *jus ad rem* à l'autre partie.

17. Le droit d'usage se règle par le titre qui l'a établi, et reçoit, d'après ses dispositions, plus ou moins d'étendue. (Art. 628.)

Tel est le principe général de la matière.

Ainsi, s'agit-il d'un droit d'usage sur une terre labourable pour fournir à l'usager le blé dont il a besoin, on peut limiter ce droit à une certaine quantité de mesures, par exemple à six hectolitres par année, de manière que, lors même qu'il en faudrait une plus grande quantité à l'usager, à raison de l'augmentation survenue dans sa famille, il n'aurait toujours droit que d'en prendre la quantité indiquée au titre.

En sens inverse, l'usager qui, de droit commun, ne peut prendre des fruits que pour ses besoins personnels, ceux de sa famille et des enfans qui lui sont survenus depuis la concession de l'usage (art. 630), pourrait, d'après le titre, être autorisé à en prendre aussi pour les besoins de telle ou telle personne qu'il recevrait chez lui comme commensal, ou à titre d'hospitalité. Nous verrons aussi tout à l'heure que l'usager qui, de droit commun, ne peut, ni vendre, ni céder, ni louer son droit, pourrait cependant être autorisé par le titre à le faire.

De même, quoiqu'en principe l'usage soit établi pour toute la vie de l'usager, on peut néanmoins le limiter à un certain temps.

18. Si le titre ne s'explique pas sur l'étendue du droit d'usage, l'article 629 porte qu'il se règle ainsi qu'il suit :

« Celui qui a l'usage des fruits d'un fonds ne « peut en exiger qu'autant qu'il lui en faut pour « ses besoins et ceux de sa famille.

« Il peut en exiger pour les besoins mêmes des « enfans qui lui sont survenus depuis la concession « de l'usage. »

Quand même il n'aurait pas été marié à cette époque (1).

Et comme ces besoins peuvent varier à raison de l'augmentation ou de la diminution qu'éprouve la famille de l'usager, la quantité de fruits, quand elle n'est pas réglée par le titre constitutif, suivra cette même variation : en sorte qu'il en prendra quelquefois plus, quelquefois moins que l'année précédente.

19. On doit entendre ici par *famille*, non seulement le conjoint et les enfans, mais encore les domestiques qui sont nécessaires à l'usager, suivant son état et sa condition. On ne peut pas naturelle-

---

(1) INSTIT. tit. *de usu et habit.*

ment supposer qu'il les tient chez lui pour faire une consommation de fruits exorbitante (1).

On doit aussi y comprendre ses enfans naturels reconnus et habitant avec lui : ils font partie de sa famille, puisqu'il exerce sur eux la puissance paternelle, et que son consentement, en principe, est nécessaire à leur mariage. (Art. 383-158.)

Nous en dirons autant de l'enfant adoptif; car il est tellement de la famille de l'adoptant qu'il lui succédera comme un fils né du mariage, et qu'ils se doivent réciproquement des alimens. (Art. 349 et 350.)

Mais les ascendans ne seraient pas, dans le sens de la loi sur le droit d'usage, censés faire partie de la famille de l'usager, encore qu'il leur dût des alimens. On entend en effet ici par *famille* celle dont il est le chef.

Les gendres ne devraient pas non plus compter, lors même qu'ils habiteraient avec l'usager : ils sont eux-mêmes chefs de famille. A plus forte raison, les parens collatéraux, même les frères et sœurs et les neveux et nièces, ne devraient point compter dans le nombre des personnes pour les besoins desquelles l'usager a droit aux fruits; sauf l'effet d'une disposition particulière dans le titre constitutif.

20. Comme la faculté de prendre des fruits est

---

(1) Les *Institutes* font formellement mention des domestiques, en parlant des personnes pour les besoins desquelles l'usager a le droit de prendre des fruits.

mesurée sur les besoins de l'usager et de sa famille, il s'ensuit que celui-ci ne peut vendre, céder, ni louer son droit à un autre (art. 631); car les besoins de ce dernier pourraient être plus étendus que ceux de l'usager.

Plusieurs interprètes du droit romain (1) en donnent encore une autre raison. Selon eux, l'usager ne rend pas, comme l'usufruitier, les fruits siens par la seule perception qu'il en fait: il faut, de plus, qu'il les consomme : tellement, disent-ils, que s'il mourait après les avoir détachés de la terre, cas dans lequel ils appartiendraient à l'usufruitier et se transmettraient à ses héritiers, ceux de l'usager n'y auraient aucun droit. Or, ajoutent-ils, en louant ou cédant le droit d'usage, l'usager conférerait à un autre la faculté de consommer des fruits qui ne lui appartiennent pas encore, puisqu'ils ne lui appartiendront définitivement que par la consommation qu'il en fera. Nous reviendrons tout à l'heure sur ce point.

21. Voët (2) décide même que l'usager ne peut céder ni louer son droit, encore qu'à raison du peu d'étendue du fonds, il dût en absorber tous les fruits (3); et quoique, dit-il, l'usage, dans ce cas, diffère peu de l'usufruit, puisqu'il ne reste non

---

(1) *Voy.* les professeurs de Louvain, *Recit. ad Pandectas*, tit. *de usu et habit.*, § 2.

(2) Tit. *de usu et habit.*, n° 3.

(3) Cette décision est combattue par plusieurs auteurs.

plus aucun produit au propriétaire, il en diffère encore néanmoins sous ce rapport. L'article 635 suppose bien en effet le cas où l'usager absorberait tous les fruits du fonds, et cependant les auteurs du Code n'en ont pas moins établi, sans distinction, qu'il ne peut ni céder ni louer son droit à un autre. Dans les simples baux à ferme ou à loyer, la faculté de sous-louer peut être interdite pour le tout ou partie, et cette clause est toujours de rigueur (art. 1717); or c'est la loi qui la stipule en matière d'usage.

D'ailleurs, si l'usager absorbe aujourd'hui tous les fruits du fonds, demain il n'en aura peut-être pas besoin intégralement. Ajoutez enfin que, dans le système contraire, pour être conséquent, il faudrait également décider, quelle que fût l'étendue du fonds, que l'usager peut se substituer quelqu'un, pourvu que celui-ci ne prenne pas plus de fruits qu'il n'en aurait pris lui-même; car alors le propriétaire serait également sans intérêt à se plaindre. Mais qui ne voit que cela ferait presque toujours naître une foule de difficultés dans une matière qui en est déjà hérissée? Cette considération, jointe aux précédentes, nous fait donc décider, avec le texte formel de la loi, que, de droit commun, l'usage ne peut jamais être cédé ni loué sans l'assentiment du propriétaire.

22. Et puisqu'il ne peut être ni cédé ni loué, qu'il est inhérent à la personne de l'usager, il s'en-

suit aussi qu'il ne peut non plus être saisi sur lui ; car la saisie amènerait la vente, qui est interdite.

23. Par la même raison, il ne peut être hypothéqué, quoique, lorsqu'il réside sur un immeuble (1) ce soit réellement un droit immobilier. Aussi l'article 2119 ne le range-t-il point au nombre des biens qui sont seuls susceptibles d'hypothèque. En un mot, il ne présenterait qu'un simulacre de gage au créancier qui le recevrait à hypothèque, puisque celui-ci ne pourrait le faire vendre pour être payé sur son produit par préférence aux autres créanciers, seul effet de l'hypothèque.

24. Nous avons raisonné jusqu'ici dans les termes du droit commun, c'est-à-dire sur les cas où le titre constitutif ne s'explique point sur l'étendue des droits de l'usager ; mais, d'après la combinaison des articles 629 et 631 avec l'article 628, qui porte que ces droits se règlent par le titre qui les a établis, et reçoivent, d'après ses dispositions, plus ou moins d'étendue, il nous paraît évident que si ce titre autorisait l'usager à vendre, céder ou louer son droit, il pourrait par conséquent le faire. Cette clause n'ayant rien de contraire à l'ordre pu-

---

(1) Nous ne voyons guère dans nos mœurs de droits d'usage proprement dits sur des meubles, mais il peut s'en présenter, et ils étaient très-fréquens dans le Droit romain, comme on peut le voir aux INSTIT. de Justinien, à ce titre, où il est question du droit d'usage sur des esclaves, sur un troupeau, et même sur un seul animal.

V. 3

blic devrait être respectée comme toute autre convention licite.

Vainement dirait-on qu'elle est contraire à la nature du droit d'usage, parce que les besoins de l'un ne sont pas mesurés sur ceux de l'autre ; car, puisque les parties pouvaient établir un droit d'usufruit, qui aurait comporté la faculté dont on vient de parler, elles ont bien pu constituer un droit d'usage, généralement moins étendu, avec cette même faculté : qui peut le plus, peut le moins. Elles sont censées avoir traité en conséquence. Aussi Voët, après avoir établi, en principe, que l'usager ne peut céder ni louer son droit, même dans le cas où il absorbe tous les fruits du fonds, porte-t-il une décision contraire quand le titre constitutif accorde cette faculté à l'usager. Il suffit même, selon lui, que la volonté du constituant à cet effet puisse être présumée telle : *ut tamen permissa locatio sit, si vel hæc videatur fuisse mens concedentis usum, vel fortè aliter inutilis usuario usus esset...* (1).

Tout ce qu'il y a à dire sur ce point, c'est que si l'usager cédait son droit à une personne dont les besoins, à raison de la composition de sa famille, seraient bien plus considérables que ne le seraient les siens propres, dont la jouissance, en un mot, serait plus onéreuse au propriétaire, on pourrait voir dans cette cession un abus de jouissance qui don-

_____

(1) *Voy.* aussi la L. 12, §. 4, ff. *de usu et habit.*

nerait lieu à une fixation de fruits plus modérée. Ce serait une interprétation de contrat, ou de disposition testamentaire, et la question se résoudrait d'après l'esprit de la clause qui a soustrait, quant à ce point, l'usage ainsi établi à l'application des règles du droit commun.

La clause dont il s'agit pourra se rencontrer volontiers dans les constitutions d'usage sur un fonds dont la totalité des fruits sera nécessaire à l'usager, parce qu'alors il diffère peu de l'usufruit. Elle se rencontrera même plus souvent encore dans les constitutions du droit d'habitation, encore que celui au profit duquel il sera établi n'ait pas besoin de toute la maison, ou ne doive, d'après le titre, en occuper qu'une partie désignée. Dans ce cas il s'élèvera moins de difficultés que dans le premier, sur l'étendue de jouissance de la personne que l'usager se sera substituée, par la raison que la sienne était moins variable que dans l'usage des fruits d'un fonds.

Et puisque l'usager, lorsque le titre constitutif le lui permet, peut céder et transporter son droit à un autre, nous devons décider, pour être conséquent, qu'on peut le saisir sur lui, attendu que la seule cause d'insaisissabilité, l'inaliénabilité, n'existe pas dans ce cas.

Dans cette hypothèse, il peut également, selon nous, l'hypothéquer, parce que si l'article 2119, en expliquant quels sont les biens susceptibles d'hypothèque, parle de l'usufruit, et se tait sur le droit d'usage, c'est par le seul motif que ce droit est de sa nature inaliénable; mais quand, au contraire, il est aliénable par l'effet du titre constitutif, alors il participe, sous ce rapport, ainsi que sous plusieurs autres, du droit d'usufruit : il est, comme lui, un droit réel immobilier, étant établi sur un immeuble; et la raison qui a fait admettre que l'un est susceptible d'être hypothéqué veut la même décision à l'égard de l'autre.

25. Mais de ce que, en l'absence de toute disposition contraire dans le titre constitutif de l'usage, l'usager ne peut ni céder ni louer son droit à un autre, s'ensuit-il qu'il ne peut, non plus, lorsqu'il a perçu les fruits dont il a besoin, ou qu'ils lui ont été délivrés par le propriétaire, les vendre ou les donner?

Suivant plusieurs auteurs, l'usager est devenu propriétaire des fruits par la perception qu'il en a faite ou la délivrance qu'il en a obtenue. En ce point, ces jurisconsultes assimilent la nature du droit d'usage à la nature du droit d'usufruit. Ils citent à l'appui de leur sentiment la loi 22 ff. *De usu et habit.*, où il est dit : *Divus Adrianus, cùm quibusdam usus sylvæ legatus esset, statuit fructum quoque eis legatum videri: quia, nisi liceret legatariis cædere sylvam, et vendere, quemadmodùm usufructuariis licet, nihil habituri essent ex eo legato.*

De ce texte particulier, qui statue sur l'usage d'une forêt, et qui l'assimile, quant à la faculté de vendre les produits, à l'usufruit, ces auteurs ont inféré, en thèse générale, que l'usager peut vendre les fruits une fois qu'ils sont détachés (1); ils ont même été plus loin encore; ils ont décidé que l'usager d'une forêt peut céder son droit.

Mais il est évident que cette loi ne statue que sur un cas particulier (2), ainsi résolu parce que la volonté du disposant n'aurait pu être exécutée si les usagers n'avaient eu la faculté de vendre le produit du droit d'usage, la forêt étant peut-être tellement éloignée de leur demeure, qu'il eût mieux valu pour eux acheter du bois que de faire transporter celui de la forêt elle-même.

Cela est démontré, observe très-bien Voët (3), par les dernières expressions de la loi; car, comment pourrait-on dire, hors cette circonstance ou autre semblable, qu'un pareil droit d'usage serait inutile à l'usager, parce que celui-ci n'aurait pas la faculté de le céder ou de vendre le bois? ne serait-ce donc rien en effet, que d'en pouvoir prendre pour ses besoins journaliers, chose en quoi consiste spécialement le droit d'usage? Aussi ce judicieux auteur restreint-il, avec Jean Fabre, l'application de cette loi 22, au cas où la forêt usagère est telle-

---

(1) Vinnius dit en effet, sur le tit. *de usuf. et hab.* que Connanus et Wesembecius estiment que, en général, on ne doit pas s'opposer à ce que l'usager vende ou donne les fruits qu'il a perçus et recueillis pour son usage particulier.

(2) Tel est le sentiment commun des docteurs. Vinnius, au même endroit.

(3) Tit. *de usu et habit.*, n° 3.

ment éloignée du domicile de l'usager que, sans la faculté de pouvoir louer le droit ou disposer du bois, il ne retirerait aucun avantage de l'usage. Ce texte ne renferme donc réellement qu'une décision sur une interprétation de volonté du disposant, et non la consécration d'un principe.

On peut ajouter que le but de l'usage n'est pas, comme celui de l'usufruit, de procurer à l'usager un avantage autre que celui qui consiste dans la satisfaction de ses besoins journaliers, et que dès qu'il n'emploie pas les fruits à son usage particulier, mais les vend ou en dispose d'une autre manière, ce but est manqué; que c'est agir contre la nature de ce droit, quand le titre constitutif, ou l'intention bien évidente du disposant, ne le permet pas (1).

On trouve au *Répertoire* de M. Merlin, au mot *Usage (droit d'.)*, sect. 2, §. 5, un arrêt du parlement de Grenoble, du 17 décembre 1782, qui a même poussé l'application de ces principes, selon nous, jusqu'à la rigueur. Un usager de la forêt de Mongard, appartenant à la communauté, après avoir, avec la permission de la maîtrise, coupé

_____

(1) La L. 12 , §. 4, ff. *de usu et habit.*, nous offre l'exemple d'un cas où la volonté du constituant a été évidemment que l'usager pût louer la chose grevée de l'usage; c'est lorsque quelqu'un a légué à un cocher ou loueur de chevaux, connaissant sa profession, l'usage de certains chevaux : le testateur, dit le jurisconsulte, a eu en vue la profession du légataire, et a voulu que le droit qu'il lui conférait contribuât à l'exercice de son métier. Cette décision est parfaitement juste.

dans la forêt une certaine quantité de pieds d'arbres, dont il avait besoin pour réparer ses bâtimens, les avait échangés contre d'autres bien mieux à sa portée. Cet arrêt le condamna à en payer la valeur aux propriétaires, avec dépens et dommages-intérêts. En vain donnait-il pour excuse que l'éloignement de la forêt usagère, et l'extrême difficulté des chemins, rendaient pour lui, à cause des frais de transport, le bois coupé sans aucune valeur réelle; il n'en fut pas moins condamné, sur l'unique fondement que le bois qu'il avait eu le droit de couper ne devait pas servir à autre chose qu'à la réparation de ses bâtimens. On s'est évidemment écarté, dans ce cas, du tempérament équitable apporté aux principes par la loi 22, citée plus haut. Mais cet arrêt est une preuve que ces mêmes principes ont été confirmés par la jurisprudence, et que, en thèse générale, l'usager n'a pas le droit de disposer des fruits autrement que pour sa consommation personnelle, puisqu'il prouverait par là qu'il n'en aurait réellement pas besoin. Et d'ailleurs cela pourrait donner lieu à des fraudes dans beaucoup de cas, surtout dans les usages sur les les bois et forêts (1).

26. Vinnius regarde aussi la consommation des

---

(1) C'est dans la vue de les prévenir que le nouveau Code forestier défend à tous usagers dans les bois et forêts, indistinctement, de pouvoir disposer du bois qui leur a été *délivré*, si ce n'est selon la destination de l'usage. Nous reviendrons sur ce point au chapitre suivant.

fruits comme tellement nécessaire pour que l'usage soit pleinement exercé, qu'il décide que, dans le cas où l'usager meurt dans le courant de l'année, sans avoir absorbé sa provision, ce qui en reste n'appartient point à ses héritiers : *quia usuarius fructus, quos decerpsit aut collegit, neque suos facit, aut perceptione dominium eorum acquirit, quod tribuitur fructuario : sed tantùm jus iis modicè utendi habet.*

Dans notre législation on ne suivrait probablement pas cette dernière décision : elle est trop rigoureuse. On ne la suivrait certainement pas si les héritiers de l'usager étaient ses enfans habitant avec lui : mais elle est une preuve de la justesse de notre opinion, que l'usager n'a pas le droit de disposer des fruits autrement que pour ses besoins et ceux de sa famille, sauf disposition contraire résultant des termes ou de l'esprit du titre constitutif.

27. Cette matière offre un autre point susceptible de difficulté quand l'acte constitutif ne s'en explique pas, ce qui peut se présenter fréquemment dans les constitutions d'usage faites par legs; nous voulons parler du point de savoir si l'usager a le droit de jouir par lui-même, de se mettre en possession du fonds, de prendre et percevoir lui-même les fruits dont il a besoin, ou s'il doit seulement les recevoir des mains du propriétaire ou obtenir de lui, à chaque perception, l'autorisation de la faire.

L'article 630 porte que celui qui a l'usage des fruits d'un fonds ne peut en exiger qu'autant qu'il lui en faut pour ses besoins et ceux de sa famille. Or, le sens du mot *exiger* n'est pas le même que celui de *prendre* : suivant le premier de ces termes l'usager recevrait les fruits auxquels il a droit ; tandis que selon le second il se servirait par ses mains : il cultiverait lui-même ; il serait, en un mot, en possession, autant qu'on peut l'être d'une chose incorporelle.

De plus l'article 635 porte que si l'usager ne prend qu'une partie des fruits, il *contribue* au prorata aux frais de culture, aux réparations d'entretien et au paiement des contributions ; ce qui indique que ce n'est pas lui qui fait ces frais de culture, qui cultive lui-même, puisqu'autrement ce serait au propriétaire à *contribuer* au paiement de ces mêmes frais.

Mais, d'autre part, ce même article se sert de ces expressions : « Si l'usager ne PREND qu'une par- « tie des fruits, etc. ; » il *prend* donc, et ne *reçoit* pas seulement.

D'ailleurs, suivant l'art. 626, on ne peut, quant à l'usage, comme quant à l'usufruit, en jouir sans donner préalablement caution, et sans faire des états et inventaires ; or chacun sent le peu d'importance qu'aurait ce cautionnement, et surtout ces états ou inventaires, si l'usager ne devait pas cultiver le fonds, y demeurer en quelque sorte, le posséder à titre d'usager. Ils ne sont prescrits que pour constater l'état des lieux, et servir à fixer les dommages-intérêts en cas de dégradation de la part de l'usager, qui évidemment n'est point en position d'en commettre plus qu'un autre, s'il ne jouit pas lui-même du fonds, s'il n'est pas mis en possession réelle.

Le droit romain lui permet, d'une manière générale, de demeurer dans le fonds, pourvu qu'il ne soit pas trop incommode au propriétaire, ni un obstacle à ce que les ouvriers le cultivent (1). Il jouit même seul des celliers et autres bâtimens destinés à la conservation des fruits : tellement que le propriétaire n'en jouit pas malgré lui (2). Il a même seul aussi le droit d'aller et de venir dans les lieux destinés à la conservation des fruits (3). Bien mieux, il peut, en vertu de son droit, occuper la métairie, et même empêcher le maître d'y venir (4) : seulement il est obligé de souffrir que le colon et les personnes nécessaires à la culture l'habitent. De même, il ne peut empêcher que le propriétaire n'y vienne pour percevoir les fruits, et y habite pendant la saison de la récolte (5). Tel est le sens, d'après Vinnius, du passage des *Institutes* qui

(1) *In eo fundo hactenùs ei morari licet, ut neque domino fundi molestus sit, neque iis per quos opera rustica fiunt impedimentum.* §. 1, INSTIT. *de usu et habit.*

(2) L. 10, *in fin.* ff. *de usu et habit.*

(3) L. 12, §. 1, *eod. tit.*

(4) *Sed villam jure suo occupabit, et dominum illò venire prohibere poterit.* Vinnius, sur le §. 1, INSTIT. *hoc tit.*, n° 3.

(5) 10, §. ult.; et L. 12 *in princip.*

permet à l'usager de demeurer dans le fonds, par conséquent de le posséder, de le cultiver par lui-même, pourvu qu'il ne soit pas par trop incommode au propriétaire, ni un obstacle aux cultivateurs du fonds à ce qu'ils le cultivent.

L'insuffisance du Code civil sur ce point ne saurait, selon nous, être suppléée, dans tous les cas, par les diverses dispositions des lois romaines, ni par les opinions plus ou moins concordantes des anciens auteurs qui ont cherché à les prendre pour règle de leurs décisions; mais nous pensons que, dans le cas où l'usager, à raison de ses besoins et de ceux de sa famille, absorberait la totalité ou presque totalité des fruits du fonds, il pourrait, en l'absence de toute clause contraire dans le titre constitutif, en jouir par lui-même, le cultiver suivant sa nature de produits, à la charge de fournir la caution et de faire les états et inventaires dont parle l'art. 626, et de remettre au propriétaire le surplus des fruits, s'il ne les absorbait pas en totalité. Dans cette dernière hypothèse, ce serait le propriétaire qui contribuerait aux frais de culture, impôts et réparations d'entretien.

Que si, au contraire, l'usager n'avait besoin que de la moindre partie des fruits, il n'aurait pas le droit de se mettre en jouissance directe du fonds et de le cultiver par lui-même : il n'aurait que celui d'*exiger* la quantité de fruits qui lui serait nécessaire, d'obliger, pour cela, le propriétaire à le cultiver, si mieux n'aimait celui-ci le lui laisser cultiver lui-même : dans l'hypothèse contraire, l'usager devrait également fournir caution pour sûreté du paiement de sa part contributoire dans les impenses annuelles, mais nous ne voyons pas l'utilité qu'il y aurait à l'obliger de faire des états et inventaires.

Toutes ces difficultés seront ordinairement prévenues par le titre constitutif dans les constitutions d'usage par acte entre-vifs ; mais, nous le répétons, dans celles faites par testament, le disposant négligera souvent de s'en expliquer. En pareil cas, les décisions que nous venons de donner peuvent être adoptées sans inconvénient, sauf à les modifier suivant les circonstances particulières.

28. Non-seulement l'usage peut être établi au profit d'un seul, ou de plusieurs simultanément, mais il peut l'être aussi au profit de plusieurs successivement : par exemple, au profit de Paul et de ses enfans.

Dans ce cas, il est progressif dans ses effets ; en sorte, comme l'observe très-bien M. Proudhon (1), que chaque enfant de l'usager en titre aura lui-même, après la mort de celui-ci, un droit d'usage pour lui et sa famille ; mais du vivant du père, il ne jouira que de l'usage appartenant à celui-ci, et comme membre de sa famille. C'est un droit suc-

_____

(1) Tom. VI, page 514.

cessif, et non cumulatif, à moins que le contraire ne résultât de l'esprit du titre constitutif.

Une telle constitution, faite par testament ou par institution contractuelle, dit encore le même auteur, aurait de plus cet avantage pour les enfans de l'usager en titre, que s'il venait à mourir avant le disposant, c'est-à-dire avant l'ouverture du droit, l'usage leur appartiendrait comme à des substitués *vulgairement*, s'ils réunissaient d'ailleurs les conditions requises pour pouvoir le recueillir. Au lieu que dans une constitution simplement faite au profit d'un individu, celui-ci aurait bien sans doute la faculté de prendre des fruits pour ses enfans comme pour lui, si le droit s'ouvrait en sa personne; mais s'il mourait avant le disposant, le droit ne s'étant jamais ouvert en lui, ses enfans n'y pourraient rien prétendre.

29. M. Proudhon décide que, par le mot *enfans*, on doit simplement entendre ceux du premier degré, parce que l'interprétation du titre doit plutôt se faire pour borner que pour étendre la servitude, d'autant mieux que l'usage n'étant pas transmissible de sa nature, c'est un motif de plus pour ne pas lui donner des effets extraordinaires. Nous partageons ce sentiment, en faisant observer que, puisqu'il s'agit d'une question d'interprétation, il importe peu que le mot *enfans* se prenne ordinairement dans les actes, comme dans les lois, pour tous les descendans indistinctement.

3o. Il en serait autrement de l'usage établi au profit d'une personne et de ses descendans, ou de sa postérité, ou de ses enfans à perpétuité : l'intention de l'établir au profit de toute la descendance serait manifeste. Chacun d'eux en jouirait *ordine successivo*, c'est-à-dire après la mort de son chef direct et immédiat.

31. Quand un droit d'usage est ainsi constitué au profit d'un individu et de ses enfans ou descendans, on doit distinguer (1), entre le cas où la constitution a lieu par donation entre-vifs ou par testament, et le cas où elle est à titre onéreux.

Dans le premier, l'usage ne peut avoir lieu qu'au profit des enfans ou descendans de l'usager qui se trouvaient déjà conçus au moment de la donation ou du décès du testateur, puisqu'il ne pouvait recueillir la libéralité en leur nom que sous cette condition (art. 906) : leur vocation à l'usage y était subordonnée. Ceux donc qui n'auraient été conçus que depuis cette époque ne pourraient jouir de l'usage que comme membres de la famille de celui en la personne duquel il se serait ouvert, mais non comme appelés par le titre à en jouir eux-mêmes.

Dans le second cas, l'usage sera valablement stipulé pour les enfans ou descendans indistinctement, attendu que nous stipulons pour nos héritiers

---

(1) Comme nous l'avons fait au tome précédent, nos 81 et 491, relativement à une constitution d'usufruit établie de la même manière.

comme pour nous-mêmes (art. 1122), qu'ils soient
ou non conçus au moment de la stipulation, et
que l'héritier de notre héritier est aussi notre héritier (1).

M. Proudhon ne fait pas cette distinction, qui
nous paraît cependant fondée sur les vrais principes.

32. Cet auteur se demande ce qu'on doit entendre
par *famille* dans une constitution d'usage au profit
d'un individu et de sa famille.

Il distingue entre le cas où le mot *famille* se
trouve employé seul et sans autre désignation, et
celui où il y a, en outre, dans la disposition,
des termes indiquant que le constituant a voulu
étendre l'usage même aux générations à venir de
l'usager.

Quand dans la disposition, dit-il, le mot *famille*
se trouve employé seul, et sans autre désignation,
le droit d'usage ne doit être acquis qu'aux personnes qui composent actuellement la famille du
premier usager, lorsque le droit s'ouvre à leur
profit. Quand on parle de la famille de quelqu'un,
ce mot n'étant pris qu'au singulier, il ne serait pas
naturel, ajoute-t-il, d'en étendre l'application à
toutes les familles qui peuvent naître de cette première famille, par la succession de toutes les générations futures.

(1) L. 14 Cod. *de usuf.*

Mais, continue le même auteur, s'il était démontré, à vue de la disposition, que, par quelques termes ajoutés au mot *famille*, le testateur a eu en vue toute la postérité du premier légataire, il faudrait bien se conformer à ses intentions, puisque sa volonté ferait la loi.

Nous adoptons cette décision, toutefois avec le tempérament résultant de la distinction que nous venons d'établir entre les constitutions à titre gratuit et les constitutions à titre onéreux, ne pensant pas que, dans les premières, et d'après les principes du Code civil, qui prohibe les substitutions, du moins en général, ceux des enfans ou descendans du donataire ou légataire, non conçus à l'époque de la donation ou du décès du testateur, puissent jamais se prétendre utilement appelés par le titre. M. Proudhon convient lui-même que les enfans et descendans du premier légataire recueillent le droit *ordine successivo* : ils sont donc, d'après cela, de véritables appelés à la disposition : Or, sauf les cas de substitution permise, pour lesquels nous faisons sans doute exception à notre règle, pour recevoir par donation entre-vifs ou par testament, il faut être conçu au moment de la donation ou du décès du testateur.

On ne peut nier, en effet, que par la mort de l'usager en titre, son droit ne soit éteint. Si son fils est appelé à l'usage, ce n'est pas celui qu'avait son père qui lui est transmis, c'est un autre droit qui naît en sa personne, puisque le premier étant éteint ne pouvait passer à un autre (1). La loi 38, § 12, ff. *de verb. oblig.*, consacre clairement ces principes, en décidant que dans le cas où je stipule un droit d'usufruit pour moi et pour mon héritier, il y aura deux usufruits ; et il en doit être de même du cas où il s'agit d'un droit d'usage.

33. Les auteurs reconnaissent deux espèces de droits d'usage : l'un servitude personnelle, l'autre servitude réelle.

Ce dernier est établi en considération d'une métairie ou tout autre siége d'exploitation d'immeubles, par exemple le droit de pacage, ou de prendre du bois sur le fonds d'autrui pour l'usage de telle métairie (2).

Mais ce dernier est une véritable servitude : nous en développerons les règles avec plus d'étendue au titre suivant.

Nous ferons seulement observer, quant à présent, que celles que nous exposons sur l'usage proprement dit ne sauraient être appliquées à l'usage servitude réelle qu'avec d'importantes distinctions.

Ainsi, par exemple, de droit commun, l'usage proprement dit, l'usage servitude personnelle, ne peut être ni cédé ni loué, tandis que l'usage servi-

---

(1) *Voy.* Voët, tit. *quib. mod. usuf. amitt.*, n° 1, et ce qui a été dit tome précédent, n° 491.

(2) On regarde aussi comme usage servitude réelle le droit établi au profit d'une forge, de prendre du bois ou du charbon de terre dans tel fonds, pour son exploitation ; le droit établi au profit d'un fonds de prendre dans un autre de la craie, de la marne, du sable, etc., pour l'utilité d'un autre fonds.

V.   4

tude réelle peut être loué ou aliéné, par la location ou l'aliénation du fonds au profit duquel il
est établi.

Ainsi encore l'usage servitude personnelle s'éteint
par la mort de l'usager, tandis que l'usage servitude
réelle ne prend pas fin par cette cause.

Il importe beaucoup, d'après cela, de distinguer
soigneusement ces deux espèces d'usage, et de voir
quand celui qui a été constitué l'a été comme servitude personnelle, ou bien comme servitude-réelle.

34. D'abord, il est clair que si le titre n'établit
la concession qu'au profit d'une personne désignée nommément, sans relation avec un fonds
de terre, ce ne sera qu'un droit purement personnel, qui s'éteindra par le décès de l'usager, et
qui, en principe, ne sera point cessible : *Si tamen
testator demonstravit personam, cui servitutem pecoris præstari voluit, emptori vel heredi non eadem
præstabitur servitus.* L. 4 , ff. *de servit. præd. rustic.*

Au contraire, la concession d'un droit de pacage ou de mener boire un troupeau à tel étang,
paraît plutôt faite en considération du fonds où est
ce troupeau, qu'en considération de la personne
du maître du fonds, surtout quand son revenu
consiste principalement dans le produit du troupeau : *pecoris pascendi servitutes, item ad aquam
appellendi, si prædii fructus maximè in pecore
consistat, prædii magis, quàm personæ videtur.*
Même loi.

Quand, dit M. Prudhon (1), la concession est faite d'un droit d'usage à un individu pour lui et ses descendans, sans en rattacher l'exercice à aucune habitation particulière et désignée, ni à aucune exploitation rurale, pour accorder plus d'aisance à l'habitant ou au cultivateur, ce n'est toujours qu'un droit d'usage servitude personnelle qui a été établi; mais il doit durer autant que la postérité du premier usager, sauf néanmoins les autres causes par lesquelles il peut prendre fin, comme, par exemple, le non-usage pendant trente ans.

Mais si le droit a été concédé à quelqu'un tant pour lui que pour *ses successeurs dans la possession* de telle métairie ou de tel fonds, ou tant pour lui que pour *ses ayant-cause*, il aura, dit aussi le même auteur (2), la nature de la servitude réelle activement inhérente au fonds possédé par le premier concessionnaire; conséquemment, le droit est perpétuel de sa nature, et il passe aux acquéreurs du fonds du premier concessionnaire, parce que les expressions *successeurs et ayant-cause* s'appliquent également à tous ceux qui succèdent dans la possession des choses qui nous appartiennent.

L'une des marques les plus visibles de la réalité du droit d'usage s'aperçoit donc dans l'espèce ou la nature des émolumens qui en sont l'objet. Le droit de faire paître son bétail se rapporte, en effet, di-

---

(1) Tom. VI, pag. 540 et suiv.
(2) *ibid.*

rectement à l'utilité des fonds pour la culture desquels ce bétail est employé, soit comme agent de labourage, soit comme moyen de produit. Mais s'il s'agissait, par exemple, du pâturage d'une ou plusieurs vaches tenues par un individu qui n'aurait point de fonds de terre, comme on le voit souvent dans les petites villes, et même dans les campagnes, où des individus entretiennent une ou plusieurs vaches pour avoir toujours du laitage à leur disposition, il ne serait pas vrai de dire alors que le droit de mener paître ces animaux dans le fonds d'autrui a été établi pour l'utilité d'un fonds, et constitue un usage servitude réelle.

Il est sensible encore, ajoute M. Prudhon, que le droit de prendre dans une forêt des arbres futaies propres à la bâtisse des maisons se rapporte aussi directement à l'utilité des édifices qui peuvent appartenir aux concessionnaires de ce droit; et en conséquence, dans ce cas et autres semblables, le droit doit être présumé réel chaque fois qu'il n'est pas évident, à vue du titre constitutif, qu'on n'a voulu accorder au concessionnaire qu'un simple droit personnel, un véritable usage.

Les lois romaines exigent, pour qu'il y ait servitude réelle, une condition dont l'absence peut lever les doutes dans beaucoup de cas; nous voulons parler de l'existence d'un fonds voisin au profit duquel doit être établi le droit pour qu'il constitue une véritable servitude réelle. *Neratius ex Plautio ait : nec haustum pecoris, nec adpulsum, nec cretæ eximendæ calcisque coquendæ, jus posse in alieno esse, nisi fundum vicinum* (1) *habeat: et hoc Proculum et Atilicinum extimasse ait.* L. 5, § 1, ff. *de servit. præd. rust.*

La conséquence qu'on a tirée de ce principe, c'est que la servitude ne peut pas s'étendre au-delà de l'utilité qu'elle procure à l'héritage en faveur duquel elle est établie. Ainsi, dit le même Nératius dans la loi précitée : *ut maximè calcis coquendæ et cretæ eximendæ servitus constitui possit, non ultrà posse, quàm quatenùs ad eum ipsum fundum opus sit.*

La loi suivante offre un exemple remarquable de l'application du même principe. Elle suppose qu'un individu a dans son fonds de la terre propre à la fabrication de la poterie et de la tuile; et elle décide que si l'on a concédé à un tiers le droit d'y en venir prendre pour en faire commerce, ce ne sera pas une servitude réelle, une servitude prédiale, mais un droit d'usufruit, c'est-à-dire, comme l'observe Godefroy, dans ses notes sur cette loi, *jus quoddam personale.*

Ainsi, la faculté concédée à quelqu'un de prendre de la terre pour faire de la poterie ou de la tuile, ou de prendre de la pierre pour faire de la chaux, comme objet de commerce, ne constituerait, suivant cette loi, qu'un simple droit personnel, une espèce d'usage irrégulier, conséquemment non

---

(1) Mais, comme l'observe Pothier, *ad Pandectas*, tit. *de servit.*, nº 9, *hæc vicinitas strictiùs aut largiùs accipitur, pro diversâ diversarum servitutum naturâ.*

transmissible, à la différence du cas où les vases seraient destinés à contenir les vins d'un fonds, la tuile et la chaux à en entretenir les bâtimens, cas dans lequel ce serait une servitude réelle.

Cependant nous pensons, en ne nous attachant pas rigoureusement à la pureté des principes du Droit romain, qu'il y aurait servitude réelle, avec tous ses effets, dans la concession que le propriétaire d'un fonds ferait au propriétaire d'une tuilerie voisine, ou d'un four à chaux voisin, du droit de prendre chez lui l'argile ou la pierre calcaire dont ce dernier aurait besoin pour l'exploitation de sa tuilerie ou de son four à chaux.

Il est vrai que, dans ce cas, la concession serait faite aussi bien en vue de la profession du concessionnaire, qu'en vue du fonds où est située la tuilerie ou le four à chaux; mais n'en est-il pas ainsi dans les usages de bois établis au profit des forges ou autres usines, usages que l'on regarde sans difficulté comme constituant une servitude réelle, attachée activement et passivement aux deux fonds, et transmissible avec eux? Il y a parité : l'argile ou la pierre calcaire prise dans le fonds du concédant est utile à l'exploitation de la tuilerie ou du four à chaux, comme le bois est utile à l'exploitation de la forge ou de l'usine. D'après cela, on peut regarder la tuilerie ou le four à chaux comme étant l'objet principal, le véritable fonds pour l'utilité duquel la concession est faite ; conséquemment c'est un droit qui ne s'éteint point par la mort du

concessionnaire, à moins de disposition contraire
dans le titre constitutif.

§. III.

Des obligations de l'usager.

35. On a vu transitoirement que, d'après l'article 626, l'usager ne peut jouir sans donner préalablement caution, ni sans faire des états et inventaires, et que ses obligations sont, sous ce rapport,
assimilées à celle de l'usufruitier.

36. Par conséquent, comme le vendeur ou donateur avec réserve d'usufruit est dispensé, de
droit commun, de fournir caution; de même, de
droit commun aussi, le vendeur ou donateur avec
réserve de droit d'usage serait dispensé de la
fournir.

37. Quant aux états ou inventaires généralement
prescrits à l'usager comme à l'usufruitier, nous le
répéterons, nous ne voyons pas de quelle utilité
ils pourraient être dans le cas où l'usager ne jouirait
pas du fonds par lui-même, en le cultivant ou faisant cultiver; car alors il n'y a pas plus à craindre
de dégradations de sa part que de la part de tout
autre.

L'usager doit, comme l'usufruitier, jouir en bon
père de famille. (Art. 627.)

38. Suivant l'article 635, si l'usager absorbe tous

les fruits du fonds, il est assujéti aux frais de culture, aux réparations d'entretien et au paiement des contributions, comme l'usufruitier.

S'il ne prend qu'une partie des fruits, il contribue au prorata de ce dont il jouit.

Comme les récoltes ne donnent pas toutes la même quantité de fruits, il y aura lieu, dans la dernière hypothèse, à faire chaque année une appréciation de ce qu'il aura pris de fruits, comparativement à la totalité qu'en aura produit le fonds, pour régler la contribution d'après des bases positives; ce qui ne sera pas sans quelque difficulté dans la pratique, d'autant mieux que les besoins de l'usager peuvent eux-mêmes varier beaucoup, mais cependant ce qui sera souvent nécessaire, afin que l'une des parties ne supporte pas plus d'impenses qu'elle n'en doit supporter d'après la règle ci-dessus.

Dans cette même hypothèse, il se présente une difficulté relativement aux semences, qui font évidemment partie des frais de culture.

Que l'on suppose, en effet, l'usage établi sur une terre labourable donnant habituellement 60 mesures de blé, mais qui en exige 10 pour les semences. Qu'on suppose aussi que l'usager ait annuellement besoin, pour lui et sa famille, de 30 mesures. Si l'on exige qu'il contribue aux semences, il ne lui restera plus que 25 mesures, ce qui serait insuffisant, ou bien il serait obligé de prendre sur ses deniers particuliers une somme pour payer la moitié des semences. Mais, en général, une récolte ne doit être appréciée, dans la quantité de fruits qu'elle donne, que semences déduites, parce qu'en effet on ne peut calculer les fruits du fonds qu'en raison de ce qu'on en obtient en définitive. Dans toute exploitation suivie, soit que l'on cultive par ses mains, soit qu'on le fasse par celles d'un colon ou métayer, on commence par prélever les semences, et c'est le surplus qui est considéré comme étant véritablement le produit de la récolte.

Que l'on suppose aussi que l'usage soit établi sur un domaine habituellement cultivé par un colon partiaire ou métayer, et que l'usager n'ait besoin que d'une partie des fruits qui forment la portion du maître; on ne voit pas, dans ce cas, comment il contribuerait aux semences, qui, comme on vient de le dire, se prélèvent d'abord sur la masse des fruits récoltés, et même comment il contribuerait aux frais de culture, qui consistent, dans cas, dans une portion de ces mêmes fruits.

Nous pensons donc, pour les semences, qu'il n'aurait à y contribuer que pour la première année, s'il fallait en acheter, parce qu'il n'y en aurait pas dans le fonds lors de l'ouverture du droit, ainsi que pour les années suivantes où l'on serait aussi forcé d'en prendre ailleurs, parce que toute la récolte serait venue à périr par force majeure. Nous croyons aussi que, dans le cas où le fonds est cultivé par un colon partiaire, il n'a aucune contribution à subir pour frais de culture, puisque c'est le fonds lui-même qui y subvient. Il en est autrement des impôts ainsi que des réparations d'entretien, qui sont de véritables déboursés.

39. Au surplus, il ne faut pas confondre, surtout quant à cette contribution aux frais de culture, réparations d'entretien et impôts, la constitution d'une prestation annuelle d'une certaine *quantité* de fruits, avec le droit d'usage. Par exemple, si je lègue à Paul 20 mesures de blé annuellement, sa vie durant, à prendre sur le produit de mon domaine A, Paul devra avoir annuellement les 20 mesures de blé sans être tenu d'aucunes charges. C'est là une véritable rente, et non un droit d'usage proprement dit : aussi, Paul n'aura-t-il pas un droit réel immobilier, mais bien une simple créance mobilière et personnelle, sauf l'effet du privilége attaché à son legs, sur les biens de ma succession, par les articles 878 et 2111. En conséquence, son droit, comme chose mobilière, entrerait dans sa communauté, à moins de clause contraire, soit dans son contrat de mariage, soit dans mon testament; tandis que si c'était un droit d'usage, il n'y aurait que les produits échus pendant son mariage qui tomberaient dans sa communauté; le droit lui resterait en propre à sa dissolution.

40. La question de savoir si, dans le cas où le fonds désigné ne donnerait pas, pendant une ou plusieurs années, la quantité de blé portée au legs,

mon héritier serait obligé de fournir le surplus, dépendrait de l'interprétation de ma volonté. Nos auteurs les plus exacts (1) pensent que les mots *à prendre* dans tel fonds , sont simplement démonstratifs, qu'ils indiquent *undè solvetur*, et ne restreignent pas rigoureusement l'objet de l'obligation aux seuls fruits du fonds désigné ; que le testateur, en indiquant ce fonds, a simplement voulu l'indiquer pour fournir de préférence la chose léguée ; mais que lorsqu'il a dit : Je lègue tant de mesures de grain *de tel fonds*, ces mots *de tel fonds* sont limitatifs, et restreignent aux fruits par lui produits les choses léguées ; de manière que s'il n'en fournit pas suffisamment, l'héritier n'est pas obligé d'y suppléer.

41. Si la constitution était d'une certaine *quotité* de fruits de tel fonds, par exemple, de la moitié, avec ou sans détermination fixe de durée, celui au profit de qui elle serait établie devrait, pendant sa jouissance, contribuer, au prorata, aux frais de culture, réparations d'entretien et paiement des impôts ; et la question de savoir si c'est un droit d'usage irrégulier qu'on a entendu établir, et en conséquence si ce droit est réel-immobilier, ou bien si c'est simplement un droit mobilier, se déciderait d'après l'esprit du titre constitutif.

(1)Notamment Pothier, *des Obligations*, n° 623. *Voy.* aussi le même auteur *ad Pandectas . tit. de condit. et demonst.* n° 235.

§. IV.

De l'extinction du droit d'usage.

42. D'après l'article 625, l'usage s'éteint de la même manière que l'usufruit.

Ainsi, il s'éteint par la mort naturelle ou par la mort civile de l'usager ;

Par l'expiration du temps pour lequel il a été accordé ;

Par la consolidation ou la réunion sur la même tête des deux qualités d'usager et de propriétaire ;

Par le non-usage du droit pendant trente ans;

Par la perte totale de la chose sur laquelle il avait été constitué.

Il peut aussi cesser par l'abus que l'usager ferait de sa jouissance. (Art. 617 et 618.)

Il cesse aussi par la résolution du droit de celui qui l'a concédé, et par la renonciation valable de l'usager.

En un mot, ce que nous avons dit au tome précédent, sur l'extinction de l'usufruit, est applicable à l'extinction du droit d'usage.

43. Mais la disposition de l'article 619, suivant laquelle l'usufruit qui n'est pas accordé à des particuliers ne dure que trente ans (1), n'est point

_____

(1) Lorsque, bien entendu, le titre ne s'explique pas sur la durée du droit. Voy. tome précédent, n° 663.

applicable au droit d'usage établi au profit des communes ou communautés, nonobstant la généralité des termes de l'article 625, assez inexacts, comme on l'a vu, sous d'autres rapports.

L'exercice de l'usufruit paralyse le plus puissant effet de la propriété, la jouissance de la chose; il a donc fallu qu'il prît fin, et on lui a sagement assigné la durée de trente ans, en l'absence de toute clause à ce contraire, quand il n'est pas accordé à des particuliers. Mais l'étendue de l'usage étant mesurée sur le besoin de l'usager, et laissant, du moins ordinairement, une partie de la jouissance au propriétaire, la raison qui a fait limiter à trente ans la durée de l'usufruit accordé à des communes ou communautés, n'a plus la même force quand il s'agit d'un droit d'usage. Nonobstant son exercice, la propriété aura toujours de l'utilité pour celui à qui elle appartient.

SECTION II.

Du droit d'habitation.

SOMMAIRE.

44. Le droit d'habitation est le droit d'habiter la maison d'autrui, à la charge, comme dans l'usufruit et dans l'usage, de conserver la substance de la chose.

Ce droit s'établit aussi, d'après l'article 625, de la même manière que l'usufruit.

Et comme celui qui l'exerce a une jouissance continue, lors même qu'il n'occuperait qu'une partie de la maison, nous en avons conclu, ainsi que pour l'usufruit, et l'usage dans certains cas, que le droit d'habitation est susceptible de s'acquérir par prescription (1).

45. Celui qui a un droit d'habitation dans une maison peut y demeurer avec sa famille, quand même il n'aurait pas été marié à l'époque où ce droit lui a été donné. (Art. 632.)

Le droit est restreint à ce qui est nécessaire pour l'habitation de celui à qui il a été concédé, et de sa famille. (Art. 633.)

---

(1) Voy. *suprà*, n° 7 et 8.

46. Dans le silence du titre constitutif sur ce point, le droit d'habitation ne peut être ni cédé ni loué. (Art. 628 et 634 combinés.)

Si le titre constitutif autorise la cession ou la location, alors s'applique ce que nous avons dit à cet égard en parlant de l'usage (1).

47. Si le titre est muet sur ce point, il importe de bien apprécier quelle est l'espèce de droit que le constituant a entendu concéder, de voir si c'est un droit d'usufruit, ou simplement un droit d'habitation.

Quand les termes mêmes du titre ne seront pas formels, et que les autres circonstances de la disposition ne rendront pas manifeste l'intention du disposant, on devra incliner à y voir un simple droit d'habitation, si, à raison de l'étendue de la maison, le concessionnaire n'en doit occuper qu'une partie.

Au contraire, on devra incliner à y voir une constitution d'usufruit, s'il doit occuper toute la maison; en conséquence, il pourra louer ou céder son droit.

Ce sera surtout dans les dispositions testamentaires qu'il sera permis de se livrer à cette interprétation de la volonté du disposant.

48. En décidant que le droit d'habitation ne peut être cédé ni loué, sauf, ainsi que nous l'avons dit, le cas de disposition contraire dans le titre

---

(1) Voy. *suprà*, n° 24.

constitutif, les rédacteurs du Code ont confondu le droit d'habitation avec l'usage des bâtimens, *usus œdium*, et ont ainsi rejeté le droit d'habitation proprement dit, tel qu'il existait dans la législation romaine.

En effet, suivant le §. 2, Instit. *de usu et habit.*, celui qui a l'usage d'un bâtiment a seulement le droit d'y habiter avec son épouse, ses enfans, ses affranchis et les personnes du service desquelles il a besoin journellement. A peine, est-il dit, dans ce texte, peut-il y recevoir un hôte : *et vix receptum esse videtur, ut hospitem ei recipere liceat.* Il ne peut surtout transférer son droit à un autre.

Au contraire, d'après le §. 5, au même titre, le droit d'habitation n'est pas considéré comme un droit d'usage, ni comme un usufruit, mais bien comme un droit particulier (1), *sed quasi proprium aliquod jus;* et il est permis à celui qui l'a, non-seulement d'habiter lui-même la maison, *sed etiam aliis locare.*

De là, plusieurs docteurs ont soutenu que l'habitation n'est point une servitude quelconque, qu'elle n'affecte point la chose; conséquemment,

---

(1) Aussi ne s'éteignait-il pas par le non-usage. L. 10, ff. *de usu et habit.*, parce que *habitatio magis in facto, quàm in jure consistit.* L. *pen.* ff. *de cap. minut.* C'est-à-dire, *quod legatæ habitationis jus non semel cedat, sed per dies singulos, perindè ut ususfructus in singulos dies relicti,* L. 1, *princip.* ff. *quando dies usuf. leg. ced.* En d'autres termes, *plura híc sunt legata et quasi nova singulorum dierum habitatio.* C'est pour cela qu'avant Justinien, alors que l'usufruit et l'usage s'éteignaient par le petit changement d'état, ce qu'il a changé par la L. *pen.* Cod. *de usuf.*, l'habitation elle-même ne prenait pas fin de cette manière.

qu'elle ne donne point l'action *confessoire* ni contre les tiers détenteurs, ni contre le concédant ou son héritier ; qu'elle n'est rien autre chose qu'un droit d'obligation, et n'engendre qu'une action personnelle contre le constituant ou son héritier, à la différence du droit d'usage établi sur un bâtiment ou sur toute autre chose.

Mais Vinnius, sur le § 5, *hoc. tit.* INSTIT., démontre évidemment, selon nous, que cette opinion n'est pas fondée, et que l'habitation, comme le droit d'usage, est une espèce de servitude personnelle, grevant le domaine d'un droit réel, et donnant ainsi une action réelle contre tout détenteur. Au reste, puisque l'habitation, dans notre Code, est confondue avec l'usage des bâtimens, cette controverse n'a plus d'objet, et il est bien certain que ce droit est un droit réel, une modification de la propriété, comme l'usufruit et l'usage proprement dit, un droit qui peut s'exercer contre tout détenteur quelconque du bâtiment affecté ; enfin, que c'est un droit réel immobilier, qui, à ce titre, n'entrerait point dans la communauté de celui à qui il serait concédé, si ce n'est pour la jouissance seulement pendant son mariage.

49. Si celui qui a l'habitation, occupe toute la maison, il est assujéti, non seulement aux réparations locatives, mais de plus aux réparations d'entretien, et au paiement des contributions, comme l'usufruitier.

V.   5

S'il n'occupe qu'une partie de la maison, il contribue au prorata de ce dont il jouit. (Art. 635.)

Il doit également fournir caution, comme l'usager (art. 626), sauf les exceptions que nous avons signalées sur l'usage lui-même; et il doit faire des états dans tous les cas. (*Ibid.*)

5o. Le droit d'habitation prend fin de la même manière que l'usage et l'usufruit. (Art. 625.) Il faut, en conséquence, se reporter à ce que nous avons dit à cet égard.

SECTION III.

De l'usage appartenant à une commune ou communauté d'habitans sur les terres vaines et vagues, les prés ou marais situés dans son territoire.

SOMMAIRE.

58. *Quand, d'après les lois ci-dessus, le représentant d'un ci-*
devant seigneur ne justifie pas de ses droits de propriété sur
les terres usagères de la commune, il n'y a pas lieu entre
elle et lui à transiger, ni à cantonnement.

59. *Observations générales sur l'esprit de ces diverses lois.*

60. *Comme elles n'ont pas statué sur les bois, leurs dispositions*
ne sont point applicables à ce genre de propriété.

61. *Il en est de même à l'égard des prairies.*

62. *L'étendue des droits d'usage appartenant aux communes ou*
communautés se règle par le titre constitutif ou par la
possession paisible et constante :

63. *Quelle est l'autorité compétente pour connaître des contesta-*
tions.

64. *La réunion d'une commune ou d'une section de commune à*
une autre n'établit pas une communauté dans le droit
d'usage au profit de cette dernière.

65. *Un droit d'usage concédé à une commune ou aux habitans*
d'un territoire s'est-il accru avec la population ? Résolution
de la question par une distinction.

66. *L'usage au profit d'une commune ou communauté d'habitans*
est toujours servitude réelle.

67. *Ce qui concerne les impôts et autres charges, se règle par les*
actes ou par des lois particulières.

68. *Ce que c'est que le cantonnement; il peut être aussi demandé*
les terrains vains et vagues, et aussi bien par la commune
contre le propriétaire, que par le propriétaire contre la
commune; dispositions des lois nouvelles sur la matière du
cantonnement.

69. *Il peut être aussi demandé dans le cas d'usage sur des prés,*
à moins que l'usage ne fût borné à un simple droit de par-
cours après les premières herbes, auquel cas il n'y aurait
que le propriétaire qui pût l'exiger.

51. En traitant des biens dans leurs rapports

avec ceux qui les possèdent, nous avons dit au tome précédent, d'après l'article 542, que les biens communaux sont ceux à la propriété ou au produit desquels les habitans d'une ou plusieurs communes ont un droit acquis.

Ainsi, deux sortes de biens communaux : ceux dont la commune a la propriété, et dont elle jouit selon les règles qui leur sont propres; et ceux sur les produits desquels seulement elle a un droit acquis, et ce droit est un droit d'usage.

52. Quant à ces derniers, la commune ou communauté d'habitans n'en ayant que l'usage, la propriété en appartient à des particuliers, et quelquefois à l'État; car le droit d'usage et celui de propriété ne sauraient être réunis dans la même main : ils s'excluent réciproquement; leur réunion opère confusion et extinction du premier, d'après la règle si connue, *res sua nemini servit.*

53. Et comme le droit de propriété est infiniment plus plein que le simple droit d'usage, il importe de bien distinguer le cas où la commune peut invoquer le premier de ces droits, du cas où elle ne peut invoquer que le second.

Sur ce point s'est élevée anciennement la question de savoir à qui, en l'absence de tout titre positif à cet égard, du seigneur ou de la communauté, est censée appartenir la propriété des marais et des terres incultes dont celle-ci a l'usage, et quel genre de preuve on peut faire valoir en cette matière?

Cette question du plus haut intérêt, si controversée jadis (1), et jugée si diversement par les différens parlemens, à raison de la manière dont chacun supposait que le droit des communes avait pu se former dans l'origine, ou se perdre par suite de l'établissement du régime féodal ; cette question, disons-nous, a été tranchée dans l'intérêt des communes par la nouvelle législation.

54. Suivant l'art. 7 de la loi du 13 avril 1791, « le droit de s'approprier les terres vaines et vagues « ou gastes, landes, biens hermes ou vacans, gari- « gues, flégards ou wareschains, n'aura plus lieu « en faveur des ci-devant seigneurs, à compter de « la publication des décrêts du 4 août 1789.

« Et néanmoins, porte l'art. suivant, les terres « vaines et vagues ou gastes, landes, biens hermes « ou vacans, garigues, flégards ou wareschains, « dont les ci-devant seigneurs ont pris publique- « ment possession avant la publication des décrets « du 4 août 1789, en vertu des lois, coutumes, sta- « tuts ou usages locaux lors existans, leur demeu- « reront irrévocablement acquis sous les réserves « ci-après.

Art. 9. « Les ci-devant seigneurs seront censés « avoir pris publiquement possession desdits ter- « rains, à l'époque désignée par l'article précédent,

---

(1) *Voy.* au *Répertoire* de M. Merlin, au mot *Usage* (*droit d'*), sect., §. 1.

« lorsqu'à cette époque ils les auront, soit inféodés,
« acensés ou arrentés, soit clos de murs, de haies
« ou fossés, soit cultivés ou fait cultiver, plantés
« ou fait planter; soit mis à profit de toute autre
« manière, pourvu qu'elle ait été exclusive et à titre
« de propriété.

Art. 10. « Il n'est préjudicié par les deux articles
« précédens à aucun des droits de propriété et
« d'usage que les communautés d'habitans peuvent
« avoir sur les terrains y mentionnés; et toutes
« actions leur demeurent réservées à cet égard. »

55. La loi du 28 août 1792 a apporté des innovations à l'ancienne législation sur les biens communaux, et même à la loi du 13 avril 1791.

Par son art. 8 elle décide que « les communes
« qui justifieront avoir anciennement possédé des
« biens ou droits d'usage quelconques, dont elles
« auront été dépouillées en totalité ou en partie
« par des ci-devant seigneurs, pourront se faire
« réintégrer dans la propriété et possession desdits
« biens ou droits d'usage, nonobstant tous édits,
« déclarations, arrêts du conseil, lettres-patentes,
« jugemens et possession contraire, à moins que
« les ci-devant seigneurs ne présentent un acte au-
« thentique qu'ils ont légitimement acheté lesdits
« biens. »

L'art. 9 porte : « Les terres vaines et vagues ou
« gastes, landes, biens hermes ou vacans, garigues,
« dont les communes ne pourraient pas justifier

« avoir été anciennement en possession, sont censés
« leur appartenir et leur seront adjugés par les tri-
« bunaux, si elles forment leur action dans le délai
« de cinq ans, à moins que les ci-devant seigneurs
« ne prouvent, par titre ou par possession exclusive
« continuée paisiblement et sans trouble pendant
« quarante ans, qu'ils en ont la propriété. »

56. Cette disposition parut encore trop favorable
aux ci-devant seigneurs; et voici en conséquence
ce qu'a réglé sur ce point la fameuse loi du 10 juin
1793.

L'art. 1er de la quatrième section est ainsi conçu:
« Tous les biens communaux en général, connus
« dans toute la république sous les divers noms de
« terres vaines et vagues, gastes, garigues, landes,
« pacages, pâtis, bruyères, bois communs, hermes,
« vacans, palus, marais, marécages, montagnes, et
« sous toute autre dénomination quelconque, sont
« et appartiennent de leur nature à la généralité
« des habitans ou membres des communes ou sec-
« tions de commune, dans le territoire desquelles
« ces communaux sont situés; et comme tels, les-
« dites communes ou sections de commune sont
« autorisées à les revendiquer. »

Suivant l'art. 8 de la même section, « la possession
« de quarante ans exigée par la loi du 28 août 1792
« pour justifier de la propriété d'un ci-devant sei-
« gneur sur les terres vaines et vagues, gastes,
« garigues, landes, marais, biens hermes, vacans,

« ne pourra, en aucun cas, suppléer le titre légi-
« time; et le titre légitime ne pourra être celui qui
« émanerait de la puissance féodale, mais seulement
« un acte authentique qui constate qu'ils ont légi-
« timement acheté lesdits biens, conformément à
« l'art. 8 de la loi du 28 août 1792. »

57. Au surplus, cette loi du 10 juin 1793 n'a pas
dérogé à celle du 20 août 1792, quant au délai dans
lequel les communes étaient tenues de se pourvoir
contre leurs ci-devant seigneurs, pour faire juger
que les terres vaines et vagues situées dans leur
territoire respectif étaient des biens communaux.
D'où il suit qu'une commune qui aurait laissé passer
cinq ans après la publication de la loi du 28 août
1792, sans se pourvoir contre son ci-devant seigneur en délaissement des terres vaines et vagues
dont il avait alors une possession légitimée par la
loi du 13 avril 1791, ne serait plus aujourd'hui recevable à réclamer ces biens. C'est en quoi, observe
fort bien M. Merlin (1), les terres vaines et vagues
diffèrent des biens productifs dont il est parlé
dans l'art. 8 de la loi du 28 août 1792; car cet article ne détermine aucun délai fatal dans lequel les
communes soient tenues d'agir, et conséquemment
il leur laisse pour cela tout le temps qu'il faut, de
droit commun, pour que l'on puisse prescrire une
action réelle contre une commune.

(1) Voy. *Répertoire*, au mot *Communaux*, §. 2.

58. Le même auteur fait aussi l'observation que l'art. 7 de la loi du 28 août 1792, et l'art. 8 de la section 4 de la loi du 10 juin 1793, ne réputent biens communaux que les terres vaines et vagues situées dans le territoire d'une commune. « Quant
« à celles, porte l'art. 11 de la première des lois
« citées, qui ne se trouveraient pas circonscrites
« dans le territoire d'une commune ou d'une ci-
« devant seigneurie, elles sont censées appartenir
« à la nation, sans préjudice des droits que les com-
« munautés ou les particuliers pourraient y avoir
« acquis, et qu'ils seront tenus de justifier par titre
« ou par possession de quarante ans. »

En conséquence de ces lois, le Conseil d'état, par avis du 26 juin 1808, approuvé le 17 juillet suivant, a refusé de sanctionner une transaction passée le 14 mai 1806 entre la commune d'Ouville et le sieur Michel d'Annoville ci-devant seigneur d'Annoville, par laquelle ce dernier cédait à la commune ses prétentions de propriété et d'usage sur les trois quarts des landes et terrains vagues d'Ouville, en se réservant l'autre quart franc et exempt de toute servitude. L'avis du Conseil d'état porte de plus que la commune d'Ouville continuera à posséder, ou *prendra possession* des landes et terrains vagues existant dans son enceinte, attendu que, d'après l'art. 8, sect. 4 de la loi du 10 juin 1793, la possession paisible et quadragénaire ne suffit pas pour constater les droits de propriété en faveur des ci-devant seigneurs; que le sieur d'Annoville ne justifie d'aucun titre primordial et légitime qui constate ses droits de propriété des landes et terres vagues d'Ouville; que par conséquent la commune en doit être regardée, aux termes de la loi, comme seule et légitime propriétaire, et quand le droit d'une commune n'est pas douteux, il n'y a pas lieu à transaction.

Une chose très-remarquable dans cette espèce, observe M. Merlin, c'est que le ci-devant seigneur d'Annoville avait constamment joui comme propriétaire des landes dont il s'agissait, et que la commune d'Ouville n'y avait jamais non seulement exercé, mais même prétendu que des droits d'usage; cependant le gouvernement n'a pas voulu sanctionner ce cantonnement.

59. Les dispositions de la loi du 13 avril 1791 nous paraissent parfaitement justes : elles respectent les droits acquis aux anciens seigneurs, au moins par la possession paisible et publique antérieure aux décrets du 4 août 1789, en vertu des lois, coutumes, statuts ou usages locaux lors existans. Sans doute la légitimité de cette possession est loin d'avoir été avouée par tous les bons auteurs qui ont traité cette matière délicate; mais enfin faut-il que la propriété puisse se consolider en quelque main.

Les uns n'y ont vu, en effet, qu'une usurpation faite, par suite de l'établissement du régime féodal, sur les habitans des communes, et une possession qui, n'ayant eu pour principe et pour appui que la force, ne devait jamais produire le droit de propriété en faveur des seigneurs.

D'autres, au contraire, ont soutenu que la plupart des terres vaines et vagues étaient abandonnées, et avaient été occupées librement et paisiblement par les gens de guerre ou autres personnages dominans dans l'ordre social; que, surtout dans les pays de franc-alleu, et qui étaient en assez grand nombre dans l'ancienne France, la possession n'était point le résultat du régime féodal, mais bien l'effet d'une occupation libre ou d'une libéralité du souverain qui était maître de ces mêmes biens par droit de conquête ou autrement.

Nous ne rappellerons pas ce que l'on a écrit de part et d'autre sur ce point assez obscur de notre histoire. Il nous a semblé que les divers systèmes qu'on a établis, soit pour favoriser les intérêts des habitans des communes, soit à l'appui des prétentions des anciens possesseurs, sont tous plus ou moins susceptibles d'objections, parce qu'ils reposent tous sur des bases qui sont loin d'être positives et avouées par les adversaires respectifs.

Écoutons toutefois M. Merlin; il s'exprime ainsi dans son *Répertoire* au mot *Usage* :

« Parmi les coutumes, il en est plusieurs qui
« s'occupent, avec le plus grand soin, de la qua-
« lité que doit avoir la possession des habitans,
« pour leur acquérir le droit d'usage dans les bois
« et marais de la seigneurie; de ce nombre sont
« Vitry, Nivernais, Bourgogne, etc., et nous n'en

« voyons pas qui parlent de la propriété des com-
« munautés sur ces mêmes biens, de la manière
« d'acquérir ou de conserver cette propriété, objet
« néanmoins plus important qu'un simple droit
« d'usage : tant il est vrai que les rédacteurs de nos
« coutumes regardaient la propriété des seigneurs
« comme incontestable !

  « Eh ! que peut, contre tant de moyens réunis,
« l'allégation de ce qui a précédé l'établissement
« des fiefs? Faut-il donc remonter jusqu'au déluge
« pour apprendre quels sont aujourd'hui les droits
« et les propriétés? Sans doute il y avait, comme
« l'expose Imbert dans son *Enchiridion*, au mot
« *Usages,* des hommes et des villages avant qu'il
« y eût des seigneurs; mais tout changea dans la
« propriété des biens et dans l'état des personnes
« par l'établissement du système féodal. Toutes les
« provinces de France devinrent des fiefs (1), et
« tous, ou presque tous les habitans des campa-
« gnes, des serfs de la glèbe. Tout appartenait aux
« seigneurs, même les hommes. Comment imaginer
« que ceux-ci avaient la propriété des bois ou des
« marais?

  « La simple possession, tant qu'elle leur laissait
« ces bois et ces marais simplement en usage, ne
« suffisait pas pour leur donner le droit de pro-
« priété. En effet, c'est une maxime incontestable

_____

(1) Sauf toutefois, comme nous l'avons fait observer, les pays de
franc-alleu.

« que l'usager ne prescrit jamais la propriété, à
« moins qu'un droit nouveau n'ait effacé les an-
« ciens ; autrement, la possession est censée conti-
« nuer comme elle a été commencée, et la loi
« réfère tous les actes du possesseur au titre, etc. »

La loi du 13 avril 1791 consacrait ces principes,
en maintenant les droits acquis par une possession
ou par des actes de vente.

Celle du 28 août 1792, moins favorable aux ci-
devant seigneurs que la précédente, exigeait, il est
vrai, un titre d'acquisition par voie d'achat, ou du
moins une possession exclusive et paisible continuée pendant quarante ans, mais elle respectait du
moins les droits acquis de cette manière ; car si la
longue possession, paisible et publique, ne suffit
même pas pour consolider la propriété, ce droit
n'est plus qu'un vain mot parmi les hommes : tout
peut être remis journellement en question, et personne ne peut se promettre de jouir plus long-
temps de ce qu'il possède et de ce que ses ancêtres
lui ont transmis. Cette loi, d'ailleurs, établissait un
délai durant lequel les communes devaient élever
leurs réclamations, si elles croyaient avoir le droit
d'en former. Par là, ses auteurs voulaient consolider la propriété en déterminant les signes auxquels on pourrait reconnaître le véritable propriétaire, et sous ce rapport leur œuvre est digne
d'éloge. Ils établissaient enfin un principe favorable aux communes, en créant la présomption
de droit que les terres vaines et vagues leur appar-

tenaient, sauf aux seigneurs à prouver le contraire par titre d'achat ou par possession paisible et continuée pendant quarante ans. C'était une présomption contraire à celle qui résultait du système féodal, et une immense conquête faite au profit des masses sur quelques-uns seulement.

Si l'on s'en fût tenu là, cette partie de la législation serait, selon nous, irréprochable; mais il ne serait pas également facile de justifier la dernière des lois citées, celle du 10 juin 1793, qui a méconnu, dans la main des seigneurs, la possession paisible et publique, quelle qu'en fût la durée. Elle a porté atteinte au droit de propriété, en repoussant l'un des moyens les plus naturels et les plus légitimes de l'acquérir, celui-là même qui fut le seul dans l'origine, et sur lequel tous les autres ont été entés dans la suite.

60. Aussi ne doit-on appliquer cette loi, et même celle du 28 août 1792, qu'aux objets sur lesquels elles statuent. En conséquence, comme elles ne parlent que des terrains vains et vagues, désignés sous ces dénominations ou autres analogues, et nullement des *bois*, on doit décider, comme l'a fait la Cour de cassation (1), qu'un bois situé dans le territoire d'une commune, et dont elle prouve même avoir eu anciennement l'usage, n'est pas

---

(1) Arrêt du 14 floréal an x, rapporté aux *Questions de droit* de M. Merlin, mot *Communaux (biens)* §. 1.

présumé pour cela lui appartenir. Le ci-devant seigneur ou son ayant-cause qui en a la possession comme propriétaire ne peut en être évincé, quoiqu'il ne représente pas lui-même un titre légitime d'acquisition ; sauf à la commune son droit d'usage.

D'où il suit encore qu'une commune ne peut pas revendiquer, en vertu de l'article 8 de la loi du 28 août 1792, un bois situé dans son territoire, quoiqu'elle prouve l'avoir possédé *animo domini*, mais sans titre légitime de propriété, pendant un tems insuffisant pour la prescription (1).

61. Par la même raison, les communes qui exerçaient, lors de ces lois, des droits d'usage sur des prairies, après les premières herbes levées, comme on en voit en si grand nombre sur les bords de la Saône et autres rivières ou fleuves, n'ont pu, pour se prétendre propriétaires, argumenter du bénéfice desdites lois, qui ne parlent point des fonds de terre productifs, mais des terres vaines et vagues.

Ces communes ont simplement conservé leur qualité d'usagères ; et dans les cas où, même à l'égard des terres vaines et vagues, les anciens seigneurs ou leurs représentans ont justifié de leurs droits de propriété, et que les communes ont établi par titres ou par possession leurs droits d'usage,

_____

(1) Arrêt du 18 brumaire an xi, rapporté au même recueil, même mot, §. 2.

ces droits font partie de la seconde classe des biens communaux , c'est-à-dire de ceux sur les produits desquels la commune ou section de commune a un droit acquis. (Art. 542.)

62. Il serait impossible de donner des règles précises sur le mode d'exercice de ces droits d'usage : il est déterminé par le titre constitutif, ou par la possession paisible et constante.

63. On doit toutefois tenir pour principe que les contestations qui pourraient s'élever entre la commune usagère et le propriétaire sont de la compétence de l'autorité judiciaire, mais que les changemens qu'il y aurait à apporter dans le mode d'usage, par rapport aux habitans entre eux, ou la fixation de ce mode en cas de contestation, sont du ressort de l'autorité administrative (1).

64. Si, par l'effet d'une disposition administrative, deux communes ont été réunies en une seule, ou si une section a été détachée d'une commune pour être réunie à une autre, la commune ou la section conserve exclusivement ses droits d'usage, suivant ce que nous avons dit au tome précédent, n° 206; et quand même la commune ou section usagère consentirait à ce que les habitans de l'autre commune ou des autres sections participassent au

---

(1) A cet égard, voy. ce qui a été dit au tome précédent, n° 216 et suiv., et surtout M. Favard de Langlade, au mot *Communes.*

bénéfice de l'usage, le propriétaire du fonds sur lequel il s'exerce aurait le droit de s'y opposer; car sa condition ne peut être aggravée sans son consentement.

65. Quand un droit d'usage a été concédé à une commune ou aux habitans d'un territoire, ce droit s'est-il accru avec la population?

Selon M. Proudhon (1), il faut distinguer entre les causes qui ont produit cette augmentation.

Si elle est provenue de l'étendue, du défrichement, de la fertilité du territoire, on doit décider, suivant ce jurisconsulte, que, généralement, tous les habitans ont un droit égal au bénéfice de l'usage anciennement concédé à la communauté dont ils font aujourd'hui partie. On ne doit pas même en exclure les gens de métier dont le travail est nécessaire aux besoins des habitans du lieu, ni les ouvriers dont les bras sont employés à la culture des terres : les uns et les autres ne sont que les accessoires et comme les adjudans de la population cultivatrice au profit de laquelle le droit d'usage est établi.

Mais si l'accroissement de population provient d'une cause étrangère aux besoins du sol, qui n'y a aucun rapport, et qui était loin d'être dans la pensée des parties contractantes ou du constituant

---

(1) Traité *de l'usufruit, etc.*, tom. VII, pag. 77 et suiv., et pag. 128 et suiv. analysées.

V. 6

à titre gratuit, comme l'établissement d'une route de poste, d'un canal de navigation, la fixation d'un chef-lieu de juridiction, l'érection d'une forteresse, l'établissement de diverses foires, la construction d'une manufacture ou d'une grande usine, le placement d'un bureau de douanes, etc.; dans ce cas l'on doit dire qu'il n'y a parmi les habitans de la commune usagère que ceux qui représentent les colons originaires et qui font partie de la population agricole, qui aient droit à l'usage, parce que ce droit est une servitude réelle, qui n'étant attachée qu'aux fonds et en faveur de leur culture, ne peut être exercée que par ceux qui les détiennent et les cultivent; que décider autrement serait donner au droit d'usage une extension indéfinie et incompatible avec son caractère de servitude foncière, puisqu'on le détacherait du fonds pour le convertir en un usage personnel à l'avantage de tous ceux qui viendraient exercer dans la commune des fonctions ou professions étrangères aux besoins du sol.

Au reste, suivant le même auteur, le montant ou la somme de l'usage doit avoir un *maximum* qu'on ne puisse dépasser, pour que le fonds assujéti ne soit pas arbitrairement épuisé, et ne devienne pas absolument inutile et même à charge au propriétaire, puisque ces sortes d'usage ne sont pas, comme les droits d'usufruit, sujets à s'éteindre au bout d'un certain tems ni par la mort de ceux qui en jouissent. Or, ce *maximum* existe, et il est

fixé par la nature des choses, parce qu'un territoire quelconque ne peut toujours fournir qu'aux
travaux d'un certain nombre d'habitans occupés à
la culture. Passé ce nombre, il n'y a plus d'usagers;
c'est donc là qu'il faut s'arrêter.

Ces théories sont d'une justesse incontestable;
mais que de difficultés doit faire naître leur application! Avec combien peu de certitude on distin-
guera les personnes employées directement ou indirectement à la culture du sol, de celles qui ne le
sont pas, surtout si l'on songe aux fréquentes variations que doit nécessairement éprouver la population d'un territoire dans sa composition et
dans les diverses classes des habitans qui la forment! Mais enfin, les tribunaux, arbitres de l'esprit des conventions et de la volonté des dispo-
sans, se décideront pour le plus juste et le meilleur.
Tout en faisant respecter les droits des usagers, ils
ne sanctionneront pas des prétentions qui rendraient la propriété absolument illusoire.

66. Cet usage au profit d'une commune ou communauté d'habitans est toujours servitude réelle;
il est dû, comme on vient de le dire, mais sous les
distinctions ci-dessus, à chacun des habitans; c'est
en quelque sorte, le prix de l'incolat.

D'où il suit que celui qui quitte la commune
perd son droit à l'usage, et celui qui vient le remplacer, soit comme fermier ou locataire, soit comme
acquéreur, ou même comme simple cultivateur,

le remplace aussi, du moins généralement, dans l'exercice du droit d'usage commun (1).

67. Tout ce qui concerne les impôts ou autres charges des produits, se règle, dans ces droits d'usage, soit par le titre constitutif, soit par des conventions postérieures, ou des lois particulières.

68. Dans ces cas d'usages établis au profit des communes ou communautés d'habitans sur des biens appartenans à des particuliers, le cantonnement (2) peut être demandé, comme dans le cas d'usage constitué au profit de ces derniers; c'est principalement, il est vrai, en matière d'usage dans les bois et forêts qu'il est réclamé, et c'est pour cela que nous remettons à en parler sur ces sortes de biens au chapitre suivant; mais il peut aussi être invoqué quoiqu'il s'agisse d'usages établis sur des fonds d'une autre nature de produits. La loi du 19 septembre 1790 porte, par son art. 8, que : « Il « n'est nullement préjudicié, par l'abolition du « triage (3), aux actions en cantonnement, de la

---

(1) Voy. M. Merlin, *Additions aux questions de droit*, pag. 843, n° 10; et M. Proudhon, tom. VII, pag. 35.

(2) En terme d'*eaux et forêts*, le cantonnement est l'abandon d'une portion de la propriété d'un bois que l'on fait à des usagers pour leur tenir lieu du droit d'usage qu'ils avaient sur le tout.

Le cantonnement participe tout à la fois du rachat, du partage et renferme par conséquent une aliénation à titre commutatif.

(3) Ce mot signifie le *tiers* que le seigneur mettait en réserve dans les bois situés dans l'étendue de sa seigneurie, et sur lesquels s'exerçaient ses droits de seigneur.

« part des propriétaires contre des usagers de bois,
« *prés, marais* et *terrains vains et vagues*, lesquelles
« continueront d'être exercées comme ci-devant,
« dans les cas de droit, et seront portées aux tribu-
« naux de district; » c'est-à-dire, aujourd'hui, devant les tribunaux d'arrondissement.

Le cantonnement, avant le décret de 1790,
n'était établi par aucune loi; il s'était successivement introduit par la jurisprudence, et pour se
conformer à l'esprit de conservation des forêts qui
avait déterminé les sages dispositions de l'ordonnance de 1669.

Il n'était non plus accordé que sur la demande
du propriétaire, parce qu'on pensait que c'eût été
porter atteinte au droit de propriété, que de forcer le maître du fonds d'en abandonner une portion quelconque en retour de l'affranchissement
de l'usage sur le surplus : attendu, disait-on avec
beaucoup de raison, que le partage ne doit avoir
lieu qu'entre ceux qui sont en communauté de
l'objet à partager, et que les simples usagers n'ont
aucun droit sur la propriété de ce même objet.

L'art. 5 de la loi du 28 août 1792 a tranché
toute controverse à cet égard, en disposant que :
« Conformément à l'art. 8 du décret du 19 sep-
« tembre 1790, les actions en cantonnement con-
« tinueront d'avoir lieu dans les cas de droit, et
« *le cantonnement pourra être demandé tant par*
« *les usagers que par les propriétaires.* »

Mais nous verrons au chapitre suivant, qu'on est revenu, en ce qui concerne l'usage dans les bois et forêts, aux anciens principes, et que le cantonnement ne peut plus être demandé par les usagers.

69. Quoiqu'il puisse avoir lieu dans les usages sur des *prés*, ainsi qu'on vient de le voir, nous ne pensons néanmoins pas que les usagers pourraient le demander si l'usage était borné à un simple droit de parcours après les premières herbes, sans aucun droit sur elles. Le principe du cantonnement est fondé sur la communauté des produits; il ne peut pas avoir une autre base. Il s'opère par un échange d'une portion de ces mêmes produits, qui se percevait par les usagers sur toute l'étendue du fonds, pour une portion du fonds lui-même. Or, quand les usagers n'ont aucun droit sur les premières herbes, qui forment le produit principal d'une prairie, on n'est plus dans l'esprit du système qui a introduit le cantonnement, ni dans celui des lois qui l'ont consacré, puisque ce serait forcer le propriétaire à céder, non-seulement une partie du droit de propriété, mais encore une portion des produits qui lui appartiennent exclusivement.

Mais le propriétaire des prés pourrait le demander; la restriction n'est qu'en sa faveur, parce que le motif sur lequel elle est fondée ne milite que pour lui.

CHAPITRE VII.

Des droits d'usage dans les bois et forêts.

SOMMAIRE.

70. *La matière des droits d'usage dans les bois est grandement simplifiée par le nouveau Code forestier.*

71. *Ce Code règle les droits d'usage dans plusieurs de ses titres, en considérant à qui appartiennent les bois sur lesquels ils s'exercent.*

72. *Il divise les bois en deux grandes classes : ceux qui sont soumis au régime forestier, et ceux des particuliers.*

73. *Il étend à plus d'objets que ne l'avait fait la législation précédente, l'assimilation des bois des communes ou des établissemens publics à ceux de l'état.*

74. *La rédaction de ce Code a été environnée de toutes les précautions propres à garantir la bonté d'une loi.*

75. *Division de cette matière.*

70. La matière des droits d'usage dans les bois et forêts, hérissée de difficultés quand on ne consulte que les lois anciennes, qui avaient passé sous silence une foule de points les plus sujets à contestation, se trouve grandement simplifiée par le nouveau Code forestier, dont les règles, claires et positives, embrassent généralement tous les cas dans lesquels s'élevaient les prétentions contradictoires des propriétaires et des usagers. Mais les doctrines des jurisconsultes et les décisions des tribunaux, si divergentes en cette matière, ont servi du moins à préparer une bonne loi pour la régir désormais.

Par là notre travail, que nous avions d'abord conçu sur un plan plus étendu, et semé d'observations plus nombreuses, se trouve considérablement réduit et rendu plus facile. Nous n'aurons point à recourir aux lois anciennes, qui, par l'effet d'une disposition heureusement positive et expresse, celle de l'art. 218 (1), se trouvent toutes abrogées. Les monumens de la jurisprudence et la doctrine des auteurs seront également écartés de notre discussion, comme ne portant, en général, que sur des points tranchés par le nouveau Code. Tout ce que nous dirons à cet égard sera positif comme la loi elle-même, puisqu'elle sera notre seul guide.

71. Dans ses dispositions relatives aux droits d'usage sur les bois et forêts, le Code s'occupe d'abord des affectations à titre particulier dans les bois de l'état.

Il traite ensuite des droits d'usage en général dans les bois de l'état : ce qui comprend les droits d'usage en bois, et les droits de pâturage, sous les dénominations de *glandée, pacage* et *paisson.*

Les titres suivans contiennent des dispositions relatives aux droits d'usage dans les bois de la couronne, dans ceux possédés à titre d'apanage

---

(1) Cependant, en conformité du principe que la loi n'a pas d'effet rétroactif, le même article porte que les droits acquis antérieurement au présent Code seront jugés, en cas de contestation, d'après les lois, ordonnances, édits et déclarations, arrêts du conseil, arrêtés, décrets et réglemens alors en vigueur et maintenant abrogés.

ou de majorats réversibles à l'état, dans ceux des communes et établissemens publics, et enfin dans les bois des particuliers.

72. Ce Code renferme une grande et importante innovation; il divise les bois et forêts en deux classes : ceux qui sont soumis au régime forestier, et ceux qui appartiennent aux particuliers.

Suivant l'art. 1er : « Sont soumis au régime fores-« tier et seront administrés conformément aux dis-« positions de la présente loi :

« 1° Les bois et forêts qui font partie du domaine « de l'état;

« 2° Ceux qui font partie du domaine de la cou-« ronne;

« 3° Ceux qui sont possédés à titre d'apanage et de majorats réversibles à l'état;

« 4° Les bois et forêts des communes et sections « de communes;

« 5° Ceux des établissemens publics;

« 6° Les bois et forêts dans lesquels l'état, la « couronne, les communes ou les établissemens « publics ont des droits de propriété indivis avec « des particuliers ».

Et d'après l'art. 2, « les particuliers exercent sur « leurs bois tous les droits résultant de la propriété, « sauf les restrictions qui seront spécifiées par la « présente loi. »

73. Cette soumission, au régime forestier, des

bois des communes et des établissemens publics, avait été déjà tentée plusieurs fois par des lois, des décrets et même par des décisions administratives; et un grand nombre d'arrêts ont été rendus en conformité de ces dispositions. Mais ces diverses décisions, dont nous n'avons point à nous occuper, n'avaient établi l'assimilation de ces bois à ceux de l'état que relativement à certains points seulement, notamment en ce qui concernait la police des bois. Le nouveau Code l'a étendue à d'autres objets également importans. Toutefois nous n'avons à envisager ses dispositions à cet égard que sous le rapport des droits d'usage seulement; car notre but n'est point de commenter cette nouvelle loi, mais bien uniquement d'en retracer les principes généraux en ce qui concerne l'application de notre art. 636 du Code civil, portant que les droits d'usage dans les bois et forêts sont régis par des lois particulières.

74. Nous nous plaisons toutefois à dire que si la réunion de toutes les lumières, le concours de toutes les expériences sont une garantie certaine de la bonté d'une loi, ce Code a droit aux hommages de tous ceux qui, reconnaissant l'insuffisance de la législation sur cette importante matière, son désaccord avec nos mœurs actuelles, soit sous le rapport de la pénalité, soit sous celui des entraves trop nombreuses qu'elle mettait à l'exercice du droit de propriété, appelaient de leurs vœux des

améliorations , et désiraient surtout vivement qu'une seule loi, un Code complet, dût la régir désormais.

« Un Code forestier, a dit le savant et éloquent « M. de Martignac, en présentant le projet de loi « à la Chambre des députés, un Code forestier était « devenu une nécessité qu'il fallait satisfaire, et on « a dû s'occuper avec un soin particulier d'un tra- « vail qui offrait des difficultés sérieuses, et qui « demandait de longues méditations. Rien n'a été « oublié de ce qui pouvait fournir au gouverne- « ment d'utiles lumières.

« Dès 1823, des essais furent préparés dans le « sein de l'administration forestière par des hommes « en qui on était sûr de trouver la connaissance des « besoins et des règles et l'expérience des faits. Des « membres du Conseil d'état et des agens de la « marine furent appelés à concourir avec l'admi- « nistration à ce travail préparatoire.

« Plus tard, ce premier essai fut soumis à une « commission composée de magistrats, de juriscon- « sultes et d'administrateurs. Cette commission se « livra à l'accomplissement de sa mission avec zèle « et avec persévérance. Elle comprit qu'elle devait « concilier les besoins de tous avec les droits de « chacun ; qu'il lui fallait assurer par des mesures « fortes et sages la conservation de notre richesse « forestière, premier objet de sa sollicitude, et ne « soumettre toutefois l'indépendance de la pro- « priété privée qu'à des restrictions commandées

« par un intérêt général évident, et dont chacun
« pût être le juge, etc. »

Le rapporteur de la commission choisie par cette
Chambre pour examiner le projet de loi, le judicieux M. Favard de Langlade, à qui la science est
redevable de tant d'utiles travaux, disait aussi, en
unissant sa voix à celle de l'orateur du Gouvernement :

« En conservant avec soin ce que l'ordonnance
« de Louis XIV avait de bon et d'utile, le gouverne-
« ment s'est appliqué à mettre ce Code en harmonie
« avec notre législation moderne, et à concilier tous
« les intérêts avec les besoins de la civilisation ac-
« tuelle.

« La commission a d'abord applaudi au mode
« suivi pour préparer et perfectionner ce grand ou-
« vrage avant de le soumettre à la délibération de
« la Chambre. Les bonnes lois ne s'improvisent pas ;
« elles sont le fruit de la méditation, si nécessaire
« pour leur imprimer le caractère de sagesse et de
« perfection sans lequel elles ne sauraient être du-
« rables. Cette réflexion est surtout incontestable
« lorsqu'il s'agit de combiner et de coordonner une
« série de dispositions nombreuses. Si, malgré quel-
« ques défauts, dont les conceptions de l'esprit hu-
« main sont trop rarement exemptes, notre Code
« civil a obtenu d'unanimes suffrages, sans doute
« ils sont dus aux élaborations successives aux-
« quelles il fut soumis, et au concours de lumières
« qui jaillirent de toute part lors de sa confection.

« La même marche a été heureusement suivie
« pour la préparation du Code forestier; il ne
« vous a été présenté qu'après avoir subi les
« mêmes épreuves et les mêmes perfectionne-
« mens. »

Nous pourrions ajouter qu'il en a subi de plus
décisives encore : l'action pleine et entière de la
liberté de la presse, et la discussion parlementaire
dont nous sommes redevables à nos nouvelles insti-
tutions, et qui pouvait seule donner aux Chambres
le moyen d'améliorer les projets de loi qui leur sont
présentés : aussi celle des députés a-t-elle apporté
au travail du gouvernement un grand nombre de
modifications importantes, et qui l'ont amené à ce
point de perfection, qu'il a été adopté à la presque
unanimité dans l'une et l'autre Chambre. Hono-
rable résultat d'une grande conception législative,
dont la sagesse et l'utilité se sont fait sentir à tous
les esprits.

On sent qu'une foule de détails ont dû être
abandonnés au domaine des ordonnances de mise
à exécution : on y trouvera aussi l'explication de
quelques points sur lesquels il s'est élevé des doutes
et même des objections, surtout à la Chambre des
pairs. Les Commissaires du gouvernement, pour
prévenir quelques amendemens et le retour de
la loi à celle des députés, ce qui, vu l'époque
avancée de la session, aurait pu, non pas sans
doute compromettre le sort du projet, mais l'exposer à un ajournement à l'année suivante, ont

donné toutes les explications désirables, et propres à résoudre toutes les difficultés.

C'est ainsi, notamment, que M. de Martignac disait devant la Chambre héréditaire, que l'art. 150, qui déroge au droit commun établi par l'art. 672 du Code civil, relativement à la faculté qu'a tout voisin de forcer le propriétaire des arbres dont les branches s'avancent sur son terrain, à couper ces branches (1), n'est qu'une disposition transitoire, dont l'effet est borné aux arbres qui avaient plus de trente ans lors de la publication du présent Code (2); car il avait paru peu raisonnable à plusieurs orateurs de maintenir le droit commun lorsqu'il ne peut guère y avoir lieu à en faire l'application à cause de la jeunesse des arbres, qui ne permet pas de supposer, du moins généralement, que leurs branches s'étendent déjà sur le voisin, et de s'en tenir à l'exception précisément pour le cas où les arbres sont parvenus à ce point de grosseur que leurs branches, en s'avançant sur le voisin, peuvent lui causer un grave préjudice. Les propriétaires de bois quelconques, ainsi avertis,

---

(1) Voy. *infrà*, n° 393, et entendez ce que nous disons à ce sujet avec ce tempérament.

(2) Le projet rendait, de la manière la plus absolue, inapplicable aux bois et forêts l'art. 672 du Code civil; la Chambre des députés a amendé le projet en restreignant la défense, pour le voisin, de pouvoir demander l'élagage au cas seulement où les arbres de lisières auraient plus de trente ans; mais à la Chambre héréditaire on est allé plus loin encore; on n'y a vu qu'une disposition transitoire, même à l'égard des bois de l'état ou des communes.

ne devront désormais laisser venir en futaie les arbres de lisières qu'à une distance telle qu'ils ne pourront pas nuire aux riverains. Mais on ne devait point passer trop brusquement à l'application du droit commun, quand, jusqu'à ces derniers tems, les bois de l'état n'y avaient point été soumis à cet égard, et que nulle précaution, par conséquent, n'avait pu être prise pour prévenir le danger, très-grave pour la marine, de l'élagage des arbres de lisières, qui sont ordinairement les plus beaux et les plus propres au service.

75. Nous diviserons ce chapitre en trois sections :

Dans la première, nous parlerons des affectations dans les bois de l'état ;

Dans la seconde, des droits d'usage en bois, dans les bois et forêts en général ;

Et dans la troisième, des droits de pâturage dans ces bois

SECTION PREMIÈRE.

Des affectations à titre particulier dans les bois de l'état.

SOMMAIRE.

76. *Malgré la défense formelle de l'ordonnance de 1669, un grand nombre de concessions en bois ont été faites sur les forêts de l'état.*

77. *Beaucoup de ces concessions ont survécu au tems et aux troubles de la révolution : ces troubles avaient même donné lieu à une foule d'abus et d'usurpations.*

78. *Les lois du 28 ventose an XI et du 14 ventose an XII furent*

portées pour réprimer ces abus, en obligeant les prétendans à des droits d'usage de produire leurs titres : comment ces lois ont été appliquées.

79. *Dispositions du nouveau Code forestier relatives aux affectations à titre particulier dans les bois de l'état.*

76. Malgré la défense formelle de l'ordonnance de 1669 (1), de grever d'aucune redevance ou droit d'usage quelconque en bois les forêts royales, une multitude de concessions ont néanmoins été arrachées ou surprises à nos rois, au grand préjudice de l'état.

Ces concessions ont été faites tantôt sous la dénomination d'*affectations*, tantôt sous celle de *droits d'usage*, ou tout autre équivalente.

Les premières ont eu lieu dans diverses provinces de France, et surtout dans les anciens états des ducs de Lorraine, en faveur de certains établissemens industriels; et elles consistaient dans des livraisons annuelles d'une certaine quantité déterminée de bois, moyennant une rétribution qui n'était en aucune proportion réelle avec la valeur des matières délivrées (2).

----

(1) L'ordonnace portait : «Ne sera fait à l'avenir aucun don ni « attribution de chauffage *pour quelque cause que ce soit;* et si par « importunité ou autrement, aucunes lettres ou brevets en avaient « été accordés ou expédiés, défendons à nos Cours de parlement, « Chambres des comptes, grands-maîtres et officiers, d'y avoir « égard. »

(2) Discours de M. de Martignac à la Chambre des députés, lors de la présentation du projet de loi.

Les autres ont été établies à peu près indifférem-
ment dans tous les lieux où il existait des forêts
royales, et leur effet et leur étendue sont généralement déterminés par le titre constitutif; ce qui veut
dire qu'ils varient à l'infini.

77. Beaucoup de ces concessions ne subsis-
tent plus, sans doute, mais un grand nombre ont
survécu au temps, et aux troubles mêmes de la révolution. Bien mieux, ces troubles ont été l'occasion d'une foule d'abus et d'usurpations, surtout
de la part des communes, et sont ainsi venus frapper les forêts de l'état de ces dévorantes servitudes.

78. Pour les réprimer, la loi du 28 ventose an XI,
rendue à une époque où l'ordre dans l'administration avoit recouvré sa force, prescrivit à tous
ceux qui prétendraient des droits d'usage dans les
bois de l'état, aux communes et établissemens
publics comme aux particuliers, de produire leurs
titres devant les administrations départementales
dans le délai de six mois. Ce délai fut prorogé par
une autre loi, du 14 ventose de l'année suivante,
qui déclarait déchu de tout droit d'usage ceux qui
n'auraient pas produit leurs titres avant l'expiration
du nouveau délai fixé.

« L'exécution de cette mesure, a dit M. de Mar-
« tignac devant la Chambre des Députés, a été à peu
« près arbitraire. Un grand nombre d'usagers, et
« surtout de communes, ont négligé de se présenter
« pendant la durée du délai. Tantôt la déchéance a

V.   7

« été rigoureusement appliquée, tantôt il a été ac-
« cordé des relevés de déchéance et des autorisa-
« tions de produire : plusieurs instances admi-
« nistratives et judiciaires existent encore aujour-
« d'hui.

« Il fallait prendre un parti et substituer un or-
« dre régulier et positif à cet état d'incertitude et
« d'arbitraire. Celui qui a été adopté et qui vous est
« proposé consiste à respecter la chose jugée, à
« maintenir les droits *reconnus* et acquis, et à or-
« donner que les instances encore pendantes seront
« jugées conformément aux règles prescrites par
« l'ordonnance de 1669, et *par les deux lois que
« nous avons rappelées* (celles de ventose an XI
« et an XII). Cette proposition qui paraît tout con-
« cilier, aura sans doute votre assentiment. »

79. Voici, en conséquence, les dispositions du nouveau Code forestier relatives aux affectations dans
les bois de l'état. Nous ferons, à la section suivante,
en parlant des droits d'usage dans les bois de l'état
d'une manière plus générale, l'application des principes posés par l'orateur du gouvernement et des
modifications que les chambres y ont apportées
du consentement du roi.

« Art. 58. Les affectations de coupes de bois ou
« délivrances, soit par stères, soit par pieds d'ar-
« bres, qui ont été concédées à des communes, à
« des établissemens industriels ou à des particuliers,
« nonobstant les prohibitions établies par les lois et

« les ordonnances existantes, continueront d'être
« exécutées jusqu'à l'expiration du terme fixé par
« les actes de concession, s'il ne s'étend pas au-delà
« du 1ᵉʳ septembre 1837.

 « Les affectations faites au préjudice des mêmes
« prohibitions, soit à perpétuité, soit sans indica-
« tion de termes, ou à des termes plus éloignés
« que le 1ᵉʳ septembre 1837, cesseront à cette
« époque d'avoir aucun effet.

 « Les concessionnaires de ces diverses affecta-
« tions qui prétendraient que leur titre n'est pas
« atteint par les prohibitions ci-dessus rappelées,
« et qu'il leur confère des droits irrévocables, de-
« vront, pour y faire statuer, se pourvoir devant les
« tribunaux dans l'année qui suivra la promulga-
« tion de la présente loi, sous peine de déchéance.

 « Si leur prétention est rejetée, ils jouiront néan-
« moins des effets de la concession jusqu'au terme
« fixé par le second paragraphe du présent article.

 « Dans le cas où leur titre serait reconnu valable
« par les tribunaux, le gouvernement, quelles que
« soient la nature et la durée de l'affectation, aura
« la faculté d'en affranchir les forêts de l'état,
« moyennant un cantonnement qui sera réglé de
« gré à gré, ou, en cas de contestation, par les tri-
« bunaux, pour tout le tems que devait durer la
« concession; l'action en cantonnement ne pourra
« pas être exercée par les concessionnaires. »

 « Art. 59. Les affectations faites pour le service
» d'une usine cesseront en entier, de plein droit et

« sans retour, si le roulement de l'usine est arrêté
« pendant deux années consécutives, sauf les cas
« d'une force majeure dûment constatée. »

« Art. 60. A l'avenir, il ne sera fait dans les bois
« de l'état aucune affectation ou concession de la
« nature de celles dont il est question dans les deux
« articles précédens. »

SECTION II.

Des droits d'usage en bois dans les bois et forêts en général.

SOMMAIRE.

tribunaux la connaissance des difficultés qui peuvent s'élever à ce sujet.

89. Les usagers ne peuvent, dans aucun cas, prendre eux-mêmes les bois : ils doivent en demander la délivrance.

90. Ceux qui n'ont droit qu'au bois mort, sec et gisant, ne peuvent se servir, pour l'exercice de leur droit, de crochets ou ferremens quelconques.

91. Comment se fait l'exploitation quand les bois de chauffage se délivrent par coupe.

92. Aucun bois n'est partagé sur pied, ni abattu par les usagers individuellement.

93. Les entrepreneurs de l'exploitation des coupes délivrées aux usagers, sont assujétis aux règles prescrites aux adjudicataires pour l'usance et la vidange des ventes.

94. Les usagers ne peuvent ni vendre ni échanger le bois quelconque qui leur a été délivré.

95. Les usagers ne peuvent, sans autorisation, emporter aucune des productions de la forêt, autre que le bois qui leur est délivré.

96. Le gouvernement peut affranchir les forêts de l'état des droits d'usage en bois, au moyen d'un cantonnement.

97. Quel est, par rapport aux usagers, l'effet du cantonnement.

98. Comment se fait l'opération du cantonnement.

99. L'action en cantonnement n'appartient point aux usagers.

§. II.

Des droits d'usage en bois sur les bois et forêts de la couronne.

100. Assimilation générale des bois de la couronne aux bois de l'état.

101. L'administration des bois de la couronne est confiée au ministre de la maison du roi.

102. Application de l'assimilation des bois de la couronne à ceux de l'état.

§. III.

Des droits d'usage en bois sur les bois et forêts possédés à titre d'apanage, ou de majorats réversibles à l'état.

§. IV.

De l'exercice des droits des communes et établissemens publics sur leurs bois et forêts.

§. V.

Des droits d'usage en bois dans les bois des particuliers.

80. Nous verrons dans un premier paragraphe ce qui est relatif aux droits d'usage en bois dans les bois de l'état;

Dans un second, l'usage dans les bois de la couronne;

Dans un troisième, l'usage dans les bois possédés à titre d'apanage ou de majorats réversibles à l'état;

Dans un quatrième, l'usage dans les bois des communes et établissemens publics;

Et dans un cinquième, l'usage dans les bois des particuliers.

§. Ier.

Des droits d'usage en bois dans les bois et forêts de l'état.

81. On a vu, à la précédente section, que les rédacteurs du nouveau Code forestier se sont principalement proposé de mettre un terme aux incertitudes et aux difficultés nées des nombreuses concessions de droits d'usage faites au mépris des ordonnances, qui les prohibaient formellement, et de remédier aux abus et usurpations qui successivement sont venus affecter les forêts de l'état de ces servitudes onéreuses.

82. Pour atteindre ce but si désirable, il est

décidé, par l'art. 61 de ce Code, que « ne seront
« admis à exercer un droit d'usage quelconque
« dans les bois de l'état, que ceux dont les droits
« auront été, au jour de la promulgation de la pré-
« sente loi, reconnus fondés, soit par des actes du
« gouvernement, soit par des jugemens ou arrêts
« définitifs, ou seront reconnus tels par suite
« d'instances administratives ou judiciaires actuel-
« lement engagées, ou qui seraient intentées de-
« vant les tribunaux, dans le délai de deux ans,
« à dater de la promulgation de la présente loi, *par*
« *les usagers actuellement en jouissance.* »

83. De ces dispositions résultent les conséquences
suivantes :

1° Il n'y a aucune différence à faire entre les
prétentions des communes et établissemens publics
à des droits d'usage sur les bois de l'état, et celles
des simples particuliers : la loi est générale, absolue ; elle se réfère d'ailleurs implicitement à celles
de ventose ans XI et XII, qui comprenaient indistinctement tous usagers quelconques.

2° Les droits reconnus fondés au moment de la
publication du présent Code, soit par des actes du
gouvernement, soit par des jugemens ou arrêts
définitifs, doivent être maintenus, quand bien
même, de fait, ils n'auraient été concédés qu'en contravention aux ordonnances, même à celle de 1669,
ou qu'ils n'auraient été exercés que par usurpation
ou abus. Il y a chose jugée, et tout serait incertain

parmi les hommes si ce principe était méconnu.

3º Si les titres n'ont pas été produits dans le délai fixé par les lois de ventose ans xi et xii, précitées, et que d'ailleurs l'usager ne soit pas actuellement en possession ou jouissance, il n'y a pas à s'occuper maintenant de la question de savoir si la concession qui serait réclamée était ou non interdite par les ordonnances en vigueur au moment où elle a eu lieu, ou si cette concession a eu pour elle une jouissance paisible et continue pendant le tems qui eût pu être jugé propre à en purger le vice; il y a eu déchéance en vertu de ces mêmes lois, et cette déchéance, dans le cas dont il s'agit, conserve toute sa force par le nouveau Code. C'est un point sur lequel la discussion aux Chambres, aussi bien que la rédaction de l'article 61, ne laissent aucun doute.

4º Quant à ceux des usagers qui n'ont pas produit leurs titres en conformité de ces lois, mais qui ont cependant continué de jouir de leur droit, l'article 61 les relève de la déchéance dont ils étaient frappés. Les derniers mots de l'article, qui ont été ajoutés par la Chambre des Députés au projet, ne présenteraient en effet aucun sens, n'amèneraient aucun résultat, si la jouissance actuelle de ces usagers ne devait, en aucun cas, empêcher que la déchéance ne dût être prononcée, faute par eux d'avoir produit leurs titres dans le délai déterminé par les susdites lois.

Mais, hormis cet effet, cet article 61 laisse les

usagers dont il s'agit sous l'empire de la législation antérieure au nouveau Code forestier ; par conséquent ceux dont les titres ne reposent que sur une violation des anciennes ordonnances sont encore exposés, et avec raison, à les voir annuler ; comme ceux dont le droit repose sur des titres légitimes doivent être maintenus. Ce Code, évidemment, n'a rien voulu préjuger à cet égard ; tandis que le projet, plus absolu, plus rigoureux, mais, disons-le, plus en harmonie avec la législation existante, prononçait implicitement la déchéance, en décidant que les droits des usagers seraient jugés conformément à l'ordonnance de 1669, et aux deux lois de ventose ans xi et xii qui la prononçaient formellement.

84. On doit aussi appliquer ces décisions aux usages sur les bois qui, appartenant aux émigrés, ont été réunis au domaine de l'état, par suite des lois sur la confiscation, et leur ont été rendus en vertu de celle du 5 décembre 1814.

Il est certain que ces bois sont devenus bois de l'état, et que les lois de ventose ans xi et xii s'appliquaient aux usagers de ces bois, comme aux usagers des bois de l'ancien domaine, puisque la réunion les a précédées. D'où il suit que la déchéance prononcée par ces lois faute de production des titres dans le délai fixé par elles, a affranchi, dans la main de l'état, ces mêmes bois, des droits d'usage dont ils pouvaient être grevés, et que lorsque la loi de 1814 les a rendus à leurs anciens propriétaires, elle les a nécessairement rendus libres de ces droits d'usage, en un mot, tels qu'ils étaient alors dans la main de l'état; car la restitution n'a eu lieu que dans l'intérêt de ceux qui avaient été dépouillés par l'effet de la confiscation, et nullement en faveur de ceux qui n'ont perdu leurs droits, s'ils en avaient, que parce qu'ils reconnoissaient eux-mêmes qu'ils n'en avaient pas, en ne produisant pas leurs titres. Or, un droit éteint ne peut revivre qu'autant qu'une disposition formelle de la loi ne le veuille ainsi, et celle de 1814 est absolument muette à l'égard des usagers déchus.

La prétention des usagers ne pourrait être appuyée que sur une fiction, repoussée précisément par l'esprit de cette loi.

Il faudrait en effet dire qu'au moyen de ses dispositions, l'état est censé n'avoir jamais été propriétaire des bois confisqués, et par conséquent que les lois de ventose ans XI et XII ne se sont jamais trouvées, par le fait, applicables à ceux qui avaient des droits d'usage sur ces mêmes bois; il faudrait regarder le droit de l'état comme n'ayant été qu'un droit résoluble. Mais il n'en est pas ainsi: l'état était propriétaire incommutable, puisque son acquisition était pure et simple : c'était la confiscation. C'est ainsi que, lorsqu'il s'est agi de savoir à quels successeurs de l'émigré les biens seraient restitués en vertu de cette loi, la Cour de cassation a appelé ceux qui se trouvaient ses héritiers les plus proches à l'époque de la promulgation de la loi, de préférence à ses héritiers testamentaires, et à ceux-là même qui étaient ses héritiers légitimes à l'époque de son décès : reconnoissant par là la réalité du domaine dans la main de l'état ; car si l'état n'eût été durant la confiscation qu'un propriétaire dont le droit était résoluble ; si la propriété eût reposé au moins fictivement sur la tête de l'ancien propriétaire, il l'aurait transmise, soit par son téstament, soit *ab intestat*, uniquement à ceux qui étaient ses héritiers les plus proches au jour de son décès ; ce qui n'a pas eu lieu dans les cas où cette Cour a eu à appliquer la loi précitée.

L'émigré a donc repris les biens tels qu'ils étaient dans la main de l'état ; il lui a succédé, comme l'état lui avait succédé d'abord, avec cette différence toutefois que l'état avait succédé à la personne, tandis que l'émigré n'a succédé qu'aux biens. Conséquemment tout ce qui s'est passé relativement à ces mêmes biens durant leur possession par l'état, la libération des charges réelles, comme les aliénations, doit être maintenu (1).

85. L'art. 62 du Code renouvelle la défense portée dans les anciennes ordonnances, de faire dans les bois de l'état aucune concession de

____

(1) La question a été jugée en ce sens par la Cour de Paris, le 17 novembre 1826, relativement à un droit de pacage prétendu par la commune de Nuits sur les bois remis, en vertu de la loi de 1814, à M. de Cluny : la commune a succombé dans sa prétention, faute d'avoir produit ses titres dans le délai et suivant le prescrit de ces lois de ventose ans XI et XII.

droits d'usage de quelque nature et sous quelque prétexte que ce puisse être.

86. L'étendue des droits d'usage en bois actuellement existans se détermine par le titre constitutif, et ils s'exercent d'après les dispositions suivantes.

87. L'art. 65 porte en principe que, dans toutes les forêts de l'état qui ne seront point affranchies au moyen du cantonnement ou de l'indemnité, dont nous allons bientôt parler, l'exercice des droits d'usage pourra toujours être réduit *par l'administration, suivant l'état et la possibilité des forêts*, et n'aura lieu que conformément aux dispositions des articles suivans.

En cas de contestation sur la possibilité et l'état des forêts, il y aura lieu à recours au conseil de préfecture.

Le principe de la réduction à cette mesure a toujours été admis par les bons esprits. Un droit d'usage qui s'exercerait au-delà de l'état et de la possibilité de la forêt, rendrait vain le droit de propriété lui-même; il n'en laisserait subsister que le nom quant aux avantages, et la réalité quant aux charges; car cet état de choses n'aurait pas, comme dans l'usufruit, qui finit au bout d'un certain tems, un terme auquel la propriété serait affranchie, attendu que les droits d'usage sur les bois étant, en général, au profit des communes ou établissemens publics, ou en faveur de *propriétés* privées, sont perpétuels de leur nature, comme des espèces de servitudes réelles. La loi a donc sagement fait d'en limiter l'exercice à l'état et à la possibilité de la forêt usagère.

88. Le projet laissait à l'administration forestière seule le droit de juger de cette possibilité, ce qui avait le grave inconvénient de mettre en quelque sorte l'état juge en sa propre cause. Le recours, en cas de contestation, aux conseils de préfecture, est donc une importante amélioration; car ces conseils seront naturellement zélés pour la défense des droits des communes et de leurs administrés. On aurait pu cependant laisser la décision aux tribunaux, ainsi que le voulaient plusieurs orateurs.

89. Les usagers, quelle que soit la nature des livraisons de bois auxquelles ils ont droit, ne peuvent prendre ces bois qu'après que la délivrance leur en aura été faite par les agens forestiers, sous les peines portées par le titre XII pour les bois coupés en délit. (Art. 79.)

90. Ceux qui n'ont d'autre droit que celui de prendre du bois mort, sec et gisant, ne peuvent, pour l'exercice de ce droit, se servir de crochets ou de ferremens d'aucune espèce, sous peine de trois francs d'amende. (Art. 80.)

91. Si les bois de chauffage se délivrent par coupe, l'exploitation doit en être faite aux frais des usagers, par un entrepreneur spécial nommé par

eux et agréé par l'administration forestière.(Art. 81.)

92. Aucun bois n'est partagé sur pied, ni abattu par les usagers individuellement, et les lots ne peuvent être faits qu'après l'entière exploitation de la coupe, à peine de confiscation de la portion de bois abattu afférente à chacun des contrevenans.

Les fonctionnaires ou agens qui auraient permis ou toléré la contravention seront passibles d'une amende de 50 francs, et demeureront, en outre, personnellement responsables, et sans aucun recours, de la mauvaise exploitation et de tous les délits qui pourraient avoir été commis. (Même Art. 81.)

93. Les entrepreneurs de l'exploitation des coupes délivrées aux usagers doivent se conformer à tout ce qui est prescrit aux adjudicataires pour l'usance et la vidange des ventes; ils sont soumis à la même responsabilité et passibles des mêmes peines en cas de délits ou contraventions.

Les usagers ou communes usagères sont garans solidaires des condamnations prononcées contre lesdits entrepreneurs. (Art. 82.)

94. Il est interdit aux usagers de vendre ou d'échanger les bois qui leur seront délivrés, et de les employer à aucune autre destination que celle pour laquelle le droit d'usage a été accordé.

S'il s'agit de bois de chauffage, la contravention donne lieu à une amende de 10 à 100 francs.

S'il s'agit de bois à bâtir ou de tout autre bois

non destiné au chauffage, il y a lieu à une amende double de la valeur des bois, sans que cette amende puisse être au-dessous de 50 francs. (Art. 83.)

L'emploi des bois de construction devra être fait dans un délai de deux ans, lequel néanmoins pourra être prorogé par l'administration forestière. Ce délai expiré, elle pourra disposer des arbres non employés. (Art. 84.)

Ces dispositions ont pour objet de prévenir les délits forestiers, souvent commis pas des membres d'une communauté usagère.. S'ils pouvaient vendre ou échanger le bois qui leur est délivré, il serait à craindre qu'ils n'employassent ensuite, pour se procurer celui qui leur serait nécessaire, des moyens que la loi réprime sans doute avec sévérité, mais qui n'échappent que trop fréquemment à son action. D'ailleurs, comme nous l'avons dit précédemment (1), le but de l'usage est interverti dès que l'usager n'emploie pas les produits suivant la destination qui leur a été donnée par le titre.

95. Il est défendu aux usagers quelconques d'abattre, de ramasser ou d'emporter des glands, faines ou autres fruits, semences ou autres productions des forêts, sous peine d'une amende double de celle qui est prononcée par l'art. 144 du présent Code. (Art. 57, 58 et 85 combinés.)

_____

(1) N° 25.

V.   8

La peine fixée par cet art. 144 est : par charretée ou tombereau de pierres, sable, minerai, terre ou gazon, bruyères, genêts, herbages, feuilles vertes ou mortes, engrais existant sur le sol des forêts, glands, faines et autres fruits ou semences des bois et forêts dont l'enlèvement n'a point été autorisé, de 10 à 30 francs par chaque bête attelée;

Par chaque charge de bête de somme, de 5 à 15 fr.

Par chaque charge d'homme, de 2 à 6 fr.

96. Enfin, le gouvernement peut affranchir les forêts de l'état de tout droit d'usage en bois, moyennant un *cantonnement*. (Art. 63.)

97. Par cette opération, les usagers, ainsi que nous l'avons dit plus haut (1), deviennent propriétaires exclusifs de la portion qui leur est attribuée, en retour de leur droit de communauté dans la jouissance.

98. Le cantonnement a lieu de gré à gré; et en cas de contestation, il est réglé par les tribunaux. (*Ibid.*)

Pour le régler avec égalité d'avantages pour les parties intéressées, des experts sont choisis par elles, ou, dans le cas où elles ne peuvent s'accorder, sont désignés par le tribunal, à l'effet de vé-

(1) *Voy.* n° 68.

rifier la forêt usagère, et de faire leur rapport sur son état et sa possibilité. Le droit d'usage, d'après la nature et l'étendue que lui attribue le titre, est apprécié relativement à cet état et à cette possibilité (art. 65), et le réglement se fait en conséquence.

99. L'action en affranchissement d'usage par voie de cantonnement n'appartient qu'au gouvernement, et non aux usagers. (Même art. 63.)

§. II.

Des droits d'usage dans les bois de la couronne.

100. L'art. 88 du Code forestier porte que « toutes « les dispositions de la présente loi qui sont appli- « cables aux bois et forêts du domaine de l'état, « le sont également aux bois et forêts qui font par- « tie du domaine de la couronne, sauf les excep- « tions qui résultent de l'article 86. »

101. Cet article confère au ministre de la maison du roi la régie et l'administration des bois de la couronne, conformément aux dispositions de la loi du 8 novembre 1814.

102. Ainsi, ce qui a été dit au paragraphe précédent, relativement à la manière de justifier des droits d'usage sur les bois de l'état, à l'exercice de ces droits suivant l'état et la possibilité des forêts, à l'obligation, pour les usagers, d'obtenir la déli-

vrance des bois de toutes sortes, à la défense qui leur est faite de les employer à un autre usage que celui indiqué par le titre, et de prendre dans les bois aucune autre production, enfin à la faculté accordée au gouvernement d'affranchir les forêts des droits d'usage en bois, au moyen d'un cantonnement, est applicable aux droits d'usage dont les bois de la couronne pourraient se trouver grevés.

§. III.

Des droits d'usage en bois sur les bois et forêts possédés à titre d'apanage ou de majorats réversibles à l'état.

103. Suivant l'art. 89, les bois et forêts qui sont possédés par les princes à titre d'apanage, ou par des particuliers à titre de majorats réversibles à l'état, sont soumis au régime forestier, quant à la propriété du sol et à l'aménagement des bois. En conséquence, les agens de l'administration forestière y sont chargés de toutes les opérations relatives à la délimitation, au bornage et à l'aménagement, conformément aux dispositions des sections 1re et 2 du titre III de la présente loi.

104. Les art. 60 et 62, relatifs à la prohibition de faire, à l'avenir, aucune concession de droits d'usage sur les bois de l'état, sont applicables aux bois et forêts dont il s'agit. (*Ibid.*)

105. Il faut également appliquer aux droits

d'usage qui existeraient aujourd'hui sur ces bois, ce qui a été dit aux deux paragraphes précédens.

§. IV.

De l'exercice des droits des communes et établisse- mens publics sur leurs bois et forêts.

106. Les droits des communes et établissemens publics sur des bois situés dans l'étendue de leur territoire sont de deux sortes : ou ce sont des droits de propriété, ou ce sont de simples droits d'usage. (Art. 542 Cod. civ.)

Les bois sur lesquels ces droits d'usage s'exer- cent appartiennent à l'état, à la couronne, ou sont possédés à titre d'apanage ou de majorats réver- sibles à l'état, ou enfin appartiennent à des particu- liers.

Nous avons déjà parlé, dans les trois précédens paragraphes, des usages que peuvent avoir les communes et établissemens publics sur les bois de l'état, de la couronne, ou soumis à l'apanage des princes ou formant des majorats réversibles à l'état.

Dans celui-ci, nous avons à traiter de la manière dont les communes et établissemens jouissent des bois qui leur appartiennent. Mais quoiqu'ils en soient propriétaires, néanmoins, par le mode de jouissance qu'ils sont obligés d'observer, l'impuis- sance où ils sont de pouvoir les aliéner, si ce n'est en vertu d'une loi, et de les défricher, à moins d'une autorisation royale, ce droit de propriété se transforme, en quelque sorte, en un droit d'usage, avec quelques effets toutefois plus étendus que dans l'usage proprement dit. Chaque génération est pour ainsi dire usufruitière, et doit par conséquent laisser à celle qui va la suivre le moyen de jouir à son tour.

107. Sont soumis au régime forestier, d'après les art. 1er et 90 du présent Code, combinés, les bois taillis ou futaies appartenant aux communes et aux établissemens publics, et reconnus susceptibles d'aménagement ou d'une exploitation régulière, par l'autorité administrative, sur la proposition de l'administration forestière, et d'après l'avis des conseils municipaux ou des administrateurs des établissemens publics.

Il est procédé dans les mêmes formes à tout changement qui pourrait être demandé, soit de l'aménagement, soit du mode d'exploitation.

En conséquence, toutes les dispositions des six premières sections du titre III leur sont applicables, sauf les modifications et exceptions portées au présent titre (qui est le vie.)

Lorsqu'il s'agira de la conversion en bois et de l'aménagement de terrains en pâturage, la proposition de l'administration forestière sera communiquée au maire ou aux administrateurs des établissemens publics. Le conseil municipal ou ces administrateurs seront appelés à en délibérer : en cas de contestation, il sera statué par le conseil de préfecture, sauf le pourvoi au conseil-d'état.

108. La propriété des bois communaux ne peut jamais donner lieu à partage entre les habitans.

Mais lorsque deux ou plusieurs communes possèdent un bois par indivis, chacune d'elles conserve le droit d'en provoquer le partage. (Art. 92.)

109. Les communes et établissemens ne peuvent non plus faire aucun défrichement de leurs bois sans une autorisation expresse et spéciale du gouvernement ; ceux qui l'auraient ordonné ou effectué sans cette autorisation, seront passibles des peines portées au titre XV contre les particuliers, pour les contraventions de même nature.

110. Un quart de bois et forêts appartenant aux communes et aux établissemens publics doit toujours être mis en réserve, lorsque ces communes et établissemens posséderont au moins dix hectares de bois réunis ou divisés.

Cette disposition n'est pas applicable aux bois peuplés totalement en arbres résineux. (Art. 93.)

111. Les dispositions des articles 94, 95, 96, 97, 98 et 99 sont relatives au choix des gardes et aux formalités qui les concernent.

112. La vente des coupes, tant ordinaires qu'extraordinaires, est faite à la diligence des agens forestiers, dans les mêmes formes que pour les bois de l'état, et en présence du maire ou d'un adjoint pour les bois des communes, et de l'un des administrateurs pour ceux des établissemens

publics; sans toutefois que l'absence des maires ou administrateurs, dûment appelés, entraîne la nullité des opérations.

Toute vente ou coupe effectuée par l'ordre des maires ou des administrateurs des établissemens publics en contravention au présent article, donne lieu contre eux à une amende qui ne peut être au-dessous de 3oo fr., ni excéder 6ooo fr., sans pré-judice des dommages-intérêts qui pourraient être dus aux communes ou établissemens publics.

Les ventes ainsi effectuées doivent être déclarées nulles. (Art. 1oo.)

113. Lors des adjudications des coupes ordi-naires et extraordinaires des bois des établisse-mens publics, il est fait réserve en faveur de ces établissemens, et suivant les formes prescrites par l'autorité administrative, tant de la quantité de bois de chauffage que de construction, nécessaire pour leur propre usage. (Art. 1o2.)

Les bois ainsi délivrés ne peuvent être employés qu'à la destination pour laquelle ils auront été réservés, et ne peuvent être vendus ni échangés sans autorisation du préfet. Les administrateurs qui auraient consenti de pareilles ventes ou échanges sont passibles d'une amende égale à la valeur de ces bois, et de leur restitution, au profit de l'éta-blissement public, de ces mêmes bois ou de leur valeur; les ventes ou échanges doivent, en outre, être déclarés nuls. (*Ibid.*)

114. Les coupes des bois communaux destinées à être partagées en nature pour l'affouage des habitans, ne peuvent avoir lieu qu'après que la délivrance en a été préalablement faite par les agens forestiers, et en suivant les formes prescrites par l'article 81, pour l'exploitation des coupes affouagères délivrées aux communes dans les bois de l'état; le tout sous les peines portées par ledit article. (Art. 103.) (1)

Les actes relatifs aux coupes et arbres délivrés en exécution des deux articles précédens sont visés pour timbre et enregistrés en débet, et il n'y a lieu à la perception des droits que dans le cas de poursuites devant les tribunaux. (Art. 104.)

115. S'il n'y a titre ou usage contraire, le partage des bois d'affouage doit être fait par feu, c'est-à-dire par chef de famille ayant domicile réel et fixe dans la commune; s'il n'y a également titre ou usage contraire, la valeur des arbres délivrés pour constructions ou réparations est estimée à dire d'experts et payée à la commune. (Art. 105.)

116. Les art. 106, 107, 108 et 109, règlent le mode d'indemnité due au gouvernement pour les frais d'administration des bois des communes et des établissemens publics (2).

---

(1) Voy. *supr.* n° 89 et suivans.

(2) Une loi vient d'être présentée aux Chambres pour suspendre jusqu'au 1er janvier 1829 l'exécution des deux premiers de ces articles, attendu la confection du budget de 1828.

117. La faculté accordée au gouvernement par l'article 63, d'affranchir les forêts de l'état de tous droits d'usage en bois par la voie du cantonnement, est applicable, sous les mêmes conditions, aux communes et aux établissemens publics, pour les bois qui leur appartiennent. (Art. 111.)

118. Toutes les dispositions de la huitième section du chapitre III du Code, sur l'exercice des droits d'usage dans les bois de l'état, sont applicables à la jouissance des communes et des établissemens publics dans leurs propres bois, ainsi qu'aux droits d'usage dont ces mêmes bois pourraient être grevés, sauf les modifications résultant du présent titre, et à l'exception des art. 61, 73, 74, 83 et 84. (Art. 112.)

119. D'après cela, les habitans ne peuvent ni vendre ni échanger le bois qui leur est délivré (1).

120. Ainsi encore, aucun droit d'usage ne peut être établi à l'avenir sur les bois et forêts appartenant aux communes et établissemens publics.

121. Et, à raison de la disposition finale de cet art. 112, qui excepte les bois des communes et établissemens publics de l'application de l'article 61, la déchéance prononcée par les lois de ventose an XI et an XII contre les prétendans à des droits d'usage sur les bois de l'état, faute d'avoir produit

_____

(1) Voy. *suprà*, n° 94.

leurs titres dans le délai fixé (1), ne saurait être invoquée contre les communes et établissemens publics, relativement à leurs propres bois, ni par les communes et établissemens contre les particuliers usagers. En conséquence, les uns et les autres pourront justifier de leurs droits d'après les règles ordinaires, c'est-à-dire tant par titres que par possession suffisante, dans les cas où le droit a pu s'acquérir par prescription (2).

§. V.

Des droits d'usage en bois dans les bois des particuliers.

122. Les droits d'usage dans les bois des particuliers au profit d'autres particuliers ou d'une commune ou établissement public, se règlent aussi par le titre constitutif, et reçoivent, d'après ses dispositions, plus ou moins d'étendue. (Art. 628 Cod. civ.)

123. Ils sont néanmoins soumis à plusieurs règles établies par le nouveau Code forestier.

Ainsi, les usagers sont tenus de demander la délivrance des bois auxquels ils ont droit. (Art. 120-79.)

124. Ceux qui n'ont que le droit de prendre le

---

(1) Voy. *suprà*, n° 83 et 84.
(2) Voy. *suprà*, n° 7.

bois mort, sec et gisant, ne peuvent se servir de crochets ni d'aucun ferrement pour exercer ce droit. (Art. 120-80.)

125. La disposition de l'art. 83, qui interdit, sous les peines portées audit article aux usagers dans les bois de l'état, de vendre ou d'échanger les bois qui leur sont délivrés, et de les employer à aucune autre destination que celle pour laquelle l'usage a été accordé, est applicable aussi aux usages dans les bois des particuliers. (Même art. 120.)

Les défenses dont il a été parlé au n° 95, leur sont également applicables. (*Ibid.*)

126. En cas de contestation entre le propriétaire et l'usager, il est statué par les tribunaux. (Art. 121.)

127. Enfin, les particuliers dont les bois sont soumis à des droits d'usage, jouissent, de la même manière que le gouvernement, et sous les conditions déterminées par l'art. 63, de la faculté d'affranchir leurs forêts de tous droits d'usage en bois. (Art. 118.)

Ainsi, la réciprocité du droit de demander le cantonnement, établie par la loi du 28 août 1792, citée plus haut, n° 68, n'a plus lieu quant aux usages en bois puisque cet article se réfère à l'art. 63, qui refuse positivement aux usagers le droit de l'exiger.

SECTION III.

Des droits de pacage et de parcours dans les bois et forêts en général.

SOMMAIRE.

128. L'action en affranchissement, par la voie du cantonnement, des droits d'usage en bois dans les forêts de l'état, n'a pas lieu pour les simples droits de pacage; mais le pâturage peut être racheté moyennant une indemnité qui sera réglée de gré à gré, ou, en cas de contestation, par les tribunaux. (Art. 64.)

Néanmoins, le rachat ne peut être requis par l'administration, dans les lieux où l'exercice du droit de pâturage est devenu d'une absolue nécessité pour les habitans d'une ou plusieurs communes. Si cette nécessité est contestée par l'administration forestière, les parties se pourvoiront devant le conseil de préfecture, qui, après une enquête *de commodo et incommodo*, statuera, sauf le recours au conseil-d'état. (*Ibid.*)

129. L'exercice des droits d'usage en pacage peut aussi, comme ceux en bois, être réduit par l'administration, suivant l'état et la possibilité des forêts. (Art. 65.)

En cas de contestation sur la possibilité et l'état des forêts, il y a lieu à recours au conseil de préfecture. (*Ibid.*)

130. La durée de la glandée et du pacage ne peut excéder trois mois.

L'époque de l'ouverture en est fixée chaque année par l'administration forestière. (Art. 66.)

131. Quels que soient l'âge et l'essence des bois, les usagers ne peuvent exercer leurs droits de pâturage et de pacage que dans les cantons qui auront été déclarés défensables par l'administration forestière, sauf le recours au conseil de préfecture, et ce, nonobstant toutes possessions contraires. (Art. 67.)

132. L'administration forestière fixe, d'après les droits des usagers, le nombre des porcs qui pourront être mis en pacage, et des bestiaux qui pourront être admis au pâturage. (Art. 68.)

Chaque année, avant le 1er mars pour le pâturage, et un mois avant l'époque fixée par l'administration forestière pour l'ouverture de la glandée et du panage, les agens forestiers doivent faire connaître aux communes et aux particuliers jouissant des droits d'usage, les cantons déclarés défensables, et le nombre des bestiaux qui seront admis au pâturage et au panage.

Les maires sont tenus d'en faire la publication dans les communes usagères. (Art. 69.)

133. Les usagers ne peuvent jouir de leurs droits de pâturage et de panage que pour les bestiaux à leur propre usage, et non pour ceux dont ils font commerce, à peine d'une amende double de celle qui est prononcée par l'art. 199. (Art. 70.)

134. Il est défendu à tous usagers, nonobstant tout titre et possession contraire, de conduire ou faire conduire des chèvres, brebis ou moutons dans les forêts ou sur les terrains qui en dépendent, à peine, contre les propriétaires, d'une amende double de celle qui est prononcée par l'article 199, et contre les pâtres ou bergers, de quinze francs d'amende. En cas de récidive, le pâtre sera condamné, outre l'amende, à un emprisonnement de cinq à quinze jours. (Art. 78.)

Ceux qui auraient acquis le pacage ci-dessus par titre ou possession, peuvent réclamer une indemnité, qui est réglée, en cas de contestation par les tribunaux; et le pacage de moutons peut être autorisé, dans certaines localités, en vertu d'ordonnances royales. (*Ibid.*)

135. Les peines portées par cet article 199 sont, pour les animaux trouvés de jour en délit dans les bois de dix ans et au-dessus, savoir : d'une amende d'un franc pour un cochon, de deux francs pour une bête à laine, de trois francs pour un cheval ou autre bête de somme, de quatre francs pour une chèvre, et de cinq francs pour un bœuf, une vache ou un veau.

L'amende est double si les bois ont moins de dix ans; sans préjudice, s'il y a lieu, des dommages-intérêts.

136. Les articles 71, 72, 73, 74, 75 et 76, renferment les dispositions relatives à la marque,

à la conduite et à la garde des bestiaux. Ces dispositions, que nous ne faisons qu'indiquer, établissent une bonne police dans l'exercice des droits de pacage ou de parcours.

137. Aucun droit d'usage en parcours ou pâturage ne peut non plus être établi à l'avenir sur les bois de l'état. (Art. 62.)

138. Les dispositions précédentes sont applicables aux usages en pâturage dans les bois qui font partie du domaine de la couronne, et dans ceux qui sont possédés à titre d'apanage. (Art. 88 et 89.)

139. Il en est de même, en général, quant à l'exercice du pâturage dans les bois des communes et des établissemens publics, par les habitans de la communauté sur ses propres bois, ou par des tiers qui auraient des droits d'usage. (Art. 112.)

140. A l'égard des droits de pâturage ou de parcours dans les bois des particuliers, ils s'exercent conformément au titre constitutif.

Toutefois ces droits ne peuvent être exercés que dans les parties de bois déclarées défensables par l'administration forestière, et suivant l'état et la possibilité des forêts, reconnus et constatés par la même administration. (Art. 119.)

Les chemins par lesquels les bestiaux devront passer pour aller au pâturage et pour en revenir sont désignés par le propriétaire. (*Ibid.*)

La disposition de l'article 64, relative à l'affran-

V.   9

chissement, moyennant une indemnité, des droits de pâturage dans les bois de l'état;

Celle de l'article 66, §. 1er, touchant la durée de la glandée et du pacage;

Celle de l'art. 70, qui veut que les usagers ne puissent jouir de leurs droits de pâturage et de pacage que pour les bestiaux à leur propre usage, et non pour ceux dont ils font commerce;

Celles des articles 72, 73, 75 et 76, relatives à la conduite, à la marque et à la garde des bestiaux;

Enfin, celles des articles 57 et 85, concernant la défense faite aux usagers d'enlever aucune production des forêts autre que les bois délivrés, sont applicables aussi aux droits de pâturage dans les bois des particuliers, lesquels y exercent, à cet effet, les mêmes droits et la même surveillance que les agens du gouvernement dans les forêts soumises au régime forestier. (Art. 120.)

TITRE IV.

Des servitudes ou services fonciers.

Observations préliminaires.

SOMMAIRE.

141. Une autre modification du droit de propriété, la plus importante de toutes peut-être, si l'on considère son utilité générale, c'est l'affectation d'un fonds connue sous le nom de *servitude,*

c'est-à-dire la charge imposée à un héritage pour l'usage ou l'utilité d'un autre héritage appartenant à un autre propriétaire. (Art. 637.)

Malgré la juste défaveur attachée à cette dénomination, on a cru devoir la conserver comme traditionnelle et de doctrine, et parce qu'elle rend d'ailleurs parfaitement la pensée de la loi; car lorsqu'il y a servitude, un fonds est assujéti à un autre fonds, sans toutefois qu'il en puisse résulter une prééminence quelconque, soit politique, soit honorifique, en faveur du maître de ce dernier héritage sur le maître du premier. (Art. 638.)

142. Cet assujétissement, au reste, n'a rien de commun avec ce véritable asservissement des propriétés, et même des personnes, connu anciennement sous le nom de *main-morte*, qui existait dans quelques contrées de la France, et qui subsiste encore, sous d'autres dénominations, dans quelques états de l'Europe : institution dégradante qui, en attachant l'homme à la glèbe, ne le considérait presque que comme un agent de labourage, destiné lui-même à être possédé avec le champ cultivé par ses mains : « Le territoire de la France, « porte la loi du 6 octobre 1791, est libre comme « les personnes qui l'habitent. Ainsi, toute pro- « priété territoriale ne peut être sujette envers les « particuliers qu'aux redevances et aux charges « dont la convention n'est pas défendue par la loi, « et envers la nation qu'aux contributions publi-

« ques établies par le corps législatif, et aux sacri-
« fices que peut exiger le bien général, sous la
« condition d'une juste et préalable indemnité. »

143. Placés dans des circonstances plus favo-
rables que leurs prédécesseurs, libres de toute
considération politique, et n'ayant à régler que de
purs intérêts civils en rédigeant la loi sur cette
matière, les auteurs du Code se sont occupés de
rechercher avec attention les rapports que les diverses propriétés foncières peuvent avoir entre
elles, ou avec l'intérêt général, sans égard à leurs
possesseurs; et, partant de ce principe, ils ont
considéré les servitudes ou services fonciers (car
ces expressions sont synonymes) sous un triple
point de vue. Cette idée simple et vraie a tracé la
division générale du sujet.

144. Ainsi, s'est-on dit, de tout tems (1) les
fonds inférieurs ont été assujétis à recevoir les
eaux qui découlent naturellement des fonds supérieurs. C'est là une loi de la nature, mais qui cependant veut être confirmée par la loi civile, afin d'en
régler et déterminer les effets : de là, la première
espèce de servitudes, qui, avec quelques autres
plus ou moins analogues, sont appelées dans le

---

(1) *Semper enim hanc esse servitutem inferiorum prædiorum, ut natura profluentem aquam excipiunt.* L. 1, §. 22, ff. *de aquâ et aquæ pluviæ arcendæ.*

Et dans le § suivant il est dit aussi : *Semper inferiorem superiori ser-vire.*

Code *servitudes dérivant de la situation des lieux*,
et forment l'objet du premier chapitre de ce titre.

145. La seconde classe se compose des *servitudes
établies par la loi;* mais il faut convenir que ce qui
les distingue des précédentes n'est cependant pas
la situation des héritages qui en sont affectés; car,
à l'égard des uns, comme à l'égard des autres, c'est
véritablement cette situation qui est la cause pré-
mière et principale de l'assujétissement. Toutes les
servitudes dites *légales* sont en effet imposées sur
des fonds voisins de ceux au profit desquels la loi
les a établies, sans en excepter même celles qui
ont pour objet l'intérêt public ou communal; et
celles de la première classe comme celles de la
seconde étant aussi réglées par la loi, on peut dire
qu'elles sont réellement toutes légales.

Néanmoins on peut justifier cette division en
considérant la nature des servitudes de chacune
des deux classes sous le rapport des causes auxquelles elles doivent naissance.

Il est bien certain que les servitudes dérivant de
la situation naturelle des lieux n'ont rien d'arbitraire, qu'elles n'appartiennent pas plus à une législation qu'à une autre, à tel peuple plutôt qu'à
tel autre, et qu'elles ont été, depuis l'origine de la
propriété, ce qu'elles sont aujourd'hui, sauf peut-
être quelques légères différences, assurément peu
considérables : c'est donc véritablement la nature
qui les a écrites elle-même sur les héritages tels

qu'ils sont, pour ainsi dire, sortis de ses mains.

Mais il n'en est pas tout-à-fait ainsi des servitudes dites légales : la plupart s'appliquent, soit activement, soit passivement, à des héritages dont la main de l'homme a changé l'état naturel et primitif, et l'on sent qu'à cet égard les circonstances ont dû varier à l'infini ; les réglemens qui ont paru propres à faciliter le commerce et les communications dans un pays, à maintenir l'harmonie entre les voisins, prévenir les empiètemens, et surtout empêcher les incommodités qui seraient résultées d'une agrégation formée sans précaution, n'ont pas dû être les mêmes dans d'autres contrées. Ces sortes de servitudes, quoique fondées sur des besoins et des intérêts généraux parfaitement sentis, ont donc quelque chose d'arbitraire, que n'ont pas les servitudes dérivant de la seule situation naturelle des lieux. La volonté de la loi se manifeste dans l'établissement de celles-là, tandis que la loi n'a fait que confirmer l'existence de celles-ci. Aussi, dans notre ancienne France seulement, combien de statuts et d'usages différens sur cet objet ! Ce qu'admettait une coutume, la coutume voisine le rejetait, ou ne l'admettait qu'avec des modifications plus ou moins importantes.

146. Enfin, le désir, d'une part, de rendre les fonds plus fertiles ou plus commodes, et, d'autre part, le libre exercice du droit de propriété, ont porté les propriétaires eux-mêmes à faire entre eux

les conventions et les traités qui pouvaient conduire à ce but : de là les servitudes établies par le
fait de l'homme, dont l'origine remonte à la possession des fonds, et que les lois ont toujours
approuvées et maintenues, quand d'ailleurs leur
exercice n'apportait aucune atteinte à l'ordre public. C'est la troisième classe des servitudes dans
l'ordre adopté par le Code, et ce sont les véritables
servitudes, car pour celles des deux premières
classes, ce sont des engagemens qui se forment par
le seul fait du voisinage, plutôt que de véritables
servitudes ; ce sont de simples modes d'exercice du
droit de propriété, plutôt que de véritables charges
imposées aux propriétés elles-mêmes. Les fonds,
malgré ces obligations de voisinage, ne sont pas
moins réellement libres et francs de servitudes :
tellement que la vente qui serait faite d'un fonds
avec la déclaration qu'*il est franc de toute servitude quelconque*, ne donnerait pas à l'acheteur le
droit de recourir contre le vendeur, à raison de
l'exercice, par l'état ou par un voisin, d'une servitude de l'une ou l'autre des deux premières classes,
non seulement parce qu'il y aurait lieu de dire que,
nonobstant la généralité des termes de la clause,
cette servitude a été exceptée, mais encore mieux
parce que ce n'est réellement pas une servitude,
mais bien une simple modification du droit de
propriété, ou plutôt un mode de son exercice;
tandis que le vendeur n'a garanti la franchise du
fonds vendu que sous le rapport des servitudes

qui auraient été imposées par lui ou ses auteurs. Il n'a pu vouloir autre chose.

Est-ce en effet une servitude véritable que l'obligation du propriétaire inférieur de recevoir les eaux qui découlent naturellement du fonds supérieur?

Est-ce aussi une servitude, une servitude négative, dont les fonds voisins sont réciproquement tenus les uns envers les autres, que cette prohibition d'établir, sans le consentement du voisin, des jours libres, ou de planter des arbres, à une distance moindre que celle fixée par la loi?

On tient communément pour l'affirmative, en s'armant des termes de la loi, et on en tire des conséquences que nous aurons l'occasion d'exposer et de combattre dans le cours de l'explication du sujet; mais il nous semble que ces divers *engagemens*, résultant du seul fait du voisinage, comme les appelle le Code lui-même (art. 1370), ne sont en réalité que des modes d'exercice du droit de propriété, que la loi a ainsi fixés, afin que l'un, en usant de sa chose suivant son libre arbitre, ne nuisît pas à l'autre.

Le propriétaire supérieur, en laissant ses eaux s'écouler naturellement sur le fonds inférieur, agit *jure dominii*, et non *jure servitutis*; à la différence du cas où il lui serait loisible de les y faire écouler au moyen de travaux faits de main d'homme, et autrement que suivant leur cours naturel: alors il y aurait véritablement servitude sur le fonds inférieur. Mais que l'on suppose que le propriétaire inférieur est convenu avec le supérieur que celui-ci, au moyen de digues, retiendra les eaux chez lui, et empêchera qu'elles ne s'écoulent sur le fonds inférieur; assurément ce n'est pas là une simple remise de la prétendue servitude dont ce fonds était grevé, c'est plutôt la constitution d'une servitude véritable sur le fonds supérieur, qui ne jouira plus désormais de tous ses attributs naturels, qui ne sera plus avec sa condition primitive, qui sera, en un mot, sorti de la classe générale, pour être soumis à un régime particulier, résultat de la volonté des contractans. D'après cela, comment pourrait-on voir une servitude véritable, dans le sens qu'on attache à ce mot, quand il y aurait cependant réellement servitude dans le fait qui la détruirait, dans le cas diamétralement opposé? Lorsqu'un propriétaire convient avec le voisin qu'il ne bâtira pas sur son terrain, ou qu'il ne bâtira pas au-delà de telle hauteur, il est bien clair qu'il grève son fonds de la servitude appelée dans la doctrine *non altiùs tollendi;* mais le voisin n'acquiert pas par-là le droit de faire sur son fonds ce que bon lui semblera, car il l'avait déjà, sauf les dispositions relatives à la distance à observer pour avoir des jours libres sur l'héritage d'autrui, et à la plantation des arbres. Ce voisin n'acquiert donc uniquement que le droit de s'opposer à ce que le concédant bâtisse, ou bâtisse au-delà de la hauteur convenue, mais il acquiert par cela même un droit

de servitude sur lui. Le concédant avait auparavant le droit de bâtir, il l'a perdu par la convention; de même le propriétaire supérieur avait le
droit de laisser écouler ses eaux sur le fonds inférieur, et il ne l'a plus. Tous deux ont grevé leurs
fonds d'une servitude véritable, d'une servitude négative; mais il n'en faut pas conclure que les autres
ont affranchi les leurs d'une servitude préexistante.

Dans la loi 1, §. 22 ff. *de aquâ, etc.*, que nous
avons citée plus haut, le jurisconsulte dit bien,
il est vrai, que c'est une *servitude* que la *nature*
impose aux fonds inférieurs de recevoir les eaux
des fonds supérieurs; mais il ne parle ainsi que
d'une manière figurée, car si c'était réellement
une servitude, le propriétaire supérieur aurait
l'action appelée *confessoire*, si l'inférieur se refu-
sait à recevoir les eaux; tandis qu'il a contre lui
une action spéciale, introduite par l'édit du préteur, et appelée *actio aquæ pluviæ* (1), laquelle
n'est pas la même que l'action confessoire.

Quant à la prohibition de pratiquer des jours
libres ou de planter des arbres à une distance
moindre que celle qui est prescrite par la loi, nous
démontrerons dans la suite que ce n'est pas là
non plus une véritable servitude imposée sur les
fonds, mais une mesure d'intérêt général, un mode
d'exercice du droit de propriété pour empêcher de
nuire au voisin. Le droit de propriété consiste

---

(1) L. 1, § 2 et 13, ff. *de aquâ et aquæ pluv. arcend.*

bien, sans doute, dans la faculté de faire de sa chose ce qu'on croit devoir en faire, mais avec cette importante restriction (qui n'est cependant pas une servitude), pourvu qu'on n'en fasse pas un usage nuisible à autrui. (Art. 1382.)

147. Ces observations, au surplus, ne nous portent point à rejeter les dénominations de servitudes naturelles et de servitudes légales adoptées par le Code ; il suffit de bien s'entendre sur le sens que la loi elle-même attache à chacune de ces expressions relativement aux effets de ces diverses espèces de servitudes.

Nous suivrons donc la division générale du Code.

Ainsi, dans un premier chapitre nous traiterons de ce qui est relatif aux servitudes dérivant de la situation naturelle des lieux ;

Dans un second, des servitudes établies par la loi ;

Dans le troisième, de celles qui sont établies par le fait de l'homme.

C'est lors de l'explication de ces dernières que nous exposerons les vrais caractères et les effets des servitudes.

148. Il importe toutefois de remarquer que dans quelques cas on a sur un fonds un droit qui semble au premier coup d'œil un droit de servitude, et qui cependant n'est pas tel, mais bien un véritable droit de propriété : dès lors les règles sur les servitudes

cessent d'être applicables, et même quelquefois aussi celles sur la propriété commune ne le sont pas en tout point.

Sans parler des mines, dont la propriété est tout-à-fait distincte de celle de la superficie (1), on peut acquérir par titre ou prescription un souterrain sous le bâtiment d'autrui ou toute autre partie du bâtiment (art. 553); ce souterrain n'est pas possédé à titre de servitude, quand bien même celui qui l'a ainsi acquis le ferait servir à l'usage d'un héritage qu'il posséderait tout contre, comme serait une fosse d'aisances, un puits, une cave; c'est une propriété parfaite et totalement distincte de celle sous laquelle il se trouve. Il n'y a non plus, à cet égard, aucune communauté entre les deux propriétaires, par conséquent il n'y a lieu ni à partage ni à licitation pour faire cesser une indivision qui n'existe pas.

149. De même, il arrive souvent que dans le partage d'une maison ou autre édifice, on convient que la porte d'entrée et l'allée seront communes aux copartageans, parce que la construction d'une autre porte et d'une autre allée serait dispendieuse ou même impraticable : dans ce cas il y a réellement communauté entre les parties quant à ces objets; et, par exception au principe que nul ne peut être contraint de rester dans l'in-

_____

(1) *Voy.* tom. précédent, n° 394.

division, et que le partage peut toujours être provoqué, nonobstant conventions ou dispositions à ce contraires (art. 815), il ne pourra cependant pas l'être dans l'espèce. Il n'y aura pas lieu non plus à la licitation forcée, qui est aussi une manière de sortir de l'indivision; car, comme le dit très-bien le jurisconsulte Paul dans la L. 19, §. 1, ff. *de communi divid.*, au sujet de l'entrée ou vestibule servant à deux habitations, *arbiter communi dividundo invito utrolibet dari non debet, quia qui de vestibulo liceri cogitur, necesse habet interdùm totarum ædium pretium facere, si aliàs aditum non habet.*

L'indivision forcée résulte ici de la nature des choses, et il en doit être de même toutes les fois qu'entre deux propriétés et deux établissemens principaux, possédés séparément par deux propriétaires, il existe un objet accessoire, une dépendance tellement nécessaire à l'exploitation des deux propriétés principales, que, sans sa possession et jouissance commune, lesdites propriétés principales seraient de nul usage ou d'un usage notablement détérioré. Alors, pour ne pas sacrifier le principal à l'accessoire, il n'y a pas lieu à partage ou licitation forcée de cet accessoire, et les deux propriétaires sont censés demeurer, à cet égard, moins dans une indivision que dans une espèce de servitude réciproque l'un envers l'autre (1).

(1) *Voy.* l'arrêt de la Cour de cassation du 10 décembre 1823. Dans

C'est, comme on le voit, une question de fait, subordonnée à la nature de la chose dont le partage serait demandé, à la disposition des lieux, et au rôle que joue cette chose par rapport à une autre, dont elle ne serait qu'une simple dépendance : en sorte que les principes ci-dessus seraient, selon nous, applicables aussi au cas où il s'agirait d'une cour servant à deux bâtimens contigus ou à plusieurs étages d'un même bâtiment appartenant à divers propriétaires, et dont le peu d'étendue ne permettrait pas la division sans grand dommage pour le défendeur à la demande en partage, qui ne pourrait ainsi se servir qu'avec beaucoup d'incommodité de la partie qui lui écherrait, et quelquefois pas du tout. A plus forte raison la demande à fin de licitation serait-elle encore plus mal fondée

---

l'espèce, des copropriétaires considérant un endroit dit *le bas du moulin et ses issues* comme une dépendance nécessaire à l'exploitation de deux propriétés que deux d'entre eux allaient posséder séparément, stipulèrent par un acte de partage que ledit bas du moulin et ses issues demeureraient toujours indivis entre les deux possesseurs de ces mêmes propriétés. Nonobstant cette convention, l'un d'eux demanda le partage de ces objets, mais il a succombé en première instance, en appel et devant la Cour de cassation.

Nous ferons remarquer que ce n'a pas été parce qu'il était convenu de demeurer toujours dans l'indivision ; car si, de leur nature, ces choses eussent pu être la matière d'une action en partage ou en licitation, la convention, d'après l'art. 815, n'y aurait apporté aucun obstacle, puisque la loi la répute non avenue comme contraire à l'ordre public, attendu que l'indivision est une source de procès et de difficulté. On doit donc croire que dans l'espèce, les tribunaux auraient décidé de la même manière, quoiqu'il n'y eût pas eu de stipulation à ce sujet entre les parties.

suivant l'excellent motif exprimé par le jurisconsulte romain. Mais si la cour était spacieuse, que la division pût s'en faire sans dommage grave pour la partie qui n'y veut pas consentir, on serait dans le cas de la règle *nul ne peut être contraint à rester dans l'indivision.*

CHAPITRE PREMIER.

Des servitudes qui dérivent de la situation des lieux.

SOMMAIRE.

150. *Division du chapitre.*

150. Ce premier chapitre de la matière comprend trois objets distincts : ce qui concerne les eaux, le bornage, le droit de se clore et celui de parcours.

Ce sera le sujet des trois sections suivantes.

SECTION PREMIÈRE.

SOMMAIRE.

151. *Division de la section.*

§. Ier.

De l'assujétissement des fonds inférieurs, de recevoir les eaux qui découlent naturellement des fonds supérieurs.

152. *Texte de l'art. 640.*
153. *De quelles dispositons du droit romain il a été tiré : à quelles espèces d'eaux il s'applique.*

154. *Il ne s'applique pas aux eaux de ménage ou de fabrique,*
ni à celles qui découlent des toits.

155. *Le propriétaire supérieur peut retenir les eaux chez lui.*

156. *Quand bien même, en creusant dans son terrain, il coupe-*
rait la veine d'eau qui alimente le puits du voisin, celui-
ci n'aurait pas d'action contre lui.

157. *Le propriétaire supérieur peut toujours retenir les eaux*
quand même l'inférieur en aurait toujours joui, s'il n'y
avait constitution de servitude.

158. *Il en serait ainsi lors même que le propriétaire inférieur*
aurait pratiqué dans son fonds, de temps immémorial, un
fossé pour recevoir les eaux.

159. *Les eaux pluviales qui coulent sur un chemin public*
appartiennent au premier occupant, nonobstant la jouis-
sance même immémoriale qu'en aurait eue le propriétaire
inférieur.

160. *Ces principes se modifient dans le cas où il y a destination*
du père de famille.

161. *Le propriétaire inférieur, dans les cas ordinaires, est obligé*
de souffrir le curement du fossé qui est chez lui, par où
s'écoulent les eaux du fonds supérieur.

162. *La prohibition imposée aux propriétaires inférieurs, de rien*
faire qui empêche l'écoulement des eaux du fonds supé-
rieur, ne s'applique pas aux eaux des fleuves, rivières et
torrens : chacun peut se garantir de leurs ravages, en se
conformant aux règlemens.

163. Quid *à l'égard des eaux d'un marais ?*

164. *Le propriétaire supérieur ne peut, sans une constitution de*
servitude, rien faire qui aggrave la condition du fonds
inférieur.

165. *Il peut néanmoins faire les travaux nécessaires ou même*
simplement utiles à la culture de son fonds.

166. *Le propriétaire supérieur ne peut, sans l'assentiment de*
l'inférieur, diriger sur le fonds de celui-ci l'eau d'une

V.   10

§. II.

Du droit de celui qui a une source dans son fonds.

182. *En principe, la concession que je fais à l'un d'user de l'eau de ma source, ne m'empêche pas d'en faire une pareille à un autre.*

183. *Décision de la L. 4, ff. de aquâ quotid. et æstivâ, sur ce point, et dans quel sens elle doit être entendue.*

184. *Celui à qui une prise d'eau a été concédée ne peut, sans l'assentiment du concédant, y faire participer un autre propriétaire, ni en user pour un autre fonds.*

185. *Il n'est pas nécessaire, pour que le droit à la source puisse s'acquérir par prescription, que le fonds qui a joui de l'eau joigne celui dans lequel est la source.*

186. *S'il ne le joint pas, et que le fonds intermédiaire soit à un tiers, il y aura, sur ce dernier, la servitude de* conduite d'eau, *et sur le premier, la servitude de* prise d'eau.

187. *La seconde exception apportée au principe a lieu quand la source fournit aux habitans d'une commune, village ou hameau l'eau qui leur est nécessaire.*

188. *Mais il est dû indemnité au propriétaire de la source.*

189. *La prescription éteint le droit à l'indemnité, et l'usage a l'eau n'en est pas moins continué.*

190. *Le maître du fonds où est la source en conserve la propriété, nonobstant l'usage des habitans.*

191. *Quoique l'art. 643 ne parle que de l'eau d'une source, sa disposition serait néamoins applicable à l'eau d'un étang ou d'une mare, nécessaire aux habitans.*

§. III.

Des eaux dépendant du domaine public.

192. *Quelles sont les eaux dépendant du domaine public : les particuliers ne peuvent les détourner sans une concession de l'autorité.*

193. *La loi du 6 octobre 1791 contenait un principe contraire : le Code a rétabli celui de l'ordonnance de 1669.*

§. IV.

De l'usage aux eaux qui bordent ou traversent un héritage.

public, appartient cependant aux riverains; conséquence.

209. *Chaque propriétaire riverain peut faire les travaux néces-saires à l'irrigation de sa propriété.*

210. *La loi du 20 août 1791 chargeait les administrations dé-partementales de rechercher les moyens de procurer le le libre cours des eaux.*

211. *La loi du 6 octobre 1791 défend à tous riverains d'inonder l'héritage de son voisin.*

212. *Les tribunaux civils seraient même compétens pour ordon-ner la destruction des travaux nuisibles, et statuer sur les dommages-intérêts.*

213. *L'un des riverains ne peut, non plus, pratiquer des travaux sur le fonds de l'autre sans l'assentiment de celui-ci.*

214. *En général, les riverains ont des droits égaux sur le cours d'eau.*

215. *Le principe est subordonné, dans son application, aux sti-pulations intervenues entre les intéressés, aux réglemens locaux et à l'intérêt de l'agriculture.*

216. *Texte de l'art 645.*

217. *La loi 17, ff. de servit. præd. rust. veut que, dans la ré-partition des eaux courantes entre les coriverains, on ait égard à l'étendue respective des fonds.*

218. *Le principe touchant la répartition des eaux ne s'applique pas seulement aux coriverains entre eux, il s'applique aussi aux propriétaires supérieurs à l'égard des inférieurs.*

219. *Les propriétaires d'usines, de moulins, n'ont pas tellement droit à toute l'eau qu'ils peuvent en priver totalement les propriétaires supérieurs.*

220. *Quand il s'agit de moulins, les circonstances peuvent vou-loir le contraire dans l'intérêt public.*

221. *Un riverain peut renoncer en faveur de son coriverain ou d'un propriétaire inférieur au droit de prendre l'eau.*

222. *La réserve du droit exclusif de prendre l'eau peut être faite aussi dans la disposition de l'un des deux fonds riverains par leur propriétaire.*

223. *Suite.*

224. *L'un des riverains peut aussi acquérir, par rapport à l'autre, le droit exclusif à l'eau par le moyen de la prescription.*

225. *L'art. 644, dans sa première partie, ne dit pas si le propriétaire riverain d'un seul côté peut faire servir l'eau à l'exploitation d'une usine, à l'entretien d'un étang, etc.*

226. *Ce droit ne lui est pas accordé dans les principes du Code; mais un riverain peut toutefois faire dériver l'eau pour l'exercice de certaine profession, comme celle de tanneur, de teinturier.*

227. *Un riverain peut aussi obtenir de l'administration l'autorisation d'élever une usine et de prendre l'eau nécessaire à son exploitation.*

228. *Quant aux établissemens de ce genre qui existaient déjà avant la révolution, en conformité des règlemens ou usages locaux, les lois nouvelles n'y ont porté aucune atteinte.*

229. *Il en est de même des concessions faites pour alimenter des étangs, ou si le droit est acquis par la prescription.*

23o. *Proposition de diverses questions élevées sur l'art. 644.*

231. *Un riverain ne peut, sans le consentement des autres riverains intéressés, concéder à un tiers une prise d'eau qui pourrait leur préjudicier, ni faire servir l'eau à un autre fonds à lui appartenant qui ne serait pas riverain.*

232. *Mais le droit à la prise d'eau pour ce fonds a pu s'acquérir de diverses manières.*

233. *Dans tous les cas, ceux des intéressés qui auraient consenti à son établissement ne pourraient s'opposer à son exercice.*

234. *Quand un fonds riverain est divisé de manière que certaines portions n'aboutissent plus au cours d'eau, elles n'en conservent pas moins le droit à l'eau, par une sorte de destination de père de famille.*

235. *Un propriétaire riverain a-t-il le droit de faire servir l'eau aux additions qu'il a faites à son héritage, en en prenant un volume plus considérable que par le passé?*

236. *Le droit accordé à celui dont une eau courante traverse*

l'héritage, de la faire servir à l'irrigation de son fonds, n'a pas lieu quand cette eau coule dans un canal creusé de main d'homme, et appartenant à un autre.

237. Dans l'état actuel de la législation, il ne peut se servir de l'eau malgré le propriétaire du canal, même en lui offrant une indemnité, encore qu'il n'en résultât pour celui-ci aucun préjudice.

238. La législation pourrait être améliorée sur ce point, en accordant aux tribunaux le pouvoir que leur attribue l'art. 682, relativement à la réclamation d'un passage pour le service d'un fonds qui n'a aucune issue sur la voie publique.

239. Le propriétaire dont l'héritage est traversé par le canal peut acquérir droit à l'eau, soit par titre, soit par prescription.

240. Le propriétaire de l'usine peut jouir du canal à titre de servitude, comme à titre de propriété : dans les anciens principes il était présumé en être propriétaire, sauf preuve contraire; mais il en doit être autrement aujourd'hui, du moins dans les cas qui doivent être jugés d'après le Code.

241. Résumé des droits et des devoirs de l'administration relativement aux cours d'eau.

242. Suite.

243. Diverses décisions royales rendues en conformité de ces principes.

244. Quand il s'élève une contestation au sujet des eaux, les juges de paix qui en sont saisis comme juges du possessoire doivent s'abstenir de prononcer sur ce qui touche le fond du droit.

151. Nous traiterons dans un premier paragraphe de l'assujétissement des fonds inférieurs, de recevoir les eaux pluviales et de source qui découlent naturellement des fonds supérieurs;

Dans un second, du droit qu'a celui dans le fonds

duquel se trouve une source, d'en user à sa volonté;

Dans un troisième, des eaux dépendant du domaine public;

Enfin dans un quatrième, de l'usage aux eaux qui bordent ou traversent un héritage.

§. Ier.

De l'assujétissement des fonds inférieurs, de recevoir les eaux pluviales et de source qui découlent naturellement des fonds supérieurs.

152. Suivant l'art. 640, « les fonds inférieurs « sont assujétis envers ceux qui sont plus élevés « à recevoir les eaux qui en découlent naturelle- « ment sans que la main de l'homme y ait con- « tribué.

« Le propriétaire inférieur ne peut point élever « de digues qui empêchent cet écoulement.

« Le propriétaire supérieur ne peut rien faire « qui aggrave la servitude du fonds inférieur. »

153. Ces dispositions sont puisées dans le titre du Digeste, *de aquâ et aquæ pluviæ arcendæ*, que nous aurons souvent occasion de citer (1).

Elle sont non-seulement applicables aux simples eaux pluviales, et à celles qui découlent des terres

---

(1) On peut aussi consulter les titres *de aquâ quotidianâ et æstivâ*, *de fonte*, et *de servitutibus prædiorum rusticorum.*

par infiltration, ou qui proviennent de la fonte des neiges, mais encore aux eaux de source, dont la direction et l'immission dans le fonds inférieur est l'ouvrage de la nature ou du temps.

154. Mais elles ne le sont point aux eaux de ménage, de fabrique ou autres semblables, ni même à celles qui découlent des toits; car il y a là le fait de l'homme. L'article 681 veut que tout propriétaire établisse des toits de manière que les eaux coulent sur son terrain ou sur la voie publique, sans pouvoir les faire verser sur le fonds de son voisin, parce qu'elles y occasionneraient, en effet, des dégradations.

155. Comme ces dispositions sont généralement portées en faveur du propriétaire du fonds supérieur, il peut retenir les eaux pour en user à sa volonté, quand bien même elles ne lui seraient d'aucune utilité : il ne ferait en cela qu'user du droit de propriété.

156. Et quand bien même en creusant dans son fonds, en y faisant des travaux, des plantations, ou des extractions de matières, il couperait ou intercepterait la veine d'eau souterraine qui alimenterait le puits ou la citerne du propriétaire inférieur, celui-ci n'aurait pas pour cela une action contre lui; car il n'aurait fait qu'un acte de propriété. (1)

---

(1) Cæpolla, *Tract. de serv. præd. rustic.,* cap. 4, n° 52 *et sequent.* édit.

157. Ces principes sont applicables aux eaux pluviales et autres semblables, quoique le propriétaire du fonds inférieur en eût toujours joui, s'il n'y avait un titre constitutif de servitude qui lui donnât le droit de les prendre à la sortie du fonds supérieur.

158. Il serait même indifférent que ce dernier eût pratiqué dans son fonds un fossé, ou eût fait tout autre ouvrage pour les recevoir et les diriger chez lui : la prescription ne saurait avoir lieu à l'égard des simples eaux pluviales ou autres semblables. On doit supposer que si le propriétaire ne les a pas retenues, c'est parce qu'alors elles lui étaient inutiles : il n'a fait qu'user d'une pure faculté (1); c'était aussi une tolérance de sa part que d'en laisser jouir le propriétaire inférieur : or, d'après l'art. 2232, les actes de pure faculté, ainsi que ceux de simple tolérance, ne sauraient fonder ni possession, ni prescription, comme nous l'enseigne pareillement Dumoulin avec son énergie accoutumée (2) : *In actibus qui dependent à liberâ facultate unius qui potest facere vel non, abstinentia vel observantia certi et determinati*

_____

de 1759; et Dunod, *des prescriptions*, part. 1, chap. 12. 3e édit. Voy. aussi la L. *Fluminum*, §. *item videamus*, ff. *de damni infecti*; L. *Proculus*, in princip. eôdem tit.; et L. 1, §. *denique*, ff. *de aquâ et aquæ pluviæ arcendæ*.

(1) Cæpolla, *ibid.*; Bretonnier sur Henrys, liv. 4, quest. 189; arrêt du 10 juillet 1619, cité par Bardet, tom. 1, liv. 1, chap. 65.

(2) Sur l'art. 1er de la coutume de Paris, glos. 4, n° 15.

modi, quantumcunque diurna, non censetur im-
plicare contrarium usum, nec inducit desuetu-
dinem, vel præscriptionem ad alium modum
utendi.

Autre chose sont les facultés ou les droits résultant des contrats ou autres engagemens : si on
ne les exerce pas dans le délai déterminé par la
loi, alors il y a prescription.

159. Ce que nous venons de dire est applicable
aussi aux eaux pluviales qui coulent sur un chemin public : le propriétaire supérieur peut les
détourner et les prendre exclusivement, encore
que le propriétaire inférieur en eût usé de tout
temps, parce qu'il n'est également censé en avoir
joui que par suite de la faculté qu'avait le premier
d'en user ou de n'en pas user (1).

M. Pardessus le décide comme nous, mais avec
cette restriction : Pourvu, dit-il, que l'administration chargée de la police locale n'en ait fait la concession à personne (2).

Nous ne croyons même pas que cette restriction
soit admissible : les eaux pluviales sont au premier
occupant, et par droit de nature et par la disposition du droit civil; conséquemment, l'administration ne doit point pouvoir en priver ceux à qui

_____

(1) Arrêt du 5 avril 1710, cité par Dunod, *ibid.*
(2) *Traité des servitudes,* 5e édit., n° 79. Cet auteur s'appuie du
sentiment de Boutaric, *Traité des droits seigneuriaux,* édit. de 1781,
pag. 566; et de Julien, sur le *Statut de Provence,* tom. 1, pag. 308.

elles appartiennent. La modification apportée par M. Pardessus ne devrait s'appliquer qu'aux eaux découlant d'une fontaine publique ou d'une source située dans un lieu appartenant à la commune : dans ce cas, nous concevons très-bien que l'administration dispose des eaux suivant le parti qui lui paraîtra le plus avantageux, sans qu'on puisse pour cela lui reprocher de nuire aux droits de tel ou tel particulier ; car personne n'en a réellement en pareil cas, à moins qu'on n'en eût acquis par titre ou prescription ; mais dans les cas ordinaires de simples eaux pluviales, l'administration ne peut, par des motifs de préférence ou autres, en disposer au préjudice de celui à qui le droit commun les attribue ; et si elle le faisait, le propriétaire lésé dans ses droits pourrait incontestablement se pourvoir, même devant les tribunaux.

160. Si le propriétaire de deux fonds contigus, dans le plus élevé desquels existerait un fossé bien marqué pour conduire au fonds inférieur les eaux pluviales qui coulent dans le premier ou dans le chemin qui l'avoisine, ce qui se voit souvent quand l'un de ces fonds est une terre ou une vigne, et l'autre un pré ou un jardin, ou même quand ce sont deux parties de pré ; si, disons-nous, le propriétaire de ces héritages disposait de l'un d'eux, sans que le contrat contînt aucune convention relative à la jouissance des eaux, d'après l'art. 694 il y aurait servitude établie au profit du fonds inférieur, et le fonds supé-

rieur devrait continuer le passage des eaux selon le mode usité au jour du contrat, c'est-à-dire en totalité ou en partie, suivant la manière dont en usait alors le disposant : il y aurait là destination du père de famille (art. 692 et 693), car le fossé serait un signe de servitude apparente (art 689), et la servitude serait réellement continue (quoiqu'il ne pleuve pas toujours), puisque le fait actuel de l'homme ne serait pas nécessaire pour son exercice (art. 688). Or, la destination du père de famille vaut titre à l'égard des servitudes continues et apparentes ; et comme il ne serait pas douteux qu'un titre constitutif d'une pareille servitude ne dût être exécuté, nous en concluons que la disposition pure et simple de l'un des deux fonds doit, dans l'espèce, faire maintenir les choses dans leur premier état. Alors il y aura réellement servitude de conduite d'eau.

161. Le propriétaire inférieur, avons-nous dit, est obligé de recevoir les eaux qui découlent naturellement du fonds supérieur, sans que la main de l'homme y ait contribué ; il est même obligé, lorsque le fossé qui se trouve dans son fonds ou sur la limite pour les recevoir, est comblé de manière qu'elles refluent dans le fonds supérieur, ou de nettoyer le fossé, ou de souffrir du moins que le propriétaire de ce dernier fonds le nettoie (1). Comme,

---

(1) C'est la décision des §§. 1 et 6 de la **L. 2**, ff. *de aquâ et aquæ*

en sens inverse, si la digue qui se trouvait dans le fonds supérieur a été renversée, et que par-là l'eau soit devenue plus dommageable au propriétaire inférieur, celui-ci peut se faire autoriser à rétablir la digue à ses frais, s'il n'en résulte aucun dommage pour le propriétaire supérieur (1).

162. La prohibition imposée au propriétaire inférieur de rien faire qui puisse empêcher l'écoulement des eaux du fonds supérieur, ne s'applique point aux eaux des fleuves et des rivières. Chacun peut, en se conformant d'ailleurs aux règlemens, garantir ses propriétés par des digues ou autres travaux, quand même ces ouvrages feraient refluer les eaux sur les riverains opposés ou inférieurs; car ils peuvent en faire autant de leur côté (2).

Il en est de même, et par les mêmes motifs, à l'égard de l'eau des torrens et des petites rivières, pourvu qu'on n'obstrue pas leur lit ou cours ordi-

---

pluviæ arcend. M. Pardessus, contre le sentiment de M. Delvincourt et la décision de la loi romaine, met les frais de curage à la charge du propriétaire inférieur, quoiqu'il ne soit pas dans la nature des servitudes que le propriétaire du fonds assujéti soit tenu de *faire*, mais bien de souffrir ou de ne pas faire. Il invoque à l'appui de son sentiment les §§. 2 et 4 de la même loi, qui, dans ce système, seraient contraires aux §§. précités, mais qui, bien interprétés, sont parfaitement dans le même sens.

(1) Telle est la décision du §. 5 de cette même loi; mais Paul, qui en est l'auteur, la donne comme fondée plutôt sur l'équité que sur les principes purs du droit.

(2) L. unic., ff. *de Ripâ mun.*; et arrêt de la Cour d'Aix, du 19 mai 1813. Sirey, 1814.2.9.

naire, mais qu'on se borne simplement à se garantir.

Le tout, néanmoins, à la charge de se conformer aux règlemens sur le cours des eaux.

163. S'il s'agissait d'un marais dont les eaux stagnantes, augmentées par les pluies ou la fonte des neiges, se répandraient dans le champ d'un particulier, celui-ci n'aurait pas le droit de faire des travaux pour s'en garantir, de manière que le reflux des eaux, ainsi contenues, pût nuire, soit aux fonds supérieurs au marais, soit à ceux qui seraient placés latéralement (1); sauf ce que nous allons dire tout à l'heure à l'égard des étangs, et sauf aussi l'application des lois concernant les marais.

164. Le propriétaire supérieur ne peut, de son côté, sans une constitution de servitude, rien faire qui aggrave la condition du propriétaire inférieur (art. 640).

Ainsi, il ne peut pratiquer sur son fonds des ouvrages qui changeraient l'immission naturelle des eaux dans le fonds inférieur, soit en les rassemblant sur un seul point et en leur donnant de la sorte un écoulement plus rapide, et propre, en conséquence, à entraîner les sables, les terres, le gravier dans ce fonds, soit en dirigeant sur un point de ce même fonds un bien plus grand vo-

---

(1) L. 1, § 2, ff. *de aquâ et aquæ pluv. arcend.*

lume d'eau que celui qu'il aurait reçu sans les travaux [(1).

165. Mais il a le droit de faire ceux qui sont nécessaires, ou même simplement utiles à la culture de son héritage, comme les sillons dans une terre ensemencée (2).

Il pourrait aussi, en plantant sa terre en vigne, ou en faisant un pré, pratiquer les fossés ou biefs nécessaires à l'assainissement de la vigne ou à l'irrigation du pré. La loi 1re, §. 4, ff. *de aquâ et aquæ pluv. arcend.*, l'autorise à en pratiquer, non pas dans le but de faire dériver par ce moyen les eaux sur le fonds du voisin, mais pour assainir le sien et le cultiver : *Sic enim debere quem meliorem agrum facere, ne vicini deteriorem faciat.*

L'intérêt de l'agriculture ne permettrait pas, en effet, que l'on s'attachât rigoureusement à la lettre de l'article 640, quand il n'assujétit les fonds inférieurs envers ceux qui sont plus élevés, à ne recevoir que les eaux qui en découlent naturellement sans que la main de l'homme y ait contribué : autrement, le propriétaire d'une terre labourable ne pourrait l'ensemencer, ou du moins le faire avec succès, faute de pouvoir y tracer les sillons qui, dans la plupart des terres à blé, sont nécessaires pour prévenir les effets des pluies et l'humidité du

_____

(1) L. 1, §. 1, ff. *de aquâ et aquæ pluv. arcend.*

(2) L. 1, §§. 3 et 5, *ibid.*

terrain. Il ne pourrait non plus faire de sa terre une vigne, puisqu'une vigne veut être plantée de manière que les eaux n'y séjournent jamais; et pour cela il faut des fossés ou de profonds sillons. Et quand même il ferait dans la partie inférieure de sa terre ou de sa vigne un fossé pour y ramasser les eaux (1), il serait encore en contravention à la disposition de notre article entendu à la lettre, vu que le dégorgement de ce fossé sur le fonds inférieur ne serait pas un écoulement naturel, sans que la main de l'homme y eût contribué, l'immission des eaux ayant lieu par un point, tandis que sans les sillons ou le fossé, l'eau eût coulé indistinctement à la surface du fonds et partout où elle aurait trouvé une issue. Mais une telle interprétation serait destructive de toute amélioration dans l'agriculture; elle serait contraire à l'esprit de la loi de la matière, comme à celui de la loi romaine, qui en est le type, et qui, tout en consacrant le principe tel que nous le voyons dans l'article que nous expliquons, y apportait néanmoins les tempéramens réclamés par l'intérêt général et l'équité. On doit donc s'attacher spécialement au point de savoir si les sillons ou fossés pratiqués par le propriétaire supérieur sont nécessaires, ou même simplement utiles au mode de culture adopté par lui : dans le cas où

---

(1) Comme semble le vouloir le § 5 de la L. 1, ff. *de aquâ et aquæ pluv. arcend.*

V.   11

ils ne tendraient pas à ce but, le propriétaire in
férieur, à qui ils nuiraient par l'immission tro
abondante des eaux sur un même point, aurai
droit de s'en plaindre et de les faire supprimer

166. Il pourrait également se plaindre si le pro
priétaire supérieur changeait la direction d'un
source qui coulait d'abord sur un autre fonds à lu
appartenant ou sur le fonds d'un tiers, pour l
faire couler sur le sien : l'ordre naturel et primiti
de l'écoulement de cette eau se trouverait en effe
interverti par la main de l'homme, et l'on serai
dans le cas de la prohibition de la loi. L'on y serai
aussi, selon nous, contre le sentiment de M. Par
dessus, n° 82 de son *Traité*, si l'on faisait coule
sans titre les eaux d'une fontaine nouvellemen
ouverte, et dont l'ouverture aurait été faite pa
des travaux de main d'homme; car évidemmen
l'immission des eaux ne serait point l'ouvrage d
la nature seule, comme le veut l'art. 640, pou
que le propriétaire inférieur soit sans droit à s
plaindre.

167. C'est par les mêmes motifs que nous n
croyons pas, contre l'opinion du même auteu
(n° 86), qu'un propriétaire, en convertissant so
champ en un étang, pût, sans titre ou sans ac
quisition du droit par prescription, faire écoule
les eaux de l'étang sur les fonds inférieurs. Nou
nous sommes déjà expliqué sur ce point au tome
précédent, n° 411.

S'il y avait déjà un ruisseau qui se trouverait aujourd'hui alimenter l'étang, les eaux de décharge pourraient sans doute continuer de s'écouler par le canal du ruisseau tracé sur les fonds inférieurs, et même le propriétaire pourrait également les y faire écouler toutes quand il pêcherait ou dessécherait l'étang, pourvu encore qu'elles ne fussent pas plus incommodes aux propriétaires inférieurs qu'elles ne l'étaient avant la construction; mais s'il s'agissait d'un étang, comme on en voit en si grand nombre, alimenté seulement par les pluies, les infiltrations, la fonte des neiges ou quelques sources souterraines, notre décision première serait applicable, parce qu'il y aurait là nouvel œuvre capable de nuire aux voisins.

168. Ainsi, quand le propriétaire du fonds inférieur a élevé des digues ou fait d'autres ouvrages pour empêcher l'écoulement naturel des eaux, ou quand le propriétaire supérieur les fait écouler par le moyen de quelques travaux qui n'étaient pas nécessaires ou utiles à la culture du sien, il y a lieu à l'action pour faire rétablir les choses dans leur premier état.

169. La partie lésée, ainsi troublée dans sa jouissance, peut intenter la complainte devant le juge de paix, pourvu qu'elle agisse dans l'année du trouble. (Art. 23 Code de procéd.)

Plus tard, l'action devrait être portée au tribunal de première instance. Elle ne serait plus simplement possessoire, elle tomberait sur le fonds du droit.

170. Quand l'auteur de l'ouvrage fait, soit sur le fonds supérieur, soit sur le fonds inférieur, au mépris des règles que nous avons essayé de retracer, n'est pas connu, celui qui devait en profiter doit naturellement être réputé l'avoir fait ou ordonné, suivant l'adage *is fecit, cui prodest.* Mais s'il est prouvé que l'ouvrage est le fait d'un autre, dont le propriétaire à qui il profiterait n'est pas responsable, celui-ci n'est tenu que d'en souffrir la destruction (1).

171. Si l'ouvrage a été fait publiquement, au vu et au su du propriétaire qui avait le droit de s'y opposer, et qui ne l'a toutefois pas expressément autorisé, les lois 19 et 20 ff. *de aquá et aquæ pluviæ arcendæ* décident qu'il ne peut plus s'en plaindre; mais ces mêmes lois, ni aucune autre, ne déterminent un laps de temps quelconque après lequel son silence doive être considéré comme une approbation définitive et irrévocable.

172. Il est clair, néanmoins, que lorsque c'est le propriétaire du fonds supérieur qui a fait ou fait faire les travaux qui ne devaient pas avoir lieu d'après les principes du droit commun, c'est une servitude qu'il a ainsi imposée de sa propre auto-

---

(1) L. 6, §7, ff. *de aquá et aquæ pluv. arcend.*

rité au fonds inférieur. Ce n'est plus la simple
charge naturelle, confirmée par la loi; c'est une
véritable servitude établie par le fait de l'homme;
et qui, conséquemment, à défaut de titre, ne peut
être définitivement constituée que par le moyen
de la prescription, laquelle suppose une jouissance paisible de la part du maître du fonds qui
l'exerce, et une connaissance facile de son exercice de la part du maître du fonds sur lequel elle
est exercée (art. 2229). Le propriétaire inférieur
peut donc incontestablement agir dans les trente
ans pour faire détruire les travaux, tant qu'on ne
lui opposera pas une approbation expresse consti-
tutive de la servitude. Encore une fois, les servitudes ne s'établissent tacitement qu'avec le secours
de la prescription : c'est le laps de temps déterminé
par la loi qui est tout à la fois la preuve et la sanc-
tion de la volonté de la partie intéressée à s'opposer à leur exercice.

173. Mais quand c'est le propriétaire du fonds
inférieur qui a fait les travaux propres à l'affranchir de la servitude naturelle et légale de recevoir
les eaux du fonds supérieur, ne peut-on pas dire
que le silence du propriétaire de ce fonds, qui les
connaissait, est une véritable remise de cette espèce de servitude, et conséquemment que cette
remise suffit par elle-même, sans avoir besoin
d'être prouvée et confirmée par le temps nécessaire à la prescription; que seulement les juges

ont le pouvoir d'en apprécier le mérite suivant les circonstances (1)?

D'après nos principes sur la matière, nous voyons plutôt dans ce cas une servitude établie sur le fonds supérieur, qui est ainsi sorti du droit commun au moyen des travaux, que nous ne voyons une véritable remise de servitude au profit du fonds inférieur. Mais qu'importe, après tout? en admettant que ce soit une remise de servitude, il n'en faut pas moins, pour qu'on puisse la reconnaître d'une manière positive, qu'il se soit écoulé le temps nécessaire à la prescription depuis que les travaux contraires à son exercice ont été faits : c'est la disposition formelle des articles 606 et 607, qui supposent bien aussi que celui contre qui la prescription est invoquée a connu ces travaux, et qui n'infèrent néanmoins la remise de la servitude continue que de son silence pendant trente ans à compter du jour où il a été fait un acte contraire à l'exercice du droit lui-même.

-----

(1) C'est en effet ce qu'enseigne M. Favard, *Répertoire*, voy. *Servitude*, sect. 1, § 1er, et sect. 5, 1°.

§. II.

Du droit qu'a celui qui a dans son fonds une source, d'en user à sa volonté.

174. Celui qui a une source dans son fonds peut en user à sa volonté. (Art. 641.)

Ainsi, il peut en faire des réservoirs, la faire servir à l'irrigation de son fonds, la combler même, s'il juge qu'elle lui est inutile ou nuisible. La propriété lui en appartient ; c'est une partie intégrante de son héritage.

Tel est le principe ; mais il reçoit deux exceptions.

175. La première, c'est lorsqu'un tiers a acquis droit à la source (*Ibid*) ;

La seconde, lorsque cette source fournit aux habitans d'une commune, village ou hameau, l'eau qui leur est nécessaire. (Art. 643.)

176. Le tiers peut avoir droit à la source, ou par l'effet d'un titre, ou de la destination du père de famille qui en tient lieu dans les cas déterminés par la loi, ou par l'effet de la prescription. (Art. 641-692-693.)

C'est généralement la servitude de prise d'eau, ou bien celle de puisage.

177. La prescription peut avoir lieu quand il s'agit d'une prise d'eau vive, à la différence du cas où

il ne s'agit que d'eaux pluviales ou autres de même nature, parce que généralement l'eau d'une source est plus précieuse, et conséquemment qu'on ne suppose pas que c'a pu être par pure tolérance de la part du propriétaire supérieur qu'il a laissé le propriétaire inférieur en jouir librement; comme on suppose, quand il n'est question que d'eaux pluviales, que, s'il ne les a pas prises lui-même, c'est qu'elles lui étaient alors inutiles, ne faisant en cela qu'un acte de pure faculté.

Mais la prescription ne peut s'acquérir que par une jouissance non interrompue pendant l'espace de trente années, à compter du moment où le propriétaire du fonds inférieur a fait et terminé des travaux apparens destinés à faciliter la chute et le cours de l'eau dans sa propriété. (Art. 642.)

L'interruption de jouissance n'est rien autre chose ici que l'interruption de possession, c'est-à-dire la privation, pendant l'an et jour, de la jouissance de l'eau, soit par l'ancien propriétaire, soit même par un tiers : c'est l'interruption naturelle de prescription. (Art. 2243.)

Comme il s'agit ici de la prescription ordinaire, elle ne courrait pas contre les mineurs et les interdits, ni dans les autres cas exceptés par la loi, suivant ce que nous expliquerons au chap. III.

178. Il est clair aussi, d'après les conditions exigées pour qu'elle puisse s'acquérir au profit du tiers, que celui-ci ne pourrait l'invoquer pour un

simple droit de puisage : ce serait là une servitude discontinue (art. 688), et les servitudes de cette espèce ne s'acquièrent plus aujourd'hui par prescription ; sans préjudice toutefois de celle qui aurait déjà été acquise par la possession, lors de la publication de la loi sur les *servitudes*, dans les pays où elle pouvait s'acquérir de cette manière (art. 691); ce qui a dû être rare, parce que le puisage à la fontaine ou au puits d'autrui, est ordinairement l'effet d'une pure tolérance de la part du propriétaire, un acte de familiarité et de bon voisinage, mais enfin ce qui a pu avoir lieu dans quelques cas.

179. Il ne suffirait pas, d'après l'art. 642, pour que le tiers pût acquérir droit à la source par le moyen de la prescription, qu'il en eût joui librement et publiquement pendant trente ans et plus, parce que le propriétaire de la source, à qui les eaux étaient peut-être inutiles, les lui aurait laissé prendre à la sortie de son fonds, ou même dans l'intérieur; bien mieux, les travaux que ce propriétaire y aurait faits pour faciliter leur sortie, comme un fossé, un canal, un aquéduc, etc., ne seraient non plus d'aucune considération : il faut que ce soit le propriétaire inférieur ou son auteur qui les ait faits, et par conséquent qu'il le prouve en cas de contestation. Tant que cette preuve n'est pas administrée, la loi suppose avec raison que sa jouissance n'a été que l'effet d'une pure tolérance de la

part du maître de la source, qui n'avait alors pas besoin des eaux, et qui n'a fait les travaux que pour l'assainissement de son héritage.

180. Il faut aussi que ces travaux soient *apparens*, qu'ils aient été destinés à faciliter la chute et le cours de l'eau dans le fonds inférieur, et ce n'est que depuis leur achèvement complet que commence à courir la prescription : d'où il suit généralement que des conduits souterrains, des tuyaux enfouis dans la terre ne rempliraient pas la condition voulue par la loi, quand même ils existeraient de temps immémorial ; car ils seraient dépourvus du caractère exigé par elle, qui est d'être apparens, afin que la possession ou jouissance soit publique, condition essentielle à la possession pour pouvoir fonder la prescription. (Art. 2229.)

Nous disons *généralement*, car, en effet, si le propriétaire de la source avait pu facilement connaître ces conduits, parce qu'ils se manifestaient, par exemple, par des *regards*, l'ouverture d'un canal donnant sur son terrain, etc.; on ne voit pas pourquoi la loi, qui admet la prescription de la propriété même d'un souterrain sous le bâtiment d'autrui, ou de toute autre portion du bâtiment (art. 553), et qui suppose, d'après cela, que la possession a pu en être paisible, publique, non équivoque, et à titre de propriétaire (art. 2229), n'admettrait pas celle d'un simple droit de servitude en pareil cas. Si, quand il s'agit d'un souterrain, la possession peut être *publique* dans le sens de la loi, c'est-à-dire susceptible d'être connu *ab adversario;* de même les travaux, dans notre espèce, ont pu être *apparens* dans le même sens : ils ont pu aussi être connus du propriétaire de la source. Ce sera au juge à estimer, par un rapport d'experts, ou encore mieux, par une descente de lieux, si, en effet, ils ont eu ce caractère ; mais, dans le doute, il ne doit pas balancer à rejeter la prescription.

181. Il s'est élevé sur ce sujet une question vivement controversée, celle de savoir si les travaux faits par le tiers doivent l'avoir été sur le fonds supérieur, ou bien s'il suffit qu'ils l'aient été sur le sien.

D'abord, on tombe généralement d'accord que le vœu de la loi est parfaitement rempli quand ils l'ont été par lui sur le fonds où est la source : la divergence d'opinions n'existe que sur le point de savoir s'il suffit qu'ils l'aient été sur le fonds inférieur ou partout ailleurs.

Cœpolla (1) décide qu'ils doivent être faits sur le fonds supérieur. Il faut les avoir faits, dit-il, *jure servitutis,* puisqu'il s'agit de l'acquisition de la servitude. Or, dirons-nous, peut-on prétendre que le propriétaire inférieur les a faits *jure servitutis* quand il les a faits sur son fonds ? il a agi seulement *jure dominii,* puisqu'en général chacun peut faire

---

(1) **Tract.** 2 *de servit. præd. rustic.*, cap. 4, n° 57.

sur son terrain ce que bon lui semble; et en agissant ainsi, il n'a pas possédé pour cela quelque chose dans le fonds du voisin. Nous ne voyons pas ce qu'on peut répondre de concluant à ce raisonnement.

En thèse générale, celui-ci n'avait pas même le droit de s'y opposer, sauf à lui à retenir chez lui les eaux comme il l'aurait entendu; mais c'est même parce que cela n'est pas toujours possible, parce que d'ailleurs ce serait fort gênant quand les eaux ne seraient pas utiles à l'espèce de culture adoptée; enfin parce que ce serait lui enlever le bénéfice de la loi, qui lui permet de les laisser couler naturellement sur le fonds inférieur, et transformer ainsi cette faculté en une charge, qu'on peut soutenir que tel n'est pas l'esprit de l'art. 642. Il peut, dira-t-on, signifier, tous les vingt-neuf ans, un acte de protestation contre les travaux, acte par lequel il attestera que ce n'est que par pure faculté s'il ne change pas le cours de sa source, et par pure tolérance s'il en laisse jouir le propriétaire inférieur; mais on lui impose ainsi une charge, et mille circonstances peuvent faire qu'il néglige de signifier cette protestation. Il peut, en outre, fort bien ignorer les travaux pratiqués dans le fonds du tiers, si ce fonds est clos de murs, ou s'il n'est pas contigu, mais séparé du sien par un chemin public ou un autre fonds, circonstance qui n'empêcherait pas plus l'acquisition du droit par la prescription que par titre, si d'ailleurs toutes les conditions voulues par la loi se rencontraient; car elle ne dit pas

qu'il n'y a que le propriétaire touchant immédiatement le fonds où est la source qui puisse y
acquérir un droit : elle dit seulement que le propriétaire du fonds inférieur peut l'acquérir de cette
manière; ce qui est bien différent. D'ailleurs les
partisans de l'opinion contraire en tombent eux-
mêmes d'accord. Il est bien vrai qu'ils subordon-
nent la question de prescription à l'application du
droit commun, et pour cela qu'ils exigent que la
jouissance, au moyen des travaux, ait été publique;
mais c'est précisément parce qu'il y aurait souvent
difficulté sur ce point, que le législateur a voulu,
pour la prévenir, que les travaux fussent apparens;
or, ils n'ont réellement point ce caractère à l'égard
du propriétaire supérieur quand ils ne sont faits
que dans un fonds où il n'a pas le droit d'entrer
pour les inspecter.

On peut enfin ajouter qu'il semble bien, d'après
la rédaction de l'art. 642, que les travaux doivent
effectivement être faits sur le fonds supérieur, puisqu'ils doivent être destinés à faciliter la chute et
le cours de l'eau dans la propriété du tiers; car si
elle sort du premier fonds sans le secours d'aucuns
travaux pratiqués par lui sur ce même fonds, c'est
qu'elle a un cours naturel ou dirigé par le propriétaire supérieur : conséquemment on ne peut pas dire
que les travaux faits sur le fonds inférieur facilitent
son cours dans ce fonds, puisqu'il existe déjà sans
eux, ni qu'ils facilitent sa chute, dans le cas encore
où il y a chute, puisqu'elle s'opère par sa sortie du

fonds supérieur. Ces travaux ne pourraient faciliter que la réception et le cours de l'eau dans le fonds inférieur; quant à sa chute, encore une fois, elle est déjà opérée dès que l'eau touche à ce dernier fonds. Il est donc plus vrai de dire que par les travaux faits chez lui, le propriétaire inférieur ne possède l'eau que chez lui; or, les principes de la matière veulent qu'il ait au moins une possession quelconque dans le fonds supérieur, puisque c'est sur ce fonds qu'il prétend avoir acquis la servitude. Là, nous le croyons du moins, s'applique parfaitement l'adage de droit *tantum prescriptum, quantum possessum.*

On objecte qu'il s'est élevé sur ce point une discussion à la section de législation du Tribunat (1), de laquelle, dit-on, il résulte clairement qu'on a entendu que l'art. 642 serait applicable, soit que les travaux aient été faits sur le fonds inférieur ou autre lieu, ou sur le fonds où est la source, et que c'est pour cela que la rédaction primitive du projet de loi, qui portait les mots *travaux extérieurs*, a été changée, pour y substituer ceux-ci: *travaux apparens*, que l'on voit dans le Code. Nous avons lu attentivement cette discussion, et nous avouerons que nous avons été bien plus touché de la force des raisonnemens de sa première partie, qui sont dans le sens de notre opinion, que de

---

(1) M. Favard, qui est d'un sentiment contraire à notre, ainsi que M. Delvincourt et plusieurs autres jurisconsultes, la rapporte en entier dans son *Répertoire*, au mot *Servitude*, sect. 2, §. 1.

la solidité de ceux qu'on a présentés dans le sens
contraire. Sur quoi repose, par exemple, la distinction suivante?

« Ceux qui pensent, au contraire, que les ou-
« vrages extérieurs dont parle l'art. 642 sont et
« doivent être des ouvrages faits par le propriétaire
« inférieur dans son propre fonds, répondent qu'il
« faut distinguer entre les servitudes qui dérivent
« de la situation des lieux et celles provenant du
« fait de l'homme. Ces dernières sont l'objet du
« chap. III; et il est hors de doute que le proprié-
« taire inférieur ne pourrait établir à son profit
« une servitude sur le fonds supérieur, *sans un*
« *ouvrage fait et terminé sur le même fonds*, et
« tendant évidemment à l'acquisition de cette même
« servitude. Mais cette espèce est absolument dif-
« férente de celle dont il s'agit dans l'art. 642. Cet
« article n'appartient point au chap. III, qui a
« pour titre : *Des servitudes établies par le fait*
« *de l'homme*. Il appartient au premier, intitulé :
« *Des servitudes qui dérivent de la situation des*
« *lieux*. Dans le cas de l'art. 642, le propriétaire
« inférieur tient sa jouissance du bienfait de la
« nature, et non d'une convention expresse ou ta-
« cite entre lui et le propriétaire supérieur. Si le
« propriétaire supérieur laisse passer le long inter-
« valle de trente ans sans troubler cette jouissance,
« il est censé ratifier l'ouvrage de la nature, etc. »

Sans doute l'art. 642 n'est pas sous la rubrique
des servitudes établies par le fait de l'homme;

mais est-ce une raison pour dire qu'il ne statue pas sur ces mêmes servitudes? Nullement, puisqu'il parle formellement du droit à la source qu'un tiers pourrait avoir acquis par *titre* ou par prescription. Or, nierait-on, lorsque c'est par titre que le droit a été acquis, que c'est une véritable servitude établie par le fait de l'homme? Peut-on même prétendre, quand c'est par prescription, que ce n'est pas non plus une servitude tacitement imposée par l'homme? Qu'importe, après cela, la place qu'occupe cet article : c'est fort indifférent. Le droit réclamé par le tiers n'en est pas moins une véritable servitude conventionnelle, résultant d'un assentiment tacite, ou, mieux encore, supposé formel, mais dont l'acte est adiré. Le droit de disposer de la source appartenait par la nature et la loi au propriétaire du fonds où elle se trouve, et conséquemment ce ne peut pas être par l'effet de la nature, comme on le dit dans l'argumentation ci-dessus, que cette source appartient maintenant au propriétaire du fonds inférieur; ce ne peut être que par l'effet d'un assentiment exprès ou tacite, en d'autres termes, en l'absence d'un titre, par l'effet de la prescription. On en convient, d'ailleurs. C'est donc une véritable prise d'eau dans le fonds d'autrui, conséquemment une véritable servitude établie par le fait de l'homme, puisque désormais le fonds supérieur est sorti du droit commun, n'ayant plus la jouissance exclusive de l'eau, qu'il avait auparavant.

Ce ne serait donc que pour les eaux courantes, pour celles-là seulement dont la propriété n'appartient même pas à celui dont elles bordent ou traversent l'héritage, qu'il faudrait que les travaux fussent faits dans le fonds supérieur ; mais précisément la loi ne statue rien à cet égard ; elle ne parle des travaux que relativement aux eaux d'une source située dans un fonds, sans toutefois que nous entendions dire par là qu'il ne serait pas nécessaire, pour acquérir droit aux premières par le moyen de la prescription, que les travaux fussent faits sur le fonds supérieur ; car les principes sont les mêmes dans un cas comme dans l'autre, puisque dans tous deux il s'agit toujours de la servitude de prise d'eau, qui n'est établie ni par la nature ni par la loi. Ainsi, cette distinction est tout-à-fait chimérique, et elle est même réduite au néant par ceux qui la font, puisqu'ils conviennent que le droit à l'eau ne peut, à défaut de titre, résulter que d'une jouissance de trente ans ; ce qui prouve bien évidemment que ce n'est pas la nature seule ni la loi qui consacrent ce droit, mais bien le fait de l'homme, son assentiment au moins tacite. Nous ajouterons que le changement de rédaction du projet, la substitution des mots *ouvrages apparens* aux mots *ouvrages extérieurs*, ne contredit en rien notre interprétation ; car ces dernières expressions n'auraient pas signifié davantage que les ouvrages devaient être nécessairement faits sur le fonds supérieur, peut-être moins encore, puis-

V.   12

qu'on aurait pu les entendre aussi d'ouvrages faits
à l'extérieur de ce fonds ; mais les premières rendent mieux la pensée de la loi, attendu qu'ils comprennent aussi les travaux faits dans l'intérieur de
la terre, et qui s'annonceraient cependant par des
signes visibles, comme des *regards*, l'ouverture
d'un canal, d'un aquéduc, etc. Tel a été le motif
de ce changement de rédaction, et non celui qu'on
lui prête.

Il existe, au surplus, sur cette question, dont
l'importance et la difficulté serviront d'excuse à la
longueur des développemens dans lesquels nous
avons jugé utile d'entrer, un arrêt de cassation (1)
qui l'a décidée absolument dans notre sens.
Cet arrêt n'avait même pas à statuer précisément
sur le point dont il s'agit, mais bien seulement sur
un jugement qui avait admis en droit la prescription, fondée sur la possession immémoriale, quoiqu'il ne fût pas reconnu en fait que le propriétaire
inférieur eût pratiqué des ouvrages destinés à faciliter le cours de l'eau dans sa propriété ; néanmoins la Cour suprême, voulant apparemment
exprimer aussi sa doctrine sur le point en question,
quoiqu'il ne fût pas spécialement l'objet du procès,
a décidé :

« Vu les art. 621 et 644 du Code civil ;

« Attendu que l'écoulement des eaux d'une
« source d'un héritage supérieur sur le terrain in-

---

(1) Du 25 août 1812. Sirey, 12-1-350.

« férieur, ne peut constituer une servitude au
« profit du propriétaire de ce terrain; que cepen-
« dant le jugement attaqué a jugé qu'il suffisait de
« l'existence de cet écoulement pendant un temps
« immémorial pour faire acquérir la possession de
« ces eaux au propriétaire inférieur;

« Qu'à cette erreur il en a été ajouté une autre
« non moins grave, en décidant, contrairement à
« la disposition de l'article 642 du Code civil, qui
« n'a fait que consacrer les anciens principes en
« cette matière, qu'il n'y avait pas lieu à examiner
« si les ouvertures par où s'écoulaient les eaux
« avaient été pratiquées par le propriétaire du
« fonds inférieur ou par celui de l'héritage supé-
« rieur, tandis que ce n'est que de l'existence de
« ces ouvrages, de la part *du propriétaire inférieur,*
« *sur le fonds du propriétaire de la source,* que peut
« naître la servitude sur son héritage, et, par suite,
« la prescription et l'action possessoire;

« La Cour casse et annule le jugement du tri-
« bunal de Fougères, du 5 juin 1810. »

182. Quand j'ai concédé à un de mes voisins
une prise d'eau à ma source, ou que je la lui ai
laissé acquérir par la prescription, je ne me suis
pas par là interdit le droit d'en user moi-même
pour les besoins de mon fonds (1); car je n'ai point
perdu le droit de propriété sur la source; je me

_____

(1) C'est aussi la décision de M. Favard, *Répertoire*, v° *Servitude,*
sect. 2, §. 1.

suis seulement interdit de rien faire qui puisse nuire à l'exercice de la servitude; conséquemment, en usant modérément de l'eau, le voisin, quand bien même il se trouverait en avoir un peu moins que par le passé, ne serait pas fondé à se plaindre. Il n'en serait toutefois pas ainsi du cas où je changerais le mode de culture de mon fonds, que j'en ferais par exemple un pré, et que j'absorberais la totalité ou presque totalité de l'eau, de manière que le voisin n'en aurait plus, ou n'en aurait qu'infiniment moins qu'il n'en avait d'abord : ce serait blesser la disposition de l'article 701, qui ne permet pas que l'on rende illusoire le droit de servitude.

183. La L. 4, ff. *de aquá quotid. et æstivá*, dit que, quoique j'aie cédé à l'un de mes voisins une prise d'eau dans mon fonds, rien ne m'empêche d'en céder encore une pareille à un autre (1), et que si les concessionnaires ne s'accordent pas sur la répartition des eaux, il y aura lieu à en régler la distribution judiciairement. Le jurisconsulte, qui n'exige point, pour cette seconde concession, l'assentiment du premier concessionnaire, se décide ainsi par assimilation de la cession de la prise d'eau à celle de la servitude de passage, laquelle,

---

(1) La L. 2, § 1, ff. *de servit. præd. rust.* porte pareillement que la servitude de prise d'eau et celle de passage peuvent être constituées au profit de plusieurs, pour être exercées par le même endroit; qu'elle peut l'être, en outre, *ut diversis diebus, vel horis aqua ducatur.*

dit-il, n'empêche pas d'en constituer de nouvelles sur le même chemin. On peut très-bien contester la justesse de cette assimilation dans le cas où la source n'est pas assez abondante pour fournir aux besoins de tous les concessionnaires, car alors la division des eaux nuirait évidemment au premier; ce qui n'est pas quand il ne s'agit que d'un droit de passage, puisqu'il sera toujours entier pour chacun d'eux, fussent-ils cent. Aussi Godefroy, dans ses notes sur cette loi, en restreint-il judicieusement l'application au cas où la source suffirait aux besoins des deux fonds, attendu que le concédant ne peut rien faire qui nuise aux droits du premier concessionnaire (1).

Cela est si vrai que, d'après la L. 8 ff. *de aquâ et aquæ pluv. arcend.*, il faut, pour établir valablement une servitude de prise d'eau, non-seulement l'assentiment du propriétaire où est la source ou le cours d'eau, mais encore celui des tiers qui ont déjà acquis l'usage à l'eau, puisque leurs droits devant être altérés par la seconde concession, il est de toute raison qu'elle n'ait pas lieu sans leur consentement. Cette loi offre ainsi une opposition, au moins apparente, avec la première citée, qui n'exige pas, pour que le propriétaire du fonds puisse faire cette nouvelle concession, l'assentiment du premier concessionaire. Mais on les concilie facilement en supposant que dans celle-ci le juris-

---

(1) Cæpolla le dit aussi, *Tract. 2 de præd. rust.*, cap. 4, no 11.

consulte statue sur le cas où l'eau suffirait aux besoins de tous deux, et que dans la seconde il règle le cas contraire. Ces mots de la loi : *nec immeritò, cum enim minuitur jus eorum (quibus servitus aquæ debebatur) consequens fuit exquiri an consentiant,* indiquent bien clairement que l'eau, dans l'espèce, ne suffit pas aux besoins de tous ; autrement il serait faux de dire que les droits des premiers concessionnaires seraient diminués par de nouvelles concessions, car l'exercice des servitudes prédiales est toujours mesuré sur les besoins du fonds dominant.

Dans ces cas il y a donc lieu de considérer l'esprit du titre constitutif, quel a été le mode et l'étendue de jouissance acquise par ce titre ou par la prescription ; et l'on ne doit jamais perdre de vue que si, d'une part, le propriétaire de la source ou du cours d'eau n'aliène pas son droit de propriété à l'eau en en accordant l'usage à un tiers, d'autre part, il ne peut rien faire qui diminue sensiblement le droit qu'il a concédé, ou le rendre plus incommode. (Art. 701.)

184. En sens inverse, la servitude n'étant établie que pour les besoins ou l'utilité du fonds dominant, le propriétaire de ce fonds ne pourrait, sans le consentement du maître de l'héritage assujéti, concéder, même sur le canal ou fossé pratiqué chez lui, une prise d'eau à un tiers (1), ni même

---

(1) Cæpola, *Tract.* 2 *de servit. præd. rust.* cap. 4, n° 11, qui se fonde sur la loi 24, ff. *de serv. præd. rust.*, ci-après citée.

user de l'eau pour un autre fonds ou pour une autre partie du fonds dominant que celle pour laquelle la servitude a été établie (1).

185. Nous avons dit que, pour acquérir la servitude de prise d'eau dans l'héritage d'autrui, il n'est pas nécessaire de joindre immédiatement le fonds, parce qu'en effet celui que l'on possède n'est pas moins *inférieur* par sa position à celui où est la source, quoiqu'il en soit séparé par un chemin ou un autre fonds (2); mais on sent qu'il faut pour cela obtenir de l'autorité l'autorisation nécessaire, si c'est un chemin qui sépare les deux fonds, ou celle du propriétaire intermédiaire, si on ne l'est soi-même.

186. Dans ce dernier cas, il y aura servitude de prise d'eau sur le fonds supérieur, et servitude de conduite d'eau, *aquæductus*, sur le fonds intermédiaire; et le propriétaire de ce dernier fonds n'aura pas le droit, sans une concession particulière du maître de l'héritage dominant, agréée par celui de l'héritage assujéti (3), de se servir de l'eau qui coule chez lui, sauf le cas où, comme nous venons de le dire, l'eau suffirait aux deux

---

(1) L. 24, ff. *de servit. præd. rust.*

(2) *Voy.* MM. Favard, v° *Servitude*, sect. 2, § 1, et Pardessus, qui le décident ainsi.

(3) Il faut le consentement de ce dernier, puisque la servitude qu'il a imposée à son fonds n'est que pour les besoins de celui du concessionnaire, et non pour que ce concessionnaire vende l'eau ou en dispose d'une autre manière.

fonds, et que le propriétaire de l'héritage assujéti lui ferait lui-même une concession particulière, cas dans lequel la volonté de ce dernier serait suffisante.

Si, dans l'hypothèse où le concessionnaire serait également propriétaire du fonds intermédiaire, il disposait de l'un des deux héritages, sans que l'acte contînt aucune convention relative à cette conduite d'eau, elle continuerait d'exister activement ou passivement en faveur du fonds aliéné ou sur le fonds aliéné (art. 694); et de ce moment commencerait une nouvelle servitude, car auparavant il n'en existait pas sur le fonds intermédiaire, d'après la règle *res sua nemini servit jure servitutis.*

187. La seconde exception apportée au principe que celui qui a une source dans son fonds a le droit d'en user à sa volonté, c'est, comme on l'a dit, lorsque cette source fournit aux habitans d'une commune, village ou hameau, l'eau qui leur est nécessaire; dans ce cas, le propriétaire n'en peut changer le cours. (Art. 643.)

Il n'est pas besoin de faire remarquer que cette exception est fondée sur ce grand principe, que l'intérêt ou les convenances particulières doivent céder à l'intérêt général; aussi, un et même plusieurs particuliers n'auraient-ils pas le droit de réclamer les eaux, en en offrant le prix, de quelque utilité qu'elles leur pussent être. Le droit de propriété ne fléchit qu'en faveur d'une collection d'individus formant une commune, village ou hameau ; et encore faut-il, pour cela, que l'eau leur soit nécessaire ; c'est la condition exigée par la loi.

188. Mais comme personne ne peut être dépouillé de son droit, même pour cause d'utilité publique, sans une juste et préalable indemnité (art. 545), si les habitans n'ont pas acquis, par titre ou prescription, l'usage à l'eau, le propriétaire peut en réclamer une, qui est réglée par experts (art. 643), si elle ne peut l'être à l'amiable.

189. La prescription n'a pas pour objet, comme on le voit, de faire acquérir aux habitans la jouissance de l'eau, ou de la leur faire conserver, puisqu'ils y ont droit par le seul effet de la disposition de la loi, mais bien seulement de les libérer de la prestation de l'indemnité. Or, le droit à cette indemnité étant acquis au propriétaire du jour où les habitans ont fait usage de sa source, ou du jour du réglement s'il y en a eu un, il se prescrit par trente ans, à partir de l'une ou de l'autre de ces époques, parce qu'il ne s'agit alors que d'une créance, et conséquemment de la prescription à l'effet de se libérer (1).

190. Le propriétaire, au surplus, conserve la

---

(1) Ces principes ont été consacrés par arrêt de cassation du 10 juin 1821, au sujet de l'indemnité pour droit de passage dans le cas de l'art. 682. La Cour a pensé que puisque le passage était dû, étant absolument nécessaire au fonds, il ne s'agissait plus entre les parties que de la question d'indemnité, par conséquent que de la prescription à l'effet de se libérer, laquelle avait dû commencer son

propriété de la source, et il peut, nonobstant l'indemnité qui lui aurait été payée, en user, à ce titre, pour ses besoins personnels et l'utilité de son fonds, à la charge néanmoins de ne pas nuire à l'usage des habitans, qui passe avant tout.

191. Quoique l'article 643 ne parle que de l'eau d'une source nécessaire aux habitans d'une commune, village ou hameau, il n'en faut pas conclure que sa disposition n'est applicable qu'aux eaux qui ont un cours, et qu'elle ne le serait point à l'égard d'une citerne ou d'une fontaine, d'une mare ou d'un étang, dont l'eau, ainsi qu'on le voit en beaucoup d'endroits, leur serait nécessaire : par application de l'article 545, et même de l'article 645, il en serait de même que pour l'eau d'une source qui a un cours marqué.

§. III.

Des eaux dépendant du domaine public.

192. Pour faire une juste application des articles 644 et 645, il convient de retracer les règles générales relatives aux eaux dépendant du domaine public, afin de connaître quels sont les cours d'eau que les propriétaires ne peuvent, sans

cours du jour où le passage avait été exercé. Cet arrêt est rapporté en entier, avec tous les faits de la cause, au *Bulletin civil*, à sa date, et au *Répertoire* de M. Favard, v° *Servitude*, sect. 2, §. 7.

une concession de l'autorité, faire servir soit à
l'exploitation des moulins ou autres usines, soit à
l'irrigation de leurs propriétés, et quels sont par
conséquent ceux qu'ils peuvent utiliser sans cette
concession.

Suivant l'article 538, les fleuves et rivières navigables ou flottables sont des dépendances du domaine public, comme on l'a vu au tome précédent. En conséquence, les particuliers n'y peuvent, en général, faire aucune prise d'eau. La
navigation est essentielle à la prospérité d'un état,
et les nombreuses prises d'eau que, sans des règles
positives à cet égard, se permettraient les particuliers, lui porteraient une atteinte préjudiciable.

193. L'art. 4 de la sect. 1re du titre 1er de la loi
des 28 septembre—6 octobre 1791, méconnaissant
ce grand principe d'ordre public, avait néanmoins
permis aux riverains de faire des prises d'eau dans
les fleuves ou rivières navigables ou flottables;
mais cette disposition a été abrogée par le Code
civil (art. 644), qui a rétabli celle de l'art. 44 du
titre 27 de l'ordonnance de 1669, sur les *eaux et
forêts*, parce que l'intérêt de la navigation a paru,
avec raison, d'un ordre supérieur à celui des particuliers.

194. L'art. 41 du même titre de l'ordonnance
fait toutefois exception en faveur des propriétaires
qui ont acquis sur les eaux des droits *fondés en
titre et possession valables.* Ces diverses dispositions

se trouvent répétées et généralement consacrées (1)
par un arrêté du directoire exécutif, du 9 ventôse
an VI, concernant les mesures pour assurer le libre
cours des rivières et canaux navigables et flottables,
et qui fixe les principes sur les constructions faites
ou à faire sur les rivières et canaux. Comme il
forme une espèce de Code sur là matière, en ce
qu'il remet en vigueur les dispositions de l'ordonnance de 1669, relatives à ces constructions, et
qu'il rappelle les lois postérieures qui s'y rattachent,
nous croyons utile de le rapporter.

« Le directoire exécutif, vu 1° les articles 42, 43
et 44 de l'ordonnance des eaux et forêts du mois
d'août 1669, portant :

« Nul, soit propriétaire, soit engagiste, ne pourra
« faire moulins, batardeaux, écluses, gords, per-
« tuis, murs, plants d'arbres, amas de pierres, de
« terre et de fascines, ni autres édifices ou empê-
« chemens nuisibles au cours de l'eau dans les
« fleuves et rivières navigables ou flottables, ni
« même y jeter aucunes ordures, immondices, ou
« les amasser sur les quais et rivages, à peine d'a-
« mendes arbitraires. Enjoignons à toutes per-
« sonnes de les ôter dans trois mois du jour de la
« publication des présentes; et si aucunes se trou-
« vent subsister après ce temps, voulons qu'ils
« soient incessamment ôtés aux frais et dépens de

---

(1) Nous disons en général, parce que l'arrêté dont il va être parlé
n'a maintenu que les droits fondés en *titre*, sans faire exception pour
ceux qui ne l'étaient que sur la *possession*.

« ceux qui les auront faits, ou causés, sur peine
« de 5oo livres d'amendes, tant contre les particu-
« liers que contre les *fonctionnaires publics* qui au-
« ront négligé de le faire. (Art. 42.)

« Ceux qui ont fait bâtir des moulins, écluses,
« vannes, gords et autres édifices dans l'étendue
« des fleuves et rivières navigables et flottables,
« sans en avoir obtenu la permission de nous ou de
« nos prédécesseurs, seront tenus de les démolir;
« sinon, ils le seront à leurs frais et dépens. (Art. 43.)

« Défendons à toutes personnes de détourner
« l'eau des rivières navigables et flottables, ou d'en
« altérer ou affaiblir le cours par tranchées, fossés
« et canaux, à peine, contre les contrevenans,
« d'être punis comme usurpateurs, et les choses ré-
« parées à leurs dépens. » (Art. 44.)

« 2° L'art. 2 de la loi des 22 novembre—1er décembre 1790, relative aux domaines nationaux, portant
que les fleuves et rivières navigables, les rivages,
lais relais de la mer, et, en général, toutes les
portions du territoire national qui ne sont pas susceptibles d'une propriété privée, sont considérés
comme dépendances du domaine public;

« 3° Le chapitre VI de la loi en forme d'instruc-
tion, des 12-20 août 1790, qui charge les administrations de département de rechercher et d'indiquer
les moyens de procurer le libre cours des eaux;
d'empêcher que les prairies ne soient submergées
par la trop grande élévation des écluses des moulins, et par les autres ouvrages d'art établis sur les

rivières; de diriger enfin, autant qu'il sera possible, toutes les eaux de leur territoire vers un but d'utilité générale, d'après les principes d'irrigation ;

« 4° L'art. 10 du titre III de la loi du 16 - 24 août 1790, sur l'organisation judiciaire, qui charge les juges de paix de connaître, entre particuliers, sans appel jusqu'à valeur de 50 livres, et à charge d'appel à quelque valeur que la demande puisse monter..., des entreprises sur les cours d'eau servant à l'arrosement des prés commises pendant l'année ;

« 5° L'art. 4 de la 1re sect. du titre 1er de la loi des 28 septembre—6 octobre 1791, sur la police rurale, portant que nul ne peut se prétendre propriétaire des eaux d'un fleuve ou d'une rivière navigable ou flottable ;

« 6° Les art. 15 et 16 de la même loi portant :

« Personne ne pourra inonder l'héritage de son « voisin, ni lui transmettre volontairement les eaux « d'une rivière nuisible, sous peine de payer le « dommage et une amende qui ne pourra excéder « la somme du dédommagement.

« Les propriétaires ou fermiers des moulins ou « usines construits ou à construire seront garans « de tous dommages que les eaux pourraient cau- « ser aux chemins ou aux propriétés voisines par « la trop grande élévation du déversoir ou autre- « ment; ils seront forcés de tenir les eaux à une « hauteur qui ne nuise à personne, et qui sera fixée « par l'administration de district : en cas de contra-

« .vention, la peine sera une amende qui ne pourra
« excéder la somme du dédommagement; »

« La loi du 21 septembre 1791, portant que,
jusqu'à ce qu'il en ait été autrement ordonné, les
lois non abrogées seront provisoirement exécutées ; »

« Considérant, qu'au mépris des lois ci-dessus,
les rivières navigables et flottables, les canaux d'irrigation et de desséchement, tant publics que privés, sont, dans la plupart des départemens de la
république, obstrués par des batardeaux, écluses,
gords, pertuis, murs, chaussées, plants d'arbres,
fascines, pilotis, filets dormants et à mailles ferrées,
réservoirs, engins permanens, etc.; que de là résultent non-seulement l'inondation des terres riveraines et l'interruption de la navigation, mais
l'attérissement même des rivières et canaux navigables, dont le fond, ensablé ou envasé, s'élève
dans une proportion effrayante; qu'une plus longue tolérance de cet abus ferait bientôt disparaître
le système entier de la navigation de la république,
qui, lorsqu'il aura reçu tous ses développemens
par des ouvrages d'art, doit porter l'industrie et
l'agriculture de la France à un point auquel nulle
autre nation ne pourrait atteindre;

« Considérant que pour assurer à la république
les avantages qu'elle tient de la nature et de sa position entre l'Océan, la Méditerranée et les grandes
chaînes de montagnes d'où partent une foule de
fleuves et de rivières secondaires, il ne s'agit que

de rappeler aux autorités constituées et aux ci
toyens les lois existantes sur cette matière;

« Et en vertu de l'art. 144 de la constitution
ordonne que les lois ci-dessus transcrites seron
exécutées selon leur forme et teneur, et, en consé
quence,

« Arrête ce qui suit :

« Art. 1ᵉʳ. Dans le mois de la publication du pré
« sent arrêt, chaque administration départemen-
« tale nommera un ou plusieurs ingénieurs et un
« ou plusieurs propriétaires, pour, dans les deux
« mois suivans, procéder, dans toute l'étendue de
« son arrondissement, à la visite de toutes les rivières
« navigables et flottables, de tous les canaux d'irri-
« gation et de desséchement généraux, et en dres-
« ser procès-verbal à l'effet de constater :

« 1° Les ponts, chaussées, digues, écluses, mou-
« lins, usines, plantations utiles à la navigation, à
« l'industrie, au desséchement ou à l'irrigation des
« terres ;

« 2° Les établissemens de ce genre, les batar-
« deaux, les pilotis, gords, pertuis, murs, amas de
« pierres ou terres, fascines, pêcheries, filets dor-
« mants et à mailles ferrées, réservoirs, engins
« permanens, et tous autres empêchemens nuisi-
« bles au cours de l'eau.

« Art. 2. Copie de ce procès-verbal sera envoyée
« au ministère de l'intérieur.

« Art. 3. Les administrations départementales
« enjoindront à tous propriétaires d'écluses, usines,

« ponts, batardeaux, etc., de faire connaître leur
« titre de propriété, et, à cet effet, d'en déposer
« des copies authentiques aux secrétariats des ad-
« ministrations municipales, qui les transmettront
« aux administrations départementales.

« Art. 4. Les administrations départementales
« dresseront un état séparé de toutes les usines,
« moulins, chaussées, etc., reconnus dangereux
« ou nuisibles à la navigation, au libre cours des
« eaux, au desséchement, à l'irrigation des terres,
« mais dont la propriété sera fondée en titres.

« Art. 5. Elles ordonneront la destruction, dans
« le mois, de tous ceux de ces établissemens qui
« ne se trouveront pas fondés en titres, ou qui
« n'auront d'autres titres que des concessions féo-
« dales abolies.

« Art. 6. Le délai prescrit par l'article précédent
« pourra être prorogé, jusques et compris les deux
« mois suivans, passé lesquels, hors le cas d'obs-
« tacles reconnus invincibles par les administra-
« tions centrales, la destruction n'étant pas opérée
« par le propriétaire, sera faite à ses frais et à la
« diligence du commissaire du directoire exécutif
« près chaque administration centrale.

« Art. 7. Ne pourront néanmoins les adminis-
« trations centrales ordonner la destruction des
« chaussées, gords, moulins, usines, etc., qu'un
« mois après en avoir averti les administrations
« centrales des départemens inférieurs et supé-
« rieurs situés sur le cours des fleuves ou rivières

V.   13

« afin que celles-ci fassent leurs dispositions e
« conséquence.

« Art. 8. Les administrations centrales des dé
« partemens inférieurs et supérieurs qui auron
« sujet de craindre cette destruction, en prévien
« dront sur-le-champ le ministre de l'intérieur
« qui pourra, s'il y a lieu, suspendre l'exécutio
« de l'arrêté par lequel elle aura été ordonnée.

« Art. 9. Il est enjoint aux administrations cen
« trales et municipales, et au commissaire du di
« rectoire exécutif établi près d'elles, de veiller
« avec la plus sévère exactitude, à ce qu'il ne soi
« établi, par la suite, aucun pont, aucune chaus
« sée permanente ou mobile, aucune écluse ou
« usine, aucun batardeau, moulin, digue ou autr
« obstacle quelconque au libre cours des eau
« dans les rivières navigables et flottables, dan
« les canaux d'irrigation ou de desséchemens gé
« néraux, sans en avoir préalablement obtenu la
« permission de l'administration centrale, et sans
« pouvoir excéder le niveau qui aura été dé
« terminé.

« Art. 11. Les propriétaires de canaux de des
« séchemens particuliers ou d'irrigation, ayant à
« cet effet les mêmes droits que la nation, il leur
« est réservé de se pourvoir en justice réglée pour
« obtenir la démolition de toutes usines, écluses,
« batardeaux, pêcheries, gords, plantations d'ar
« bres, filets dormans ou à mailles ferrées, réser
« voirs, engins, lavoirs, abreuvoirs, prise d'eau,

« et généralement de toute construction nuisible
« au libre cours des eaux et non fondée en droit.

« Art. 12. Il est défendu aux administrations
« municipales de consentir à aucun établissement
« de ce genre dans les canaux de desséchemens,
« d'irrigation ou de navigation appartenant aux
« communes, sans l'autorisation formelle et préa-
« lable des administrations centrales.

« Art. 13. Il n'est rien innové à ce qui s'est pra-
« tiqué jusqu'à présent dans les canaux artificiels,
« qui sont ouverts directement à la mer, et dans
« ceux qui servent à la fabrication des sels.

« Art. 14. Le présent arrêté sera imprimé au *Bul-*
« *letin des Lois,* et proclamé dans les communes
« où les administrations centrales jugeront cette
« mesure nécessaire ou utile.

« Le ministre de l'intérieur est chargé de son
« exécution. »

195. D'après cet arrêté, dit M. Favard, au mot *Cours
d'eau,* toute personne qui désire former un établissement de la nature de ceux énoncés dans
l'art. 9, doit remettre sa demande motivée et cir-
constanciée au préfet du département du lieu de
l'établissement projeté. Le préfet ordonne le renvoi au maire de la commune, pour avoir son avis
sur les convenances locales et l'intérêt des propriétaires. Le maire prend à cet égard les mesures
qui lui sont prescrites pour obtenir tous les ren-
seignemens convenables, et mettre les intéressés à

même de former leurs réclamations. C'est aprè toutes ces formalités, et un avis motivé du préfet que le ministre de l'intérieur soumet au roi, s'il a lieu, la demande dont il s'agit.

196. Toute contravention à cet arrêté du 9 ventose an VI est constatée et poursuivie par l'auto rité administrative, suivant les dispositions for melles de la loi du 9 floréal an x (1).

197. Toutes les eaux qui alimentent les canaux appartiennent aux canaux, sans qu'on puisse les en détourner, à moins de concession, toujours révocable (2).

198. C'est à l'autorité administrative qu'il appartient de décider si une rivière est ou non navigable ou flottable, par conséquent, c'est à elle à accorder, s'il y a lieu, la concession de prise d'eau; mais une fois la concession faite, les difficultés qui peuvent s'élever entre divers concessionnaires ou riverains sont du ressort des tribunaux, surtout quand il s'agit d'actions possessoires (3).

199. C'est aussi à l'autorité administrative à prononcer toutes les fois que le public peut être intéressé dans la contestation, sous le rapport, soit

---

(1) *Voy.* au *Répertoire* de M. Favard, art. *Cours d'eau*, diverses décisions qui ont statué conformément à ces principes.

(2) Décret du 12 février 1813. *Bulletin*, n° 2882.

(3) *Voy.* le décret du 10 novembre 1808, rapporté par Sirey, 1817, part. 2, pag. 26.

de la salubrité, soit de l'établissement ou de la conservation d'usines nécessaires ou utiles à une province, à un pays quelconque, comme aussi à veiller à ce que les eaux d'une usine soient à une hauteur telle qu'elles ne puissent nuire à personne; mais les tribunaux civils seuls sont compétens pour prononcer sur les contestations concernant les intérêts des propriétaires riverains entre eux (1).

200. Quant aux cours d'eau simplement flottables, on a vu au tome précédent, n° 298, relativement aux droits de *pêche*, que l'on doit distinguer entre les cours d'eau flottables avec *trains ou radeaux*, et ceux qui ne sont simplement flottables qu'à *bûches perdues;* que dans les premiers, la pêche ne peut avoir lieu qu'en vertu d'une concession, mais qu'elle a lieu librement dans les seconds au profit des riverains. L'avis du Conseil d'état du 21 février 1822, rapporté à l'endroit précité ne laisse aucun doute sur la justesse de cette distinction.

Elle ne peut être toutefois fondée que sur ce que parmi ces divers cours d'eau, les uns sont considérés comme des dépendances du domaine public, et non les autres (2). Dans ces derniers, les propriétaires riverains ne sont assujétis qu'à

---

(1) *Voy.*, sur ces différens points, les décrets du 22 janvier 1808, et du 11 août 1811, rapportés par Sirey, tom. 16, part. 2, pag. 309 et 391.

(2) *Voy.* Favard, *Répertoire*, art. *Cours d'eau*, n° 1.

livrer passage, dans le temps du flot, aux ouvriers du commerce de bois, chargés de diriger les bûches flottables et de repêcher les bûches submergées; tandis que si le cours d'eau est flottable sur train ou radeau, il entre dans le domaine public, et les propriétaires riverains sont tenus de livrer le marche-pied conformément à l'art. 650 du Code.

201. D'où il suit encore que le curage et l'entretien des cours d'eau seulement flottables à bûches perdues sont, comme celui des autres petites rivières et ruisseaux, à la charge des propriétaires riverains (1); au lieu que le curage et l'entretien des rivières flottables sur trains ou radeaux sont à la charge de l'état, comme dépendance du domaine public.

202. Enfin les riverains de ces derniers cours d'eau ne peuvent les faire servir à l'irrigation de leur propriété; tandis qu'ils peuvent employer les autres à cet usage (art. 644), sauf, pour la construction des usines ou autres établissemens de ce genre, à se conformer aux dispositions précitées.

203. Au surplus, les rivières navigables ou flottables ne sont telles que dans les parties où la navigation ou la flottaison peut avoir lieu : dès lors, elles ne font partie du domaine public que dans ces endroits (2); et dans les autres, les riverains

---

(1) *Voy.* la loi du 14 floréal an XI, concernant le curage des petites rivières.

(2) Favard, *Répertoire*, art. *Servitude*, sect. 1.

peuvent les faire servir à l'irrigation de leurs propriétés; sauf à l'autorité à remonter le point du départ, afin d'empêcher une trop grande déperdition du volume d'eau.

204. Les anciens auteurs (1) faisaient, d'après le droit romain, plusieurs distinctions dont voici la principale : si la rivière est navigable ou en rend une autre navigable, il n'est pas permis d'y faire des prises d'eau ; mais on le peut si elle n'est point navigable et si elle n'en rend pas une autre navigable. Au moyen de la prohibition de faire des prises d'eau dans les rivières simplement flottables, ces distinctions sont, en général, sans objet, et elles seraient d'ailleurs d'une difficile application; car ce sont, comme le dit ce proverbe bien vulgaire, *les petites rivières qui forment les grandes.* C'est enfin à l'autorité à les prohiber même dans les endroits où les rivières navigables ou flottables ne le sont pas encore, si elle juge que le volume de l'eau puisse en être altéré d'une manière préjudiciable à la navigation ou à la flottaison.

§. IV.

De l'usage aux eaux qui bordent ou traversent un héritage.

205. On vient de voir quelles sont les eaux qui

---

(1) Notamment Barthole, sur la L. 2, ff. *de fluminib.*, et après lui Cœpolla, *Tract. de servit. præd. rust.*, cap. 4, n° 30 *et seq.*

dépendent du domaine public, et que, pour cette raison, les particuliers ne peuvent faire servir à l'irrigation de leurs propriétés sans une concession de l'autorité.

Quant aux cours d'eau qui ne sont point une dépendance du domaine public, les propriétaires riverains peuvent les faire servir à l'irrigation de leurs héritages, et même à d'autres usages encore, sous les limitations qui seront déduites ci-après :

« Celui dont la propriété borde une eau courante, « autre que celle qui est déclarée dépendance du « domaine public par l'art. 538, au titre *De la dis-* « *tinction des biens*, peut s'en servir, à son passage, « pour l'irrigation de ses propriétés.

« Celui dont cette eau traverse l'héritage peut « même en user dans l'intervalle qu'elle y parcourt, « mais à la charge de la rendre, à la sortie de ses « fonds, à son cours ordinaire. (Art. 644.)»

206. Les eaux de cette espèce, *aquâ profluens*, n'appartiennent, à proprement parler, à personne ; elles sont, comme élément, au nombre des choses *communes*, et deviennent, à ce titre, la propriété du premier occupant, sous l'observation, toutefois, des lois qui règlent la manière d'en jouir. (Art. 714.)

207. Ces eaux diffèrent, sous ce rapport, de celles d'une source, qui, tant qu'elles sont encore dans le fonds où est la source, ou dans les fonds inférieurs qui pourraient y avoir acquis des droits, appartiennent réellement aux propriétaires de ces

mêmes héritages (art. 641 et 642); mais qui deviennent aussi des eaux courantes, *aquâ profluens*, dès qu'elles en sont sorties.

208. Toutefois, le sol sur lequel coulent ces cours d'eau est la propriété des riverains, puisque, d'après l'art. 561, les îles, îlots et attérissemens qui s'y forment leur appartiennent (1); ce qui ne serait pas si ce sol devait être considéré comme une propriété publique ou communale. Peu importe que, dans le cas où une rivière, même non navigable ni flottable, se forme un nouveau cours en abandonnant son ancien lit, les propriétaires des fonds nouvellement occupés prennent le lit abandonné, chacun dans la proportion du terrain qui lui a été enlevé; car ils ne le reçoivent de la loi qu'à titre d'indemnité (*ibid*); c'est là une disposition de pure équité, une simple modification du principe, qui ne le combat nullement. En sorte que si, par l'effet du tems ou de quelque événement de force majeure, le lit d'un ruisseau se trouvait desséché, les propriétaires riverains se le partageraient comme ils feraient à l'égard d'une île ou d'un attérissement.

209. Puisque chaque propriétaire riverain d'un cours d'eau non dépendant du domaine public, peut le faire servir à l'irrigation de sa propriété, il s'ensuit qu'il peut par cela même faire tout ce

(1) *Voy.* tome précédent, nᵒ 421.

qui est nécessaire pour cet objet. Ainsi, il peut pratiquer dans le cours d'eau des saignées ou rigoles pour faire dériver l'eau dans son fonds. Il peut aussi établir un barrage, une écluse ou tout autre ouvrage d'art, pour procurer à l'eau un exhaussement propre à la faire refluer dans le fonds, à la charge par lui néanmoins de se conformer aux réglemens qui ne permettent pas d'arrêter le cours de l'eau de manière à la faire refluer dans les héritages supérieurs contre le gré des propriétaires.

210. La loi du 12 août 1791, sanctionnée le 20, charge les administrations départementales de rechercher les moyens de procurer le libre cours des eaux, d'empêcher que les prairies ne soient submergées par la trop grande élévation des écluses des moulins, et par les autres ouvrages d'art établis sur les rivières; de diriger enfin, autant que possible, toutes les eaux de leur territoire vers un but d'utilité générale, d'après les principes de l'irrigation.

211. Les articles 15 et 16 du titre II de la loi des 28 septembre-6 octobre 1791, sur *la Police rurale*, portent aussi que « personne ne pourra inonder « l'héritage de son voisin, ni lui transmettre volon- « tairement les eaux d'une manière nuisible, sous « peine de payer le dommage, et une amende qui « ne pourra excéder la somme du dédommage- « ment. »

Ces dispositions ne sont au reste que l'application du principe érigé en loi par l'article 1382 du Code civil, que tout fait quelconque de l'homme qui cause un préjudice à autrui, oblige celui par la faute duquel il est arrivé, à le réparer.

212. Les tribunaux civils seraient donc compétens pour connaître d'une telle réclamation, sans préjudice des attributions de l'autorité administrative pour faire abaisser les écluses et les barrages élevés au-delà du point convenable.

213. L'un des riverains ne pourrait, non plus, pratiquer des travaux sur le fonds de l'autre sans l'assentiment de celui-ci, ni même y appuyer une écluse ou tout autre ouvrage pour faire dériver plus abondamment les eaux dans le sien. Il s'attribuerait de la sorte une servitude sur le fonds voisin, et la loi ne lui en donne pas le droit. Elle ne reconnaît même pas à l'un des propriétaires d'un mur mitoyen celui de placer des poutres dans toute l'épaisseur du mur : il est obligé de laisser deux pouces (art. 657). Or, on peut assimiler le lit d'un cours d'eau à un mur mitoyen, en ce qui touche la co-propriété. Dans l'un comme dans l'autre cas, chacun des voisins est propriétaire de l'objet jusqu'à son point milieu. L'indivision n'est, à proprement parler, que nominale, la communauté n'est que *pro regione, pro diviso.* Mais aussi comme, lorsqu'il s'agit d'un mur mitoyen, la loi autorise chacun des copropriétaires à placer des poutres

dans ce mur au-delà du point milieu, sauf à l'autre à les faire réduire à l'ébauchoir dans le cas où il voudrait en asseoir à la même place, ou y adosser une cheminée (*ibid.*); par la même raison, l'un des coriverains peut aussi faire avancer ses ouvrages au-delà du point milieu du cours d'eau, pourvu qu'il ne les appuie pas sur le fonds de l'autre; sauf à ce dernier, s'il veut en établir à la même place, à forcer le voisin à réduire les siens jusqu'à la ligne séparative. De cette manière, les principes sur la propriété sont respectés, et les règles sur la mitoyenneté et les obligations qui naissent du voisinage sont également appliquées.

214. Les coriverains, en effet, ont des droits égaux, du moins en général; le cours d'eau, sous ce rapport, est une propriété commune, et par conséquent le riverain opposé peut empêcher que l'autre ne s'attribue toute l'eau ou même une portion plus considérable que la sienne, et, d'après cela, exiger que les travaux soient construits ou rectifiés de manière que l'eau soit répartie également.

215. Tel est le principe, mais il serait subordonné, dans son application, aux stipulations qui auraient pu avoir lieu entre les intéressés, aux réglemens locaux sur l'usage des eaux, et à l'intérêt de l'agriculture, qui demandera ordinairement que le fonds le plus étendu jouisse d'une portion d'eau plus considérable.

216. Aussi l'article 645 porte-t-il que « s'il s'é-
« lève une contestation entre les propriétaires au-
« quels ces eaux peuvent être utiles, les tribunaux,
« en prononçant, doivent concilier l'intérêt de l'a-
« griculture avec le respect dû à la propriété ; et,
« dans tous les cas, les réglemens particuliers et
« locaux sur le cours et l'usage des eaux doivent
« être observés. »

217. La loi 17, ff. *de servit. præd. rust.* veut que,
dans la répartition des eaux courantes entre les
coriverains, on ait égard à l'étendue respective
des fonds. Le principe de cette loi est juste, mais
il ne devrait néanmoins s'appliquer qu'avec certaines restrictions; car le fonds le plus étendu ne
demande pas toujours la plus grande quantité d'eau.
La latitude que notre article 645 laisse aux juges,
en les obligeant toutefois à observer les réglemens
particuliers que les intéressés peuvent avoir faits,
ainsi que les réglemens locaux sur l'usage des
eaux, a mieux atteint le but que le législateur devait se proposer en pareille matière, de concilier
l'intérêt de l'agriculture avec les droits attachés à
la propriété.

218. Au reste, ce prescrit de notre loi ne s'applique pas seulement aux coriverains entre eux, il
s'applique aussi aux propriétaires supérieurs à l'é-
gard des inférieurs. Ainsi, les premiers ne pourront pas priver absolument les seconds de tout
usage à l'eau; ils seront obligés de la rendre à son

cours naturel après s'en être servi, sauf la déper
dition inévitable causée par l'irrigation.

219. En sens inverse, les propriétaires d'usines
de moulins, par exemple, n'ont pas tellement droi
à toute l'eau nécessaire à l'exploitation de leur
usines, qu'ils peuvent en priver totalement les pro
priétaires supérieurs (1). Les tribunaux, en vert
de l'article 645, peuvent, dans l'intérêt de l'agricul
ture, comme par motif tiré du respect dû à la pro
priété, réprimer la prétention des propriétaire
des usines à cet égard.

220. Cependant, quand il s'agit de moulin
situés dans un pays où ils ne sont pas en granc
nombre, et que, à cause des sécheresses, toute
l'eau leur serait nécessaire, l'utilité publique ré
clamant aussi en faveur des propriétaires de ce
moulins, l'irrigation des prairies devrait être suspendue tant que durerait cet état, à moins que
des réglemens particuliers ou locaux, que les tribunaux doivent toujours observer d'après l'article 645 lui-même, ne voulussent quelque modification à l'application de notre principe.

221. Rien ne s'oppose, au surplus, à ce qu'un
riverain renonce en faveur de l'autre ou d'un propriétaire inférieur, au droit de prendre l'eau; c'est-
là un objet d'intérêt privé, l'aliénation de l'un de

(1) *Voy.* l'arrêt de rejet du 17 février 1809. Sirey, 9. 1-316.

attributs de la propriété, par conséquent la matière d'une convention licite.

222. Tel serait aussi le cas où le propriétaire des deux héritages coriverains se réserverait, en disposant de l'un d'eux, le droit de prendre exclusivement l'eau devant le fonds qu'il conserve, ou, en sens inverse, accorderait ce droit à l'acquéreur.

223. Tel serait aussi le cas où l'acte d'aliénation porterait que le vendeur ne vend que *jusqu'au cours d'eau* : il serait par cela même censé de se le réserver en son entier ; car celui qui vend jusqu'à *tel point*, ne vend pas au-delà. Mais la simple désignation du cours d'eau comme confin n'emporterait point seule cette réserve, rien n'étant plus naturel que de limiter ainsi le fonds aliéné, sans qu'on doive en conclure que le vendeur a entendu se réserver entièrement le droit à l'eau, et surtout que l'acquéreur, qui sera soumis aux dégradations qu'elle peut causer, aux inondations qui peuvent avoir lieu, a entendu aussi renoncer aux avantages qu'elle peut lui procurer, surtout si le fonds par lui acquis était un jardin ou un pré, ou même une terre propre à le devenir. D'ailleurs, s'il s'agissait d'une vente, l'obscurité du contrat à cet égard s'interpréterait contre le vendeur. (Art. 1602.)

224. Enfin, l'un des riverains peut aussi acqué-

rir, par rapport à l'autre, le droit exclusif à l'eau
par le moyen de la prescription; mais il faudrait
pour cela qu'il en eût fait seul usage pendant le
temps requis par la loi pour ce mode d'acquisition,
et ce temps ne commencerait à courir que du
jour où il aurait opposé une contradiction régulière au coriverain, et qui aurait empêché celui-ci
de se servir de l'eau pendant tout ce temps, sans
qu'il y ait eu d'ailleurs d'interruption de prescription; autrement, eût-il joui seul de l'eau pendant tout ce temps, la prescription n'aurait jamais
couru, parce que le coriverain serait justement
considéré comme ayant usé d'une pure faculté, en
ne se servant pas de l'eau, la jugeant probablement inutile ou nuisible à son fonds.

225. L'art. 644, dans sa première partie, autorise bien un propriétaire riverain à se servir de
l'eau pour l'irrigation de sa propriété, mais il ne
dit pas si ce propriétaire peut la faire servir à un
autre usage, par exemple à l'exploitation d'une
usine, d'un moulin, à l'entretien d'un étang, etc.
ce n'est que la seconde disposition de ce même
article qui autorise, par la généralité de ses termes, l'usage de l'eau suivant la volonté du propriétaire, à la charge seulement de la rendre, à
la sortie de ses fonds, à son cours ordinaire. Mais ce
dernier propriétaire n'est pas un simple riverain,
c'est celui dont l'eau traverse l'héritage, et qui est
ainsi doublement riverain.

226. Dans les principes du Code, le simple riverain ne peut faire servir l'eau qu'à l'irrigation de son fonds, par cela même que l'art. 644, qui règle l'usage des cours d'eau, ne s'explique que sur l'irrigation, et détermine ainsi, d'une manière précise, l'objet de la concession de la loi.

Nous ne voulons toutefois pas dire par-là qu'un tanneur, par exemple, un teinturier, ne pourraient prendre l'eau nécessaire à l'exercice de leur profession; ils le pourraient même au moyen d'un canal qui la conduirait chez eux. La petite quantité qu'il leur en faut, comparativement à celle qu'absorbe l'irrigation d'un pré, justifie suffisamment cette décision.

227. De plus, d'après les règlemens généraux sur les cours d'eau, un riverain peut obtenir de l'administration l'autorisation d'élever une usine, un établissement, pour l'exploitation duquel il pourra prendre l'eau suivant le mode qui sera réglé par l'acte d'autorisation. Mais alors c'est un acte d'administration, plutôt que l'exercice du droit reconnu par le Code, puisqu'il ne s'agit point de l'irrigation des héritages riverains.

228. Quant aux établissemens de ce genre qui existaient déjà avant la révolution, en conformité des règlemens ou usages locaux, les lois nouvelles n'y ont porté aucune atteinte.

Avant 1790, dit M. Favard au mot *servitude* de son Répertoire, les rivières non navigables ni flot-

V.   14

tables étaient, dans presque toute la France, considérées comme la propriété des seigneurs possédant des justices ou des fiefs. Ils y avaient exclusivement le droit de pêche et d'usine, et n'y permettaient l'établissement de moulins qu'à la charge d'une rente ou d'un sens en grains ou en argent. Dans les lieux où ils n'avaient pas la propriété de ces rivières, ils en avaient la police. Il n'y avait d'exception que dans les cas où le roi, législateur suprême, croyait devoir s'attribuer une surveillance particulière sur les petits cours d'eau, dont le barrage aurait pu nuire à la navigation intérieure.

Il s'en est suivi, dit encore le même auteur, que des établissemens de tout genre ont pu être légalement construits sur les cours d'eau, soit par les seigneurs eux-mêmes, comme propriétaires des eaux, soit en vertu de leur permission expresse ou tacite.

Lorsqu'ils ont été construits par les seigneurs ou par suite de leur permission expresse, ils constituent une propriété parfaite.

S'ils l'ont été en vertu d'une permission tacite, consacrée par la prescription acquise, suivant l'usage des lieux, ce titre est aussi solide qu'un titre écrit.

Et si la permission n'a été donnée par les seigneurs que comme ayant la police des eaux, ce titre n'est pas moins fort que le serait aujourd'hui l'autorisation administrative, sauf les modifications résultant des lois nouvelles.

Ainsi, l'administration ne peut ordonner la destruction de ces établissemens qui existaient avant 1790, en vertu de permissions légales, ou dont l'existence sans trouble a acquis le temps de la prescription.

Telle est aussi la doctrine de M. Pardessus, qui l'a puisée dans une lettre du ministre de l'intérieur, de l'an XII, rapportée dans son traité *des Servitudes*, n° 94 et suivant.

229. On doit également décider, si la concession a été faite pour alimenter des étangs, ou si le droit est acquis par la prescription, que les propriétaires des étangs peuvent continuer de faire servir le cours d'eau à leur remplissage et entretien, suivant le mode dont ils en ont constamment joui, quoiqu'ils ne soient riverains que d'un côté. Il en est de même à l'égard des étangs qui ne seraient point riverains, qui seraient séparés du cours d'eau par d'autres fonds appartenant aux mêmes propriétaires ou à d'autres, dans le cas où l'usage à l'eau serait acquis par des conventions avec les parties intéressées, ou par la prescription. Le Code, en disant simplement que les propriétaires riverains peuvent faire servir l'eau à l'irrigation de leurs propriétés, n'a point entendu porter atteinte aux droits légitimement acquis d'après les lois ou usages en vigueur lors de sa promulgation. Le cours de la prescription a même pu se continuer sous son empire, car il s'agirait là d'une

servitude apparente et continue, du moins généralement (1) (art. 688 et 689), et il a maintenu l'acquisition, par le moyen de la prescription, des servitudes de cette espèce. (Art. 690.)

230. L'article 644, que nous expliquons, présente dans chacune de ses dispositions, plusieurs
autres points qui ne sont pas sans quelque difficulté.

Ainsi l'on peut se demander, sur la première, si
un propriétaire riverain peut concéder valablement
à un tiers le droit de prendre l'eau par son fonds
au cours d'eau, ou au canal creusé dans ce fonds,
ou la faire servir à un autre héritage à lui appartenant et non riverain?

Si, quand il se fait division d'un fonds riverain,
les portions qui ne sont pas riveraines perdent le
droit à l'usage de l'eau?

Enfin si un propriétaire riverain, qui a augmenté
l'étendue de son fonds par des acquisitions de terrains contigus, peut faire servir l'eau à ces nouvelles parties comme aux anciennes, en en prenant un volume plus considérable, et au détriment
des autres intéressés?

231. Sur la première question, on doit tenir
que le riverain ne peut, sans le consentement du

---

(1) Nous verrons plus loin si une prise d'eau est toujours une servitude continue, même dans le cas où le concessionnaire ne devrait
jouir de l'eau que pendant certains jours de la semaine, par exemple,
le lundi et le jeudi.

coriverain et des riverains inférieurs à qui la prise
d'eau pourrait préjudicier, concéder l'eau à un
tiers, soit pour que celui-ci la prît au cours d'eau
lui-même, par le moyen d'un béal creusé dans le
fonds riverain, soit pour qu'il la prît à un canal
pratiqué dans ce fonds, et servant à son irrigation;
et que le riverain ne peut non plus faire servir
l'eau à un autre héritage à lui appartenant, mais
non riverain. Il ne serait plus, en effet, dans les
termes ni dans l'esprit de la loi. Il imposerait de la
sorte, au profit du fonds du tiers ou du sien, une
servitude sur une chose dont il n'a pas la propriété,
mais seulement l'usage pour un objet déterminé
par elle. Il n'y a pas uniquement à considérer le
passage de l'eau sur son fonds, le canal ou le
fossé; il y a aussi à considérer l'eau comme eau
courante, dont il a l'usage, il est vrai, mais sous
certaines conditions et pour un objet désigné, l'irrigation de son héritage riverain. Les intéressés
pourraient donc s'opposer à l'exercice de la prise
d'eau pour ce fonds non riverain.

232. Cette décision, au reste, ne serait point
applicable au cas où le droit à l'eau au profit de
ce fonds aurait été acquis par titre convenu avec
les coriverains et les riverains inférieurs, alors intéressés directement à contester la prise d'eau, ou
par prescription, ou enfin par suite de l'usage des
lieux, dans les pays où il pouvait s'acquérir de
cette manière; ce que nous paraît supposer le

Code (art. 645), puisque c'est encore plutôt pour ce cas, que pour régler les droits des coriverains entre eux, que l'on peut concevoir l'utilité précise des usages locaux dont il parle.

233. Et dans toutes les hypothèses, celui ou ceux qui auraient fait la concession ou qui y auraient adhéré, ne pourraient ensuite s'opposer à l'exercice de la prise d'eau. Ils seraient non recevables à attaquer leur propre convention (1).

234. On ne doit pas non plus tirer de notre décision principale sur cette première question, la conséquence que, dans le cas de la seconde, les copartageans dont les parts ne joindraient pas le cours d'eau seraient privés du droit d'en user.

Il arrive souvent qu'un fonds, un pré, par exemple, ne présente qu'une face peu étendue le long d'un ruisseau, et que la division ne peut guère s'en faire de manière que chaque part aboutisse au cours d'eau, parce que ce mode de distribution ne donnerait aux différentes portions qu'une largeur disproportionnée à leur longueur, et rendrait d'ailleurs nécessaires de nouveaux fossés pour conduire l'eau dans chacune d'elles : la division se fait alors dans un autre sens.

En pareil cas peut s'élever la question de savoir si les propriétaires des portions qui ne sont point riveraines ont conservé le droit à l'eau, soit par

---

(1) Argument de la L. 11, ff. *de servit. præd. rust.*

rapport aux propriétaires des parts riveraines,
soit par rapport aux maîtres des fonds de l'autre
rive ou des propriétaires inférieurs.

Par rapport aux propriétaires des parts riveraines du fonds divisé, si l'acte de partage s'explique
au sujet de l'eau, il n'y a pas de difficulté ; on en
suivra les dispositions. S'il ne s'explique pas, mais
qu'au moment du partage il existât un fossé pour
conduire les eaux dans toutes les parties du fonds,
parce que c'était un pré ou un héritage d'un autre
genre de culture à qui l'eau était également nécessaire ou utile, l'article 694 sera la règle à suivre,
et conséquemment le fossé devra être maintenu
pour fournir l'eau aux portions du fonds qui ne
sont pas riveraines. C'est là une sorte de destination du père de famille, qui vaut titre pour une
telle servitude. Mais si le fonds était une terre labourable, un bois ou une vigne, comme généralement on ne pourrait voir de destination de père
de famille dans le partage, quand même il existerait un fossé qui partirait du cours d'eau jusqu'au
bout opposé de l'héritage, attendu qu'en pareil
cas le fossé aurait plutôt été pratiqué pour conduire les eaux au ruisseau que pour les y prendre,
on déciderait que les propriétaires des parts non
riveraines, qui voudraient, par exemple, en faire
des prés ou des jardins, n'auraient pas le droit de
réclamer l'eau par les portions des autres. Ils ne sont
point riverains, et aucune servitude à ce sujet n'ayant
été réservée par l'acte de partage ou établie par

destination, leur réclamation n'aurait aucune base.

Quant au droit des propriétaires de ces parts maintenant non riveraines à l'égard des propriétaires de l'autre rive ou inférieurs, on doit décider que, dans tous les cas où les maîtres de ces parts peuvent, d'après la distinction ci-dessus, réclamer l'eau à l'égard de leurs ci-devant copropriétaires, ils peuvent également en jouir à l'égard des coriverains et propriétaires inférieurs, nonobstant l'opposition de ceux-ci. La volonté de la loi n'a pu être que le partage privât ces portions de l'héritage divisé, de l'eau qui leur était acquise, sur le seul motif que ces portions ne sont plus riveraines, qu'elles forment maintenant autant de fonds séparés. C'eût été, dans beaucoup de cas, mettre obstacle au partage des fonds de cette nature, quand la division, à raison de la forme de l'héritage, n'aurait pu s'opérer de manière à faire aboutir chaque part au cours d'eau; car la dépréciation qu'auraient nécessairement subie les portions désormais privées de l'eau, aurait détourné les copropriétaires d'opérer la division, que la loi voit toujours avec faveur, puisque toute convention qui aurait pour objet de l'empêcher est nulle (art 815). On ne répondrait pas d'une manière satisfaisante à ce raisonnement en disant que les copropriétaires peuvent faire leur partage de manière que le fonds en question entre dans le lot d'un seul, en attribuant d'autres objets aux autres, ou bien, s'il n'y en a pas, en le licitant; car la licitation n'est qu'exceptionnellement dans le vœu de la loi, lorsqu'il est de l'intérêt de tous qu'elle ait lieu, plutôt qu'une division matérielle qui déprécierait l'objet : en général c'est le partage réel qu'elle favorise, parce que par lui chacun des enfans ou descendans jouit d'une portion du patrimoine paternel, au lieu d'avoir une somme, dont la conservation est moins facile, et la jouissance généralement moins douce. Quand l'article 645 veut que, s'il s'élève des contestations entre les divers propriétaires auxquels ces eaux peuvent être utiles, les tribunaux observent avant tout les *règlemens particuliers*, il a principalement en vue les conventions qui sont intervenues en pareil cas, et que l'on voit presque toujours dans les actes de partage ou d'aliénation de partie d'un fonds qui se servait du cours d'eau : comme une prairie, lorsque par le mode de division adopté, toutes les parts n'aboutissent pas au ruisseau.

Autre chose est donc, selon nous, de vouloir attribuer à un fonds non riverain une prise d'eau sans l'assentiment de tous ceux qui sont intéressés à s'y opposer, et la simple conservation d'un droit acquis à une portion de fonds qui ne se trouve plus aujourd'hui riveraine. Si, dans ce dernier cas, l'on n'est plus, il est vrai, dans les termes mêmes de la loi, parce qu'on n'est plus riverain, on est du moins dans son esprit, parce que son esprit tend toujours au maintien des droits acquis. On est surtout dans une position digne de faveur, ce qu'on ne peut dire dans le premier cas.

235. Sur la troisième question, qui est de savoir si un propriétaire riverain a le droit de faire servir l'eau aux additions qu'il a faites à sa propriété en en prenant un volume plus considérable, de manière que les autres intéressés n'en auraient plus suffisamment, on peut dire, pour l'affirmative, que les terrains acquis étant contigus au fonds riverain ne forment maintenant avec lui qu'un seul et même fonds, quoiqu'ils fussent d'une culture différente; qu'il en doit être de ce cas comme de celui où un propriétaire n'a pas, jusqu'à ce jour, fait servir l'eau à telle ou telle partie de son fonds, parce qu'il ne l'y jugeait pas utile ou par négligence, ce qui ne l'empêche assurément pas de l'y faire servir maintenant; que la loi ne détermine pas l'étendue des héritages, à l'irrigation desquels leurs propriétaires peuvent faire servir les eaux; que ces héritages se sont successivement accrus ou diminués, et que probablement ce que veut faire aujourd'hui le riverain, son coriverain, ou l'auteur de celui-ci, l'a fait de son côté; que l'opposition de ce dernier serait surtout bien mal fondée, s'il employait lui-même les eaux à un fonds aussi étendu ou plus étendu que ne l'est celui du voisin avec les nouvelles acquisitions; enfin que si ce celui-ci abusait de la faculté de prendre l'eau, les tribunaux, en vertu de l'art. 645, réprimeraient sa prétention, soit sur la demande des coriverains, soit sur celle des propriétaires inférieurs.

Ces raisons sont sans doute très-fortes; néanmoins

nous pensons qu'on doit décider que ce propriétaire ne peut, au préjudice des autres intéressés,
faire servir l'eau à ses nouvelles acquisitions en en
prenant un volume plus considérable que celui
qu'il prenait précédemment, et voici nos motifs.

Il est bien certain que lorsque j'ai concédé à un
propriétaire une prise d'eau à ma source pour tel
fonds, ou pour telle partie de tel fonds, ce propriétaire ne peut, sans mon assentiment, faire servir l'eau à un autre fonds ou à une autre partie du
fonds : il aggraverait ainsi ma condition, et tout
au moins il changerait arbitrairement la destination et l'objet de la servitude. La L. 24, ff. *de ser-*
vit. præd rust. est formelle à cet égard. C'est aussi
là décision de Cœpolla (1). Or, sans admettre précisément que les facultés ou les obligations légales
relatives à la propriété des biens-fonds constituent
de véritables servitudes, néanmoins on peut dire,
par analogie, que la faculté accordée par la loi à
un propriétaire riverain de se servir de l'eau pour
l'irrigation de son fonds dans son état actuel, est
comme la concession d'une servitude conventionnelle de prise d'eau pour tel fonds : d'où il suit
que la raison qui empêche le concessionnaire con-
ventionnel de faire servir l'eau à un autre fonds,
est la même pour empêcher que le concessionnaire légal la fasse servir à d'autres parties de terrain que celles primitivement désignées par la loi;

(1) *Tract. de servit. præd. rust.*, cap. 4, n° 17.

car, de même que le premier agraverait la condition du fonds assujéti, de même le second agraverait celle des fonds coriverains ou inférieurs, en faveur desquels aussi la loi stipule, comme pour le sien.

Il pourrait de la sorte, par des acquisitions de terrains intermédiaires, faire servir l'eau à des fonds plus ou moins reculés du cours d'eau, et rendre vaine la disposition de la loi qui ne l'autorise qu'à l'employer à l'irrigation de son fonds riverain, ce qui serait une source d'abus et de fraudes faites au droit des autres intéressés. En un mot, il attribuerait un droit à tel ou tel héritage qui en était auparavant privé, d'après ce que nous avons démontré sur la première question. Ces considérations nous paraissent suffisantes, et elles nous dispensent de réfuter les autres raisons qu'on pourrait faire valoir à l'appui de la prétention de ce propriétaire.

236. Il nous reste encore à faire quelques observations sur l'art. 644.

Ainsi, la faculté qu'il attribue à tout propriétaire riverain d'un cours d'eau non dépendant du domaine public, de se servir de l'eau pour l'irrigation de sa propriété, et à celui dont l'héritage est traversé par cette eau, d'en user à son passage, ne s'applique pas au cas où le cours d'eau qui borde ou traverse un fonds est un canal creusé de main d'homme, qui appartient au propriétaire d'un moulin ou de toute autre usine, pour l'exploitation de laquelle il a été établi (1). L'eau, pour ainsi dire, devenue captive, a pris la qualité de propriété privée, et elle restera telle tant qu'elle ne sera pas rendue à son cours ordinaire. D'anciens arrêts (2) avaient jugé en ce sens, et la Cour de cassation (3) a confirmé cette jurisprudence, fondée en raison et en principe.

237. Elle l'a même de nouveau sanctionnée (4) dans une espèce où le tiers, qui offrait d'ailleurs subsidiairement une indemnité, s'appuyait sur le motif tiré de l'intérêt de l'industrie, et faisait valoir, en outre, la considération que la prise d'eau qu'il réclamait ne causerait, attendu l'abondance de l'eau, que peu ou point de préjudice au propriétaire du canal. Mais sa prétention, que ne favorisait pas assez puissamment aucun des art. 643, 645 et 682, n'en a pas moins été repoussée, et, il faut le dire, dans l'état actuel de la législation sur la matière, c'était avec raison ; car le premier de ces textes ne déroge au grand principe *nul ne peut être contraint de céder sa propriété*, qu'en

---

(1) *Voy.*, sur un cas analogue, M. Henrion de Pansey, *Compétence des juges de paix*, pag. 262 et suiv., qui rapporte et analyse un arrêt de 1743, rendu d'après les mêmes principes.

(2) Des 13 décembre 1608 et 15 juillet 1656, cités par Lacombe au mot *Eau*, nᵒ 2.

(3) *Voy.* l'arrêt du 28 novembre 1815, rendu par la section civile, et rapporté par Favard, *Répertoire*, au mot *Servitude*, sect. 2, nᵒ 1.

(4) Arrêt de cassation, du 9 décembre 1818, rapporté par le même, *loco citato*.

faveur des habitans d'une commune, village ou hameau; le second, comme il est facile de s'en convaincre par son rapprochement avec l'art. 644 ne statue que sur les eaux courantes qui n'appartiennent à personne, qui coulent dans un lit naturel et non dans un canal de main d'homme (1) enfin le troisième ne dispose que relativement à la cession forcée d'un passage pour le service d'un fonds enclavé qui n'a aucune issue sur la voie publique, et nullement quant à la concession d'une prise d'eau, qui, tout utile qu'elle pût être, n'a cependant pas été envisagée par le législateur comme intéressant le bien général au même degré, puisqu'il n'a porté aucune disposition sur ce cas. L'arrêt est donc parfaitement conforme aux principes actuels.

238. Mais en considérant le brillant essor qu'a pris l'industrie depuis la paix; en songeant qu'une fabrique, une manufacture réunit sur un même point mille bras, qui répandent l'aisance dans une contrée, et que souvent le plus petit filet d'eau peut suffire à son exploitation, on est porté à

---

(1) La Cour de cassation a toutefois jugé, par arrêt de cassation du 10 avril 1821, rapporté par M. Favard, *Répertoire*, au mot *Servitude*, sect. 2, §. 1, que l'art. 645 est applicable aux eaux *d'une source* auxquelles plusieurs ont des droits, encore qu'ils en eussent joui depuis très-long-temps sans un règlement particulier fait entre eux; que même, dans ce cas, les juges doivent statuer sur la distribution des eaux entre les divers intéressés, quand ils sont régulièrement saisis de la demande de l'un d'eux à cet égard.

désirer une modification de ces mêmes principes, qui permît, comme lorsqu'il s'agit d'un simple passage, de pouvoir exiger la cession du droit de prendre dans un pareil cours d'eau, et moyennant une juste et préalable indemnité, l'eau dont l'utilité tournerait évidemment à l'avantage du bien général, ou un passage pour les eaux sur le terrain d'autrui, pourvu néanmoins que le droit du propriétaire n'en souffrît pas une grave atteinte. L'administration a sans doute une certaine latitude à cet égard, mais son intervention ne peut toujours avoir lieu (1); elle s'exerce avec plus ou moins de lenteur, et surtout avec plus ou moins de difficulté; celle des tribunaux serait donc préférable dans le cas dont nous venons de parler, tant qu'il ne s'agirait seulement que d'obliger le propriétaire des eaux à en faire la cession moyennant indemnité, ou à céder un passage aux eaux sur son terrain. Pour cela il faudrait une disposition législative semblable à celle de l'art. 682, mais que la Cour suprême a reconnu, avec raison, ne pas exister.

239. Dans l'espèce dont il vient d'être question, un riverain ou le propriétaire dont l'héritage est traversé par le cours d'eau, peut acquérir le droit de prendre l'eau dans le canal, soit par titre, soit

---

(1) Parce que l'utilité générale n'est pas directe, comme lorsque la chose dont elle réclame la cession doit être affectée à un usage public.

par prescription (1); alors il y aura une véritable servitude (*aquæductus*) établie par le fait de l'homme, qui sera régie par les principes qui régissent les servitudes de cette classe.

240. Nous venons de raisonner dans l'hypothèse où le maître du moulin ou de l'usine est propriétaire du canal.

Mais il n'est pas toujours facile de bien juger s'il en jouit à titre de propriétaire, ou seulement *jur servitutis*, parce qu'en effet il est possible qu'il n'y ait pas de titre, ou que celui qui est produit ne s'explique pas clairement sur la nature de la concession; par exemple, s'il se borne à dire : *un tel aura le droit de pratiquer un canal dans le fonds pour conduire l'eau au moulin qu'il se propose de construire;* et, dans l'un ou l'autre cas, parce qu'il est possible aussi que le propriétaire

---

(1) Lacombe, au mot *Eau*, n° 2 , dit, en citant les arrêts des 13 décembre 1608 et 15 juillet 1656 , *que la possession n'en peut acquérir le droit.* Nous ne voyons pas pourquoi , si elle a réuni toutes les conditions exigées par la loi, si elle a été paisible, publique, non équivoque et à titre non précaire. La loi ne fait pas plus exception pour ce cas que pour tout autre ; ce sera aux tribunaux à bien examiner les caractères qu'a eus la possession. Il faudra notamment qu'il y ait eu des travaux apparens, attendu qu'aux termes de l'art. 689, les servitudes apparentes , et qui sont les seules qui puissent s'acquérir par prescription (691), sont celles qui s'annoncent par des ouvrages extérieurs , tels qu'une porte, une fenêtre, un aquéduc. Or, on ne regarderait pas la servitude comme apparente parce qu'on verrait simplement l'eau couler, mais parce qu'on aurait fait des ouvrages extérieurs, apparens, pour la prendre dans le canal et la faire couler dans le fonds.

de l'usine n'ait fait aucun des actes qui rendent plus ou moins manifeste la propriété du canal, comme serait d'en emporter le rejet à chaque fois qu'il est curé, de percevoir les herbes ou autres produits qui se trouveraient sur ses bords, etc.

La difficulté est sérieuse, et la question importante; car si le propriétaire de l'usine est aussi propriétaire du canal, le riverain ou celui dont l'héritage en est traversé ne peut, comme on vient de le voir, se servir de l'eau qu'autant qu'il en aurait acquis le droit par titre ou par prescription. Si, au contraire, son fonds n'est grevé que d'une simple servitude de conduite d'eau, ce propriétaire ne peut rien faire sans doute qui diminue l'usage de la servitude quant à l'objet pour lequel elle a été établie, mais il peut du moins se servir du superflu de l'eau, soit quand l'usine est en chômage, soit lorsque les eaux sont très-abondantes : en un mot, ses obligations et ses droits à cet égard seraient écrits dans l'article 701, qui deviendrait le régulateur des prétentions respectives des parties.

Il paraît que les arrêts des 13 décembre 1608 et 15 juillet 1656, précédemment cités, en interdisant au propriétaire du fonds traversé par un canal creusé de main d'homme, d'y prendre l'eau pour l'irrigation de son fonds, ont statué dans des espèces où il n'y avait pas de titres qui décidassent positivement que le canal était la propriété du maître du moulin; que ce n'est que par présomption et conjecture que les parlemens l'ont ainsi jugé : car Lacombe, au mot *Eau*, n° 2, dit en citant ces arrêts : « Le propriétaire du moulin est censé « propriétaire de la biez ou du canal qui y conduit « l'eau, et qui est fait de main d'homme ; ainsi les « propriétaires des prés près desquels passe la biez « ou le canal du moulin n'en peuvent prendre « l'eau pour les arroser, sans un titre exprès, et la « possession n'en peut acquérir le droit. »

Henrys (1) raisonne de la même manière. « Il « faut croire, dit-il, que le propriétaire du moulin, « avant de le bâtir, s'est assuré de la prise d'eau et « du passage d'icelle; et que par conséquent il est « propriétaire de l'eau et du canal. »

La conséquence ne nous paraît nullement nécessaire, puisque ce peut être aussi bien à titre de servitude qu'à titre de propriétaire du terrain sur lequel règne le canal, qu'il a acquis le droit de l'y pratiquer.

M. Favard dit aussi dans son *Répertoire*, v° *Servitude*, que « du fait seul de la construction d'un « canal sur son terrain, ou *sur celui d'autrui*, résulte « une présomption de droit de la propriété exclu- « sive de ce canal.

Mais il nous semble qu'une présomption de droit doit être établie par une loi; or, nous n'en connaissons pas, et on n'en cite pas qui établisse cette présomption à l'égard du canal creusé dans *le terrain d'autrui*. Il y en a même une qui établit la pré-

_____

(1) Tom. II, liv. 4, quest. 149.

somption contraire ; c'est l'article 552, qui porte que la propriété du sol emporte la propriété du dessus et du dessous.

Dans les espèces sur lesquelles sont intervenus les arrêts de la Cour de cassation que nous avons cités, les Cours royales ayant jugé en fait, d'après les circonstances de la cause, et peut-être, nous l'avouerons, d'après la présomption consacrée par l'ancienne jurisprudence, que le propriétaire de l'usine l'était aussi du canal, la Cour suprême n'avait plus qu'à proclamer les principes exposés sur ce cas ; aussi ses décisions ne nous paraissent-elles point avoir porté sur l'objet de la difficulté actuelle.

Il en eût été autrement que, malgré le juste respect qu'elles nous inspirent, nous n'aurions pu y souscrire pour le cas où la question aurait dû se décider d'après les principes des lois nouvelles ; car le Code, qui a spécialement reconnu des présomptions de propriété exclusive dans plusieurs circonstances, n'en a point établi de semblable dans l'espèce dont il s'agit : dès lors, celle alléguée par Henrys et Lacombe ne peut être aujourd'hui qu'une présomption de fait seulement : or, le juge ne peut se déterminer par le secours d'une telle présomption que dans les cas où la loi admet la preuve testimoniale (art. 1353), c'est-à-dire, en général, quand l'objet du litige n'excède pas une valeur de 150 francs.

On doit donc, du moins dans les questions qui

auraient pris naissance sous le Code, en revenir aux principes généraux, et les principes généraux veulent que, dans le doute, la présomption soit en faveur de l'obligation la moins onéreuse; spécialement en matière de servitude, que l'on incline pour la charge la moins grave; et conséquemment enfin que, dans l'incertitude s'il y a eu concession de la propriété du terrain sur lequel est pratiqué le canal, ou simplement la servitude de conduite d'eau, on se décide plutôt pour la servitude, comme moins onéreuse au fonds qu'un démembrement de ce même fonds.

Nous ne déciderions autrement qu'autant que la possession du canal aurait eu régulièrement et continuellement les caractères qui indiquent le droit de propriété : comme si le propriétaire de l'usine, en le nettoyant, en avait emporté constamment le rejet, s'il avait pris les herbes ou autres produits qui croissent sur ses bords, etc. Mais, dans le cas contraire, il est présumé, selon nous, n'en avoir joui qu'à titre de servitude.

241. Nous terminerons nos observations sur les droits des particuliers à se servir des eaux courantes qui ne sont point des dépendances du domaine public, en résumant ce que nous avons déjà dit, que, d'après les lois des 12 août 1790 (chap. 6); 23 septembre — 6 octobre 1791 (tit. 2, art. 16); 14 floréal an XI; 16 septembre 1807 (tit. 7), c'est à l'autorité administrative à rechercher et indiquer

les moyens de procurer le libre cours des eaux, d'empêcher que les prairies ne soient submergées par la trop grande élévation des écluses des moulins et par les autres ouvrages d'art établis sur les rivières, de diriger enfin, autant qu'il est possible, toutes les eaux de chaque territoire vers un but d'utilité générale, d'après les principes de l'irrigation; de déterminer, en conséquence, la hauteur des déversoirs des moulins et autres semblables établissemens, de manière que les eaux ne nuisent à personne; d'en faire opérer le curage lorsqu'il est devenu nécessaire, et de fixer la distance qui doit être observée entre ces établissemens, afin qu'ils ne se nuisent pas réciproquement.

242. Pour remplir ces vues d'utilité publique, le préfet qui a l'exercice des pouvoirs administratifs, que la loi du 12 août 1790 et autres suivantes avaient confié aux administrations centrales, peut faire les règlemens nécessaires, ordonner les travaux qu'il juge convenables, défendre ceux qu'il croit nuisibles; et le devoir des tribunaux est de respecter ces actes de l'administration (1).

Mais le préfet ne doit porter aucune atteinte à la *propriété particulière*, aux *droits légitimement acquis* : son pouvoir se borne à la *police* des eaux,

---

(1) Instruct. sur la loi du 22 décembre 1789. — Loi du 24 août 1790, tit. 2, art. 13. — Loi du 16 fructidor an III. — Cod. civ., art. 714. — Cod. pén., art. 127. Voy. le *Répertoire* de M. Favard, au mot *Servitude*, sect. 2, §. 1, n° 12.

c'est-à-dire à une espèce de providence, toute dans *l'intérêt général*. Il ne statue point *entre les personnes*, comme les tribunaux ; il prescrit une *règle commune* applicable *aux choses*, quels qu'en soient les possesseurs (1).

Il doit aussi avoir soin de ne point empiéter sur le pouvoir réservé au roi par l'art. 14 dela charte, de faire des règlemens d'administration publique.

243. Par application de ces principes, une ordonnance du roi du 14 août 1822 (2) a décidé,

1° Que les préfets peuvent faire des dispositions administratives pour régler un cours d'eau qui n'est ni navigable ni flottable ;

2° Que ces arrêtés ne peuvent être l'objet d'un pourvoi au Conseil d'état, s'ils n'ont pas été préalablement déférés au ministre de l'intérieur (3) ;

3° Que les contraventions à ces règlemens de police (4) ne peuvent être jugées que par les tribunaux ordinaires ;

4° Que les tribunaux sont de même seuls compétens pour juger une question de propriété résultant soit d'une possession immémoriale, soit de titres anciens ;

---

(1) Favard, *ibid.*

(2) L'espèce sur laquelle elle est intervenue se trouve dans le même *Répertoire*, à l'endroit ci-dessus cité.

(3) Telle est en effet la hiérarchie administrative ; et c'est contre la décision du ministre que peut avoir lieu le recours au Conseil d'état.

(4) Par des entreprises faites par un particulier au préjudice d'un autre.

5° Que les préfets commettent un excès de pouvoir lorsqu'ils ordonnent, à l'égard de ces cours d'eau, des mesures de nature à faire l'objet d'un règlement d'administration publique.

Ainsi, l'administration elle-même ne peut, par des mesures de police concernant les eaux, porter atteinte aux droits acquis.

244. Et quand il s'élève une difficulté au sujet des eaux, les juges de paix qui en sont saisis, comme juges du possessoire, doivent s'abstenir de prononcer sur ce qui touche le fond du droit, même quand il ne s'agirait que de la quantité d'eau réclamée par chacun des contendans; ils cumuleraient ainsi le pétitoire avec le possessoire, et violeraient la plus importante des règles qui fixent leurs attributions. Ils doivent donc se borner à réprimer les entreprises qui ont été faites dans l'année, en ordonnant le rétablissement des lieux dans leur premier état, ou maintenir en possession, suivant les circonstances.

SECTION II.

Du bornage.

SOMMAIRE.

245. *Tout propriétaire peut obliger son voisin au bornage : il se fait à frais communs.*
246. *De l'action de bornage dans le droit romain.*
247. *La loi du 24 août 1790 et le Code de procédure civile*

245. Tout propriétaire peut obliger son voisin au bornage de leurs propriétés contiguës.

Le bornage se fait à frais communs. (Art. 646.)

Le droit de pouvoir le réclamer est fondé sur une obligation qui naît du voisinage, et il peut être exercé à toute époque. Il est imprescriptible, parce que la cause qui le produit est toujours existante.

Le bornage a pour objet de régler les confins des héritages, afin de prévenir les empiètemens; aussi les anciens avaient-ils mis leurs champs sous la protection du Dieu *Terme* (1).

246. L'action de bornage, chez les Romains, avait pour effet d'obliger le propriétaire du fonds attenant de laisser une espace vide de cinq pieds entre les deux fonds limitrophes. On appelait *fines agrorum* cet espace qui, d'après la loi des Douze Tables, était imprescriptible (2); et les fonds limitrophes étaient appelés *confines, propter finium communitatem* (3).

Elle avait aussi pour objet la revendication des empiètemens ou usurpations faites au-delà du confin sur la propriété du demandeur (4); et c'est pour cela que la loi 1re ff., à ce titre, dit : *finium regundorum actio in personam est, licet pro vindicatione rei est* (5).

---

(1) Chaque borne représentait ce Dieu :

Termine, vel lapis, tu quoque numen habes.
Ovid. Fast. II.

(2) Mais il l'est devenu par la suite, suivant la loi dernière au Code tit. *finium regund.*, et c'était par la prescription de trente ans.

(3) *Voy.* la L. 5, Cod. au même titre; et la L. 4, § 10 ff., aussi au même titre.

(4) L. 8, ff. *hoc tit.*

(5) Telle est aussi la raison pour laquelle, suivant Pothier, sur la

Indépendamment de cette action, il y avait celle pour cause de déplacement de bornes (1). Elle était criminelle, car c'était un crime que d'arracher ou déplacer les bornes (2); c'était un outrage à la religion.

247. La loi du 24 août 1790, et l'art. 3 du Code de procédure civile, mettent dans les attributions des juges de paix (et de celui de la situation de l'objet litigieux) la connaissance des actions pour dommages aux champs, fruits et récoltes; *déplacemens de bornes* (3), usurpations de terres, arbres, haies, fossés et autres clôtures, commis dans l'année; pour entreprises sur les cours d'eau, commises pareillement dans l'année, et de toutes autres actions possessoires.

Mais ce n'est point l'action de bornage : celle-ci ne suppose pas qu'il a déjà eu lieu, comme celle en déplacement de bornes le suppose.

L. 37, § 1, ff. *de oblig. et action.*, l'action de bornage est qualifiée *mixte*, comme celle de partage, *quòd et vindicationem quamdam constituunt, et simùl præstationes multas personales.*

(1) *Voy.* au Digeste et au Code, le titre *de termino moto.*

(2) L. 4, §. 4, ff. *finium regund.*

Voy., quant à la peine portée contre ce genre de délit par nos lois, l'art. 456 du Code pénal.

(3) Bien entendu quand l'action est intentée au civil; car si elle l'était au criminel, le juge de paix, même jugeant en police, serait incompétent pour en connaître, puisque le délit entraîne une peine correctionnelle; et cette peine étant de plus de cinq jours d'emprisonnement et d'une amende qui excède 15 fr. ne peut être appliquée par les juges de paix, mais par les tribunaux correctionnels. (Art. 137, Cod. d'inst. crim., et 456 Cod. pén. combinés.)

Dans cette dernière, il ne s'agit que du fait de déplacement des bornes, commis dans l'année, et l'office du juge de paix consiste à en ordonner le rétablissement, afin de maintenir le demandeur dans la possession où il est du terrain qui était renfermé dans les bornes tant qu'elles existaient dans leur état primitif : c'est donc une véritable action possessoire; aussi le juge de paix n'est-il compétent pour en connaître que dans l'année du trouble : passé ce temps, la cause doit être portée au pétitoire, parce qu'il s'agit alors, non plus de la simple possession, mais de la propriété du terrain, objet de la contestation.

Au contraire, l'action de bornage primitif touche essentiellement au droit de propriété; elle a pour objet d'en déterminer l'étendue, en déterminant respectivement celle des fonds contigus eux-mêmes : par conséquent, elle n'est point de la compétence du juge de paix, mais bien de celle des tribunaux ordinaires, quand même il n'y aurait pas de contestation élevée sur une portion de terrain quelconque; sauf aux parties, ainsi que l'art. 7 du Code de procédure leur en donne le droit, à le prendre pour juge amiable à l'effet de présider au bornage de leur propriété, et de le constater par un procès-verbal qui vaudra pour elles jugement. C'est même la voie la plus simple et la moins coûteuse.

248. Beaucoup de juges de paix font cependant une confusion fautive entre la demande à fin de

bornage et l'action pour déplacement d'un bornage ancien et contesté, se regardant, quoique leur juridiction n'ait pas été prorogée conformément à cet art. 7, comme compétens pour connaître de l'une et de l'autre ; mais c'est faute par eux de bien se pénétrer des règles qui fixent leurs atributions (1).

Parmi ceux-ci, il en est, il est vrai, qui se déclarent incompétens dès qu'il y a contestation entre les parties sur la propriété de quelque portion de terrain, si l'une d'elles allègue l'incompétence; ils évitent par là de cumuler mal à propos le pétitoire et le possessoire; mais ce n'est pas moins de leur part un tort que de ne pas se déclarer d'eux-mêmes incompétens, puisqu'ils le sont à raison de la matière, et qu'en pareil cas la loi (art. 170, Code de procéd.) leur en fait un devoir, tant que leur juridiction n'a pas été régulièrement prorogée. Or le silence des parties ne suffit point à cet effet; il faut une déclaration expresse de leur part. Chacun sait que dans les campages beaucoup de personnes ne sont point à portée de faire la distinction entre l'action

_____

(1) L'art. 40 du projet de Code rural, imprimé en 1808 par ordre du gouvernement, suppose que l'action en bornage est dans les attributions des juges de paix, comme celle en déplacement de bornes. Ce projet ayant été envoyé aux commissions consultatives nommées dans les départemens, plusieurs d'entre elles se sont prononcées en faveur de cette nouvelle attribution, d'autres contre. Dans l'état actuel de la législation, elle n'existe réellement pas, quoique M. Malleville ait écrit le contraire dans son Commentaire sur l'art. 646 du Code civil.

de bornage primitif et l'action possessoire en déplacement de bornes; d'où il suit naturellement que leur silence ne devrait pas être considéré par le juge de paix comme une prorogation de sa juridiction, et que ce magistrat devrait, au contraire, spécialement les avertir de son incompétence, afin qu'elles aient à voir s'il leur convient de le prendre pour juge du différend, suivant la disposition de l'art. 7 précité.

249. Ces observations doivent encore trouver une bien plus fréquente application dans les actions en déplacement de bornes ou contestation de bornage, intentées après l'année du fait qui leur a donné naissance, comme on le voit si souvent. Dans ces cas, le juge de paix est aussi incompétent que s'il s'agissait d'une demande à fin de bornage primitif; et il ne devrait pas se contenter de se déclarer tel sur l'exception proposée par l'une des parties; il devrait, de plus, leur faire connaître son incompétence, et ne décider la contestation qu'en vertu d'une prorogation de juridiction.

250. Dans tous ces cas, où le juge de paix est incompétent, le demandeur agira prudemment s'il convient avec l'autre partie de cette prorogation de juridiction, avant de porter sa demande devant lui. En agissant autrement, il s'expose aux frais frustratoires de l'instance qui aurait lieu devant ce magistrat, s'il se déclarait de lui-même incompétent, ou si le déclinatoire était proposé par

l'autre partie, ou enfin si, comme cela devrait être, les opérations étaient annulées pour cette cause.

251. On a toutefois jugé en cassation (1) qu'un juge de paix est compétent pour ordonner, à l'occasion et par suite d'une action possessoire pour usurpation de terres, intentée dans les délais de droit, que des bornes seront placées pour déterminer la limite des deux héritages; qu'il ne cumule point en cela le pétitoire et la possessoire. La Cour s'est fondée sur ce que le juge de paix étant compétent pour connaître de toute action possessoire, et notamment de toutes usurpations de terres, de *déplacement de bornes*, commis dans l'année, il l'est conséquemment pour connaître de l'action en plantation de bornes en pareil cas.

Dans cette espèce, la demande à fin de plantation de bornes n'était qu'accessoire à l'action en trouble de possession, et telle est la véritable raison qui a fait maintenir la décision du juge de paix, ce qui n'aurait pas eu lieu si l'action possessoire n'eût été intentée qu'après l'année, ou si c'eût été une demande directe et principale de bornage primitif, sans que, dans l'un ou l'autre cas, sa juridiction eût été prorogée.

252. Nous ferons au surplus remarquer que la plantation de bornes n'a pu avoir, dans l'espèce, que des effets relatifs à la possession, et nullement

_____

(1) Arrêt de rejet du 27 avril 1814. Sirey, 14-1-294.

quant à la propriété : d'où il résultait que celui contre qui elle a été ordonnée aurait pu se pourvoir au pétitoire, par action nouvelle, pour faire ordonner un bornage définitif et différent du premier, en prouvant, contre la possession de son adversaire, que telle ou telle partie de terrain, dont le premier bornage le privait, lui appartenait à lui-même en propriété.

253. De ce que l'action en bornage n'est point une simple action possessoire, comme celle pour déplacement de bornes, nous en tirons la conséquence que sous le régime de la communauté, le mari, qui peut exercer seul les actions possessoires qui compètent à sa femme (art. 1428), parce que ce sont des actes de conservation, n'a pas, dans le même cas, qualité pour intenter seul celle en bornage, de manière que ce qui serait décidé contre lui dût être censé décidé contre sa femme. Il vaut donc mieux qu'elle soit mise en cause.

Si les deux voisins n'ont pas tous deux le libre exercice de leurs droits, comme lorsque l'un d'eux est mineur ou interdit, les bornes doivent être placées en vertu d'une décision judiciaire, par des experts nommés d'office, qui prêtent serment et font le rapport de leur procès verbal dans les formes tracées au Code de procédure.

254. Cette action, comme intéressant directement la propriété, doit, ainsi que celle en partage, être portée au tribunal de la situation des héri-

tages qu'il s'agit de limiter. (Art. 59, Cod. de procéd

255. Elle est, en principe, soumise au prélim
naire de conciliation, puisqu'elle est principale
introductive d'instance. (Art. 49, *ibid.*)

256. Pour régler les confins sur l'action de bo
nage proprement dite, on suit les plus ancien
monumens ou titres, à moins qu'il n'y ait preuv
d'un changement de confins (1).

A Rome, on suivait aussi l'autorité du cens (o
cadastre) antérieur à la demande (2), et il en do
être de même chez nous.

Pour s'éclairer sur l'objet de la difficulté, quan
les parties ne sont pas d'accord sur les limite
ordinairement le tribunal ordonne que des exper
choisis par elles, ou, si elles ne s'accordent pas su
le choix, nommés d'office, feront leur rapport su
l'état des lieux; et d'après ce rapport, il détermin
les confins et prescrit la plantation des bornes.

257. Non seulement les propriétaires peuver
exercer les uns vis-à-vis des autres l'action de bo
nage, mais elle peut même être exercée par le
emphytéotes et les usufruitiers (3). Ceux-ci or
intérêt et droit de faire déterminer ce dont i

---

(1) L. 11, ff. *finium regund.*
(2) Même loi.
(3) L. §. 9, ff. *hoc tit.*

doivent jouir. Il veut toutefois mieux faire intervenir les propriétaires, afin de prévenir les difficultés
qui pourraient s'élever par la suite entre ces derniers et les voisins, sur un réglement auquel ces
mêmes propriétaires n'auraient point participé.

258. Le bornage peut également être invoqué
par un particulier contre une commune ou communauté d'habitans, ou un établissement public,
et vice versâ.

Par la même raison, il peut l'être entre les communes et établissemens publics ; et, suivant le nouveau *Code forestier*, qui traite des formalités à
suivre à cet effet, il peut être réclamé contre l'état
lui-même, comme par l'état contre les particuliers
ou les communes et établissemens publics.

259. L'un des voisins ne peut se refuser à planter des bornes à frais communs, sur le motif que
les limites de son héritage sont déterminées par
des haies vives, arbres anciens ou pieds-corniers,
ou épines de foi. Ces signes, qui peuvent servir
dans beaucoup de cas à fixer les limites des deux
fonds, ne suffisent point pour faire rejeter une
action formellement accordée par la loi, et qui
a pour objet d'établir une délimitation bien plus
certaine et plus durable (1).

260. Au surplus, le bornage ne donne pas plus de

(1) Arrêt de cassation du 30 novembre 1818. Sirey, 19-1-232.

terrain que n'en donne le titre, par la raison qu'il n'est pas attributif, mais bien déclaratif de la propriété, c'est-à-dire de la contenance; d'où il suit que si l'un des voisins a moins de contenance que ne lui en donne son titre et celui de ses auteurs, et l'autre plus que ne lui en donne le sien, on reviendra au titre (1).

Cependant, si le bornage avait été fait d'un commun accord, et qu'il y eût un procès-verbal de plantation de bornes auquel le bornage serait conforme, on présumerait qu'il y a eu arrangement entre les parties et cession d'une portion de terrain par l'une à l'autre pour redresser la ligne séparative ou pour tout autre motif, et que le prix de cette cession a été payé avant la plantation des bornes, à moins que le contraire ne résultât du procès-verbal ou de tout autre acte.

La possession du terrain pendant le temps requis pour la prescription assurerait aussi, depuis le bornage, comme auparavant, la propriété du terrain possédé, à celui qui le posséderait. S'il y avait des bornes, on les maintiendrait; s'il n'y en avait pas, la possession servirait à déterminer le lieu où il en devrait être planté : dans les deux cas, elle donnerait toujours les véritables limites. (Art. 2262.)

Mais la simple possession annale n'aurait d'autre effet que d'obliger celui qui se plaindrait que le

_____

(1) *Qui majorem locum in territorio habere dicitur, cæteris qui minus possident, integrum locum assignare compellitur.* L. 7, ff. *finium regund.*

bornage ne donne pas à chacun la contenance portée aux titres de propriété, à prouver sa prétention
au pétitoire, à prouver l'usurpation du voisin; car
il succomberait même au possessoire, si d'ailleurs
la jouissance du voisin était paisible, publique,
et à titre de propriétaire, caractères qu'elle réunira ordinairement tant qu'il ne sera pas démontré
qu'il y a eu déplacement des bornes.

Et cet effet serait le même, encore que la possession eût moins d'un an (parce que, par exemple,
les bornes auraient été plantées depuis moins d'une
année), en ce sens que ce serait à celui qui se plaindrait qu'elles n'expriment pas la juste limite des
deux fonds à prouver, ou le déplacement des
bornes, s'il l'alléguait, ou l'erreur commise en les
plantant. Elles font foi jusqu'à preuve du contraire.
Si elles n'avaient point cet effet, on ne concevrait
pas le motif qui aurait porté le législateur à donner à chacun des voisins une action contre l'autre
pour l'obliger à les planter.

Si, par le résultat d'un arpentage, et lorsqu'il
existe un bornage régulier, il se trouve que l'un
des voisins a plus de terrain que n'en portent ses
titres, mais que l'autre ait tout ce que ses titres lui
donnent, il n'y aura pas lieu pour cela au partage
de l'excédant qu'a le premier; car cet excédant peut
aussi bien provenir de l'inexactitude des énonciations du contrat, des évaluations de mesure, qui
très-souvent ne se font que d'une manière approximative, que d'une erreur dans l'opération du bor

nage ou du fait d'une usurpation. Celui qui a la contenance portée à son titre n'a point à se plaindre, et conséquemment n'a rien à demander au-delà des bornes qui sont conformes à ce même titre. Ce n'est que dans le cas du déficit constaté de son côté, et d'excédant de l'autre, qu'il peut réclamer, parce qu'alors il est prouvé que cet excédant a été formé à ses dépens.

SECTION III.

Du droit de se clore et du parcours.

SOMMAIRE.

261. Du droit de propriété résulte aussi celui de se clore. La conservation de la chose, sa jouis-

sance paisible sont, en effet, des attributs du domaine.

Les dispositions du Code à cet égard sont ren-
fermées dans les articles 647 et 648, ainsi conçus :

« Tout propriétaire peut clore son héritage,
« sauf l'exception portée en l'article 682.

« Le propriétaire qui veut se clore perd son
« droit au parcours et vaine pâture, en proportion
« du terrain qu'il y soustrait. »

262. En général, l'exercice de cette faculté n'est
point pour le voisin une charge ou une servitude
quelconque; il ne contribue d'ailleurs en aucune manière aux frais de clôture ; mais dans certains cas,
mentionnés à l'article 663, et dont nous traiterons
au chapitre suivant, c'est véritablement une servitude que la loi impose à la possession du fonds
voisin, attendu que le possesseur est obligé de contribuer aux frais de la clôture, ne dût-il, par le fait,
en retirer aucun avantage : il y a présomption contraire. C'est une charge du voisinage.

263. En ne faisant exception au principe que
pour le cas prévu à l'article 682, c'est-à-dire quand
le propriétaire d'un fonds enclavé et qui n'a aucune
issue sur la voie publique, réclame du voisin la
cession d'un passage pour l'exploitation de ce fonds,
l'article 647 statue dans les termes du droit commun; car si le fonds que l'on veut clore était grevé
d'une servitude, dont l'exercice s'opposerait à la clôture, il est clair qu'elle ne pourrait avoir lieu sans

l'assentiment du propriétaire de l'héritage au profit
duquel serait établie cette servitude. Tel serait le
cas, par exemple, d'un droit de passage *libre* par
ce fonds. Il faudrait toujours laisser sans clôture le
lieu par où il s'exercerait; on ne pourrait y pratiquer une porte, une barrière, même en offrant
à ce propriétaire une clef, ou en se soumettant à
l'obligation de venir lui ouvrir la barrière quand
il voudrait passer. L'exercice de la servitude doit
être libre, ou du moins conforme au titre.

264. A la seule inspection de l'art. 648 on ne
voit pas bien clairement de quelle manière le propriétaire qui veut se clore perd son droit au parcours et vaine pâture en proportion du terrain qu'il
y soustrait. Pour la parfaite intelligence de cette
disposition, il faut se reporter à la loi des 28 septembre — 6 octobre 1791, sur *la police rurale*, qui
a maintenu ce droit dans les communes où il s'exerçait lors de la publication de cette loi.

L'art. 2 de la sect. 4 du tit. 1er porte : « La ser-
« vitude de paroisse à paroisse, connue sous le
« nom de *parcours*, et qui entraîne avec elle le
« droit de *vaine pâture*, continuera provisoirement
« d'avoir lieu avec les restrictions déterminées à la
« présente section, lorsque cette servitude *sera*
« *fondée sur un titre ou sur une possession autorisée*
« *par les lois et les coutumes*; à tous autres égards
« elle est abolie. »

L'article 3 s'exprime ainsi : « Le droit de vaine

« pâture dans une paroisse, accompagné ou non
« de la servitude de parcours, ne pourra exister
« que dans les lieux où il est fondé sur un titre
« particulier, ou autorisé par la loi, ou par un usage
« local immémorial, et à la charge que la vaine pâ-
« ture n'y sera exercée que conformément aux rè-
« gles et usages locaux qui ne contrarieront point
« les réserves portées dans les articles suivans. »

265. Un de ces art., le 11ᵉ de la même section, autorise tout propriétaire à clore ses héritages, « même
« par rapport aux prairies dans les paroisses où, *sans*
« *titre de propriété, et seulement par l'usage, elles*
« *deviennent communes à tous les habitans,* soit im-
« médiatement après la première herbe, soit dans
« tout autre temps déterminé. »

De là est née la question de savoir si, quand les
habitans d'une commune ont le parcours ou la
vaine pâture *fondée sur un titre,* un propriétaire
peut se clore.

Cette question a été jugée deux fois négative-
ment par la Cour suprême : la première avant le
Code (1); la seconde depuis le Code (2). Dans la première affaire, il ne pouvait y avoir aucun doute
sérieux, puisque la faculté de se clore, reconnue
par l'art. 11 ci-dessus, est formellement limitée pour

---

(1) Arrêt du 14 fructidor an IX, rendu contrairement aux conclusions de M. Merlin. *Voy.* le *Répertoire,* au mot *Vaine pâture*, §. 4.
(2) Arrêt de cassation, du 13 décembre 1808. Sirey. 9-1-72. (Le
précédent arrêt s'y trouve aussi rapporté.)

le cas où les habitans ont le droit de parcours ou de vaine pâture fondée sur un *titre*.

Ce n'était donc que dans l'espèce jugée sous le Code qu'il pouvait y avoir doute, parce que l'art. 647 ne fait exception au principe *tout propriétaire peut se clore*, que seulement pour le cas prévu à l'art. 682 ; mais le Code ne suppose pas qu'il y a servitude constituée par titre, ainsi que le droit *de parcours* en est une, aux termes de l'art. 2 ci-dessus cité ; il ne suppose pas non plus, s'il ne s'agit que de la *vaine pâture* entre habitans d'une même commune, qu'il y a entre eux association à ce sujet, et c'est cependant ce qui existe quand il y a titre : or, cette association a établi un servitude réciproque, et dès lors les art. 696 et 701 deviennent applicables. Il suppose, au contraire, ce que supposait l'art. 11 précité, qu'il n'y a pas de titre, mais que la faculté de parcours ou de vaine pâture résulte seulement de l'usage, car s'il eût voulu déroger à cet art. 11, il l'eût dit : il n'eût pu d'ailleurs le faire sans porter atteinte à un droit acquis (1).

266. C'est dans la combinaison des art. 13 et 16 de la loi précitée que l'on trouve le moyen d'appliquer la disposition de l'art. 648 du Code, qui est toutefois sujette à beaucoup de difficultés dans la pratique. Ces articles sont ainsi conçus :

---

(1) MM. Delvincourt, Favard de Langlade et Toullier sont aussi de ce sentiment.

« Art. 13. La quantité de bétail, proportionnel-
« lement à l'étendue du terrain, sera fixée, dans
« chaque paroisse, à tant de bêtes par arpent, d'a-
« près les réglemens et usages locaux; et, à défaut
« de documens positifs à cet égard, il y sera pourvu
« par le Conseil général de la commune.

« Art. 16. Quand un propriétaire d'un pays de
« parcours ou de vaine pâture aura clos une partie
« de sa propriété, le nombre de têtes de bétail
« qu'il pourra continuer d'envoyer dans le trou-
« peau commun, ou par troupeau séparé, *sur les*
« *terres particulières des habitans de la commu-*
« *nauté*, sera restreint proportionnellement, et sui-
« vant les dispositions de l'article 13 de la présente
« section. »

Suivant cette loi, il n'est pas même nécessaire
de posséder des terres dans la commune pour pouvoir jouir du droit de parcours ou de vaine pâture; car l'article 14 porte : « Néanmoins, tout
« chef de famille domicilié qui ne sera ni proprié-
« taire ni fermier d'aucuns terrains sujets au par-
« cours ou à la vaine pâture, et le propriétaire ou
« fermier à qui la modicité de son exploitation
« n'assurerait pas l'avantage qui va être déterminé,
« pourront mettre sur lesdits terrains, soit par trou-
« peau séparé, soit en troupeau commun, jusqu'au
« nombre de six bêtes à laine et d'une vache et son
« veau; sans préjudice du droit desdites personnes
« sur les terres communales, s'il y en a dans la pa-
« roisse, et sans entendre rien innover aux lois,

« coutumes et usages locaux de temps immémo-
« rial qui leur accorderaient un plus grand avan-
« tage. »

267. Enfin l'article 8 de la même section autorise, *entre particuliers*, le rachat, à dire d'experts,
des droits de *vaine pâture* fondés en titre, même
dans les bois, sans préjudice du droit de cantonnement établi par le décret du 19 septembre 1790,
en faveur des propriétaires, et étendu par celui du
28 août 1792 aux usagers.

Mais le nouveau Code forestier modifie ces dispositions :

1º En ce que, d'après ce Code, le cantonnement
ne peut être demandé *dans les bois et forêts,* quand
il ne s'agit que de droits de parcours ou pâturages.
Il y a seulement lieu au rachat sur la demande du
maître du fonds, quel qu'il soit; et le rachat est
réglé à l'amiable ou par les tribunaux.

2º En ce que la loi ci-dessus n'établissait la faculté du rachat des droits de vaine pâture, même
dans les bois, qu'*entre particuliers ;* tandis que le
nouveau Code le consacre généralement *dans les
bois* (1).

S'il y a eu rachat ou cantonnement, alors la clôture a lieu sans difficulté.

_____

(1) *Voy.* ce qui a été dit à la sect. 3 du chap. vi, et au chap. vii
du titre précédent, *suprà*.

CHAPITRE II.

Des servitudes établies par la loi.

SOMMAIRE.

268. *Objets généraux des servitudes établies par la loi.*

268. Les servitudes établies par la loi, et qui forment la seconde classe des servitudes dans l'ordre du Code, sont généralement des obligations de voisinage, des charges et des avantages attachés à la propriété, existant indépendamment de toute convention (art. 651-1370); et telle est la raison pour laquelle on les appelle *servitudes légales.*

Elles ont pour objet l'utilité publique ou communale,

Ou l'utilité des particuliers. (Art. 649.)

Nous parlerons d'abord des servitudes légales qui ont pour objet l'utilité publique ou communale; mais nous ne pourrons donner sur cette matière si vaste et soumise à tant de règles de détail, qu'une analyse succincte et rapide, et propre seulement à en retracer les principes généraux.

Nous traiterons ensuite des servitudes qui ont pour objet l'utilité des particuliers, et qui, à ce titre, sont spécialement régies par les dispositions du Code, dont le but est de régler les intérêts privés.

SECTION PREMIÈRE.

Des servitudes établies par la loi, et ayant pour objet l'utilité publique ou communale.

SOMMAIRE.

§. III.

Dispositions établies pour la conservation des bois et forêts de l'état et autres bois soumis au régime forestier.

§. IV.

De la prohibition de bâtir dans un certain rayon autour des
places de guerre ou forteresses et des murs d'enceinte de la
ville de Paris, et de la distance à observer pour les constructions qui avoisinent les cimetières.

§. V.

Quelle est la nature et quels sont les effets du droit qu'ont les
particuliers d'user des choses publiques ou communales pour
l'utilité de leurs propriétés.

269. D'après l'art. 650 du Code civil, les servitudes établies par la loi pour l'utilité publique ou
communale, ont pour objet:

1° Le marche-pied le long des rivières navigables ou flottables;

2° La construction ou réparation des chemins et autres ouvrages publics ou communaux.

Tout ce qui concerne cette espèce de servitude est déterminé par des lois ou réglemens particuliers, dont nous allons indiquer les principales dispositions.

On peut aussi regarder comme servitudes légales établies pour l'utilité publique :

3° Celles qui sont établies pour la conservation des forêts de l'état ;

Et, 4°, la prohibition de bâtir dans un certain rayon autour des places de guerre et forteresses ; celle de bâtir à moins d'une certaine distance des murs d'enceinte de la ville de Paris, et enfin les dispositions réglementaires relatives à la distance à observer pour les constructions qui avoisinent les cimetières (1).

Nous traiterons dans un 5e §. de la nature et des effets du droit qu'ont les particuliers de se servir des choses publiques ou communales.

§. Ier.

Du marche-pied ou chemin de halage.

270. L'art. 7 du tit. xxviii de l'ordonnance des *eaux et forêts*, de 1669, porte que « Les

---

(1) *Voy.* le décret du 15 octobre 1810, et l'ordonnance du 14 janvier 1815, relatifs aux précautions à prendre pour l'établissement des manufactures et ateliers qui répandent une odeur insalubre ou incommode, et contenant leurs diverses nomenclatures.

« propriétaires des héritages aboutissant aux ri-
« vières navigables, laisseront, le long des bords
« 24 pieds, au moins de place en largeur pour
« chemin royal et trait de chevaux ; sans qu'ils
« puissent planter arbres ni tenir clôtures ou
« haies plus près que 30 pieds du côté que les
« bateaux se tirent, et 10 pieds de l'autre bord
« à peine de 500 liv. d'amende, confiscation des
« arbres, et d'être les contrevenans condamnés
« à réparer et remettre les chemins en état, à
« leurs frais. »

271. Un décret du 8 vendémiaire an xiv ordonne que les contraventions à cet article seront
jugées administrativement, conformément à la loi
du 29 floréal an x.

Un autre décret du 22 janvier 1808 a ajouté à
ces dispositions les suivantes :

« Art. 1er. Les dispositions de l'art. 7, tit. xxviii
« de l'ordonnance de 1669, sont applicables à toutes
« les rivières navigables du royaume, soit que la
« navigation y fût établie à cette époque, soit que
« le gouvernement se soit déterminé depuis, ou se
« détermine aujourd'hui et à l'avenir, à les rendre
» navigables.

« Art. 2. En conséquence, les propriétaires rive-
« rains, en quelque temps que la navigation ait
« été ou soit établie, sont tenus de laisser le passage
« ou chemin de halage.

« Art. 3. Il sera payé aux riverains des fleuves

« ou rivières où la navigation n'existait pas et où
« elle s'établira, une indemnité proportionnée au
« dommage qu'ils éprouveront; et cette indemnité
« sera évaluée conformément aux dispositions de
« la loi du 16 septembre dernier.

« Art. 4. L'administration pourra, lorsque le ser-
« vice n'en souffrira pas, restreindre la largeur des
« chemins de halage, notamment quand il y aura
« antérieurement des clôtures en haies vives, mu-
« railles, ou travaux d'art, ou des maisons à dé-
« truire... »

272. Ces règles ne sont point généralement
applicables aux rivières simplement flottables à
bûches perdues : il suffit, comme on l'a dit plus
haut (1), de laisser aux ouvriers employés à la conduite du bois et à repêcher les bûches submergées,
pendant le temps du flot, le passage nécessaire à
cet effet.

273. Les chemins de halage sur les bords des
canaux artificiels font partie inhérente de la propriété desdits canaux, et reçoivent la destination
qui leur est assignée par les actes de création ou
de concession de ces établissemens.

274. Une ordonnance de 1672 (art. 14, chap. xvii)
a créé, au profit de l'approvisionnement de la ville
de Paris, une autre espèce de servitude relative à

_____

(1) N° 200, et au tome précédent, n° 298.

V.   17

la formation des ports ou dépôts de bois sur le bord
des cours d'eau, moyennant indemnité ou rétribution de la part des marchands de bois en faveur
des propriétaires riverains.

275. Quand le halage se fait sur des portions de
chemins communaux ou vicinaux, comme on le voit
quelquefois, ces portions conservent leur nature
ordinaire de voie publique; lorsqu'il a lieu sur des
propriétés privées, alors il y a servitude légale, mais
elle n'est due que pour les besoins de la navigation
ou du flottage, et le sol et ses productions restent
au propriétaire riverain (1), qui est fondé à refuser
le passage pour tous services étrangers à la navigation (2). Il s'agit en effet seulement ici d'une servitude imposée aux riverains pour un objet déterminé; or, il est de la nature des servitudes de ne
point s'étendre à d'autres objets que ceux pour
lesquels elles ont été établies.

276. La navigation elle-même ne peut y former, sans indemnité d'expropriation, des établissemens fixes, tels que pieux, quais, ports, etc.
Ce principe a été consacré par plusieurs décrets et
ordonnances rendus sur des contestations de ce
genre (3)

---

(1) *Voy.* tom. précédent, n° 402.
(2) M. Favard, *Répertoire,* à l'art. *Chemin de halage.*
(3) Voy. *ibid.*

§. II.

*De la servitude légale concernant la construction
ou la réparation des chemins ou autres ouvrages
publics ou communaux.*

277. Plusieurs dispositions législatives règlent
ce qui a rapport à cette matière.

Le décret du 16 décembre 1811 a divisé les routes
royales en trois classes, conformément au tableau
qui y est annexé.

Les routes royales de première et de seconde
classe sont entièrement construites, reconstruites
et entretenues aux frais du trésor public. (Art. 5
dudit décret.)

Les frais de construction, reconstruction et entretien des routes royales de troisième classe, sont
supportés concurrement par le trésor public et les
départemens qu'elles traversent. (Art. 6.)

Les routes départementales sont toutes les grandes
routes autres que les routes royales. Elles sont construites, reconstruites et entretenues aux frais des
départemens, arrondissemens et communes qui sont
reconnus participer plus particulièrement à leur
usage. (Art. 7 dudit décret, et loi du 16 septembre
1807, art. 29.)

278. La loi du 28 juillet 1824, sur les *chemins
communaux*, contient les dispositions suivantes :

« Art. 1er. Les chemins reconnus par un arrêté

« du préfet, sur une délibération du Conseil mu-
« nicipal, pour être nécessaires à la communication
« des communes, sont à la charge de celles sur le
« territoire desquelles ils sont établis, sauf le cas
« prévu à l'article 9 ci-après.

« Art. 2. Lorsque les revenus des communes
« ne suffisent point aux dépenses ordinaires de ces
« chemins, il y est pourvu par des prestations en
« argent ou en nature, au choix des contribuables.

« Art. 3. Tout habitant, chef de famille ou d'éta-
« blissement à titre de propriétaire, de régisseur,
« de fermier ou de colon partiaire, qui est porté
« sur l'un des rôles de contributions directes, peut
« être tenu, pour chaque année,

« 1° A une prestation qui ne peut excéder deux
« journées de travail, ou leur valeur en argent,
« pour lui et pour chacun de ses fils vivant avec
« lui, ainsi que pour chacun de ses domestiques
« mâles, pourvu que les uns et les autres soient va-
« lides et âgés de vingt ans accomplis;

« 2° A fournir deux journées au plus de chaque
« bête de trait ou de somme, de chaque cheval de
« selle ou d'attelage de luxe, et de chaque charrette
« en sa possession pour son service, ou pour le ser-
« vice dont il est chargé.

« Art. 4. En cas d'insuffisance des moyens ci-des-
« sus, il pourra être perçu sur tout contribuable
« jusqu'à cinq centimes additionnels au principal
« de ses contributions directes.

« Art. 5. Les prestations et les cinq centimes

« mentionnés dans l'article précédent seront votés
« par les Conseils municipaux, qui fixeront égale-
« ment le taux de la conversion de la prestation en
« nature. Les préfets en autoriseront l'imposition ;
« le recouvrement en sera poursuivi comme pour
« les contributions directes, les dégrèvemens pro-
« noncés sans frais, les comptes rendus comme
« pour les autres dépenses communales.

« Dans le cas prévu par l'article 4, les Conseils
« municipaux devront être assistés des plus impo-
« sés, en nombre égal à celui de leurs membres.

« Art. 6. Si des travaux indispensables exigent
« qu'il soit ajouté, par des contributions extraordi-
« naires, au produit des prestations, il y sera pourvu
« conformément aux lois, par des ordonnances
« royales.

« Art. 7. Toutes les fois qu'un chemin sera ha-
« bituellement dégradé par des exploitations de
« mines, de carrières, de forêts, ou de toute autre
« entreprise industrielle, il pourra y avoir lieu à
« obliger les entrepreneurs ou propriétaires à des
« subventions particulières, lesquelles seront, sur
« la demande des communes, réglées par les Con-
« seils de préfecture, d'après des expertises contra-
« dictoires.

« Art. 8. Les propriétés de l'état et de la cou-
« ronne contribueront aux dépenses des chemins
« communaux, dans les proportions qui seront
« réglées par les préfets, en Conseil de préfecture.

« Art. 9. Lorsqu'un même chemin intéresse plu-

« sieurs communes, et en cas de discord entre elles
« sur la proportion de cet intérêt et des charges à
« supporter, ou en cas de refus de subvenir auxdites
« charges, le préfet prononce en Conseil de préfec-
« ture, sur la délibération des Conseils municipaux,
« assistés des plus imposés, ainsi qu'il est dit à l'ar-
« ticle 5.

« Art. 10. Les acquisitions, aliénations et échanges
« ayant pour objet les chemins communaux, seront
« autorisés par arrêtés des préfets en Conseil de
« préfecture, après délibération des Conseils mu-
« nicipaux intéressés, et après enquête *de commodo*
« *et incommodo*, lorsque la valeur des terrains à
« acquérir, à vendre ou à échanger, n'excédera
« pas 3,000 fr.

« Seront aussi autorisés par les préfets, dans les
« mêmes formes, les travaux d'ouverture ou d'é-
« largissement desdits chemins, et l'extraction des
« matériaux nécessaires à leur établissement, qui
« pourront donner lieu à des expropriations pour
« cause d'utilité publique, en vertu de la loi du
« 8 mars 1810, lorsque l'indemnité due aux pro-
« priétaires pour les terrains ou pour les matériaux
« n'excédera pas la même somme de 3,000 fr. »

279. Il faut se rappeler ce que nous avons déjà
dit (1), que toutes les fois qu'il s'agit de décider si
un chemin est vicinal ou communal, ou bien si c'est

---

(1) Tome précédent, n° 191.

une voie privée, la connaissance de la question appartient à l'autorité administrative.

280. Il en est de même quand il s'agit de savoir
s'il y a eu ou non anticipation sur un chemin vicinal ou communal (1).

281. L'article 1er de la section 6, intitulée *des chemins,* de la loi des 28 septembre — 6 octobre 1791,
sur *la police rurale,* et qui n'a été ni rapporté ni
modifié par aucune disposition postérieure, porte
que « les agens de l'administration ne pourront
« fouiller dans un champ pour y chercher des
« pierres, de la terre ou du sable, nécessaires à
« l'entretien des grandes routes ou autres ouvrages
« publics, qu'au préalable ils n'aient averti le pro-
« priétaire, et qu'il ne soit justement indemnisé à
« l'amiable ou à dire d'experts, conformément à
« l'art. 1er du présent décret. »

A plus forte raison, les entrepreneurs des travaux eux-mêmes ne doivent-ils point s'arroger un
tel droit, comme on l'a cependant vu quelquefois.

282. Les contraventions en matière de grande
voirie ont été réglées par la loi du 29 floréal an x,
ainsi conçue :

« Art. 1er. Les contraventions en matière de
« grande voirie, telles qu'anticipations, dépôts de
« fumier ou d'autres objets, et toute espèce de

---

(1) Décret du 8 novembre 1808 (Sirey, 1817—2-21), appliquant la
loi du 9 ventose an XIII.

« détériorations commises sur les grandes routes,
« sur les arbres qui les bordent, sur les fossés, ou-
« vrages d'art et matériaux destinés à leur entre-
« tien, sur les canaux, fleuves et rivières navi-
« gables, leurs chemins de halage, francs-bords,
« fossés et ouvrages d'art, seront constatées, ré-
« primées et poursuivies par voie d'administration.

« Art. 2. Les contraventions seront constatées
« concurremment par les maires ou adjoints, les
« ingénieurs des ponts et chaussées, leurs conduc-
« teurs, les agens de la navigation, les commissaires
« de police, et par la gendarmerie : à cet effet, ceux
« des fonctionnaires publics ci-dessus désignés, qui
« n'ont pas prêté serment en justice, le prêteront
« devant le préfet.

« Art. 3. Les procès-verbaux sur les contraven-
« tions seront adressés au sous-préfet, qui ordon-
« nera par provision, et sauf le recours au préfet,
« ce que de droit, pour faire cesser les dommages.

« Art. 4. Il sera statué définitivement en Conseil
« de préfecture; les arrêtés seront exécutés sans
« *visa* ni mandement des tribunaux, nonobstant et
« sauf tout recours; et les individus condamnés se-
« ront contraints par l'envoi des garnisaires et sai-
« sie de meubles, en vertu desdits arrêtés qui
« seront exécutoires et emporteront hypothèque. »

283. Quant à la plantation des routes, que l'on
pouvait, à juste titre, regarder comme une servitude légale, rentrant plus ou moins dans celle qui

a pour objet leur entretien, elle a été la matière de diverses dispositions.

D'abord, de la loi du 9 ventose an XIII, qui obligeait, en substance, les propriétaires riverains à planter, en arbres forestiers ou fruitiers, selon les localités, les grandes routes non plantées et les chemins vicinaux ; mais qui leur accordait la propriété des arbres, à la charge néanmoins de ne les point couper, abattre ou arracher sans une autorisation donnée par l'administration préposée à la conservation des routes, et si ce n'était, en outre, sous la condition du remplacement ;

D'un décret du 16 décembre 1811, contenant un règlement fort détaillé sur la construction, la réparation et l'entretien des routes, et renfermant plusieurs dispositions relatives à leur plantation ;

Enfin, de la loi du 12 mai 1825, qui règle tout à la fois cette matière et le curage des fossés. Ses dispositions sont ainsi conçues :

« Art. 1er. Seront reconnus appartenir aux par-
« ticuliers les arbres actuellement existans sur le
« sol des routes royales et départementales, et que
« ces particuliers justifieraient avoir légitimement
« acquis à titre onéreux, ou avoir plantés à leurs
« frais, en exécution des anciens règlemens.

« Toutefois les arbres ne pourront être abattus
« que lorsqu'ils donneront des signes de dépérisse-
« ment, et sur une permission de l'administration.

« La permission de l'administration sera égale-
« ment nécessaire pour en opérer l'élagage.

« Les contestations qui pourront s'élever entre
« l'administration et les particuliers, relativement
« à la propriété des arbres plantés sur le sol des
« routes, seront portées devant les tribunaux or-
« dinaires.

« Les droits de l'état y seront défendus à la dili-
« gence de l'administration du domaine.

« Art. 2. A dater du 1er janvier 1827, le curage
« et l'entretien des fossés qui font partie de la pro-
« priété des routes royales et départementales se-
« ront opérées par les soins de l'administration
« publique, et sur les fonds affectés au maintien
« de la viabilité desdites routes. »

§. III.

*Dispositions établies pour la conservation des bois
et forêts de l'état et autres bois soumis au régime forestier.*

284. Comme nous l'avons dit, après le nouveau
Code forestier, les bois et forêts sont divisés en
deux classes : ceux qui sont soumis au régime
forestier, et ceux qui appartiennent à des particuliers (1).

Suivant l'art. 2 de ce Code, « les particuliers
« exercent sur leurs bois tous les droits résultant
« de la propriété, sauf les restrictions qui seront
« spécifiées dans la présente loi. »

---

(1) Voy. *suprà*, n° 72.

Ces restrictions sont relatives, pour la plupart, à l'obligation imposée aux propriétaires de bois de faire leur déclaration avant de pouvoir couper, afin que la marine ait à marquer, si elle le juge convenable, les arbres nécessaires aux constructions navales; aux prohibitions, pendant un certain tems, de défricher les bois sans une autorisation préalable, et à l'obligation de se conformer aux règlemens relatifs à l'époque où il est permis de couper, au nombre des baliveaux à laisser, à la vidange des bois dans le tems prescrit, etc. etc.

285. Mais c'est principalement quant aux bois soumis au régime forestier qu'il existe, en leur faveur, certaines prohibitions imposées aux particuliers, prohibitions qui peuvent, jusqu'à un certain point, être considérées comme des servitudes établies par la loi pour la conservation de ces mêmes bois.

L'ordonnance de 1669, sur les *eaux et forêts*, conçue dans un esprit de conservation qui lui a toujours mérité les éloges des hommes éclairés, voulait que tous riverains quelconques possédant bois joignant les forêts ou buissons de l'état fussent tenus de les séparer par des fossés ayant 4 pieds de large et 5 pieds de profondeur; et elle les obligeait à entretenir ces fossés à peine de réunion. On avait voulu par là éviter les usurpations, plus faciles à commettre envers l'état qu'envers les particuliers.

Le nouveau Code forestier ne consacre point cette servitude : il établit des règles de délimitation qui ont paru propres à prévenir les empiètemens de la part des riverains.

Suivant ce Code, lorsque la séparation ou délimitation est effectuée par un simple bornage, elle est faite à frais communs;

Lorsqu'elle est effectuée par des fossés de clôture, ils sont exécutés aux frais de la partie requérante, et pris en entier sur son terrain.

Dans le cas où le fossé exécuté de cette manière dégraderait les arbres de lisière des forêts, l'administration pourra s'opposer à ce mode de clôture.

286. L'espèce de servitude dont il vient d'être parlé était affirmative, et d'une nature particulière, puisqu'elle soumettait les riverains qui en étaient grevés à l'obligation de *faire*, c'est-à-dire de pratiquer et entretenir le fossé, tandis que *servitutum natura non est, ut quis aliquid faciat, sed ut patiatur vel non faciat* (1).

Les autres servitudes établies par l'ordonnance pour la conservation des forêts étaient toutes négatives. Elles consistaient :

Dans la prohibition d'élever maison sur perches dans un rayon de deux lieues des forêts royales;

Dans la défense de bâtir aucune maison, ferme ou château dans le rayon d'une demi-lieue desdites forêts;

_____

(1) L. 15, § 1, ff. *de servitutibus.*

Dans celle de construire des fours à chaux à moins de 100 perches (1) de distance de ces forêts ;

Dans la prohibition faite aux vanniers, cercliers, tourneurs, sabotiers et autres de pareille profession, de tenir atelier dans la distance d'une demi-lieue des forêts royales ;

Enfin, dans la défense faite à toute personne de planter bois à moins de 100 perches de distance desdites forêts.

287. A la différence de l'ordonnance, qui n'établissait les prohibitions ci-dessus qu'en faveur des forêts royales, le nouveau Code les consacre, mais avec d'importantes restrictions et modifications, au profit de tous les bois soumis au régime forestier, par conséquent au profit de ceux des communes et établissemens publics, comme au profit de ceux de l'état et de la couronne.

288. Il porte, en général, qu'aucun four à chaux ou à plâtre, soit temporaire, soit permanent, aucune briqueterie ou tuilerie, ne pourront être établis dans l'intérieur et à moins d'un kilomètre (2) des forêts sans l'autorisation du gouvernement, à peine d'une amende de 100 à 500 fr., et de démolition des établissemens ;

Qu'il ne pourra être établi, sans l'autorisation du gouvernement, sous quelque prétexte que ce

---

(1) La perche était de 22 pieds.
(2) 513 toises anciennes.

soit, aucune maison sur perches, loge, baraque ou hangar, dans l'enceinte et à moins d'un kilomètre des bois et forêts, sous peine de 5o fr. d'amende, et de la démolition dans le mois à dater du jour du jugement qui l'aura ordonnée;

Qu'aucune construction de maisons ou fermes, dans le même rayon, ne pourra être effectuée sans l'autorisation du gouvernement, sous peine de démolition;

Il n'y a point lieu à ordonner la démolition des maisons ou fermes actuellement existantes;

Que nul individu habitant les maisons ou fermes actuellement existantes dans le rayon ci-dessus fixé, ou dont la construction y aurait été autorisée, ne pourra établir dans lesdites maisons ou fermes aucun atelier à façonner le bois, sans une permission spéciale du gouvernement, sous peine de 5o fr. d'amende, et de la confiscation des bois;

Lorsque les individus qui auront obtenu cette permission auront subi une condamnation pour délit forestier, le gouvernement pourra leur retirer ladite permission;

Qu'aucune usine à scier le bois ne pourra être établie dans l'enceinte et à moins de 2 kilomètres de distance des bois et forêts qu'avec l'autorisation du gouvernement, sous peine d'une amende de 1oo à 5oo fr., et de la démolition dans le mois, à dater du jugement qui l'aura ordonnée.

Sont cependant exceptées des dispositions précédentes, les maisons et usines qui font partie

des villes ou villages formant une population ag-
glomérée, bien qu'elles se trouvent dans les distances ci-dessus fixées des bois et des forêts.

Quelques autres dispositions prohibitives sont
également établies par le nouveau Code, mais elles
constituent moins des servitudes légales que des
mesures de police, parce qu'en général elles n'em-
portent point prohibition de faire telle ou telle
chose dans les fonds environnant les forêts, comme
celles dont il vient d'être parlé, lesquelles modifient réellement le droit de propriété dans la main
des propriétaires, en restreignant son libre exercice dans l'intérêt des héritages de nature de bois
et soumis au régime forestier. Elles s'appliquent, en
effet, aux non possesseurs de fonds comme à ceux
qui en possèdent.

On voit, par ce qui précède, que la prohibition
de planter bois auprès des forêts de l'état, consacrée par l'ordonnance précitée, n'a pas été maintenue par la nouvelle loi.

§. IV.

De la prohibition de bâtir dans un certain rayon au-
tour des places de guerre ou forteresses et des murs
d'enceinte de la ville de Paris, et de la distance à
observer pour les constructions qui avoisinent les
cimetières.

289. La nécessité de pourvoir à la défense de l'état
a fait établir des servitudes légales sur les terrains

qui avoisinent, dans un certain rayon, les places de guerre et les forteresses.

Cette espèce de servitude consiste également dans la prohibition d'élever des constructions dans l'enceinte délimitée par les lois rendues sur cet important objet.

Celle du 10 juillet 1790 détermine l'état des places de guerre, forteresses et postes militaires, les classe suivant leur degré d'importance, et dispose, par l'art. 50 du tit. 1er, que « il ne sera « *à l'avenir* bâti ni reconstruit aucune maison ni « clôture de maçonnerie autour des places de pre- « mière et seconde classe, même dans leurs avenues « et faubourgs, plus près qu'à 250 toises de la « crête du parapet des chemins couverts les plus « avancés.

« Pourra néanmoins le ministre de la guerre dé- « roger à cette disposition, pour permettre la con- « struction de moulins et autres semblables usines « à une distance moindre que celle prohibée par le « présent article, à condition que lesdites usines « ne seront composées que d'un rez-de-chaussée, et « à charge par le propriétaire de ne recevoir aucune « indemnité pour démolition en cas de guerre. »

Celle du 17 juillet 1819 veut (art. 2) que le *terrain militaire* appartenant à l'état soit délimité *tel qu'il a été défini par la loi du 10 juillet* 1791. Elle abroge implicitement les art. 54 et 55 du décret réglementaire du 24 juillet 1811, relatif à l'organisation et au service des états-majors des places, qui avaient modifié la définition du terrain militaire, consacrée par la loi du 10 juillet 1791, en enveloppant sous la dénomination générique de *terrain militaire* la zone des fortifications et le système des bâtimens ou établissemens militaires ; ce qui étendait à ces bâtimens ou établissemens les dispositions de la loi sur la police des fortifications, tandis que les lois de 1791 et de 1819, ainsi que l'ordonnance du 1er août 1821, dont il va être parlé, ne comprennent, sous la dénomination de *terrain militaire* que la zone des fortifications.

Enfin, l'ordonnance du 1er août 1821, précitée, qui développe avec un soin particulier les règles des servitudes imposées à la propriété pour la défense de l'état, enjoint aussi par son art. 15 d'exécuter l'art. 2 de la loi de juillet 1819, d'après les limites prescrites par les art. 15 à 21 de celle de 1791.

290. On peut résumer de la manière suivante toute la législation sur cette espèce de servitude (1).

Les propriétés privées ont leur point de départ à la limite extérieure du terrain militaire, et la servitude légale règne sur les fonds circonvoisins de ce terrain.

Autour des places de première et seconde classe, la loi trace trois limites hors du terrain militaire.

---

(1) *Voy.* au *Répertoire* de M. Favard de Langlade, l'excellent article *Places de guerre*, auquel nous empruntons plusieurs de nos observations sur ce sujet.

18

La première, jusqu'où s'étendent 250 mètres (125 toises métriques); la seconde, jusqu'à 487 mètres (250 toises anciennes); la troisième, à 674 mètres (500 toises anciennes).

Autour des places de troisième classe, la loi ne trace que deux limites, la première et la troisième, qu'elle ne porte qu'à 584 mètres (300 toises anciennes).

Enfin, elle ne décrit qu'une seule limite, celle de 250 mètres, sur l'esplanade des citadelles.

Les *ouvrages détachés* sont délimités d'après leur assimilation à la place ou à un simple poste.

Telles sont les limites légales. La loi laisse au roi la faculté de les restreindre, et de déterminer des limites d'exception sur l'esplanade des citadelles, et autour des places ou postes, lorsque les accidens du terrain le permettent.

Pour la détermination de chacune des limites légales, les distances doivent être mesurées sur les capitales de l'enceinte et du dehors. Les points extrêmes doivent former, deux à deux, les deux côtés d'un polygone dont aucun point ne soit moins éloigné que le sommet des angles.

Cela posé, nous allons voir en quoi consiste la servitude dont il s'agit.

Il convient d'abord de faire observer que *les propriétés limitrophes du terrain militaire*, soit à l'intérieur, soit à l'extérieur, sont régies par les règles du droit commun sur le *voisinage* et la *mitoyenneté*.

Dans l'*intérieur* de la place, lorsque la rue du

rempart sert à la circulation publique, l'usage en est réglé conformément au décret du 24 décembre 1811 (art. 75) et à la loi du 16 septembre 1807 (Art. 52.)

A l'*extérieur*, les propriétés limitrophes du terrain militaire sont grevées des mêmes servitudes défensives que les autres propriétés situées entre la limite extérieure de ce terrain, et la limite de 250 mètres.

Dans les trois zones extérieures du terrain militaire, la servitude est plus ou moins grave pour les propriétaires.

Ainsi, dans la première zone, comprise entre la limite extérieure du terrain militaire et la limite de 250 mètres, on ne peut élever que de *simples clôtures en haies sèches ou en planches à claire voie.* Toutes autres clôtures et constructions sont interdites ; rien ne doit arrêter sur ce terrain les feux de la place et les sorties de la garnison. C'est la servitude la plus grave de cette espèce.

Dans la seconde zone, comprise entre les limites de 250 et de 487 mètres, on ne peut élever que des constructions et clôtures *en bois et en terre, nues ou crépies seulement en chaux ou en plâtre.* Toute autre espèce de construction est interdite : c'est la seconde servitude de cette sorte. Elle n'a lieu qu'autour des places de première et de seconde classe : ce sont les seules en effet autour desquelles la limite de 487 mètres doive être tracée.

La troisième zone, que forment autour de ces

mêmes places les limites de 487 et de 974 mètres,
correspond à la deuxième zone, que déterminent,
autour des places de troisième classe, les limites de
250 et de 974 mètres, et autour des postes militaires, les limites de 250 et de 584 mètres. Dans
ces dernières zones on peut élever toute espèce de
constructions et de clôtures; mais il ne peut y être
fait de *chemin*, *chaussée* ni *levée*, ou creusé de
fossé, sans que leur alignement et leur position
aient été concertés avec l'autorité militaire, et soumis à la décision du roi. Les dépôts de décombres
et autres matières, à l'exception des engrais, qui
même ne doivent pas être entassés, ne peuvent être
faits que sur les emplacemens désignés par l'autorité militaire. Les opérations de la topographie ne
peuvent avoir lieu qu'avec son consentement, qui
est de droit pour les opérations d'arpentage. Telle
est la troisième espèce de servitude établie sur les
fonds des particuliers, dans l'intérêt de la défense
de l'état : c'est la seule dont la dernière zone soit
grevée ; elle grève aussi, à plus forte raison, les
zones plus rapprochées de la place.

Dans les zones soumises aux deux premières servitudes, les anciennes constructions peuvent être
entretenues *dans leur état actuel*, mais à la charge,
pour les propriétaires, d'en faire la déclaration au
chef du génie, et d'obtenir de lui un certificat qu'elles
sont dans la classe des travaux que la loi autorise.

Dans les cas de démolition prévus par la loi, la
reconstruction est soumise aux règles ci-dessus.

La loi laisse au roi la faculté d'adoucir ces servitudes par des décisions communes à toutes les propriétés situées dans les *limites d'exception*.

Elles peuvent être modérées dans les *limites légales*, en faveur d'une propriété déterminée; lorsqu'il s'agit, par exemple, de moulins, ou autres semblables usines.

Ces exceptions doivent être constatées par des permissions spéciales du ministre de la guerre. Les permissions n'ont d'effet qu'après que l'impétrant a souscrit la soumission de remplir les conditions imposées dans l'intérêt de la défense. Telle est, dans tous les cas, celle de démolir les constructions, et d'enlever les matériaux, *sans indemnité*, à la première réquisition de l'autorité militaire, si la place, déclarée en état de guerre, est menacée d'hostilités.

Indépendamment de toute soumission, la démolition n'entraîne aucune indemnité dans les cas de guerre ou de force majeure, quand la construction est postérieure à la fixation du rayon militaire de la zone où elle se trouve, si les lois ou ordonnances défendaient d'y bâtir. Mais la démolition donne au possesseur légitime droit à indemnité, même dans l'état de guerre, lorsqu'elle a lieu par *mesure de défense*, pourvu qu'elle ait été ordonnée dans les formes légales, et qu'elle soit antérieure à l'état de siége (1).

---

(1) Loi du 10 juillet 1791, tit. 1er, art. 37 et 38. Décret du 24 décembre 1811, art. 95.

Dans tous les cas où l'indemnité est réclamée, le droit, s'il est contesté, est jugé par le roi, d'après les distinctions et règles ci-dessus; mais lorsque le droit est reconnu, si l'indemnité n'est pas fixée à l'amiable, elle l'est par les tribunaux dans les formes prescrites par l'ordonnance du 1er août 1821, et suivant les lois du 10 juillet 1791, du 8 mars 1810, et 17 juillet 1819.

291. Dans la vue de prévenir la contrebande, il est interdit aux propriétaires de terrains situés hors de l'enceinte de la ville de Paris, de bâtir à moins de 50 toises des murs qui l'entourent; et même les propriétaires des maisons existantes dans ce rayon ne peuvent en augmenter la hauteur ou l'étendue sans en avoir obtenu la permission de l'autorité compétente (1).

292. Enfin, d'après l'art. 2 du règlement du 23 prairial an XII, les terrains spécialement consacrés aux inhumations doivent être à la distance de de 35 à 40 mètres au moins de l'enceinte des villes et bourgs.

Et, suivant le décret du 7 mars 1808, lorsque les cimetières ont été transférés hors des communes, en vertu des lois et règlemens, nul ne peut, sans autorisation de l'administration, élever

---

(1) *Voy.* le décret du 11 janvier 1808, et l'ordonnance du 1er mai 1822.

aucune habitation ni creuser aucun puits, à moins de 100 mètres de distance.

Les bâtimens existans ne peuvent également être restaurés ni augmentés sans cette autorisation.

Et les puits peuvent être comblés en vertu d'ordonnance du préfet, après visite contradictoire d'experts.

§. V.

Quelle est la nature et quels sont les effets du droit qu'ont les particuliers d'user des choses publiques ou communales pour l'utilité de leurs propriétés.

293. On vient de parler des assujétissemens des propriétés privées en faveur de l'utilité publique ou communale; leurs effets généraux ont été suffisamment expliqués. Mais, par une sorte de compensation, les particuliers ont le droit, sous certaines conditions et restrictions déterminées par la loi, de faire servir ceux des biens publics et communaux dont l'usage est commun à tous les citoyens, à l'utilité de leurs propriétés.

La plupart de ces conditions et restrictions ont déjà été expliquées dans l'exposé des deux premiers titres de ce livre du Code, au tome précédent, et à la présente section; d'autres le seront encore par la suite; enfin un grand nombre sont réglées par des lois particulières ou par des mesures d'administration générale ou de police locale, dont l'analyse ne saurait convenablement trouver place dans cet ouvrage.

294. Les biens du domaine public ou communal qui peuvent procurer aux particuliers une utilité directe relativement à leurs propriétés, sont, en général, les routes, les chemins, les rues, les quais, les places publiques, les marchés et autres immeubles de ce genre.

Non-seulement les propriétaires de terrains adjacens à ces immeubles peuvent bâtir joignant la ligne séparative, en se conformant toutefois aux règlemens sur la voirie, mais ils ont de plus le droit d'avoir des jours d'aspect et des portes de toute forme donnant immédiatement sur ces chemins, quais, places et marchés. On ne concevrait même pas la possibilité de construire une ville sans cette faculté; au lieu qu'on ne peut, comme on le verra plus bas, passer sur le terrain d'un particulier, y avoir des jours d'aspect à moins de six pieds de distance, sans une concession de servitude.

Il est encore plusieurs actes que l'on a la faculté de faire sur les immeubles publics ou communaux, et qu'on peut faire sur le fonds d'un particulier sans une pareille concession, notamment en ce qui concerne l'égout des toits, que l'on peut faire écouler sur la voie publique, et non chez son voisin, si celui-ci n'y consent pas.

295. Ces diverses facultés ne constituent toutefois pas de véritables servitudes sur le domaine public ou communal : celui qui en use, en use *jure ci-*

vitatis, et non comme d'un droit propre et privé (1).
Ce domaine n'en est pas moins libre, par cela
même qu'il est à l'usage de tous. Les actions qui
naissent des droits de servitude n'ont jamais lieu
contre l'état ou une commune en pareil cas.

Sans doute, si la destination de tel ou tel immeuble qui dépend aujourd'hui du domaine public
ou communal venait à changer; si cet immeuble
rentrait ainsi dans la classe des choses susceptibles
d'être acquises, contre l'état ou la commune, par
titre ou par prescription : par exemple, si un chemin
cessait d'être tel, les particuliers, qui pourraient
en acquérir la propriété, pourraient par la même
raison y acquérir des droits de servitude véritable,
comme sur les biens d'autres particuliers. Dans ce
cas toute distinction, sous ce rapport, entre le domaine de l'état lui-même et celui d'un simple citoyen, s'évanouirait, parce que, relativement aux
biens sortis de la classe des choses soumises à l'u-
sage direct et immédiat de tous, l'état est assimilé à
un simple particulier (art. 541-2227) (2).

Mais nous raisonnons à l'égard des biens publics
ou communaux qui ont conservé leur destination
et leur caractère : en principe pur, il est certain
que lors même qu'un citoyen aurait passé de temps
immémorial sur un chemin public ou communal
ou dans une rue pour aller à son fonds, ou que sa

---

(1) L. 2, §. 2, ff. *ne quid in loco publico vel itinere fiat.*
(2) *Voy.* tome précédent, n° 189.

maison y aurait toujours eu sa porte, ses jours d'aspect, l'égout de son toit, ce long usage n'aurait point transformé cette simple jouissance, commune à tous, en une véritable servitude à son profit sur ce chemin ou cette rue; car la prescription ne saurait s'acquérir et produire des effets quand aucun titre ne peut être supposé parce que l'on n'a joui que d'une chose hors du commerce : « Le temps « seul, dit Dunod (1), n'est pas un moyen d'ac- « quérir ; et il est inutile pour ce qui n'est pas sus- « ceptible du commerce et du domaine des parti- « culiers : *quod nullam præexistentiam contractus,* « *aut commercii supponit.* »

296. M. Pardessus professe bien les mêmes prin- cipes (2); mais nous ne sommes pas tout-à-fait d'ac- cord avec lui sur les conséquences qu'il en tire. Ces conséquences nous paraissent, en certains cas, d'une rigueur que l'équité, le bien public, et quel- quefois le droit lui-même, doivent faire rejeter. C'est ce que nous allons tâcher de démontrer après avoir exposé la doctrine de cet auteur sur ce point délicat et important.

« Ainsi, dit-il, quelque temps qu'on ait eu des « croisées ouvertes, qu'on ait fait écouler ses eaux « sur une place, un chemin, ou qu'on ait dé- « tourné sur son fonds celles qui en provenaient, « si des dispositions nouvelles et légales changeaient

---

(1) *Traité des prescriptions*, part. 1, chap. XII , pag. 79 et 80.
(2) N°s 40 et 41 de son *Traité des servitudes.*

« la destination de ces lieux, on ne pourrait con-
« server la faculté d'en user comme par le passé.
« *Celui qui, par aliénation ou par toute autre con-*
« *cession régulière, deviendrait propriétaire du*
« *chemin ou de la place, pourrait prétendre avec*
« *fondement qu'il ne doit point souffrir d'autres*
« *servitudes que celles qu'énoncerait ou sous-en-*
« *tendrait, d'après les règles du droit civil, l'acte*
« *d'abandon émané de l'autorité compétente.* Sans
« doute, on doit croire que cette autorité ne pro-
« noncera la suppression de cette place, de ce che-
« min qu'après avoir entendu les intéressés; que
« le gouvernement à qui appartient le droit de
« réformer les actes de l'administration ne permet-
« tra pas que des dispositions, des constructions
« faites de bonne foi, et dans l'opinion que la place
« ou la rue ne changerait pas de nature, devien-
« nent inutiles, et ne maintiendra pas une décision
« qui léserait des intérêts particuliers. Mais ce n'est
« que du principe qu'il s'agit ici; il ne s'agit que
« de décider si ces vues, ces égouts appartiennent
« aux voisins de cette place au même titre qui les
« ferait acquérir sur des propriétés particulières;
« en un mot, si ces riverains peuvent fonder leur
« prétention sur quelque disposition des lois ci-
« viles. Or, c'est ce que ne permet pas de croire la
« nature particulière des choses qui font partie du
« domaine *public* ou *municipal.* »

297. Ce cas peut se présenter souvent par suite

d'un changement ou redressement de chémin ou de rue; et, à notre connaissance, il vient de se réaliser avec des circonstances particulières qui ne permettraient pas, selon nous, d'appliquer la doctrine de M. Pardessus.

L'administration de la ville de Paris ayant jugé utile de pratiquer une rue non loin d'une autre, pour la remplacer, s'est fait céder par le propriétaire d'une maison donnant sur cette dernière rue et en même temps sur un terrain parallèle à ladite rue, l'emplacement nécessaire à l'établissement de la nouvelle; et elle a cédé, à son tour, à ce propriétaire, comme partie de l'indemnité, le terrain de l'ancienne, que celui-ci a voulu clore aux deux extrémités, afin d'en faire une cour pour sa maison. De cette manière, les autres maisons se trouveraient privées d'issue et de la circulation du public (1). A la vérité, leurs propriétaires pourraient toujours, en vertu de l'article 682, se faire céder le passage qui serait nécessaire au service et à l'exploitation desdites maisons; mais aucune loi ne donnant à un voisin le droit d'avoir, malgré l'autre, et même moyennant une indemnité, des fenêtres d'aspect à moins de 6 pieds de la ligne séparative, ces propriétaires pourraient être, de la sorte, obligés de boucher les leurs, sauf à eux à établir des jours à fer maillé et verre dormant, conformément aux articles 676

---

(1) Au moment où nous ajoutons ces observations à notre travail, un procès, né au sujet de ce changement de rue, est pendant au tribunal de la Seine.

et 677; ce qui rendrait leurs maisons tout-à-fait impropres à l'habitation.

De telles conséquences n'ont jamais pu être dans la pensée du législateur, et il suffirait peut-être de les signaler pour faire rejeter le système d'où elles découleraient ; mais, à raison de l'extrême importance de la question, il est utile d'entrer dans quelques développemens pour démontrer où doit s'arrêter l'application des principes précédemment posés.

Que l'on suppose que ce soit l'état ou la commune qui ait vendu ou cédé les terrains sur lesquels sont situés les bâtimens qui forment, par leur disposition, la place ou la rue dont on veut aujourd'hui changer la destination; dans ce cas, de deux choses l'une : ou le sol lui-même de la place ou de la rue a été compris dans les aliénations, ou il a été seulement désigné comme devant servir aux portions aliénées, aux portions réservées et à l'usage du public, comme place, rue ou chemin.

Dans la première hypothèse, l'administration ne peut changer la destination de ce sol, dont les acquéreurs ont fait une rue ou une place pour le service et l'exploitation de leurs constructions. Ce sol est à eux, puisqu'il leur a été vendu ou cédé. Ils en ont la propriété en commun, comme dans les cas dont nous parlons plus haut, n° 149. L'administration pourrait sans doute l'acquérir à son tour, pour cause d'utilité publique, moyennant indemnité, si, par exemple, les propriétaires en faisaient une *impasse*, quand il serait utile que la circulation y fût parfaitement libre; mais cette acquisition ne l'autoriserait pas à faire des changemens qui auraient pour effet de priver les propriétaires des constructions, faites sous la foi des contrats et de la loi, des moyens d'exploitation qu'ils ont eu jusqu'à ce jour. Il faudrait du moins pour cela qu'on les indemnisât de tout le préjudice qu'ils pourraient éprouver par suite de ces changemens, et que lesdits changemens fussent dans l'intérêt direct, évident et considérable de l'état ou de la commune. Quant à la cession qui serait faite de ce sol à un tiers par l'état ou la commune, qui se l'est fait abandonner pour cause d'utilité publique, après l'avoir précédemment vendu ou cédé, elle n'autoriserait pas ce tiers à en changer la nature et l'usage au préjudice des propriétaires des constructions; car il ne le ferait que dans un intérêt privé : et si l'état ou la commune ne pouvait faire de nouvelles dispositions sur ce sol que dans un intérêt général, lui, qui ne peut avoir plus de droit qu'eux, n'a pas par conséquent celui d'en faire dans son intérêt particulier. Comme il est leur cessionnaire, on peut faire valoir contre lui tout ce qu'on pourrait faire valoir contre eux, quand bien même son titre de cession ne renfermerait aucune clause touchant le maintien des lieux dans leur état actuel. A plus forte raison s'il en existait une à ce sujet.

Dans la seconde hypothèse, le sol du chemin,

de la rue ou de la place n'est point, il est vrai, la propriété des riverains, mais ils ont acquis en considération de l'usage qu'ils en auraient pour le service et l'exploitation des terrains qui leur étaient cédés et des constructions qu'ils se proposaient d'y faire : ils ont payé le prix de ces terrains en conséquence, et l'administration manquerait à la bonne foi qui doit présider aux contrats passés entre elle et les particuliers, comme à ceux intervenus entre les citoyens, si elle faisait de nouvelles dispositions qui rendraient les constructions faites sous la foi de ces mêmes contrats, inutiles ou moins avantageuses, et encore mieux si, en cédant le chemin ou la rue à un tiers, elle ne lui interdisait pas ces changemens. A ce cas s'appliquerait aussi ce qui vient d'être dit sur le précédent.

Quand ce n'est pas l'état ou la commune qui a vendu ou cédé les terrains riverains de la place ou de la rue sur lesquels sont situés les bâtimens ; que c'est au contraire la commune ou l'état qui ont acquis l'emplacement de la rue ou de la place, ou que cette place ou cette rue est tombée, par la succession des temps, dans le domaine public ou communal ; il n'y a point, il est vrai, à opposer à l'état ou à la commune des engagemens formels de leur part, de maintenir les choses telles qu'elles se trouvent actuellement. Les riverains ne peuvent invoquer que leur jouissance *jure civitatis ;* et, comme nous l'avons dit, cette jouissance ne constitue point une véritable servitude sur la place ou la rue; conséquemment elle n'empêche point l'administration, dans les termes rigoureux du droit, de faire de nouvelles dispositions qui la diminueraient ou même la changeraient totalement; sauf aux parties intéressées à recourir à l'autorité supérieure, au roi même s'il le fallait, pour faire réformer une décision qui blesserait si fortement leurs intérêts.

298. Mais, et c'est en ce point principalement que nous différons de sentiment avec M. Pardessus, nous pensons que l'abandon que ferait l'administration à un particulier, du terrain d'un chemin, d'une rue ou d'une place, comme ne devant plus faire partie du domaine public ou communal, est *toujours* censé fait sous la réserve que ce tiers n'en changera pas la destination de manière à rendre les constructions voisines inutiles ou bien moins avantageuses, et qu'il n'aura pas pour cela le droit de faire composer les propriétaires pour pouvoir conserver leur libre passage, ainsi que les fenêtres de leurs édifices. Ces propriétaires ont bâti sous la foi d'un ordre de chose dont rien n'indiquait le changement futur; ils ont payé les impôts établis sur les constructions; l'état leur doit donc toute espèce de protection qui n'est pas absolument incompatible avec des améliorations conçues dans un intérêt général.

SECTION II.

Des servitudes légales ayant pour objet l'utilité des particuliers.

SOMMAIRE.

299. *Les obligations entre propriétaires voisins, appelées servitudes légales, ne sont, en général, que des obligations de communauté.*

300. *Objets généraux des servitudes légales établies dans l'intérêt des particuliers, et division de la section.*

299. La loi assujétit les propriétaires à différentes obligations l'un à l'égard de l'autre, indépendamment de toute convention (art. 651-1370); et ces obligations sont appelées, par le Code, *servitudes légales.*

Il faut toutefois reconnaître en principe que plusieurs des dispositions placées sous la rubrique *des servitudes établies par la loi,* et même la plupart, sont moins des règles relatives aux servitudes, que des lois relatives à la communauté de propriété, à la manière de constater la propriété elle-même, et d'en déterminer le mode de jouissance.

Ainsi, tout ce qui a rapport au mur, à la haie ou au fossé mitoyens, est évidemment régi par les principes de la communauté, plutôt que par les principes sur les servitudes; et il en est de même de ce qui concerne le cas où les divers étages d'une maison appartiennent à plusieurs. Il est vrai que, dans ces divers cas, la communauté n'est pas

V.   19

parfaite, n'est pas absolue; mais cela ne fait pas qu'il n'y ait pas communauté d'intérêt à la conservation de la chose, bien que cette communauté n'existe pas, avec ces caractères, dans la chose elle-même : dès lors, les obligations qui existent entre les intéressés, l'un à l'égard de l'autre, ont plutôt leur source dans les principes de la société, que dans ceux qui régissent la matière des servitudes.

De plus, tout ce qui sert à déterminer la propriété exclusive du mur, du fossé ou de la haie, objet pour lequel plusieurs dispositions ont été portées dans le Code et placées sous la même rubrique, tient encore moins, s'il est possible, à la matière des servitudes. Ces dispositions sont simplement relatives à la propriété. Ce n'est, sous aucun rapport, une modification du droit de propriété lui-même, mais seulement le moyen de l'établir, et la règle de son étendue; si ce n'est, cependant, en ce qui concerne l'obligation où est le propriétaire d'un mur joignant immédiatement le terrain d'autrui, d'en céder la mitoyenneté au voisin qui le demande; cas dans lequel il y a effectivement une charge imposée au droit de propriété, comme dans celui prévu à l'art. 682.

On pourrait étendre ces observations, mais néanmoins on justifie facilement le parti qu'ont pris les rédacteurs du Code, de réunir, sous le titre *des Servitudes*, tout ce qui est relatif à ces objets, au lieu d'en disséminer les règles dans divers titres, où ces matières n'auraient été traitées que sous tel ou tel point de vue seulement, et par conséquent d'une manière incomplète; on a évité, par là, des répétitions. Dans certains cas, d'ailleurs, elles donnent naissance à des obligations de voisinage entre les propriétaires, et qui ont plus ou moins de rapport avec les servitudes proprement dites.

300. D'après le Code, les servitudes établies par la loi dans l'intérêt des particuliers, se rapportent,

1° Aux murs mitoyens ou non, et à tout ce qui y est relatif;

2° Au cas où les divers étages d'une maison appartiennent à plusieurs divisément;

3° Aux fossés, mitoyens ou non;

4° Aux haies, mitoyennes ou non;

5° A la distance à observer dans la plantation des arbres et des haies;

6° A la distance à observer et aux ouvrages intermédiaires requis pour certaines constructions;

7° Aux vues sur la propriété du voisin, sans servitude établie par l'homme;

8° A l'égout des toits;

9° Au droit d'exiger un passage sur le fonds d'autrui, dans un certain cas.

Ce sera l'objet d'autant de paragraphes; mais comme les matières comprises dans cette section diffèrent plus ou moins entre elles, et que cependant la division que nous avons adoptée voulait qu'elles fussent toutes comprises dans une même section (1), nous placerons les *sommaires* en tête de chaque paragraphe, afin qu'on y trouve de suite toutes les questions relatives à la matière qu'il renferme, sans être obligé de recourir au commencement de la Section.

§. Ier.

Des murs mitoyens ou non, et de tout ce qui y est relatif.

SOMMAIRE.

---

(1) En effet, le chap. 2, qui traite des *Servitudes légales,* se divise principalement en deux sections : l'une comprenant toutes les servitudes qui ont pour objet l'intérêt public ou communal; l'autre, celles qui ont pour objet l'utilité des particuliers.

310. Dans beaucoup de pays, on reconnaissait d'autres marques de non-mitoyenneté que celles reconnues par le Code : celles qui existaient déjà lors de sa publication ont encore leur effet.

311. Les signes de non mitoyenneté cèdent aux titres.

312. Quid lorsqu'il se trouve des signes de non mitoyenneté des deux côtés?

313. La propriété exclusive du mur peut aussi résulter de la prescription.

314. La possession annale doit suffire pour détruire les effets de la présomption de mitoyenneté, sauf preuve contraire : controversé.

315. Esprit général des anciennes coutumes relativement au tour d'échelle.

316. Le Code est muet sur ce point : observations et développemens sur le tour d'échelle dans les principes actuels.

317. La réparation et reconstruction du mur mitoyen sont à la charge des copropriétaires.

318. L'un des voisins peut, en abandonnant la mitoyenneté, s'affranchir de cette charge, pourvu que le mur ne soutienne pas un bâtiment qui lui appartienne.

319. Peut-il s'en affranchir dans les lieux où la clôture est forcée, en abandonnant la moitié du sol nécessaire au mur et tout droit à la mitoyenneté? très-controversé : texte de l'art. 663.

320. Si, quand l'abandon a eu lieu, le voisin ne répare pas le mur, l'autre peut répéter ce qu'il a abandonné.

321. Tout propriétaire joignant un mur peut en acquérir la mitoyenneté.

322. Il n'y a pas de prescription contre ce droit.

323. De son côté, le propriétaire du mur peut, dans les lieux où la clôture est forcée, se faire indemniser : controversé.

324. Le voisin d'un mur ne peut en acquérir la mitoyenneté qu'autant qu'il le joint immédiatement.

325. Avec cette condition, la circonstance que le propriétaire du mur y aurait, même depuis plus de trente ans, des jours

à fer maillé et à verre dormant, ne serait point un obstacle à la cession forcée de la mitoyenneté avec toutes ses
conséquences.

326. *Il en serait autrement, contre l'opinion commune, si c'était
des jours libres subsistant depuis plus de trente ans : l'acquisition de la mitoyenneté n'aurait point pour effet de
rendre les jours inutiles.*

327. *Le voisin peut n'acquérir la mitoyenneté que pour partie
seulement : conséquence.*

328. *Formalités à suivre quand la mitoyenneté n'est pas cédée à
l'amiable.*

329. *Actes généraux que la mitoyenneté permet à chacun des
propriétaires.*

330. *Suite.*

331. *Suite.*

332. *De l'indemnité de surcharge.*

333. *Celui qui a fait à ses frais l'exhaussement du mur mitoyen
peut pratiquer, dans cet exhaussement, des jours à fer
maillé et verre dormant; arrêt contraire.*

334. *Le voisin qui n'a point contribué à l'exhaussement, peut en
acquérir la mitoyenneté.*

335. *Actes ou entreprises que l'un des voisins ne peut faire sans le
consentement de l'autre, ou sans avoir fait régler par
experts les moyens de ne pas nuire à celui-ci.*

336. *La disposition de l'art. 203 de la coutume de Paris, concernant la responsabilité des maçons, n'a pas été admise
par le Code.*

337. *Les frais d'expertise, et autres, sont à la charge de celui qui
fait faire les travaux.*

338. *Quand on reconstruit un mur mitoyen, les servitudes actives
et passives se continuent.*

301. Lorsque les propriétaires de deux fonds
contigus ont contribué à la clôture qui fait la sé-

paration de leurs héritages, et que la preuve en est administrée par des titres, ou par les autres moyens approuvés par la loi, il est clair que la mitoyenneté de la clôture peut être invoquée par chacun d'eux : alors il n'y a plus, pour régler les effets de cette communauté, en ce qui concerne les avantages et les charges qui y sont attachés, qu'à appliquer les dispositions qui la régissent, et que nous allons développer successivement.

Mais la clôture peut exister sans que ni l'un ni l'autre des propriétaires voisins puisse établir qu'elle a été élevée à ses dépens, ou du moins qu'elle l'a été à frais communs; et c'est ce qui a porté le législateur à créer une présomption, fondée, comme toutes les présomptions de la loi, sur les probabilités et les vraisemblances les plus naturelles, afin de prévenir, autant que possible, les difficultés déjà si fréquentes entre voisins, ou du moins pour les décider suivant le parti le plus raisonnable, puisque, quand il y a incertitude sur celle de deux prétentions opposées qui mérite la préférence, la balance doit rester immobile.

En conséquence, l'art. 653 dispose que, « dans « les villes et les campagnes, tout mur servant de « séparation entre bâtimens jusqu'à l'héberge, ou « entre cours et jardins, et même entre enclos dans « les champs, est présumé mitoyen, s'il n'y a titre « ou marque du contraire. »

Dans ces cas il y a donc présomption que chacun des propriétaires a entendu que le mur fût construit sur le confin de son terrain, afin de l'enclore en entier, surtout aujourd'hui que nous ne connaissons plus la servitude appelée *tour d'échelle*, dont nous parlerons plus loin ; et que, puisque ce mur devait lui être utile, il a contribué aux frais de sa construction, et fourni la moitié du sol nécessaire à son établissement.

302. Suivant la loi de Solon, qu'on trouve reproduite dans la loi 13 ff. *finium regundorum*, le mur de clôture devait être éloigné d'un pied de la ligne séparative des deux fonds ; et une maison devait en être distante au moins de deux pieds. Le *tour d'échelle* existait par cela même, non pas comme servitude, mais comme propriété de cet espace, qui était un accessoire du bâtiment ou du mur de clôture.

A Rome, l'on a presque toujours aussi été dans l'usage d'isoler les maisons par de petites ruelles, qu'on appelait *ambitus* (1), probablement pour prévenir les effets des incendies, et peut-être aussi pour d'autres motifs : de là le nom d'îles, *insulæ*, donné si souvent aux maisons par les jurisconsultes romains.

Bien mieux, une constitution de l'empereur Zénon, rappelée dans la loi 12, §. 2, au Code, tit. *de ædificiis privatis*, était même allé jusqu'à prescrire de laisser un intervalle de *douze* pieds entre

_____

(1) Voy. *Festus*, à ce mot.

la maison que l'on voulait bâtir, et celle du voisin, sans qu'il fût permis à l'un ni à l'autre de rien établir, de rien édifier sur cet espace.

3o3. Comme on vient de le voir, l'article 653 consacre la présomption de mitoyenneté du mur dans deux cas bien distincts :

1° Quand ce mur sert de séparation à des bâtimens, situés à la ville ou dans la campagne, n'importe ;

2° Quand il sépare des cours, jardins ou enclos, même dans les champs.

Dans le premier cas, comme ce n'est qu'entre *bâtimens* qu'existe la présomption de mitoyenneté, il s'ensuit que si l'un des fonds est un bâtiment, et non l'autre, qui n'offre aucun vestige de bâtiment, telle qu'une cheminée, ou autre reste d'un édifice, le mur n'est point présumé mitoyen : il est censé appartenir exclusivement au maître du bâtiment dont il fait partie, parce qu'on doit naturellement croire que lui seul a fait les frais de sa construction, puisqu'il lui était nécessaire, et que le voisin n'ayant pas d'intérêt, ou du moins n'ayant pas le même intérêt à ce qu'il fût construit, n'a point, par conséquent, contribué aux frais de son établissement.

Pothier (1) le décidait ainsi, mais toutefois avec une importante distinction ; sa décision mérite d'être rapportée, parce qu'elle a été adoptée par

----

(1) *Contrat de société*, n° 202.

les auteurs qui ont écrit sur le Code, et que nous croyons devoir la combattre dans les principes actuels.

« Dans les campagnes, disait-il, le mur appartient « au maître du bâtiment dans tous les cas.

« Mais dans les villes où il y a une loi qui per- « met à chacun d'obliger son voisin à faire, à frais « communs, un mur pour se clore, comme à Paris « (art. 209 de la Coutume) et à Orléans (art. 236), « tous murs, même ceux qui n'ont de bâtiment que « d'un côté, sont censés communs depuis la fon- « dation jusqu'à la hauteur que la loi du lieu pre- « scrit pour les murs de clôture : ils ne sont présu- « més appartenir à celui des voisins qui est pro- « priétaire du bâtiment que pour le surplus. La « raison de cette présomption est que le voisin qui « n'a pas de bâtiment de son côté, *ayant pu*, selon « la loi du lieu, être obligé par l'autre voisin à « construire, à frais communs, un mur de la hau- « teur prescrite par la loi, *on doit présumer que lui* « *ou ses auteurs y auront été obligés par l'autre* « *voisin, et qu'ils l'auront construit à frais com-* « *muns jusqu'à ladite hauteur.* A l'égard de ce qui « est au-delà de ladite hauteur, la présomption est « que c'est le voisin qui en avait besoin pour élever « son bâtiment qui a fait seul les frais de cette « élévation. »

MM. Pardessus, Toullier et Delvincourt ont adopté cette distinction ; et ce dernier jurisconsulte, avec plus d'extension encore.

M. Toullier l'admet purement et simplement. Cependant, selon lui, l'obligation de se clore dans les villes et les faubourgs, quand l'un des voisins le demande, doit s'entendre seulement en ce sens que l'autre est obligé, ou de contribuer à la clôture, ou d'abandonner la moitié du terrain nécessaire à la construction du mur avec tout droit à la mitoyenneté; ce qui affaiblit grandement, comme on le voit, la présomption reconnue par Pothier, que le voisin a contribué aux frais de construction du mur du bâtiment jusqu'à la hauteur prescrite par la loi du lieu pour la clôture commune. Mais ce n'est point encore le moment de discuter l'opinion de M. Toullier sur ce point particulier : nous le ferons bientôt.

Quant à M. Delvincourt, il sous-distingue, contrairement à Pothier, sur le cas où les fonds sont situés à la campagne; il dit : « Dans les lieux où « l'un des voisins ne peut forcer l'autre à contri- « buer à la clôture commune, si le jardin est clos « de tous côtés, le mur (du bâtiment) doit être « présumé mitoyen jusqu'à la hauteur du mur qui « forme la clôture des autres côtés; si le jardin n'est « clos que du côté du bâtiment, le mur doit être « présumé appartenir en entier au propriétaire du- « dit bâtiment, par argument de l'art. 670. »

Ainsi, M. Delvincourt admet la présomption de mitoyenneté, même dans un cas où Pothier la rejetait.

Mais il faut le dire, le Code n'a pas plus consacré la distinction principale de Pothier, que la sous-distinction de M. Delvincourt.

En effet, l'article porte : « Dans les villes et cam-« pagnes, tout mur servant de séparation entre « *bâtimens* jusqu'à l'héberge (ce qui fait un cas bien « distinct), ou entre cours et jardins, et même entre « enclos dans les champs (ce qui fait un autre cas), « est présumé mitoyen, s'il n'y a titre ou marque « du contraire. »

Ainsi, il n'est pas dit entre bâtiment, cour ou jardin, etc., mais d'abord entre *bâtimens;* et si l'on répondait que la rédaction de l'article eût été embarassée par la répétition du mot *bâtiment* pour le cas où il y a bâtiment d'un côté, et cour ou jardin de l'autre, parce qu'il aurait fallu répéter ce mot après l'avoir employé pour le cas où il y a bâtimens des deux côtés, on répliquerait que ce n'est point une raison suffisante pour induire une présomption légale quand la loi n'a pas parlé sur le cas en question.

La présomption légale est celle qui est attachée par la loi à certains actes ou à certains faits : tels sont, dit l'art. 1350—2°, les cas dans lesquels la loi déclare la propriété ou la libération résulter de certaines circonstances déterminées.

Hors ces circonstances, il n'y a plus de présomption légale ; il peut seulement exister une de ces présomptions de fait, que la loi abandonne à la sagesse du magistrat, et qui sont aussi fondées sur des conjectures, des vraisemblances, mais qui n'ont pas paru au législateur avoir un caractère d'évidence assez grave pour mériter d'être élevées à la dignité de présomptions légales. Dans le cas prévu et décidé par Pothier il n'y a qu'une simple conjecture, plus ou moins forte, comme on va le voir, et non une preuve de mitoyenneté, puisque le Code ne l'a point consacrée, et qu'il n'est pas permis au juge de créer, par analogie, des présomptions; il usurperait ainsi sur le domaine de la loi; il commettrait un excès de pouvoir qui, suivant les principes, solliciterait la réformation de sa décision.

Le raisonnement de ce jurisconsulte est uniquement fondé sur ce que le propriétaire du bâtiment ayant pu, dans les villes et faubourgs, forcer l'autre à contribuer à la confection du mur jusqu'à la hauteur prescrite par le statut local pour les murs de clôture commune, on doit présumer que ce voisin ou ses auteurs y ont été forcés. Mais cette conséquence n'est point rigoureusement exacte.

D'abord, comme le voisin, dans tous les cas, n'aurait pu être forcé qu'à contribuer à la confection d'un mur de clôture ordinaire, et non à celle d'un mur de bâtiment, généralement plus fort, plus épais, plus coûteux, et qu'il y aurait eu, d'après cela, une espèce de ventilation, une appréciation spéciale, on peut très-bien supposer que celui qui se proposait de construire le bâtiment a fait seul les frais du mur pour éviter ces difficultés, en songeant d'ailleurs que ce mur lui appartiendrait en propre.

Cette supposition, contraire à celle de Pothier, est si peu hasardée que, dans une foule de cas, le mur appartient en effet exclusivement à l'un des voisins, nonobstant la faculté qu'il avait, et que nous lui reconnaissons nous-même, de forcer l'autre à contribuer à la construction d'un mur de clôture ordinaire, jusqu'à la hauteur déterminée par la loi : ces cas sont ceux où il y a titre ou marque de non-mitoyenneté. Ainsi, ce qui a eu lieu dans le cas où il y a titre ou marque de non-mitoyenneté, ayant pu également avoir lieu quoiqu'il n'y ait pas de titre ni de marque de propriété exclusive, c'est une preuve que le raisonnement de ce jurisconsulte peut porter à faux dans certains cas, comme il peut être fondé sur la vérité dans d'autres, et dès lors qu'il dégénère en simple conjecture, en simple vraisemblance, plus ou moins forte : d'où il suit qu'il ne saurait constituer une véritable présomption de droit, surtout sous le Code, quand il est évident que ses rédacteurs, qui connaissaient, à n'en pas douter, la distinction de cet auteur, n'ont point établi une telle présomption dans le cas dont il s'agit.

On verra même plus loin que ce n'a été que par suite de la discussion élevée sur l'article 663, que l'on a consacré le principe de la clôture forcée dans les villes et les faubourgs; conséquemment ils n'ont point entendu, en rédigeant l'article 653, sur lequel s'élève la question que nous agitons, admettre une distinction uniquement fondée sur un principe qui n'était pas encore positivement établi par eux, qui ne l'a été que plus tard au Conseil d'état.

Pothier lui-même n'a pu l'appuyer que sur une conjecture, et non sur un texte; car il n'en cite point. C'est une déduction de son esprit judicieux et presque toujours interprète fidèle des vrais principes; mais, encore une fois, ce n'est pas sur le sentiment d'un jurisconsulte, quelque grave que soit l'autorité qu'il a su imprimer à ses décisions, qu'on doit asseoir une présomption légale; c'est uniquement sur la loi. L'on vient de voir d'ailleurs que la conséquence qu'il tire du principe de la clôture forcée peut être contraire à la vérité du fait; qu'elle l'est même dans beaucoup de cas.

On dira peut-être que le propriétaire du bâtiment est en faute de n'avoir pas su se ménager un titre ou une marque de non-mitoyenneté : à cela nous répondrons que c'est déplacer la question, car elle s'élève sur ce qui est, et non pas sur ce qui aurait dû être, et ce n'est que sur ce qui est que la loi établit la présomption de mitoyenneté : d'ailleurs, le même reproche s'appliquant, relativement à la mitoyenneté, avec autant de raison au voisin lui-même, s'il avait réellement contribué à la confection du mur, l'objection tombe parce qu'elle se neutralise par une de même force. Et quant à ce reproche fait au propriétaire du mur de ne s'être pas du moins ménagé des marques de non-mitoyenneté, à défaut de titre, nous répondons aussi que ces marques, qui consistent

dans des corbeaux ou filets de pierre placés du
côté de celui qui réclame la propriété exclusive
se voient quelquefois, sans doute, mais rarement
dans les maisons de ville, surtout dans les constructions modernes, où l'aspect de ces pierres en saillies dans l'intérieur des bâtimens serait d'un mau-
vais effet et offusquerait la vue. Sur cent maisons à
Paris, on en trouverait peut-être à peine une dont
le mur contienne, en dedans de l'édifice, ces corbeaux ou filets, qui sont, en pareil cas, les seules
marques de non-mitoyenneté.

Tout nous porte donc à rejeter la distinction de
Pothier et des auteurs qui l'ont adoptée sous le
Code, parce que, d'une part, elle n'est pas fondée
sur un raisonnement rigoureusement exact, qu'elle
ne l'est que sur une conjecture qui est loin d'être
toujours d'accord avec la vérité du fait, et parce
que, d'autre part, la loi n'en a pas fait l'objet d'une
présomption de droit. Or, comme le mur fait partie du bâtiment, que sans lui le bâtiment ne pourrait subsister, ce qu'on ne peut dire de la cour ou
du jardin voisin, nous en concluons que ce mur
est censé appartenir exclusivement au maître de
l'édifice, quand même la cour ou le jardin serait
entouré de murs de tous les autres côtés, et à plus
forte raison, s'il ne l'était que du côté du bâtiment; distinction que ne fait pas Pothier, et qu'en
effet il ne devait pas faire pour être conséquent,
puisqu'il ne fait résulter la présomption de mitoyenneté que de la faculté qu'avait le maître de

ce bâtiment de forcer le voisin à contribuer à la construction du mur de clôture, d'où il infère qu'il est censé l'avoir fait; car ce raisonnement s'applique en effet à tous les cas où il s'agit de terrains situés dans les villes ou faubourgs, déjà cours ou jardins, ou dont on veut faire des jardins ou des cours, en un mot, qu'on veut enclore.

3o4. Mais dans le second cas de présomption de mitoyenneté de l'article 653, il n'est pas nécessaire, pour qu'elle ait lieu, que les deux fonds soient de même nature, que ce soient deux cours ou deux jardins. La raison est la même quand c'est un jardin et une cour, que lorsque ce sont deux jardins ou deux cours, à la différence du cas où il y a d'un côté un bâtiment, et de l'autre un fonds d'une autre nature; car si, dans ce dernier cas, l'on peut dire que le mur appartient au bâtiment dont il est partie intégrante, il n'en est pas de même dans le premier, où il n'y a pas de motif de se décider en faveur du jardin plutôt qu'en faveur de la cour, *et vice versá*, puisque ce mur fait aussi bien partie de l'un de ces fonds que de l'autre. Le texte lui-même appuie cette décision en disant *entre cours et jardins*, etc., ce qui s'entend naturellement des deux cas, de celui où c'est une cour et un jardin, et de celui où ce sont deux jardins ou deux cours; tandis que dans la première partie de l'article, la loi dit entre *bâtimens*, ce qui suppose bâtimens des deux côtés.

V. 20

3o5. S'il se trouvait dans les champs un mur servant de séparation entre deux fonds qui ne seraient ni l'un ni l'autre cour, jardin ou enclos, on devrait également le présumer mitoyen, non pas en vertu de l'article 653, car il est muet sur ce cas, mais par la raison qu'aucun des propriétaires n'y pourrait prétendre plus de droit que l'autre, tant qu'il ne justifierait pas de sa prétention.

3o6. La présomption de mitoyenneté du mur de séparation ne s'étend entre bâtimens que jusqu'à l'héberge, c'est-à-dire jusqu'au point le plus élevé du toit inférieur (1). L'excédant du mur appartient au propriétaire du bâtiment le plus élevé, lors même que cet excédant dépasserait le toit de ce bâtiment, attendu que portant directement sur une partie du mur appartenant exclusivement à ce propriétaire, c'est ce dernier qui est naturellement présumé l'avoir construit à ses frais, soit pour garantir son toit de la violence des vents, soit dans la vue d'exhausser un jour son bâtiment. C'est aussi l'avis de M. Delvincourt, contre celui de M. Pardessus (n° 15o de son *Traité*).

3o7. Si, comme on le voit souvent, le toit du bâtiment inférieur ne s'étendait point parallèlement au mur, mais présentait un plan incliné d'un ou de deux côtés, la présomption de mitoyenneté suivrait

_____

(1) *Héberge* est un vieux mot qui signifie le couvert. On dit encore *héberger* quelqu'un pour dire qu'on le reçoit chez soi, qu'on lui donne le couvert.

la même direction, c'est-à-dire qu'elle ne s'étendrait pas parallèlement jusqu'au point le plus élevé
du toit, mais bien seulement en suivant le plan incliné qu'offrirait ce toit. En effet, si c'est le bâtiment inférieur qui a été construit le premier, il est
clair que son propriétaire a donné au mur la direction qu'il se proposait de donner au toit lui-même,
et qu'il ne l'a pas élevé au-delà. Si c'est le bâtiment
supérieur qui est le plus ancien, ou si les deux
édifices ont été construits en même temps, le maître
du bâtiment inférieur a dû se contenter de rendre
le mur mitoyen seulement dans les parties qui devaient lui être nécessaires, puisqu'on peut acquérir la mitoyenneté d'une partie du mur, comme
on peut l'acquérir pour le tout (art. 661). On doit
donc croire, dans toutes les hypothèses, qu'elle
n'existe en effet que relativement à ces mêmes parties, et que tout l'excédant appartient au maître
du bâtiment le plus élevé, sauf preuve contraire.

308. D'après l'art. 654, la présomption de mitoyenneté cesse dans deux cas :

1° Lorsqu'il y a titre ;

2° Lorsqu'il y a marque du contraire.

Elle s'évanouit également quand il y a prescription de la propriété exclusive en faveur de l'un des
voisins. Nous allons bientôt parler de ce cas.

Le titre, comme l'observe M. Pardessus, peut
avoir pris naissance dans plusieurs circonstances.
Il peut remonter à l'époque de la construction du

mur, ou lui être postérieur. Son effet, dans tous les cas, sera le même, attendu que l'un des propriétaires d'une chose commune peut céder ses droits à l'autre.

Ainsi, il y a titre de propriété exclusive si, lorsque l'un des voisins, au moment où il a fait construire le mur, ou depuis, a fait avec l'autre un acte par lequel celui-ci a reconnu, en faveur du premier, la propriété exclusive du mur; ou si, quand il se proposait de le construire, il lui a fait faire notification par laquelle il protestait contre toute prétention future de sa part à la mitoyenneté, à moins toutefois que le voisin ne produisît une preuve contraire, par acte, qu'il a déclaré vouloir que le mur fût construit en commun. Il y aurait également titre si, propriétaire de deux fonds séparés par un mur, je disposais de l'un de ces fonds en me réservant la propriété exclusive du mur, *aut vice versá;* ou si, sans me réserver expressément la propriété, l'acte de disposition portait que le fonds aliéné est vendu, cédé ou donné à partir du parement du mur de séparation, ou même simplement à partir de ce mur du côté dudit fonds. Le droit de l'acquéreur ne s'étendrait pas au-delà : le mur serait entièrement réservé; car celui qui aliène à partir de tel point, de tel endroit, n'aliène pas ce même endroit. C'est ce que nous avons déjà dit relativement au cours d'eau, *supra*, n° 223.

3o9. Il y a marque de non-mitoyenneté lorsque la sommité du mur est droite et à plomb de son parement, d'un côté, et présente de l'autre un plan incliné (1);

Lors encore qu'il n'y a que d'un côté ou un chaperon (2) ou des filets (3) et corbeaux de pierre (4) qui y auraient été mis en bâtissant le mur (5).

Dans ces cas le mur est censé appartenir exclusivement au propriétaire du côté duquel sont l'égout ou les corbeaux et filets de pierre. (Art. 654.)

On doit croire que si celui-ci n'eût pas été propriétaire exclusif du mur, il n'aurait pas souffert que les eaux déversassent en totalité sur son terrain; et le voisin ne lui eût pas permis de placer dans le mur, lors de sa construction, des filets ou corbeaux de pierre, dont lui seul peut retirer avantage, puisqu'ils sont de son côté. Aussi ces filets ou corbeaux, placés après coup, ne détrui-

---

(1) Pour faire déverser les eaux de la pluie, qui ne tombent de cette manière que d'un côté.

(2) On appelle ainsi le sommet du mur, et que l'on forme avec de la chaux ou du plâtre, et quelquefois que l'on couvre avec de la tuile pour mieux garantir le mur. Ce sont principalement les murs de clôture qui ont ces chaperons. Quand il n'y en a que d'un côté, ils présentent un seul plan incliné.

(3) Le filet est la partie du chaperon qui déborde le mur, afin que l'eau de la pluie tombant au-delà du parement du mur ne le dégrade pas. Ce filet, dit Desgodets, se nomme aussi *larmier.*

(4) Pierres en saillie que l'on place dans le mur, afin de pouvoir y seoir les poutres et les solives pour leur donner moins de portée.

(5) On reconnaît généralement, observe M. Delvincourt, que les corbeaux ont été placés en bâtissant le mur, quand l'épaisseur du mur et la saillie que fait le corbeau sont faits d'une seule et même pierre, parce que c'était en effet le meilleur moyen de lui donner la solidité nécessaire pour supporter la poutre.

raient en aucune manière la présomption de mitoyenneté, attendu la facilité qu'aurait l'un des
voisins de les y placer à l'insu de l'autre, puisque
ce serait de son côté. Ils ne pourraient non plus
fonder la prescription; car la possession qui en résulterait n'aurait pas le caractère de publicité exigé
pour cela (art. 2229), vu qu'ils pourraient très-
bien être inconnus à l'autre propriétaire.

Mais quand ils ont été placés en construisant le
mur, ils produisent la présomption de propriété
exclusive en faveur de celui du côté duquel ils se
trouvent, encore que le mur n'ait pas trente ans
d'existence.

« Ces corbeaux, observe très-bien M. Delvin-
« court (1), ne doivent pas être confondus avec ce
« qu'on appelle des *harpes* ou pierres d'attente,
« qui sont des pierres que fait saillir, du côté du
« voisin, celui qui bâtit le premier, afin que lors-
« que le voisin viendra à bâtir à son tour, les deux
« maisons se trouvent liées ensemble, et qu'il ne
« soit pas nécessaire de faire des entailles et des in-
« crustemens qui détérioreraient la jambe boutisse
« de la première maison. On voit par-là que ces
« harpes ne peuvent fournir aucun préjugé rela-
« tivement à la mitoyenneté. »

En effet, comme les corbeaux ne détruisent la
présomption de mitoyenneté qu'en faveur de celui

---

(1) D'après Goupy, sur Desgodets, notes sur l'art. 211 de la coutume de Paris.

du côté duquel ils se trouvent (art. 654), il s'ensuivrait, si l'on confondait les *harpes* ou pierres d'attente avec les corbeaux, que le mur du bâtiment qui vient d'être construit avec ces pierres d'attente serait censé appartenir exclusivement au voisin qui n'a point encore bâti ; ce qui serait absurde.

310. Dans beaucoup de pays on reconnaissait d'autres signes de non-mitoyenneté que ceux reconnus par le Code, tel qu'un œil de bœuf, ou autres ouvertures. Ces signes, établis avant le Code, ont encore aujourd'hui tout leur effet. Ceux qui les ont employés comme moyen autorisé par la coutume ou le statut local, pour acquérir la preuve de la propriété exclusive du mur, n'ont pu être privés de cette preuve par la loi nouvelle. La loi n'a pas d'effet rétroactif (art. 2), et ce serait lui en donner un que de méconnaître ces signes de propriété, sur le prétexte qu'elle ne les regarde plus aujourd'hui comme tels. En maintenant les servitudes discontinues déjà acquises par la prescription lors de la publication de la loi sur *les servitudes,* dans les pays où elles pouvaient s'acquérir de cette manière, le Code (art. 691) a prouvé son respect pour les droits acquis. Or, au moment de sa mise en vigueur, les signes de non-mitoyenneté dont il vient d'être parlé attestaient un droit déjà acquis à cette époque, n'importe celle où il pourrait être ensuite contesté. Mais ce sera à celui qui invoquera ces signes en sa faveur à prouver que le mur existait avant le Code.

311. Les signes de non-mitoyenneté céderaient eux-mêmes à la preuve résultant d'un titre qui établirait la mitoyenneté.

Bien mieux, le titre pourrait établir la propriété exclusive du mur en faveur de celui des voisins du côté duquel ne seraient pas l'égout, les filets ou corbeaux de pierre (1); car toute conjecture doit fléchir devant une preuve positive.

M. Pardessus (n° 161) apporte toutefois à cette décision une restriction importante : « à moins, « dit-il, que ces marques n'eussent une existence « de plus de trente ans après le titre. »

M. Delvincourt dit aussi : « Depuis combien de « temps faut-il que les choses soient en cet état « pour établir la présomption de non-mitoyenneté? « Je pense que la possession annale suffit, sauf au « voisin qui prétend que le mur est *mitoyen* à le « prouver par titres, *auquel cas, la preuve résultant* « *des titres ne pourra être détruite que par la pos-* « *session trentenaire.* »

Dans ce cas, le titre établit la communauté, et celui qui invoque la prescription se fonde uniquement sur les signes dont il s'agit pour prouver qu'il a eu une jouissance exclusive du mur. Mais ces signes sont-ils suffisans, quand d'ailleurs l'autre voisin a également joui du mur nonobstant ces signes, parce que ce mur supportait aussi son bâ-

_____

(1) Pothier, *Contrat de société*, n° 206. Bourjon, *des servitudes*, part. II, chap. 10, sect. I, n° 2.

timent, lui servait aussi de clôture? Il nous semble bien plutôt que celui qui invoque aujourd'hui la propriété exclusive n'a eu qu'une jouissance à titre de copropriétaire. Il aurait fallu une contradiction régulière opposée au porteur du titre, et qu'il se fût écoulé trente ans depuis cette contradiction : alors la nature de la possession ayant été changée, la prescription aurait en effet pu courir contre le titre; mais sans cela, et nonobstant les signes contraires au titre, on doit penser que cette jouissance n'a eu lieu que comme jouissance d'une chose indivise, et qui ne saurait fonder la prescription.

Nous ne saurions donc adopter la restriction apportée par ces jurisconsultes : l'un, relativement à la propriété exclusive en faveur de celui du côté duquel sont les signes, nonobstant le titre contraire ; l'autre en faveur de la mitoyenneté, malgré ce titre. Dès qu'il y a titre de propriété exclusive en faveur de l'un des voisins, que font désormais ces signes en faveur de l'autre? Celui-ci n'a pu prescrire contre le titre émané de lui ou de son auteur, parce qu'on ne peut pas prescrire contre son titre à l'effet d'acquérir, en ce sens que l'on puisse se changer à soi-même la cause et le principe de sa possession (art. 2240). Or, la jouissance de ce voisin, depuis qu'il a consenti le titre de propriété exclusive en faveur de l'autre, n'a plus été qu'une jouissance à titre précaire, qui n'a pu conséquemment fonder la prescription. Nous ajouterons, à l'égard des corbeaux et filets de pierre (1), que le voisin porteur du titre a fort bien pu les ignorer, puisqu'ils ne sont pas de son côté; autre motif pour écarter la prescription invoquée contre le titre. Pour qu'elle pût courir, il faudrait donc, selon nous, autre chose que ces simples signes ; il faudrait des actes de propriété exclusive et propres à démontrer avec évidence que la jouissance du mur a eu lieu à titre de propriétaire exclusif, nonobstant le titre contraire.

312. Il est possible qu'il se trouve des signes de non-mitoyenneté des deux côtés, et que ces signes soient homogènes ou différens : par exemple, il y a chaperon, corbeau ou filet des deux côtés; ou bien chaperon ou plan incliné d'un côté, et corbeau de l'autre. Ces signes contraires se neutralisent-ils, et donnent-ils lieu à la présomption de mitoyenneté?

Oui dans tous les cas où la clôture est forcée, peu importe que les signes contraires soient de même nature ou de nature différente.

Dans les lieux où la clôture n'est pas forcée, et néanmoins que la présomption de mitoyenneté existe, à moins de marque du contraire, parce qu'il s'agit d'un mur servant de séparation entre bâtimens, cours et jardins, ou entre enclos dans les champs, ces indices contraires se neutraliseront

---

(1) Ce raisonnement ne s'applique pas au plan incliné, attendu que l'écoulement des eaux d'un seul côté témoignait assez de son existence. Il s'agit d'ailleurs alors d'un mur découvert.

ordinairement et feront que le mur sera présumé mitoyen d'après la règle générale; mais si l'un des deux fonds, situés dans un village ou dans les champs, est entièrement ou presque entièrement entouré de murs, et que l'autre ne le soit que du seul côté du mur dont la mitoyenneté est préten- due, on doit décider, quand bien même ce mur présenterait un chaperon des deux côtés, qu'il ap- partient cependant en totalité au maître du pre- mier fonds, surtout si les autres murs de ce fonds avaient aussi des chaperons des deux côtés. En effet, la présomption légale de mitoyenneté n'existe pas dans ce cas, puisque la loi ne l'établit qu'entre bâtimens, cours et jardins, ou entre enclos même dans les champs, et que l'un des fonds n'est ni cour, ni jardin, ni enclos. Ce ne serait donc qu'à raison de la circonstance que le mur dont il s'agit offre un chaperon du côté du voisin qui prétend à la mitoyenneté, que cette communauté pourrait être présumée exister de fait; or, le signe contraire qui existe aussi de l'autre côté neutralise le premier et rend à la règle générale toute son application, c'est-à-dire que le mur est censé appartenir exclu- sivement au fonds enclos, parce qu'on doit suppo- ser, comme le dit très-bien M. Toullier, que le propriétaire de ce fonds a laissé derrière un petit espace pour recevoir une partie des eaux de la pluie, ou que le maître du fonds déclos ne s'est point opposé à la construction du mur avec ce chaperon de son côté.

Au surplus, les diverses circonstances du fait, dans ce cas et autres semblables, qui peuvent se présenter sous mille faces différentes, et que la loi n'a pu prévoir toutes, serviront aussi de guide au magistrat.

3₁3. Il nous reste à examiner si la propriété exclusive du mur ne peut pas également résulter de la prescription.

Nous raisonnerons dans l'hypothèse où il n'y aurait pas de titre qui établirait la mitoyenneté ou la propriété entière en faveur du voisin.

Il n'est pas douteux que si, pendant trente ans, l'un des voisins a fait, dans un mur que la loi présumait mitoyen, des actes ou des entreprises qui excluent la supposition de toute mitoyenneté, par exemple, en y pratiquant des jours, même à fer maillé et à verre dormant (art. 675), ou des enfoncemens (art. 662), ou en abaissant le mur, etc.; il n'est pas douteux, disons-nous, que la prescription ne puisse établir en sa faveur la propriété exclusive du mur (1). La copropriété n'empêche pas qu'un seul ne puisse acquérir par prescription les droits de son associé (art. 816) (2); mais il faut pour cela que les faits soient tellement précis et certains, qu'on doive en conclure que l'un a joui comme propriétaire exclusif, et non comme associé, et que

_____

(1) Arrêt du 22 mai 1770, cité par Denisart, v° *Mur*, n° 15; et M. Pardessus, n° 161.

(2) Lapeyrère, v° *Prescription*.

l'autre s'est regardé comme sans droits ou comme ayant abandonné ceux qu'il avait (1): d'où il suit que des faits que la mitoyenneté donne le droit de faire seraient insuffisans pour fonder la prescription (2): il en serait de même de tout autre fait qui serait clandestin ou violent. (Art. 2229.)

314. M. Pardessus (n° 161) enseigne qu'une simple possession annale ne suffit pas pour détruire les effets de la présomption légale de mitoyenneté; qu'il faudrait nécessairement prouver qu'on a acquis la propriété exclusive par le laps de temps qu'exigent les articles 2262 et 2265.

M. Toullier, tom. III, n° 188; et M. Merlin, *Répertoire*, v° *Mitoyenneté*, le décident aussi de la même manière. Le premier de ces auteurs s'exprime ainsi : « La présomption de mitoyenneté « cède aux titres contraires, mais non à la simple « possession annale, quelque bien caractérisée « qu'elle pût être, à moins qu'elle ne remontât à « un temps suffisant pour opérer la prescription (3). « Si l'un des voisins avait obtenu au possessoire un « jugement qui l'eût maintenu dans la *propriété* (4) « du mur séparant leurs héritages, l'autre voisin

---

(1) Dunod, *des Prescriptions*, part. 1, chap. 12.

(2) Arrêt du parlement de Toulouse, du 3 septembre 1705. *Journal le ce parlement*, tom. v, §. 96, pag. 217. *Répertoire* de M. Merlin, *° Prescription*, sect. III, §. 3, art. 1.

(3) Mais alors elle ne serait plus seulement annale.

(4) Ce qui est impossible, parce que ce serait cumuler le pétitoire t le possessoire ; ce qui est défendu. (Art. 25 Cod. de procéd.)

« pourrait former l'action pétitoire sans produire
« de titre, parce qu'il a un titre dans la présomp-
« tion légale de mitoyenneté qui ne doit céder
« qu'aux preuves contraires. »

Mais quelle serait donc, dans ce système, l'utilité de l'action possessoire, qu'on suppose cependant avoir pu être intentée? Quelle serait l'utilité
de la possession annale elle-même, puisqu'elle ne
dispenserait pas de produire un titre? Nous ne le
voyons pas; et nous ne pouvons nous figurer que
le législateur ait songé à maintenir cette possession,
comme il l'a fait par l'article 3 du Code de procédure, dans un cas où elle n'aurait point d'effet.

M. Delvincourt professe qu'il suffit, pour établir
la présomption de non-mitoyenneté, que les signes
dont parle l'article 654 existent depuis plus d'un
an, sauf au voisin qui prétend que le mur est mitoyen à le prouver par titres.

Il est vrai que MM. Pardessus et Delvincourt ne
raisonnent pas tout-à-fait sur le même cas. Il s'agit,
dans celui sur lequel parle M. Pardessus, d'actes ou
entreprises que l'un des voisins ne pourrait faire
qu'en qualité de propriétaire exclusif du mur; et
dans celui supposé par M. Delvincourt, de simples
signes qui dénotent aussi cette propriété. Mais
cette différence n'en devrait amener aucune dans
la solution de la question; peut-être même que la
possession annale des signes de non-mitoyenneté
devrait avoir moins de force encore que les actes
de propriété exclusive faits par l'un des voisins; et

cependant les décisions de ces deux auteurs sont
tout-à-fait différentes.

Il nous semble que celle de M. Pardessus n'est
pas fondée sur les principes qui règlent les effets
de la possession annale, effets qui sont d'obliger
l'adversaire de celui qui peut l'invoquer à prouver que le droit de propriété est néanmoins de son
côté, quoique la possession n'y soit pas. La présomption est, il est vrai, que le mur est mitoyen;
mais pourquoi la possession annale ne détruirait-
elle pas cette présomption, comme elle la détruit
dans les autres cas? La mitoyenneté ne signifie pas
autre chose, si ce n'est que chacun des voisins est
propriétaire de la moitié (*pro regione*) du mur; or,
si la possession annale de tout le fonds voisin en
faisait, jusqu'à preuve contraire, présumer propriétaire le possesseur, on ne voit pas pourquoi
la possession d'une partie de ce fonds, d'une partie
du mur, en un mot, ne l'en ferait pas également
réputer propriétaire jusqu'à la preuve contraire.
On dit que la loi ne fait céder la présomption de
mitoyenneté qu'aux titres et aux marques du contraire (art. 653). Nous répondons que la loi la fait
céder au *titre* de propriété; or la propriété est
toujours présumée en faveur de celui qui a une
possession annale régulière. Il n'y a de différence
sous ce rapport, entre la possession trentenaire,
qui cependant est exclusive de la mitoyenneté suivant les adversaires eux-mêmes, et la possession
annale, qu'en ce que l'effet de celle-ci peut être

détruit par la preuve contraire, administrée au pétitoire; tandis que l'effet de celle-là est absolu, définitif. La loi présume aussi qu'un fonds est franc de toute servitude, et néanmoins si un voisin a acquis la possession annale d'une servitude sur ce fonds, de la nature de celles qui sont susceptibles de s'acquérir par prescription, ce sera au propriétaire du fonds à détruire, au pétitoire, par la preuve de la non-existence du droit, l'effet de cette possession; et l'on peut cependant dire également que la présomption de franchise de l'héritage ne cède qu'à un titre de servitude ou à la prescription, puisque les servitudes dérivant du fait de l'homme ne s'établissent que de l'une ou de l'autre manière, ou bien par la destination du père de famille, qui vaut titre dans certains cas. Il y a donc parité de motifs dans les deux espèces, et conséquemment la décision doit être la même. Elle n'est d'ailleurs susceptible d'aucun inconvénient qui ne se rencontrerait pas également dans les effets de la possession annale du fonds lui-même, puisqu'il faudra toujours que le voisin ait fait des actes paisibles, publics et à titre de propriétaire exclusif, et que ces actes aient plus d'une année de date, sinon la possession sera inefficace, et la présomption de mitoyenneté n'aura jamais été détruite. Tels sont les motifs qui nous font préférer le sentiment de M. Delvincourt, qui l'exprime même ainsi pour le cas où il n'y a que de simples signes ou marques de non-mitoyenneté, tandis que dans l'espèce de la question, il s'agit d'actes ou entreprises qui n'ont pu avoir lieu de la part de l'un des voisins qu'en qualité de propriétaire exclusif, actes qui certainement ont bien autant de force pour témoigner de la propriété entière en faveur de celui qui les a faits, qu'un chaperon, un filet ou des corbeaux placés de son côté. Il serait en effet bizarre que celui qui aurait pratiqué paisiblement, et depuis plusieurs années, une fenêtre ouvrante, par exemple, dans le mur prétendu mitoyen, qui en aurait ainsi joui sans réclamation de la part du voisin, ne fût néanmoins pas présumé propriétaire du mur par suite de cette possession paisible, publique, et plus qu'annale, tandis qu'il le serait s'il se trouvait seulement de son côté quelques corbeaux de pierre ou un larmier.

Le système opposé repose sur ce que l'art. 653 ne reconnaît pas, ainsi que le fait l'art. 670 pour les haies, la possession contraire comme destructive de la présomption de non-mitoyenneté; mais l'article 666 ne la reconnaît pas davantage pour le fossé, et cependant M. Pardessus lui-même nous dit, au n° 183 de son ouvrage, que, après avoir inédité la question sur ce dernier point, il lui paraît démontré, d'après les art. 3 et 38 du Code de procédure, que la possession annale du fossé, par l'un des voisins, doit faire rejeter sur l'autre l'obligation de prouver qu'il y a mitoyenneté, parce que les usurpations de fossés sont rangées parmi les actions possessoires. Or, les usurpations de

V.   21

toutes *autres clôtures*, par conséquent, du mur prétendu mitoyen, sont aussi rangées par ces articles au nombre de ces actions. Ainsi pour être conséquent, M. Pardessus doit décider dans le cas du mur comme dans celui du fossé.

315. Celui qui a la propriété exclusive du mur a-t-il, du côté du voisin, un passage pour le réparer, ce qu'on appelle vulgairement *tour d'échelle?*

Ici se placent naturellement quelques observations sur ce point, parce que nous aurons à considérer ce passage, non pas comme servitude conventionnelle, ce qui nous eût engagé à renvoyer ces observations au chapitre suivant, mais sous d'autres rapports.

Quelques coutumes reconnaissaient au propriétaire d'un mur contigu au terrain d'autrui, un droit sur un certain espace au-delà de son mur.

Parmi ces coutumes, les unes voyaient un droit de propriété sur le terrain nécessaire au passage, dont l'étendue variait suivant les localités, droit fondé sur la présomption que le propriétaire du mur n'avait pas bâti joignant la ligne séparative des deux fonds; qu'il avait, au contraire, laissé un peu de terrain en dehors du mur pour pouvoir y faire commodément les réparations qui deviendraient nécessaires.

Les autres y voyaient une simple servitude légale résultant du voisinage, laquelle cependant ne pouvait guère avoir d'autre fondement que la pré-

somption ci-dessus; ce qui était une inconséquence;
car, dans cette supposition, c'eût été la propriété
du terrain qui eût dû appartenir au maître du mu :,
et non pas seulement un droit de servitude légale.

D'autres coutumes considéraient le tour d'échelle
comme une servitude proprement dite, qui avait
dès lors besoin d'être acquise : et de ces coutumes,
les unes admettaient l'acquisition du droit aussi
bien par prescription que par titre; les autres ne
l'admettaient que par titre, sans préjudice du cas
où le propriétaire du mur s'était réservé l'espace intermédiaire, en ne bâtissant pas joignant la ligne
séparative.

316. Le Code est absolument muet sur ce qu'on
appelle le *tour d'échelle*, mais on peut établir les
règles suivantes :

1° Celui qui a la servitude d'égout sur le terrain
voisin, a par cela même le tour d'échelle. (Art. 696—
697 combinés.)

2° S'il s'agit de réparer un mur, il faut distinguer
s'il est mitoyen ou s'il ne l'est pas. S'il est mitoyen,
chaque voisin doit fournir le passage nécessaire à la
réparation; c'est une conséquence de la communauté (art 655). S'il n'est pas mitoyen, l'on doit faire
une sous-distinction : si le mur est dans un lieu où
la clôture est forcée, comme le propriétaire de ce
mur pourrait contraindre le voisin à contribuer à
la construction et réparation de la clôture commune, il peut, par cela même, l'obliger à souffrir

le passage des ouvriers employés à la réparation et des matériaux nécessaires, pourvu que le passage soit demandé de bonne foi, c'est-à-dire quand la réparation est utile, et qu'elle se fasse d'ailleurs sans lenteur affectée; avec ces conditions, le passage doit être fourni, même sans indemnité (1). Quand le mur est à la campagne, on ne peut contraindre le voisin à fournir, même avec offre d'indemnité, le passage nécessaire aux réparations; c'est la faute de celui qui l'a construit, de ne s'en être pas ménagé un. Il faut en dire autant à l'égard même du mur d'un bâtiment aussi situé à la campagne ou dans un village ou hameau, si ce bâtiment n'a pas la servitude d'égout sur le terrain du voisin. Mais comme le propriétaire du bâtiment aura probablement laissé un espace pour recevoir chez lui les eaux pluviales, afin de se conformer au vœu de l'art. 681, s'il l'a fait, il aura son tour d'échelle sur sa propriété.

3° Quant au tour d'échelle en lui-même, il n'est plus aujourd'hui nulle part en France *servitude locale.* Lorsqu'il est indiqué dans les actes, ou prétendu comme dépendant d'une construction, ce n'est que comme propriété accessoire, ou comme servitude conventionnelle (2), et les effets sont très-différens.

Ainsi, quand c'est comme propriété accessoire

---

(1) C'est aussi l'avis de M. Delvincourt.
(2) M. Pardessus professe la même doctrine.

du bâtiment ou du mur que l'on réclame le terrain sur lequel est le tour d'échelle, et que l'on prouve son droit, on peut faire de ce terrain tout ce que l'on veut, le voisin n'y peut rien faire, n'y peut rien déposer; et comme le mur ne joint pas immédiatement son fonds, il n'en peut exiger la mitoyenneté.

Mais quand c'est simplement comme servitude que le propriétaire du mur prétend avoir un tour d'échelle, il ne peut s'en servir que pour faire les réparations nécessaires à son mur ou à son bâtiment. Le voisin est propriétaire du terrain, et en dispose suivant sa volonté, pourvu qu'il ne nuise pas à l'exercice de la servitude. Et comme ce voisin joint le mur, il peut le rendre mitoyen, nonobstant la servitude ; on est dans le cas prevu à l'art. 661 : la mitoyenneté ne sera pas un obstacle à ce que le but qu'on s'est proposé en stipulant le tour d'échelle, la faculté de pouvoir passer au-delà du mur pour pouvoir le réparer, ne soit atteint, puisque le moyen sortira de la mitoyenneté elle-même.

4° Dans le silence des parties sur l'étendue de la stipulation du tour d'échelle, on doit présumer que c'est plutôt une servitude qu'elles ont entendu établir sur le terrain, qu'un droit de propriété: d'où il suit, comme il vient d'être dit, que le propriétaire de l'espace assujéti peut y faire ce qu'il voudra, pourvu qu'il ne gêne pas l'exercice de la servitude, c'est-à-dire pourvu qu'il ne gêne pas le voisin dans ses réparations et reconstructions (1).

5° D'après le principe que la loi n'a pas d'effet rétroactif, qu'elle ne porte jamais atteinte aux droits acquis, il faut regarder comme certains les points suivans :

Premièrement. Dans les pays où, avant le Code, la propriété de l'espace situé au-delà d'un mur existait en vertu d'un statut local ou d'une coutume, comme fondée sur la présomption, opposée à celle admise par le Code, que le propriétaire d'un bâtiment ou d'un simple mur de clôture, ne l'a pas construit joignant immédiatement la ligne séparative, mais, au contraire, a réservé un passage pour y faire les réparations qui deviendraient nécessaires, le mur construit antérieurement au Code doit conserver, comme accessoire, ce même espace, dans la mesure déterminée par le statut local ou la coutume.

Secondement. Par l'effet du même principe, dans les pays où il n'y avait qu'une servitude légale sur cet espace, et non un droit de propriété, cette servitude doit aussi continuer d'exister au profit des murs construits antérieurement au Code.

Troisièmement. Dans les localités où il ne pouvait y avoir à cet égard qu'une servitude établie par le fait de l'homme, et qui en admettaient l'acqui-

_____

(1) *Voy.* l'arrêt de la Cour de Paris, du 6 août 1810. Sirey—1812. 2-415.

sition aussi bien par prescription que par titre, on maintiendra pareillement celles qui étaient déjà établies de l'une ou de l'autre de ces manières, lors de la promulgation de la loi sur *les servitudes ;* mais pour celles qui n'étaient point encore acquises par le mode de la prescription, comme ce sont des servitudes discontinues, des droits de passage, elles n'ont pu, d'après l'art. 691, et nonobstant l'art. 2281, s'acquérir depuis par ce mode, encore que la jouissance en eût commencé avant le Code.

Enfin, *quatrièmement*, dans tous les cas ce sera au propriétaire du bâtiment ou du mur de clôture qui réclamera, en vertu des anciennes coutumes ou statuts locaux, un droit de propriété ou de servitude sur l'espace dont il s'agit, à prouver que son mur ou son bâtiment a été construit sous leur empire. En faisant cette preuve, il doit être maintenu dans son droit, parce qu'il était acquis lors de la publication de la loi nouvelle. Car, pour le conserver, il n'a pas été astreint à telle ou telle formalité. La coutume ou le statut local le stipulant pour lui, le dispensait, par cela même, de prendre aucune précaution particulière pour cela ; elle lui commandait seulement de ne point le laisser prescrire, et il n'est point prescrit, on le suppose.

317. La réparation et reconstruction du mur mitoyen sont à la charge de tous ceux qui y ont droit, et proportionnellement au droit de chacun, suivant l'art. 655.

C'est l'application du principe qui régit toute communauté, toute société, et d'après lequel, en effet, chacun des intéressés est tenu de contribuer aux frais nécessaires à la conservation de la chose commune, dans la proportion de son intérêt.

De là, si la dégradation provenait du fait de l'un des propriétaires ou des personnes dont il doit répondre, les frais de réparations seraient entièrement à sa charge (art. 1850-1382).

Quand le mur menace ruine, l'un des propriétaires doit le faire constater, et faire ordonner contradictoirement qu'il y soit pourvu. Si le péril est imminent, l'urgence et le péril peuvent même être constatés par la police locale (1).

318. Comme il est loisible à chacun de répudier sa propriété, dès qu'il juge qu'elle lui est à charge ou inutile, l'un des copropriétaires du mur mitoyen peut, en abandonnant la mitoyenneté, se dispenser de contribuer aux frais de réparation et reconstruction de ce mur. (Art. 656.)

Pour cela, il faut que l'abandon soit pur et simple, sans réserve, par conséquent que le mur ne soutienne pas un bâtiment appartenant à celui qui veut faire l'abandon (*ibid.*) : autrement ce dernier devrait, au préalable, faire cesser cet état de chose, isoler du mur le bâtiment comme il l'entendrait ; sinon l'offre de l'abandon, comme frau-

---

(1) M. Favard, *Répertoire*, v° *Servitude*, sect. 2, §. 4, n°4 ; et v° *Police locale*, sect. 1, §. 1.

duleuse, serait inadmissible, si le voisin ne consentait à l'agréer.

L'abandon ne pourrait, au reste, décharger celui qui le ferait, des réparations rendues nécessaires par son fait ou par celui des personnes dont il répond : il ne l'affranchit que des réparations occasionées par la vétusté ou la force majeure.

319. D'après l'art. 661, la faculté, pour l'un des propriétaires du mur mitoyen, de se décharger de l'obligation de contribuer aux frais de réparation et d'entretien dudit mur, en abandonnant la mitoyenneté, n'est limitée que pour le seul cas où ce mur soutiendrait un bâtiment qui lui appartient ; mais le rapprochement de l'art. 663 avec le premier a donné lieu à la question, fort controversée, de savoir si l'abandon peut être fait, malgré le voisin, dans les cas où la clôture est forcée.

« Chacun, porte cet art. 663, peut contraindre
« son voisin, dans les villes et les faubourgs (1), à
« contribuer aux constructions et réparations de la
« clôture faisant la séparation de leurs maisons,
« cours et jardins assis ès dites villes et faubourgs.
« La hauteur sera fixée suivant les règlemens par-
« ticuliers ou les usages constans et reconnus ; et à

---

(1) En cas de contestation sur le point de savoir si le lieu où sont les fonds fait partie d'un faubourg, c'est à l'autorité administrative à le décider.

C'est elle aussi qui décide si l'on peut ranger tel lieu parmi les villes, et si tel lieu est ou non un faubourg.

« défaut d'usages et de règlemens, tout mur de sé-
« paration entre voisins qui sera construit à l'ave-
« nir, doit avoir au moins 32 décimètres (10 pieds)
« de hauteur (2), compris le chaperon, dans les
« villes de cinquante mille âmes et au-dessus, et
« 26 décimètres (8 pieds), dans les autres. »

La sûreté des personnes et des propriétés, plus
facilement exposée dans les villes que dans les
campagnes, à raison de la proximité des habitations,
de l'étendue de la population et de l'importance
des choses sujettes aux soustractions frauduleuses,
et peut-être aussi le désir de donner aux villes un
aspect plus régulier et en même temps plus agréable, ont motivé la disposition de notre art. 663.
Elle ne porte d'ailleurs aucun préjudice notable
aux propriétaires forcés, sur la demande de leurs
voisins, de se clore, attendu que la clôture dans
les villes augmente réellement la valeur des hé-

---

(1) Si l'un des deux fonds est plus élevé que l'autre, le propriétaire
inférieur n'en peut pas moins exiger que le mur soit de la hauteur
prescrite à partir du sol supérieur, à moins qu'il n'ait consenti à l'autre
la servitude de terrasse: autrement il ne serait pas aussi bien gardé qu'il
est en droit de l'exiger. Et suivant l'avis de Desgodets, sur l'art. 209
de la Coutume de Paris, et que Goupy, dans ses notes sur cet auteur
a adopté, le propriétaire supérieur doit supporter seul les frais du
mur au delà de 8 ou 10 pieds à partir du sol inférieur.

M. Pardessus dit même, d'après un arrêt rapporté par Denisart au
mot *Mur*, n° 13, que le propriétaire du terrain le plus élevé qui a le
droit d'avoir une terrasse, doit supporter tous les frais du mur qui
soutient cette terrasse. Nous le croyons aussi parce que c'est là une
véritable servitude, et que, de droit commun, les frais nécessaires à
l'exercice de la servitude sont à la charge du propriétaire de l'héritage
dominant (art. 698). Mais on peut déroger à cette règle (*Ibid.*)

ritages. Mais dans les campagnes il n'en est pas
ainsi, du moins généralement, et si l'on eût également imposé l'obligation de s'y clore, c'eût été
mettre souvent l'un des propriétaires à la discrétion
de l'autre, qui aurait voulu avoir un parc, un enclos pour son agrément, sans qu'il en fût résulté
une utilité réelle pour le premier, puisque son
fonds n'en aurait pas été plus productif, et que le
revenu est le point important pour un fonds situé
dans les champs.

L'art. 209 de la coutume de Paris offrait une
disposition semblable à celle que nous voyons dans
le Code, et l'article suivant ne permettait de s'affranchir de la mitoyenneté, en l'abandonnant, que
hors des villes et faubourgs.

La question est donc de savoir si le Code a entendu innover à cet égard. Nous croyons utile de
l'examiner à fond, à cause de son importance, et
parce que, en outre, elle partage les jurisconsultes
qui ont écrit sur le Code.

Dans son analyse sur l'art. 663, M. Malleville a
écrit qu'il avait été convenu que, dans le cas de cet
article, comme dans celui de l'art. 656, le voisin
pourrait se dispenser de contribuer à la clôture,
en renonçant à la mitoyenneté et en cédant la moitié du terrain sur lequel le mur doit être assis.

M. Toullier, d'après M. Malleville, dit que le
droit de contraindre le voisin à se clore doit s'entendre en ce sens que celui-ci doit se clore, ou
abandonner la moitié du sol et la mitoyenneté.

M. Favard paraît aussi s'être rangé à cette opinion en la rapportant sans la contredire.

Mais MM. Delvincourt et Pardessus ne voient au contraire, dans l'article 656 qu'une disposition générale, qui souffre exception pour le cas où la clôture est forcée, parce que, selon eux, l'art. 663, qui en consacre le principe, est une disposition spéciale qui modifie seulement la première, mais ne la détruit pas, suivant la règle *specialia genera-libus derogant.*

Un arrêt de la Cour de cassation, de rejet, il est vrai, mais de la section civile (1), a jugé conformément au sentiment de MM. Malleville et Toullier, non pas, à la vérité, sur le cas d'un mur à construire pour former la clôture commune, mais sur un cas où il s'agissait de la simple réparation d'un mur déjà existant.

Cet arrêt, dont nous croyons devoir combattre les motifs, parce qu'ils sont à peu près les mêmes que ceux allégués par les partisans de l'opinion contraire, et qu'ils sont d'ailleurs fondés plutôt sur une supposition erronée que sur la vérité même, est ainsi conçu :

« Attendu que le principe établi par l'art. 656 du « Code civil est énoncé en termes généraux et ab-« solus, et que par sa relation avec les articles pré-« cédens 653 et 655, cet article embrasse évidem-« ment tant les villes et faubourgs que les campa-

---

(1) Du 29 septembre 1819.—Sirey. 1820·1·166.

« gnes; que *c'est dans ce sens que la loi a été*
« *formée et présentée*, et rien n'indique dans la ré-
« daction de l'art. 663 que le législateur ait voulu
« apporter une dérogation à ce qu'il venait de con-
« sacrer pour l'art. 656 du Code; qu'ainsi l'arrêt
« attaqué n'a point faussement appliqué ce dernier
« article à l'espèce, et, par suite, qu'il n'a point violé
« l'art. 663; qu'il a, au contraire, sainement entendu
« et appliqué les deux articles dans le sens que le
« législateur y avait lui-même attaché; la Cour re-
« jette. »

Le premier motif de l'arrêt, comme on le voit,
est que le principe établi par l'art. 656 du Code
civil est énoncé en termes généraux et absolus, et
que, par sa relation avec les art. précédens 653 et
655, cet article embrasse évidemment tant les villes
et faubourgs que les campagnes.

A cela on répond avec exactitude que l'art. 653
ne s'occupe que d'établir la présomption de mitoyenneté dans les cas qu'il prévoit, ce qui n'a aucun
rapport avec la question, quoiqu'il y soit parlé des
villes; que l'art. 655, dont le suivant modifie seulement l'effet, consacre uniquement le principe
que les copropriétaires du mur mitoyen contri-
buent proportionellement à son entretien, ce qui n'a
pas davantage de rapport avec l'objet dont il s'agit.

Sur le second motif, (que rien n'indique dans
l'article 663 que le législateur ait entendu déroger
au principe qu'il avait consacré dans l'art. 656)
on peut répondre avec beaucoup de raison que c'est

moins là une dérogation qu'une disposition su
un cas particulier; que surtout ce ne serait poin
une dérogation dans le cas où le mur n'existerai
pas encore, qu'il s'agirait seulement de le cons
truire; car évidemment alors l'art. 656, qui statue su
la faculté d'abandonner la mitoyenneté, qui suppos
conséquemment que le mur existe, ne pouvait régi
un cas dans lequel le mur n'existe pas encore; e
si l'on doit dire avec M. Toullier que la clôture n'es
forcée dans les villes qu'en ce sens qu'il faut, ou s
clore, ou abandonner la moitié du terrain et la mi
toyenneté; il faut aussi changer la rédaction de l'ar
ticle 663, qui ne parle point de cette option, mai
qui dit, au contraire, de la manière la plus absolue
sans aucune limitation ni restriction, que *chacun peut contraindre son voisin, dans les villes e
faubourgs, à contribuer à la construction et réparation de la clôture, etc.*; car il ne serait pas
vrai, dans ce système, qu'on pût contraindre son
voisin à contribuer à cette construction ou réparation, comme on le peut cependant évidemment
d'après ce texte : tout ce qu'on pourrait faire, dans
le cas où la clôture n'existerait pas encore, ce serait
de le forcer à abandonner quelques parcelles de
terrain s'il ne voulait pas se clore. Mais, encore
une fois, ce n'est point d'un tel abandon qu'il
s'agit dans cet article, c'est de l'obligation de contribuer à la *construction* et *réparation* de la clôture commune, et on en élude tout à la fois la lettre
et l'esprit par une telle interprétation; on trans-

forme ainsi une obligation pure et simple en une
obligation alternative ou tout au moins faculta-
tive, et l'on oublie que bien que cette loi n'impose
à l'un des voisins l'obligation de se clore qu'autant que l'autre le demande, elle est néanmoins,
dans son principe et ses effets, plus encore une loi
de police et de sûreté, qu'un simple règlement de
voisinage.

On concevrait, à la rigueur, que l'art. 656 fût
applicable au cas aussi où le mur à réparer, à
reconstruire même, serait dans une ville ou un
faubourg, sans qu'on dût pour cela l'appliquer au
cas où le mur n'existe pas encore, et pour lequel
évidemment il n'a point été fait, puisqu'il n'y a
point de mitoyenneté à abandonner dès qu'il n'en
existe pas. Il y aurait encore d'autres raisons de
cette distinction. Dans la première hypothèse, celui qui voudrait faire l'abandon a déjà contribué
aux frais de la clôture, et il abandonnerait non-
seulement sa part du sol, mais encore sa part des
matériaux pour s'affranchir d'une mitoyenneté
dans laquelle il trouve que les charges surpassent
les avantages. Dans la seconde, il voudrait s'affranchir, par la cession d'une petite partie de terrain,
d'une obligation bien autrement grave que celle
qui a pour objet de contribuer à l'entretien d'une
chose commune, puisque cette obligation, imposée
par la loi, est fondée sur des motifs d'intérêt public. Enfin l'existence du mur, quoique détérioré,
préviendrait en grande partie les inconvéniens

et les dangers résultant du défaut de clôture, parce
que le voisin serait bien mieux disposé à le réparer
et même à le reconstruire, s'il le fallait (car du moins
il a en partie les matériaux), qu'à faire seul les frais
d'un mur neuf; et l'autre voisin serait bien moins
porté à abandonner la mitoyenneté d'un mur déjà
existant, qu'à céder une petite partie de terre pour
s'épargner la moitié des frais d'un mur nouveau
dont il profiterait, pour ainsi dire, comme celui qui
l'aurait construit, puisqu'il servirait aussi à la clore:
d'où l'on sent que, dans un cas, le but de la loi,
qui est de favoriser la clôture dans les villes, serait
bien moins souvent éludé; tandis que dans l'autre,
il le serait fréquemment et au profit de celui qui
déclarerait ne vouloir pas se clore, et qui consi-
dérerait ainsi son obligation comme alternative,
quoique d'après l'art. 663, elle soit pure et simple.

Mais on objecte que la loi a été présentée et formée dans le sens de l'opinion que nous combattons; l'arrêt ci dessus le dit positivement, du moins
dans un cas où il s'agissait de la reconstruction ou
réparation d'un mur mitoyen, dont l'un des copropriétaires offrait d'abandonner la mitoyenneté.

C'est par l'examen et l'analyse de la discussion
élevée sur l'art. 663, au Conseil d'état, que nous
répondrons à cette assertion.

L'art. 15 du projet de la loi sur *les servitudes*
portait : « Dans les villes et communes dont la po-
« pulation excède trois mille ames, les coproprié-
« taires des murs mitoyens ne peuvent pas se

« dispenser de contribuer à leurs réparations en
« abandonnant leur mitoyenneté. »

Cet article du projet, ni aucun autre, ne donnait
point à chaque voisin, pas plus dans les villes
qu'ailleurs, le droit de contraindre l'autre à la
construction du mur de clôture; il ne s'occupait
que de l'entretien des murs déjà existans. Seulement l'art. 22, auquel correspond l'art. 663 du
Code, portait que : « Tout mur de séparation entre
« voisins, qui sera construit ou rétabli à l'avenir,
« doit avoir au moins 10 pieds de hauteur, com-
« pris le comble, dans les villes de cinquante mille
« âmes et au-dessus, et 8 pieds dans les autres. »

C'est par suite de la discussion qui a eu lieu au
Conseil d'état sur cet article du projet, qu'on a
senti la nécessité d'en changer la rédaction, et d'imposer, comme on l'a fait, à tout voisin, dans les
villes et faubourgs, l'obligation de contribuer, sur
la demande de l'autre, à la clôture commune. Dès
lors on pensa que la disposition de l'art. 15 devenait
superflue, et on le supprima. La discussion du projet de loi démontrera encore mieux que tel a été le
véritable motif de cette suppression, et non point
celui indiqué par quelques-uns des partisans de
l'opinion contraire.

Cette discussion, élevée, comme on vient de le
dire, sur l'art. 22 du projet, ou 663 du Code,
roula sur la hauteur que devrait avoir le mur dans
les cas qui y sont prévus, et sur le point de savoir
si les usages locaux seraient observés.

V.   22

M. Treilhard dit d'abord que « la loi ne fixe
« hauteur que pour le cas où l'un des propriétaire
« voudrait se clore, et non l'autre; que si tous deu
« sont d'accord, ils peuvent s'écarter de cette di
« position, et donner au mur l'élévation qu'il leu
« plaira. » Ensuite, et après quelques observation
de plusieurs membres, le même orateur dit qu
« l'on ne peut admettre d'innovations arbitraires (
« dans cette matière, car si l'on veut décider san
« avoir des bases, l'imagination ne sait plus o
« s'arrêter; qu'au surplus l'article présenté par l
« section n'a excité aucune réclamation de la par
« des tribunaux; mais ils se sont élevés contre l
« renvoi aux usages locaux. Ils n'y ont vu qu'u
« principe de doutes et d'incertitudes. Cependan
« pour ne pas heurter les habitudes des pays nou
« vellement réunis, on pourrait laisser le gouver
« nement leur appliquer la disposition par de
« règlemens locaux. »

M. Cambacérès répondit : « De semblable
« questions doivent pouvoir être décidées promp
« tement et par des règles familières à tous; » et i
proposa d'admettre la règle générale présentée pa
la section, en ajoutant : *à moins que l'usage con
traire ne soit constant.*

C'est alors que M. Berlier fit l'observation, e
M. Tronchet la réponse dont on a argument
dans la cause jugée par la Cour de cassation, e

---

(1) Cependant le système que nous combattons en introduirait un
grande à la coutume de Paris, sur le point en question.

qui ont probablement déterminé la décision de
la Cour, comme elles avaient déterminé l'opinion
de MM. Malleville et Toullier. Les voici littéralement :

M. Berlier dit : « L'article deviendrait d'une exé-
« cution plus facile, si l'on y exprimait que le
« propriétaire interpellé de contribuer à la clô-
« ture, peut s'en dispenser en renonçant à la mi-
« toyenneté, et en cédant la moitié de la place
« sur laquelle le mur doit être construit : cette
« option était déférée en beaucoup de pays. »

M. Tronchet répondit : « Cette modification est
« exprimée dans l'art. 18 (aujourd'hui 656). »

D'abord, nous ferons remarquer que M. Berlier,
qui connaissait aussi parfaitement la disposition
correspondante à celle de l'art. 656 du Code, ne
croyait pas, comme M. Tronchet, que l'obligation
de contribuer à la clôture dans les villes était
remise par elle sous la seule charge d'abandonner
la mitoyenneté du mur existant, ou la moitié du
sol nécessaire aux murs à construire à l'avenir ; car
son observation n'aurait pas eu d'objet. Les rédacteurs du projet eux-mêmes étaient bien éloignés
aussi de le penser, puisque, tout en admettant en
principe qu'on pourrait s'affranchir des charges de
la mitoyenneté en l'abandonnant, ils avaient néanmoins présenté une disposition contraire pour les
murs situés dans les villes ou communes d'une
population au delà de trois mille âmes.

Il est vrai que M. Berlier n'a pas répliqué à l'ob-

servation de M. Tronchet, qui était au moins fau
tive pour le cas où la clôture n'existe pas encore
puisque évidemment l'art. 656 suppose un mu
existant; ce n'eût été, en effet, que par simple ana
logie que cet orateur aurait pu appliquer cet ar
ticle au cas où il n'y a pas encore de clôture. Or
l'analogie est loin d'être parfaite, ainsi que nou
l'avons démontré. La difficulté était au surplu
assez grave pour mériter une explication plus éten
due et qui levât les doutes aussi bien pour un ca
que pour l'autre. Mais si M. Berlier n'a pas répliqué
parce que d'ailleurs l'observation de M. Tronche
rentrait parfaitement dans le sens de sa proposition, M. Bigot Préameneu, qui n'avait probablement
pas non plus perdu de vue la disposition du projet, aujourd'hui l'art. 656, a répondu clairement,
en disant que : « Dans les villes d'une population
« un peu nombreuse, toujours les propriétaires
« ont été dans l'obligation de se clore, et cepen-
« dant que l'article ne rappelle point cette obliga-
« tion. »

Il est bien évident que M. Préameneu, qui demandait qu'elle fût consacrée, comme elle l'a été en
effet par la rédaction définitive, ne pensait pas
non plus qu'on pourrait en éluder l'exécution par
l'abandon d'une faible partie de terrain; car, encore une fois, ce n'est pas là se clore.

« Enfin, M. Cambacérès disait aussi : « On doit
« imposer d'abord aux propriétaires des villes un
« peu considérables, l'obligation de se clore; on

« ajouterait qu'ils ne pourront être forcés d'élever
« le mur de séparation au delà de 10 pieds, etc.; »
et en résultat, le Conseil d'état arrêta en principe
que, dans les villes un peu populeuses, les propriétaires seraient forcés de se clore; c'est dans ces
termes qu'a définitivement été conçue la rédaction
de l'art. 663.

Le lecteur peut maintenant juger si, comme on
l'a dit, la loi a été présentée et adoptée dans le sens
du système que nous combattons. Pour nous, nous
croyons fermement qu'on n'a point entendu innover à la Coutume de Paris, et à plusieurs autres,
qui admettaient la clôture forcée, non comme une
obligation alternative, mais bien comme une obligation pure et simple, attachée au droit de propriété, et résultant, dans les villes, du seul voisinage. La loi actuelle, comme la loi ancienne,
statue sur différens cas, et elle veut être appliquée
à chacun avec les distinctions qu'il comporte. Ce
n'est d'ailleurs rien autre chose que l'application
de la règle si connue : *Specialia generalibus derogant;* car l'art. 656 est la règle générale, et l'art. 663
statue sur un cas particulier.

320. Au reste, quand l'abandon de la mitoyenneté a eu lieu, si le voisin, loin de réparer le mur,
le laisse tomber, ou le démolit pour disposer des
matériaux, celui qui a fait l'abandon peut répéter
sa moitié du sol et des matériaux, attendu qu'il
ne l'avait abandonnée que sous la condition sous-

entendue que le voisin réparerait le mur. C'est le cas de l'action dite en droit *condictio causâ datâ, causâ non secutâ* (1).

321. L'utilité publique a fait apporter, dans la législation française, une modification au droit de propriété, qui était généralement inconnue dans la législation romaine, où la mitoyenneté d'un mur ne résultait généralement que de la libre volonté des parties intéressées. Chez nous, tout propriétaire joignant un mur a la faculté de le rendre mitoyen en tout ou partie, en remboursant au maître du mur la moitié de sa valeur, ou la moitié de la valeur de la portion qu'il veut rendre mitoyenne, et moitié de la valeur du sol sur lequel le mur est bâti. (Art. 661.)

On a voulu par-là éviter la construction de murs inutiles, la perte du terrain qu'ils auraient occasionée, et surtout rendre les villes plus sûres et d'un aspect plus agréable.

322. Le propriétaire du mur ne pourrait alléguer, pour se dispenser de céder la mitoyenneté, que le mur existe depuis plus de trente ans; car c'était une pure faculté qu'avait le voisin de l'acquérir, et contre laquelle la prescription n'a jamais pu courir. (Art. 2232.)

Il en serait de même quoique le mur eût été

---

(1) Pothier, *Contrat de société*, n° 221, et MM. Delvincourt et Toullier le décident de la même manière.

précédemment mitoyen ; celui qui aurait fait l'a-
bandon de son droit pour se dispenser d'en supporter plus long-temps les charges, pourrait toujours recouvrer la mitoyenneté en payant la moitié
du sol et des matériaux. Il est comme celui qui n'a
jamais eu de droit au mur.

323. Comme c'est une pure faculté, le propriétaire du mur ne pourrait contraindre le voisin à
en acquérir la mitoyenneté, à lui rembourser pour
cela la moitié de sa valeur.

C'est incontestable dans les lieux où la clôture
n'est pas forcée ; mais dans ceux où elle l'est,
M. Pardessus (n° 152) pense que le propriétaire du
mur peut contraindre le voisin à lui payer la moitié de sa valeur actuelle dans toute la partie qui sert
à la clôture commune, jusqu'à la hauteur prescrite. C'était aussi l'avis de Desgodets et de son
annotateur Goupy, sur l'art. 194 de la Coutume de
Paris, n° 11.

M. Toullier dit, dans une note placée sous le
n° 198 du 3e volume de son ouvrage, 3e édition,
qu'il ne peut se rendre à l'opinion de M. Pardessus
et de Goupy, *parce qu'elle est contraire à l'article 661 , qui permet de n'acquérir la mitoyenneté
qu'en partie.*

C'est une suite de l'opinion de cet auteur sur le
sens de l'art. 663 ; mais il est clair que l'art. 661
est aussi une disposition générale, comme celle de
l'art. 656, et qu'elle ne fait non plus aucun préju-

dice à l'application de la disposition spéciale sur la clôture forcée. Quand une loi, interprétée dans un certain sens, serait en opposition avec une autre loi, mais que, entendue avec une distinction qu'elle ne repousse point, qu'elle sollicite même, les deux lois se concilient parfaitement, nous avons déjà eu occasion de le dire, on ne doit pas balancer à adopter ce dernier mode d'interprétation. D'après cela, on doit donc entendre la disposition de l'article 661 de tous les cas où la portion que l'on veut rendre mitoyenne ne fait point partie d'une clôture forcée; et quand, au contraire, la clôture élevée par l'un des voisins était forcée, comme il a fait aussi l'affaire de l'autre en faisant la sienne, il a l'action de gestion d'affaire pour être indemnisée. Goupy voulait qu'il ne l'eût pas pour la moitié du terrain; mais comme cette distinction entre le terrain et les déboursés ne reposent sur rien de solide, il doit l'avoir pour le tout; sauf à apprécier cette partie de terrain en conséquence, c'est-à-dire, non pas en raison de la valeur qu'elle avait pour celui qui l'a fournie, mais en raison de ce que vaut pour le voisin la partie qu'il a été ainsi dispensé de fournir.

324. Il faut, d'après la loi, pour que la faculté d'acquérir la mitoyenneté ait lieu, que celui qui veut l'exercer joigne immédiatement le mur : d'où il suit que si, nonobstant la présomption du Code, que chacun est censé avoir construit à l'extré-

mité de son terrain, il est prouvé que *ce mur est séparé du fonds* voisin par un espace quelconque, comme un chemin, un ruisseau, un égout, etc., le voisin n'a pas le droit d'exiger la cession de la mitoyenneté; car la loi n'oblige point de la céder sur un autre terrain que le sol sur lequel repose le mur; et sans la communauté du terrain intermédiaire, celle du mur ne pourrait ni s'exercer, ni avoir les avantages qu'elle doit procurer.

325. Mais la circonstance que le propriétaire du mur joignant immédiatement le terrain d'autrui, y aurait pratiqué les jours à fer maillé et verre dormant autorisés par les art. 676 et 677, ne serait point un obstacle à ce que le voisin pût exiger la cession de la mitoyenneté, et pût ensuite faire boucher les jours, quand bien même il ne jugerait pas à propos de bâtir contre le mur, et qu'il serait allégué et prouvé qu'ils ne lui nuisent pas dans l'état actuel des choses. La loi n'a point fait exception pour ce cas; elle porte d'une manière absolue: 1°, que tout propriétaire joignant un mur a la faculté de le rendre mitoyen (art. 661); et 2°, que l'un des voisins ne peut, sans le consentement de l'autre, pratiquer dans le mur mitoyen aucunes fenêtres ou ouvertures, en quelque manière que ce soit, même à verre dormant (art. 675). Par la même raison, une fois que ce mur est devenu mitoyen, l'un des copropriétaires ne peut, sans le

consentement de l'autre, maintenir ceux qui s'y trouvent (1).

Il importerait peu que ces jours subsistassent depuis plus de trente ans; la tolérance de la loi est comme celle des particuliers, elle ne fonde ni titre, ni possession, ni prescription (2).

La prescription n'a pu courir, parce que le voisin ne pouvait empêcher l'exercice des jours dont il s'agit, et que c'était d'ailleurs une pure faculté de sa part d'acquérir ou non la mitoyenneté; or, les actes de pure faculté ne fondent ni possession ni prescription (art. 2232). Le laps de trente ans n'a rien pu ajouter au droit qu'avait celui des voisins qui a pratiqué ces jours, puisque ce droit était plein et parfait dès le principe, en vertu de la seule disposition de la loi.

326. Il se présente toutefois une grave difficulté quand les jours existans depuis plus de trente ans ne sont pas de ceux autorisés par la loi, mais bien, par exemple, des fenêtres ouvrantes : le voisin qui joint immédiatement le mur dans lequel elles se

---

(1) *Voy.* les arrêts des 1er décembre 1813, et 5 décembre 1814. Sirey. 14-1-95, et 15-1-49.

(2) Ce principe a été reconnu par arrêt de cassation au sujet d'une prescription invoquée mal à propos dans un cas où celui qui l'invoquait n'avait fait qu'user d'un droit attribué à la propriété par un statut local, chose que le voisin ne pouvait empêcher. Du 31 décembre 1810. Sirey. 11-1-81. Nous aurons, dans la suite, occasion de rapporter cet arrêt et de le combattre sous un autre point de vue.

trouvent, peut-il s'en faire céder la mitoyenneté, bâtir contre le mur, et faire ainsi boucher les fenêtres?

Que l'on suppose aussi que l'un des voisins ait pratiqué depuis plus de trente ans, dans le mur de son bâtiment, des jours semblables, que les deux fonds soient séparés par un mur mitoyen, et que le bâtiment se trouve à une distance moindre que celle qui est prescrite par la loi pour y avoir des fenêtres d'aspect ou des jours obliques donnant sur l'héritage du voisin : ce voisin pourra-t-il, nonobstant l'existence de ces fenêtres, faire exhausser le mur mitoyen quand bien même il nuirait par-là aux jours?

Dans les deux cas on convient unanimement que, si celui qui a pratiqué les jours rapporte un titre, quelle qu'en soit la date, ou s'il peut invoquer la destination du père de famille, le voisin ne peut rien faire contrairement au titre ou à cette destination; qu'il ne peut, conséquemment, bâtir contre le mur dans lequel sont pratiqués les jours, ni le rendre mitoyen, si ce n'est jusqu'à la hauteur des fenêtres, sans pouvoir nuire d'ailleurs à l'exercice de la servitude de vue.

On dit aussi que si le titre ne s'explique pas, ce voisin doit au moins laisser 6 pieds de distance s'il s'agit de fenêtres d'aspect, et 2 pieds s'il s'agit de jours obliques. Nous reviendrons dans la suite sur ce point.

Mais s'il n'y a ni titre ni destination du père de

famille, on prétend que le voisin ne peut, à la vérité, exiger purement et simplement que les fenêtres, existant depuis plus de trente ans, soient bouchées, même dans le cas où le mur dans lequel elles sont pratiquées joindrait immédiatement son fonds, mais qu'il peut bâtir tout contre ce mur et boucher ainsi les jours, même acquérir la mitoyenneté, et user ensuite de la faculté qu'elle donne d'élever un bâtiment contre le mur, encore que, de cette manière, les jours dont il s'agit fussent totalement obstrués (1).

La question s'est présentée dans la seconde hypothèse, et il a été décidé, d'abord par la Cour d'Amiens, et ensuite par la Cour de cassation, mais par simple arrêt de rejet (2), que le voisin pouvait, nonobstant l'existence des jours depuis plus de trente ans, exhausser le mur mitoyen, et bâtir contre, encore qu'il rendît ainsi presque inutiles ces mêmes jours.

---

(1) Tel est le résultat de l'opinion qu'exprime M. Toullier, au tome III, nº 536, de son ouvrage, d'après M. Merlin, dont il reproduit presque littéralement la doctrine sur ce point.

Il faut bien tomber d'accord, en effet, que si le voisin peut bâtir joignant le mur et obstruer ainsi les jours, il n'y a plus de raison pour lui refuser le droit d'acquérir la mitoyenneté, mais cette conséquence, qui rendrait absolument illusoire la prescription acquise, démontrerait seule le vice du système que nous allons combattre.

(2) Du 10 janvier 1810. Sirey. 10-1-176. La Cour d'Angers a aussi jugé dans le même sens et par les mêmes motifs, le 12 avril 1826 (Sirey, 27-2-14), mais en reconnaissant néanmoins que la prescription aurait eu le même effet qu'un titre constitutif de servitude, si la possession trentenaire avait eu lieu depuis une contradiction opposée par le possesseur.

Ces décisions, que nous croyons devoir combattre, méritent d'être analysées, à raison de l'importance de la question; car il est un nombre infini de propriétaires qui ont un droit de vue sur le fonds d'autrui, et dont les titres sont égarés ou perdus, ce qui ne leur laisse d'autre ressource que le recours à la prescription, qui, en général, est présumée fondée sur le consentement antérieur de celui à qui on l'oppose, ou de son auteur, et qui cependant ne produirait, comme on le voit, dans ce système, que des effets pour ainsi dire insignifians.

Dans l'espèce, le sieur Morant, propriétaire d'une maison située à Amiens, avait pratiqué depuis plus de trente ans, et même depuis plus de quarante, des jours obliques, mais à fenêtres ouvrantes, sur le fonds du sieur Herbet-Carpentier, son voisin.

On est convenu, dans la cause, que la coutume locale autorisait l'acquisition, par la prescription, du droit de maintenir ces jours.

Un mur mitoyen de 9 à 10 pieds d'élévation, et situé seulement à 6 pouces du mur de la maison dans laquelle étaient les fenêtres, séparait les deux héritages.

Ce mur fut démoli d'un commun accord, mais, lors de sa reconstruction, Herbet-Carpentier voulut l'exhausser; et un rapport d'experts décida que Morant avait des fenêtres à 6 pouces du mur mitoyen, et que ces fenêtres n'étant point autorisées par la coutume, ne pouvaient exister que *jure servitutis* et non *jure dominii;* ce qui était parfaitemen vrai, selon nous.

Procès. Jugement du tribunal civil d'Amiens qui décide, après un interlocutoire, rendu pou constater quelle était la hauteur du mur avan sa démolition, que ce mur serait rétabli tel qu'i était auparavant, et fait défense à Carpentie de l'exhausser, attendu qu'il nuirait, de cette ma nière, aux jours acquis à Morant par la prescrip tion.

Appel par Carpentier, et réformation du juge ment par ces principaux motifs : 1° La Cour re connaît que Morant a bien *acquis*, il est vrai, *pa une possession de plus de trente ans, le droit d conserver ses fenêtres à la distance où elles se trou vent du mur mitoyen;* que Carpentier n'a plus celu de forcer Morant à les reculer ou à les boucher mais, 2°, que ce dernier n'a pas pour cela acqui sur Carpentier la servitude rigoureuse *de non altiù tollendo*, à l'effet de pouvoir l'empêcher d'éleve le mur mitoyen, contrairement à la dispositior générale de l'art. 658, surtout si celui-ci le fait comme il le déclare, pour bâtir contre ce mur 3° que les lois romaines et les anciennes coutume mettaient une grande différence entre ces deux sortes de servitudes, etc.

Pourvoi en cassation de la part de Morant, mai que M. Merlin parvint à faire rejeter par des mo tifs qui, nous l'avouerons, ne nous ont point per suadé (1), quoiqu'ils aient servi généralement de base au système que nous combattons, et qui a été suivi par plusieurs jurisconsultes, aux lumières desquels nous nous plairons toujours à rendre justice, tout en n'adoptant pas quelquefois leur sentiment.

M. Merlin est parti de ce point, que le droit naturel donne à un propriétaire la faculté de faire sur son fonds tout ce que bon lui semble, pourvu qu'il ne fasse rien sur celui du voisin; que, notamment, le maître d'un bâtiment joignant même immédiatement l'héritage d'autrui, peut, d'après ce droit, y pratiquer des jours libres comme il l'entend.

A la vérité, continue M. Merlin, les lois ont restreint cette faculté; mais en cela elles ont établi une servitude passive, une servitude négative sur chaque fonds, au profit de ceux qui l'entourent, servitude dont on s'affranchit par la prescription, en faisant des actes contraires, mais sans acquérir pour cela une servitude affirmative sur le fonds du voisin, attendu que c'est une maxime certaine que l'on ne prescrit que ce que l'on a possédé, ce dont on a joui : *quantum possessum, tantum præscriptum;* et que puisqu'il serait absurde qu'un débiteur affranchi de sa dette par la prescription pût prétendre avoir acquis par-là une créance sur son créancier, de même il serait contraire aux principes de dire que celui qui est maintenant libéré

(1) *Voy.* le Supplément aux *Questions de droit*, au mot *Servitude.*

de la servitude légale qui grevait son fonds, a acquis une servitude sur celui du voisin, à l'effet de pouvoir empêcher ce dernier de bâtir sur son terrain ; enfin que de ce que ce dernier n'a point bâti joignant le mur, il n'en faut rien conclure contre lui puisqu'il n'a fait en cela qu'user d'une pure faculté et que les actes de pure faculté, suivant la doctrine de Dumoulin (1), que rapporte en cet endroit M. Merlin, ne fondent ni possession ni prescription, comme nous l'avons nous-même dit bien souvent.

Ainsi, ce savant jurisconsulte n'a vu dans l'existence des jours pendant trente ans, que la libération d'une servitude légale, d'une servitude négative, et la restitution du fonds à son état de liberté naturelle ; et il donnait en preuve de la justesse de sa théorie, la place qu'occupent les art. 676—677—678—679, qui se trouvent, en effet, sous la rubrique *des servitudes établies par la loi.*

Il citait aussi à l'appui de son système, ce que disait M. l'avocat-général Chauvelin à l'audience du parlement de Paris, du 6 février 1710 ; mais comme il s'agissait dans la cause, d'une fenêtre élevée à 13 pieds du sol qu'elle éclairait, et que la coutume du lieu autorisait ; d'un jour, en un mot, pratiqué *jure dominii*, et non *jure servitutis*, M. Merlin, à qui cette différence énorme ne pouvait échapper, s'efforce de répondre à l'objection qu'on en

(1) Voy. *suprà*, n° 158.

pouvait tirer contre la justesse de sa citation, en disant que le sieur Morant aussi « avait pratiqué « ses fenêtres *jure proprietatis;* qu'il n'avait pu les « ouvrir *jure servitutis*, puisque, en se libérant par « la prescription d'une servitude passive, il n'avait « point acquis de servitude active sur le fonds du « voisin. »

Il est bien évident que M. Merlin s'est fait illusion sur ce point; car lorsque Morant a établi les jours dont il s'agit, son fonds, pour nous servir des expressions de ce jurisconsulte, n'était point encore libéré de la servitude négative qui le grevait; il ne l'a été qu'au bout de trente ans; conséquemment, lorsqu'il a établi les fenêtres, il ne le faisait pas *jure dominii*, puisqu'alors la loi le lui défendait; il ne pouvait en effet les établir que par l'effet d'une concession du voisin. Le cas dans lequel il s'est trouvé est donc bien différent de celui sur lequel M. Chauvelin a porté la parole; et il n'y avait, dès lors, aucun argument à tirer de la doctrine exposée par ce magistrat. Nous tombons nousmême d'accord que, quand il ne s'agit que de jours autorisés par la loi, ils ne font jamais obstacle à ce que le voisin acquière la mitoyenneté du mur, et les fasse ensuite boucher.

M. Merlin, et après lui M. Toullier, ne nous paraît pas plus heureux dans la citation qu'il fait de l'art. 9 de la coutume du Nivernais, au titre *des servitudes réelles*, et qui était ainsi conçu : « Si en « mur propre et non commun est fait vue ouverte

V.   23

« ou fenêtre au préjudice de son voisin, icelui voi-
« sin y peut pourvoir par bâtiment fait au con-
« traire, ou par autre voie de droit, sinon qu'il y
« eût titre au contraire, *ou possession après con-*
« *tradiction, en laquelle le contredisant fût demeuré*
« *paisiblement pendant trente ans.* »

Car il résulte de ce texte tout le contraire de ce
que veut prouver M. Merlin; il résulte, disons-
nous, que la servitude de vue pouvait s'acquérir
par prescription, non pas seulement à l'effet de
libérer le fonds de la prétendue servitude négative,
qui consistait à n'avoir pas des jours à telle ou telle
distance du voisin, mais bien à l'effet aussi d'empêcher que ce dernier ne pût rien faire qui rendît
les jours inutiles, soit *en bâtissant contre le mur*,
soit en agissant par *autres voies de droit*; et c'était
évidemment l'acquisition d'une servitude active,
comme dans les cas ordinaires. La prescription ne
commençait, il est vrai, à courir que du jour où il
y avait eu contradiction de la part du voisin; mais
qu'est-ce que cela fait à la question en l'agitant en
principe? Car la prescription n'en courait pas moins
à partir de cette époque, et avec toutes les conséquences attachées à une servitude constituée par
titre. Cette disposition particulière, relative au
point de départ de la prescription, et qu'on ne
retrouvait pas dans les autres coutumes, ne saurait
être d'ailleurs citée comme le droit commun, et
surtout comme preuve que la prescription n'opérait que la libération du fonds de celui qui pouvait

l'invoquer, puisqu'au contraire elle opérait *l'acquisition* d'une servitude véritable sur le fonds du voisin. Dans d'autres pays, ceux dans lesquels les servitudes s'acquéraient par prescription comme par titre, la prescription commençait à courir du jour de l'établissement des ouvertures non autorisées par la loi, parce qu'on supposait, avec raison, que le voisin qui les souffrait avait donné son consentement à ce qu'elles fussent pratiquées; et son silence pendant trente ans, quand d'ailleurs la possession réunissait tous les caractères exigés par la loi, et que le cours de la prescription n'avait point été interrompu pour minorité ou autre cause, transformait cette supposition en présomption légale, qui équipolait à une constitution de servitude par titre. Le Code a confirmé les anciens principes à cet égard. Il admet l'acquisition, par le moyen de la possession de trente ans, des servitudes continues et apparentes (art. 690), et il range au nombre des servitudes de cette espèce, celle de vue (art. 688—689): il ne fait aucune exception, et cependant, en réalité, cette servitude, dans le système contraire, s'évanouirait totalement quand le mur où seraient pratiquées les fenêtres joindrait le fonds du voisin, puisque celui-ci pourrait acquérir la mitoyenneté et les faire boucher, contre le vœu bien formel de l'art. 701. Ainsi, dans ce système, l'on est forcé de dire, nonobstant la généralité des termes de cet art. 690, que la servitude de vue, quoique conti-

nue et apparente de sa nature, ne s'établit pas par
la prescription, ou du moins que si elle s'établit
de cette manière comme par titre, celui qui en est
grevé peut arbitrairement la rendre vaine et illusoire, tandis qu'il ne le pourrait pas s'il y avait
titre. On crée, de la sorte, une différence énorme
entre deux modes d'acquisition, que la loi, à
l'égard de ces sortes de servitudes, a mis sur la
même ligne; et cela, par une véritable confusion
de principes, par la supposition erronée, comme
on va le voir, que la servitude de vue ne peut pas
s'acquérir, si l'on n'acquiert pas aussi celle *non
altiùs tollendi*, d'où l'on conclut, mal à propos,
qu'il y a lieu d'appliquer à ce cas la règle *quantum
possessum, tantum prescriptum*.

Mais c'est surtout en ne voyant dans l'existence
des jours depuis plus de trente ans que la libération
d'une servitude légale, et la restitution du fonds à son
état de liberté naturelle, que la doctrine de M. Merlin nous paraît plus spécieuse que solide, quoiqu'elle ait été, nous en conviendrons, enseignée par
d'autres bien avant lui.

Sans doute, le droit de propriété consiste principalement dans la faculté de faire de sa chose l'u-
sage que l'on croit devoir en faire; à l'égard d'un
fonds en particulier, il consiste dans la faculté de
faire sur ce fonds toute espèce de construction,
même quand elle incommoderait le voisin, pourvu
que l'on ne mette ou que l'on ne jette rien chez
celui-ci : *unumquemque in suo quidvis facere posse,*

vel cum incommodo alterius, modò in alienum nihil immittat (1). Mais la loi, qui n'est que l'interprète de la raison, et l'expression des intérêts et des besoins de tous, a limité l'exercice du droit de propriété dans plusieurs cas, ou, pour mieux dire, a réglé cet exercice. Elle a songé que ce que pourrait faire l'un, l'autre le pourrait avec la même justice, et qu'il en résulterait de graves inconvéniens pour tous; elle a donc établi diverses dispositions suivant la diversité des lieux. A Athènes, comme nous l'avons dit, la loi de Solon prescrivait à tout propriétaire de fonds de laisser un certain espace entre les travaux ou les plantations qu'il y voulait faire et le voisin; et dans l'empire romain, l'empereur Zénon était allé plus loin encore : par sa constitution, qui est la loi 12 au Code *de ædificiis privatis*, il avait décidé qu'il y aurait, entre deux bâtimens appartenant à différens maîtres, un espace de *douze* pieds, sur lequel ni l'un ni l'autre ne pourrait rien établir, rien édifier.

Que conclure de tout cela? on doit en conclure que l'équité ne permet pas toujours au propriétaire d'un fonds d'y faire ce que bon lui semble (2), même en ne mettant rien dans celui du voisin; que cette liberté naturelle des fonds, entendue dans un sens aussi absolu, n'a jamais existé dans l'état de société; conséquemment, qu'un fonds affranchi

---

(1) Vinnius, d'après la L. 8, §. 5, ff. *si servit. vindic.;* L. 9 ff. *de servit. præd. rust.;* L. 8 Cod. *de servit. et aquâ.*

(2) La L. 9 ff. *de præd. urban.* qui porte : *Cum eo qui tollendo obscu-*

de ce qu'on appelle *servitude légale* ne redevient pas libre, mais acquiert bien plutôt une servitude active sur le fonds voisin, qui n'a plus lui-même la franchise dont il jouissait auparavant, puisqu'il est maintenant obligé de souffrir ce qu'il aurait pu empêcher sans cela ; qu'il le souffre à son détriment, et pour l'utilité de l'autre fonds, ce qui est bien le caractère des véritables servitudes : il est sorti du droit commun.

Par exemple, à l'égard des vues, il est bien certain que si le voisin avait la faculté de pratiquer des fenêtres ouvrantes dans son mur, qui joint immédiatement mon fonds, il aurait de cette manière toute liberté pour voir ce qui se passerait chez moi, qu'il dominerait sur mon terrain en se penchant hors de sa fenêtre (1), et qu'il pourrait y jeter différentes choses nuisibles, sans qu'il me fût toujours possible d'en faire la preuve ; or, il nuirait ainsi à l'exercice de mon droit de propriété, et voilà pourquoi la loi a réglé l'exercice du sien, sans qu'on puisse toutefois en conclure qu'elle l'ait grevé d'une servitude au profit de mon fonds. La servi-

---

rat *a des vicini, nulla competit actio,* n'est pas contraire ; car, 1º cette loi ne statue pas dans l'hypothèse d'une servitude de vue déjà établie : sa disposition n'est qu'un principe ; et 2º, nous convenons sans peine que, même dans le cas d'une servitude de vue, il n'y a pas prohibition absolue de bâtir. Cette loi, que l'on cite dans le système opposé, ne combat donc nullement notre sentiment. On va le voir encore par la citation de deux textes formels qui termineront cette discussion.

(1) *Qui fenestram in pariete suo ponit, aliquid immittit in alienum : quod non licet citrà constitutionem servitutis : imittit enim saltem oculos.* Voy. Duaren, *disput.* 33.

tude de vue, *luminum*, doit s'entendre du droit
d'avoir des ouvertures donnant sur le terrain d'autrui pour recevoir la lumière, et que le voisin ne
peut obstruer. C'est la définition qu'en donne
le jurisconsulte Paul dans la loi 4, ff. *de servitut.
præd. urbanorum : Luminum servitute constitutá,
id acquisitum videtur, ut vicinus lumina nostra ac-
cipiat* (1); or il ne recevrait pas ces jours s'il pouvait arbitrairement les obstruer; si l'on n'avait pas
contre lui, en cas de contravention, une action pour
le contraindre à en souffrir le maintien.

Qu'importe, après cela, que les articles 676 et
suivans soient placés sous la rubrique *des servitudes légales?* Ceux qui règlent les effets de la mitoyenneté y sont bien également placés, et cependant ils n'ont que peu ou point de rapport avec
la matière des servitudes, mais bien avec celle de la
société.

Au surplus, quoique les conclusions de M. Merlin aient été adoptées par le rejet du pourvoi, il
nous semble néanmoins, d'après les termes de l'arrêt, qu'on n'a pas entendu consacrer en tout point
sa doctrine; et même que la Cour de cassation a
évité de s'exprimer positivement sur le véritable
point de la difficulté, considérant l'arrêt de la
Cour d'Amiens plutôt comme ayant jugé en fait,

---

(1) Preuve, comme nous venons de le dire, que la L. 9, ff. *de præd.
urb.* ne suppose pas une servitude acquise; or, les servitudes s'ac-
querraient aussi, en thèse générale, par prescription, dont la durée
a varié, il est vrai, mais ce qui ne fait rien quant au principe.

qu'en droit. C'est ce qu'on va voir assez claire-ment.

« Attendu, sur le premier moyen, que la Cour
« d'appel, en jugeant que Morant, demandeur en
« cassation, avait acquis, par une possession de plus
« de trente ans, la servitude de fenêtres à vue
« oblique sur l'héritage de Carpentier, à une dis-
« tance moindre que celle qui se trouvait fixée par
« la loi, *a déclaré en même temps qu'il n'avait pas*
« *eu cette possession relativement à la servitude* DE
« NON ALTIUS TOLLENDO ; d'où il suit que, d'après la
« règle *tantum præscriptum, quantum possessum,*
« cette Cour d'appel n'a point violé l'article 165
« de la coutume d'Amiens, lorsque, en mainte-
« nant par l'arrêt attaqué, la servitude de fenêtre
« oblique, et en écartant celle *de non altiùs tol-*
« *lendo,* elle a autorisé Carpentier à continuer
« l'exhaussement du mur mitoyen, à la charge de
« payer la dépense de cet exhaussement, et de rem-
« plir les autres conditions prescrites par l'art. 658
« du Code civil. — Attendu, sur le second moyen,
« que dès que la prescription pour la servitude
« DE NON ALTIUS TOLLENDO *était déclarée non ac-*
« *quise,* le propriétaire du mur mitoyen pouvait
« être autorisé à exhausser ce mur, sans qu'il y eût
« violation de l'article 665, ni de l'article 701 du
« Code civil; la disposition du premier de ces deux
« articles n'étant applicable que lorsque la *pres-*
« *cription est acquise,* et celle du second supposant
« que le propriétaire qui fait sur son fonds un

« changement quelconque, *est débiteur de la ser-*
« *vitude :*

« La Cour rejette la demande de Louis Morant
« contre l'arrêt rendu entre lui et Herbet-Carpen-
« tier, par la Cour d'Amiens, le 16 février 1809. »

Ainsi, visiblement, cet arrêt de rejet ne décide
point la question. Il est principalement fondé sur
ce que la Cour d'appel avait *déclaré* que Morant
n'avait pas acquis la servitude *altiùs non tollendi*
sur le fonds d'Herbet-Carpentier. Vraiment non, il
ne l'avait point acquise ; mais faut-il avoir acquis
cette servitude pour pouvoir avoir celle de vue,
luminum ? nullement. Ces deux espèces de servitudes sont bien différentes dans leur étendue, et
même dans leur objet : la Cour d'appel elle-même
l'a reconnu. La servitude *altiùs non tollendi* empêche celui qui en est grevé de bâtir sur son fonds
dans l'étendue déterminée par le titre, ou de bâtir
au-delà de la hauteur convenue ; et si le titre ne
s'explique pas, c'est sur tout le fonds que s'exerce
la servitude ; tandis que celle de vue, *luminum*,
laisse à celui qui en est grevé la faculté de bâtir
sur son fonds ou d'élever ses bâtimens hors de l'é-
tendue ou du point déterminés par le titre ; et si le
titre ne s'explique pas, il peut bâtir partout, pourvu
qu'il laisse un espace suffisant pour que les jours
ne soient point obstrués. Quant à cet espace, on décidait dans notre ancienne jurisprudence que le
voisin devait laisser entre le mur qu'il voulait élever et celui dans lequel étaient les jours, 6 pieds

ou 2 pieds, selon qu'il s'agissait de fenêtres d'aspect ou de jours obliques (1). On pourrait encore suivre la même règle, par une espèce de conséquence des articles 676 et 677. Mais toujours est-il qu'il n'était pas exact de dire, comme l'a fait la Cour d'Amiens, que Morant ne pouvait empêcher Carpentier d'élever le mur parce qu'il n'avait pas acquis sur lui la servitude *de non altiùs tollendo*; car il ne s'ensuivait pas qu'il n'eût pas celle de vue, *luminum*, qui a aussi ses effets indépendans de ceux de cette autre servitude. D'ailleurs la Cour reconnaissait elle-même, et la Cour de cassation après elle, contre la théorie de MM. Merlin et Toullier, que Morant avait *acquis* la servitude de fenêtres obliques, ce qui n'était pas simplement une prescription à l'effet de libérer son fonds de la servitude légale négative, suivant l'opinion de ces auteurs, mais bien une prescription à l'effet d'acquérir.

D'après tous ces motifs, nous pensons que la servitude acquise par prescription doit avoir, en général, le même effet que celle qui est justifiée par titre, attendu que personne n'est présumé négliger la conservation de ses droits, d'où la conséquence est que la prescription fait supposer un consentement ancien entre les parties, dont la preuve aujourd'hui ne peut être rapportée, et que la maxime

_____

(1) Desgodets, sur l'art. 208 de la Coutume de Paris, rapporte deux arrêts rendus au parlement de Paris, qui ont jugé en ce sens.

quantum possessum, tantum præscriptum, ne s'oppose point au maintien des jours avec effet réel, puisque celui qui les a pratiqués a possédé (autant qu'on peut posséder en matière de servitude) tout ce qui était nécessaire à l'exercice du droit. Le voisin pouvait exiger une reconnaissance que ce n'était que pure tolérance de sa part s'il laissait subsister les jours en cet état; et cette reconnaissance attestant une possession précaire de la part de l'autre, la prescription devenait impossible. S'il ne l'a pas exigée, c'est qu'apparemment il ne le pouvait pas, c'est qu'il avait consenti la servitude de vue avec ses conséquences, et on doit croire alors que la possession est moins un moyen d'acquérir le droit que de le conserver.

Tel était l'esprit des lois romaines, dont on a mal à propos invoqué l'autorité dans le système que nous combattons.

La loi 11 ff. *de servit. præd. urban.*, maintient en effet le droit de vue acquis tacitement par l'usage, c'est-à-dire par suite de la disposition des lieux pendant le temps requis pour la prescription : *Qui luminibus vicinorum officere aliudve quid facere contrà commodum eorum vellet, sciat se formam ac statum antiquorum ædificiorum custodire debere.*

La loi 1re au Code *de servit. et aquâ*, est encore plus formelle, s'il est possible. L'empereur Antonin, auteur de ce rescrit, déclare positivement que la jouissance des jours pendant le temps requis pour la prescription est assimilée à la constitution d'une servitude par titre; et en conséquence, *Is qui judex erit, longi temporis consuetudinem vicem servitutis obtinere sciet, modò si is qui pulsatur, nec vi, nec precariò possidet.*

Il est bien clair, d'après cela, que le voisin ne pouvait bâtir contre le mur de manière à obstruer les jours; mais l'autre n'avait pas pour cela acquis la servitude *altiùs non tollendi*, infiniment plus étendue, du moins en général, que celle *luminum*. Il n'y prétendait pas; seulement il voulait que ses fenêtres ne fussent pas obstruées par des constructions trop rapprochées de son mur. Il n'avait pas non plus à se défendre de céder la mitoyenneté; car cette cession forcée n'avait pas lieu, par plus d'une raison, dans les principes de cette législation. Enfin, il est bien évident aussi que ce n'étaient pas des jours pratiqués *more solito*; car, dans ce cas, il n'y aurait pas eu d'acquisition, par la prescription, du droit de les conserver dans leur état, puisque ce droit serait résulté du seul statut local.

Pothier (1) et Vinnius (2) entendent au surplus cette loi comme nous; et ils décident, en conséquence, que la servitude dont il s'agit peut s'acquérir par une jouissance paisible et non précaire. Ils pensent même que c'est une jouissance de dix années seulement (3). Mais ce n'est pas sur ce point

(1) *Ad* Pandectas, tit. *de servit.*, n° 24.
(2) Sur le titre *de servit.*, §. 4, Inst.
(3) Pothier dit en note à cet endroit, en expliquant la loi 10 ff.

que s'élève la difficulté. Nous tombons d'accord que, dans le droit du Code, elle devrait être de trente ans, sans préjudice encore des interruptions de prescription telles que de droit.

327. De ce que le voisin qui joint le mur peut, en principe, en acquérir la mitoyenneté pour partie comme pour le tout, il s'ensuit qu'il peut la réclamer dans toute l'étendue de son fonds ou seulement dans une partie, à l'une, ou même aux deux extrémités du mur, comme au milieu; dans toute son élévation, ou seulement jusqu'à cette hauteur. Mais quelle que soit la partie dont il veut se faire céder la mitoyenneté, elle doit être acquise à partir des fondemens, parce que le propriétaire du mur ne peut être forcé d'en supporter une partie qui ne lui appartiendrait pas en propre. C'est pour cela que, dans toutes les hypothèses, l'article 661 veut que la moitié du sol soit payée.

Cependant on convient généralement (1) que si le propriétaire du mur avait construit auprès, des caves ou une fosse d'aisance, qui eussent exigé des fondemens plus épais et plus profonds que ceux qui seraient nécessaires pour soutenir le mur rela-

---

si servitus vindicetur : Scilicet per decem annos; quod tempus est longæ possessionis. Hoc enim tempore cum qui sciente domino prædii utitur, citrà titulum ullam, servitutem acquirere rectè censent Vinnius et plerique interpretes; quamvis nonnulli dissentiant.

(1) Pothier, *Contrat de société,* n° 250; Desgodets, sur l'art. 194 de la Coutume de Paris, n° 17.

tivement à l'usage auquel le voisin veut l'employer; on convient, disons-nous, que ce dernier ne devrait indemnité, quant aux fondemens, que pour la moitié de la partie qui serait nécessaire au soutien du mur pour cet emploi; sauf, s'il voulait lui-même ensuite construire une cave, une fosse ou un bâtiment auprès de ce mur, à fournir un supplément de prix pour la partie des fondemens devenue nécessaire à cette nouvelle construction.

328. Lorsque la mitoyenneté n'est pas cédée à l'amiable, celui qui la réclame doit faire signifier une sommation de cession avec offre d'un prix suffisant. Si, dans ce cas, le propriétaire du mur ne veut pas faire la cession, le voisin est bien forcé, il est vrai, de former une demande en justice, mais les frais de l'expertise qui sera ordonnée, ainsi que ceux de la demande, doivent être à la charge de ce propriétaire, si l'offre est jugée suffisante, conformément à la règle générale que toute partie qui succombe doit supporter les dépens. (Art. 130, Code de procéd.) (1)

Que si, au lieu d'offrir une somme, le voisin demande simplement à acquérir la mitoyenneté suivant la valeur, à dire d'experts, il doit suppor-

---

(1) C'est aussi l'avis de M. Favard, qui tire argument des art. 524 et 525 du même Code. On peut également tirer argument de l'article 1716 du Code civil, qui met évidemment les frais de l'expertise à la charge du propriétaire lorsque le prix déclaré par le locataire n'est point inférieur à l'estimation des experts, puisque c'est dans le cas contraire qu'ils restent à la charge du locataire.

ter les frais de l'expertise, parce qu'il n'en est pas de ce cas comme de celui de bornage, où l'opération a lieu dans l'intérêt des deux parties; ici elle n'a lieu que dans l'intérêt de celui qui réclame la mitoyenneté, et le propriétaire du mur doit être rendu parfaitement indemne : or, il ne le serait pas, s'il était obligé de supporter une partie des frais. Si nous décidons le contraire dans le premier cas, c'est parce que c'est sa faute d'avoir, par son refus mal fondé, donné lieu au procès et aux frais de l'expertise.

329. Il convient de voir maintenant quels sont les actes que la mitoyenneté permet à chacun des copropriétaires, et ceux qu'elle leur interdit.

Tout copropriétaire peut faire bâtir contre un mur mitoyen, et y faire placer des poutres ou solives dans toute l'épaisseur du mur, à 54 millimètres (deux pouces) près, sans préjudice du droit qu'a le voisin de faire réduire à l'ébauchoir la poutre ou les solives jusqu'à la moitié du mur, dans le cas où il voudrait lui-même asseoir des poutres ou solives dans le même lieu, ou y adosser une cheminée. (Art. 657.)

Celui qui veut adosser au mur une cheminée, âtre, forge, four ou fourneau, est toutefois obligé de faire le contre-mur que prescrivait la Coutume de Paris (art. 189), et que prescrit également le Code, soit que le mur soit mitoyen ou non. (Art. 674.)

Puisque tout copropriétaire d'un mur mitoyer peut faire bâtir contre, il peut non-seulement y adosser une maison pour l'habitation, mais encore une grange, un hangard, un cuvage, etc.; il peut à plus forte raison, y appliquer un treillis d'espalier, y faire des peintures, y placer un cadran solaire.

Mais le voisin d'un mur non mitoyen ne peut rien appliquer contre, à clous, ou autrement : ainsi il n'a pas le droit d'y clouer même un treillis pour soutenir un espalier.

330. Le copropriétaire d'un mur mitoyen peut le faire exhausser comme bon lui semble, pourvu qu'il ne le fasse pas d'une manière dangereuse, ou par pure malice, par exemple, pour priver le voisin d'une vue ou d'un aspect, sans vouloir lui-même faire servir le surhaussement au soutien d'un bâtiment, ou à tout autre objet utile : *malitiis non est indulgendum.*

Celui qui fait exhausser le mur doit payer seul la dépense de l'exhaussement, les réparations d'entretien au-dessus de la hauteur de la clôture commune, et en outre l'indemnité de la charge, en raison de l'exhaussement, et suivant la valeur. (Art. 658.)

Et si le mur n'est point en état de supporter l'exhaussement, celui qui veut l'exhausser doit le faire reconstruire en entier à ses frais, et l'excédant d'épaisseur doit se prendre de son côté

(art. 659). Alors, il n'a pas de surcharge à payer, comme dans le cas où il n'a pas fait reconstruire le mur et fourni un excédant d'épaisseur de son côté. C'était l'avis de Pothier, et la combinaison des art. 658 et 659 ne permet pas de douter qu'on n'ait voulu l'adopter, puisque l'un de ces articles consacre l'obligation de payer la surcharge, et que l'autre n'en parle pas.

Il faut remarquer que le mur ne sera pas moins mitoyen dans toute son épaisseur, quoique celui qui l'a fait reconstruire ait pris sur son sol pour cette reconstruction ; c'était la condition attachée à la faculté que lui donnait la loi.

331. Si le mur sert à un bâtiment appartenant à l'autre copropriétaire, comme il peut y avoir nécessité de déplacer la partie du toit qui le couvre, afin de faire l'exhaussement, le voisin est obligé de souffrir ce déplacement, quand même il s'étendrait quelque peu au-delà du mur, de son côté ; sauf à l'autre à rétablir à ses frais, et dans un délai raisonnable, le bâtiment du voisin en parfait état de couverture dans cette partie. Et s'il a fallu étayer ce bâtiment, celui-ci doit être également affranchi de tous frais faits pour cela.

Il aurait également le droit d'exiger le rétablissement des treillages, berceaux, pavillons, cheminées et autres objets qui étaient adossés au mur, et qu'on a été obligé de détruire ou détériorer pour reconstruire le mur afin de l'exhausser, ou

V.   24

même simplement pour opérer cet exhaussement (1) ; car il ne doit pas souffrir d'une opération faite uniquement dans l'intérêt de son copropriétaire. Lui aussi avait le droit d'adosser au mur
les objets dont il s'agit, et le fait du copropriétaire
ne doit point lui nuire (2).

Il en serait autrement si la reconstruction avait
lieu dans un intérêt commun : chacun rétablirait à
ses dépens les objets qu'il avait adossés au mur.

---

(1) Desgodets, sur l'art. 196 de la Coutume de Paris, n₀ 5. M. Toullier, n° 208.

(2) M. Toullier, qui décide, comme nous, que les berceaux, etc.,
adossés au mur doivent être rétablis, pense le contraire à l'égard des
peintures et autres ornemens que le voisin avait placés contre le mur,
par la raison, dit-il, qu'il n'y a pas lieu à indemnité quand le dommage n'a été occasioné que par l'exercice d'une faculté légale, dont
le voisin a dû prévoir les conséquences. Il n'est pas besoin de démontrer que ce raisonnement s'appliquerait tout aussi bien aux berceaux,
treillages et cheminées adossés au mur, qu'aux peintures et sculptures.
Mais pour ces derniers objets, M. Toullier s'appuie de l'autorité de
Domat, qui dit, en effet, liv. 1, tit. xii, sect. 4, n° 4 ; et liv. ii, tit. viii,
sect. 3, n° 5, qu'il n'y a lieu, pour les peintures et sculptures, ni au rétablissement ni à l'indemnité : Domat cite à cet égard la L. 13, §. 1, ff.
de servit. præd. urban., qui dit précisément le contraire, en modérant
toutefois l'indemnité sur le pied de la valeur des peintures ordinaires :
*Parietem communem incrustare licet, secundùm Capitonis sententiam ; si-
cut licet mihi protiosissimas picturas habere in pariete communi. Cæterùm si
demolitus sit vicinus, et ex stipulatu damni infecti agatur, non pluris quàm
vulgaria tectoria æstimari debent; quod observari et incrustatione oportet.*
M. Toullier entend cette loi d'une démolition faite par la faute du
copropriétaire; mais il convient du moins que, d'après ce texte, il y a
lieu à indemnité : seulement qu'on ne doit pas faire une estimation
exacte du dommage. C'est, en effet le sens de la loi; et il y avait
lieu aussi à indemnité, encore que le copropriétaire n'eût démoli le
mur que pour mieux le reconstruire, ou pour pouvoir l'exhausser.
C'est donc à tort que Domat la cite à l'appui de sa décision, quoique
nous l'adoptions d'ailleurs en principe.

Il ne serait point dû non plus d'indemnité au voisin pour les embarras et la gêne momentanée que pourrait lui causer l'exhaussement, quoique fait par l'autre dans son seul intérêt : c'est une charge de la communauté, une servitude légale ; pourvu que le tout eût lieu sans malice ni négligence.

Pothier (n° 215) va plus loin encore ; il décide, avec Desgodets, et contre le sentiment de Goupy, que si le voisin est un paumier, qui tient de son côté, contre le mur mitoyen, son jeu de paume, celui qui fait reconstruire le mur ne lui doit point d'indemnité pour le temps pendant lequel ce jeu de paume n'a pu lui servir. Par la même raison, il n'en serait point dû, dans le cas de l'exhaussement du mur, si le voisin tenait chez lui un billard dont il n'aurait pu faire usage pendant le temps nécessaire à l'opération. « La loi, dit Pothier, me « donnant le pouvoir de reconstruire le mur com- « mun, pour l'exhausser, ne m'oblige qu'à payer « les frais de cette reconstruction et de cet exhaus- « sement, et on ne peut pas m'obliger à autre « chose ; l'état de maître paumier qu'a le voisin ne « peut pas me rendre plus onéreux mon droit de « communauté au mur. La privation du profit de « son jeu de paume, qu'il souffre pendant le temps « nécessaire, n'est point un tort que je lui cause ; « car ce n'est pas faire tort à quelqu'un que d'user « de son droit. » Ainsi Pothier n'admettait aucune indemnité pour les profits cessans.

M. Toullier est aussi de cet avis, mais il dit que le temps nécessaire pour faire les ouvrages, et qu'il serait prudent de faire déterminer par experts quand ils ne sont point entrepris du consentement du voisin, ne devrait, par argument de l'art. 1724, point excéder quarante jours, et qu'après ce délai il serait dû indemnité, attendu qu'il serait d'une injustice frappante que le voisin pût être forcé d'indemniser lui-même ses locataires, sans pouvoir cependant recevoir d'indemnité.

M. Toullier n'a pas assez remarqué la différence qu'il y a entre l'un et l'autre cas. Quand le locataire réclame une indemnité pour privation de jouissance pendant plus de quarante jours, c'est parce que le locateur ne remplit pas, à son égard, ses obligations personnelles, qui sont de le faire jouir de la chose ; il réclamerait *sine causâ* le prix de la location pour ce temps de non-jouissance. Au lieu que dans le cas de mitoyenneté, le voisin est obligé par la loi et par l'effet de la communauté, à souffrir la reconstruction et l'exhaussement du mur ; et l'indemnité qu'il réclamerait ne serait fondée sur aucune cause, tant que le délai nécessaire à l'opération ne serait point écoulé. Or, la loi n'en ayant point déterminé, ce n'est plus qu'une question de fait. Le sentiment de Goupy, qui pensait que, dans tous les cas où les changemens n'étaient opérés par l'un des copropriétaires que dans son intérêt particulier, le tort qu'ils causaient à l'autre devait être réparé, était peut-être plus conforme à l'équité; mais il est bien certain qu'il n'était pas aussi parfaitement en harmonie avec les principes, que celui de Desgodets et de Pothier, et qu'il n'a point été adopté par le Code, puisque le Code n'oblige celui qui fait les changemens autorisés qu'à supporter seul les frais faits *propter rem ipsam*, et non à indemniser le voisin pour la privation de jouissance de certaines parties de son bâtiment pendant le temps nécessaire à l'opération.

Néanmoins on a jugé à Paris (1), dans un cas où le copropriétaire avait des cheminées adossées au mur mitoyen, que celui qui avait fait l'exhaussement devait aussi exhausser à ses frais ces cheminées, qui ne rendaient plus la fumée comme auparavant. On s'est fondé sur la règle générale que tout fait quelconque de l'homme qui nuit à autrui oblige celui par la faute duquel il est arrivé à le réparer. (Art. 1382.)

Mais cette règle n'est point applicable quand celui qui a commis le fait avait le droit de le commettre, car alors c'est le cas de dire *qui jure suo utitur, neminem lædit :* or le droit d'exhausser le mur était incontestable. Il est vrai que, dans l'espèce, celui qui l'avait exhaussé avait aussi fait déborder son toit sur le mur, de manière à causer un refoulement de la fumée dans les cheminées du voisin; mais ce fait ne pouvait, selon nous, donner lieu qu'à la condamnation de supprimer l'avance-

_____

(1) Le 4 mai 1813. — Sirey, 14—2—88.

ment et aux dommages-intérêts pour le préjudice souffert jusqu'alors, et nullement à celle d'exhausser les cheminées. Ce n'était pas là simplement ordonner le rétablissement de choses détruites ou dégradées dans l'opération de la reconstruction du mur, comme dans les cas précédens ; c'a été un véritable nouvel œuvre imposé au copropriétaire, qui cependant n'avait fait qu'user de son droit en ce qui touchait l'exhaussement du mur.

332. L'indemnité de surcharge s'estimait, d'après l'art. 197 de la coutume de Paris, sur le pied du coût d'une toise sur six de tout ce qui excédait la partie mitoyenne ; et cette indemnité était payée à chaque fois qu'il devenait nécessaire de reconstruire cette même partie. Le Code se borne à dire qu'elle sera payée *en raison de l'exhaussement et suivant sa valeur* (art. 658), ce qui est bien vague ; car, que fait la valeur de l'exhaussement, relativement à la dégradation plus prompte qu'il doit causer à la partie mitoyenne ? On pourrait donc prendre pour base générale la disposition de la coutume de Paris, sauf à s'en écarter en plus ou en moins suivant les circonstances.

333. La Cour de Douay a jugé (1) que celui qui a fait à ses frais l'exhaussement d'un mur mitoyen n'a pas pour cela le droit de pratiquer, dans la nouvelle portion, les jours à fer maillé et verre

_____

(1) Le 17 février 1810.— Sirey, 13—2—19.

dormant autorisés par les art. 676 et 677 en faveur du propriétaire d'un mur non mitoyen joignant même le terrain d'autrui, et que pour les faire boucher, le voisin n'a pas besoin d'offrir la moitié des déboursés, d'acquérir la mitoyenneté du surhaussement.

La Cour s'est fondée sur ce que ce droit est une servitude, qui, comme telle, n'est pas susceptible de s'appliquer, par extension, à un autre cas que celui prévu par la loi : or, a-t-elle dit, le cas prévu par la loi est celui où l'on est propriétaire exclusif du mur; tandis que, dans l'espèce, le mur est mitoyen dans l'une de ses parties.

Cette doctrine nous paraît infiniment subtile, et même contraire à l'esprit de la loi. Il est en effet incontestable que celui qui a fait l'exhaussement est propriétaire exclusif de la nouvelle portion du mur : cela est démontré par l'art. 660, qui autorise le voisin qui n'y a pas contribué à en acquérir la mitoyenneté en payant la moitié de la dépense de ce qu'il a coûté, et la valeur de la moitié du sol fourni pour l'excédant d'épaisseur, s'il y en a. Jusque-là l'autre est donc propriétaire exclusif du surhaussement, et comme c'est dans le surhaussement qu'il a pratiqué les jours, il les a réellement pratiqués dans un mur qui est à lui. Sous ce rapport, il est dans les termes de l'art. 676, qui ne dit pas qu'il faut être propriétaire exclusif du mur depuis sa base jusqu'à son sommet, mais qui dit simplement qu'il faut être propriétaire du mur dans lequel on veut percer les jours, ce qui a lieu dans le cas dont il s'agit. Pour être conséquent dans le système de la Cour de Douay, il faudrait également décider, lorsque les divers étages d'une maison appartiennent à plusieurs divisément, qu'aucun des propriétaires, pas plus celui du rez-de-chaussée que celui de l'étage supérieur, n'a le droit de pratiquer de pareils jours; car aucun d'eux n'est propriétaire exclusif du mur dans le sens que l'entend cette Cour; et cependant nous voyons dans l'art. 664 que chacun contribue aux réparations et reconstructions des gros murs dans la proportion de la valeur de l'étage qui lui appartient; ce qui indique bien que les différentes parties du mur sont, en quelque sorte, des dépendances de chaque étage. Or, irait-on jusqu'à contester à chacun d'eux le droit d'éclairer son appartement suivant le mode tracé aux art. 676 et 677? le propriétaire du terrain voisin, notamment, pourrait-il, pour s'y opposer, se prévaloir de la circonstance que les divers étages de cette maison n'appartiennent pas au même maître? C'est une chose qui ne le regarde pas, et qui n'aggravant point sa position ne saurait lui fournir aucune raison valable pour s'opposer à l'exercice de cette faculté légale. Le système de l'arrêt est tout-à-fait contraire à l'esprit de la loi, en ce qu'il tend à empêcher, dans beaucoup de cas, le copropriétaire d'un mur mitoyen, de l'exhausser, et fait ainsi obstacle à des améliorations utiles, qu'elle cherche toujours à favoriser. Vainement dirait-on que le copropriétaire de la partie mitoyenne sera ainsi obligé de supporter une partie de mur dans laquelle il y aura des jours, et que de la sorte on lui impose une servitude; car c'est la loi qui la lui impose par suite de la communauté. Il sera bien également obligé de supporter les poutres et les solives de la nouvelle construction : or, la raison est la même pour les jours; il a d'ailleurs le moyen très-simple de les faire boucher en acquérant la mitoyenneté du surhaussement, et par-là ses droits sont maintenus dans leur intégrité. L'arrêt ne nous paraît donc point avoir jugé selon les vrais principes de la matière; il a fait, suivant nous, une fausse application des art. 676 et 677, qui ne parlent du propriétaire d'un mur que d'une manière générale.

334. Le voisin, avons-nous dit, qui n'a point contribué à l'exhaussement peut en acquérir la mitoyenneté en payant la moitié de la dépense qu'il a coûté, et la valeur de la moitié du sol fourni pour l'excédant d'épaisseur, s'il y en a. (Art. 660.)
Dans ce cas ce n'est pas, comme dans celui où le voisin veut acquérir la mitoyenneté d'un mur sur lequel il n'a aucun droit (art. 661), la simple valeur actuelle qu'il faut considérer, mais bien ce qu'a réellement coûté la nouvelle partie du mur; et ordinairement c'est très-différent. On a probablement voulu engager par-là le voisin à s'entendre avec son copropriétaire pour l'exhaussement; on a voulu lui ôter tout intérêt à s'y refuser dans la vue

de pouvoir ensuite acheter la mitoyenneté de la nouvelle partie suivant sa valeur actuelle, qui est généralement inférieure au montant des dépenses. Mais cette prévoyance de la loi, si nous l'avons bien saisie, ne trouvait point d'application au cas d'un mur appartenant exclusivement à l'un des voisins; l'autre n'avait point à contribuer à sa construction, du moins hors des villes et faubourgs : en payant donc la moitié de la valeur actuelle, il paie tout ce qu'il reçoit.

335. Voyons à présent les actes ou entreprises que chacun des copropriétaires du mur mitoyen ne peut faire en sa seule qualité de copropriétaire, sans être obligé, dans plusieurs cas, de prendre certaines précautions pour ne point nuire à l'autre.

D'abord il ne peut, sans le consentement du voisin (1), pratiquer dans le mur aucune fenêtre ou ouverture, en quelque manière que ce soit, même à verre dormant. (Art. 675.)

Aussi, comme on l'a dit plus haut, le voisin qui acquiert la mitoyenneté du mur joignant son héritage, conformément à l'art. 661, est en droit de faire boucher les jours de cette espèce que le propriétaire du mur y avait pratiqués en vertu des seules dispositions des art. 676 et 677, quel que fût le temps depuis lequel ces jours subsisteraient, attendu qu'il n'y a pas de prescription contre la faculté d'acquérir la mitoyenneté dans le cas prévu par

---

(1) *Voy.* la L. 40, ff. *de servit. præd. urban.*, qui consacre, comme l'art. 675 du Code, la règle et l'exception.

la loi, et de l'acquérir avec toutes ses conséquences.

L'un des copropriétaires ne peut non plus pratiquer dans le corps du mur mitoyen aucun enfoncement, ni y appliquer ou appuyer aucun ouvrage sans le consentement de l'autre, ou sans avoir, à son refus, fait régler par experts les moyens nécessaires pour que le nouvel ouvrage ne soit pas nuisible aux droits de l'autre. (Art. 662.)

Ces moyens sont ordinairement un contre-mur, surtout quand il s'agit d'adosser une cheminée, un four, un âtre, une forge ou un fourneau; mais ils varient en raison de l'espèce d'ouvrage qu'on se propose de faire, et sont déterminés par les gens de l'art.

Si le consentement n'est pas donné de gré à gré, il faut faire faire une sommation au voisin pour qu'il ait à le donner dans un délai déterminé; et, en cas de refus, faire régler par experts les moyens nécessaires pour que les ouvrages ne soient pas nuisibles.

Il ne peut non plus, sans prendre les mêmes précautions, établir contre le mur une étable, un magasin de sel, ou autre amas de matières corrosives (674), ni amonceler tout auprès des fumiers, de la terre, des pierres, pour pouvoir, en se plaçant dessus, voir ce qui se passe chez le voisin.

Il ne peut pas d'avantage abaisser le mur, lors même qu'il serait bien plus élevé que les murs de clôture ordinaire. En un mot, il ne peut rien faire qui nuise aux droits du copropriétaire.

Il est clair toutefois, par la combinaison des articles 657 et 662, que les ouvrages dont parle ce dernier article, et que l'un des copropriétaires ne peut faire sans le consentement de l'autre, ou sans avoir, à son refus, fait régler par experts les moyens de ne pas nuire aux droits de celui-ci, ne sont pas les simples bâtimens élevés contre le mur, ni le placement, dans ce mur, de poutres ou solives, puisque, pour ces travaux, la loi ne prescrit point au copropriétaire qui veut les faire, l'obligation de faire régler par des gens de l'art les moyens de ne pas nuire à l'autre : ce sont des ouvrages de l'espèce de ceux dont il vient d'être question, et qui sont rappelés dans l'article 674. Il peut encore y en avoir d'autres, susceptibles également de nuire au mur, s'ils étaient faits sans précaution.

Quand il s'agit de faire reconstruire le mur pour l'exhausser, parce qu'il est trop faible, et que l'opération ne se fait pas d'un commun accord, il convient aussi, quoique la loi ne le prescrive pas spécialement, d'en faire régler l'état. On prévient par-là des difficultés.

336. L'article 203 de la coutume de Paris portait que « les maçons ne peuvent toucher ni faire tou-« cher à un mur mitoyen pour le démolir, percer « et réédifier, sans y appeler les voisins qui y ont « intérêt, par une simple signification seule; et ce, « à peine de tous dépens, dommages et intérêts et « rétablissement dudit mur. »

M. Favard (1) dit que cette disposition forme encore le droit commun, et qu'elle s'étend au cas où le mur n'étant pas mitoyen, les travaux que l'on se propose d'y faire peuvent endommager les propriétés contiguës, si les voisins ne sont pas dûment avertis de prendre les précautions convenables; que cela résulte même des articles 1382 et 1383 du Code civil.

M. Toullier nous semble être mieux entré dans l'esprit de la loi actuelle, en disant (2) que l'article 662 charge le voisin, et non pas les maçons, de faire la sommation prescrite à ces derniers par l'article 203 de la coutume de Paris. C'est en effet lui qui est seul responsable, à moins que les maçons n'eussent, par négligence ou malice, causé personnellement du tort aux voisins, copropriétaires ou non du mur.

337. Dans tous les cas, au reste, tous les frais d'expertise, et autres, restent à la charge de celui qui fait faire les travaux, sauf les dépens des contestations mal fondées qui sont supportés par celui qui succombe. (Art. 130, Code de procéd.)

Et si, nonobstant le règlement des experts, les travaux, quoique conformes à ce règlement, nuisent au voisin, comme la fumée d'une forge, d'un four, etc., celui-ci a droit d'être indemnisé : la mitoyenneté ne va jamais jusqu'à donner le

---

(1) *Répertoire*, v° *Servitude*, sect. 2, §. 4, n° 5.
(2) Tom. 3, n° 207.

pouvoir de nuire impunément au copropriétaire. L'emploi des experts n'est qu'une mesure de précaution, et nullement la décharge de l'obligation de réparer le tort causé par le nouvel œuvre. Telle est l'opinion commune; mais une incommodité non grave, et surtout passagère, ne donnerait pas lieu à une action fondée; car il est dans la nature du voisinage d'en faire naître de semblables (1).

338. Lorsqu'on reconstruit un mur mitoyen ou une maison, les servitudes actives et passives se continuent à l'égard du nouveau mur ou de la nouvelle maison, sans toutefois qu'elles puissent être aggravées, et pourvu que la reconstruction se fasse avant que la prescription soit acquise (Art. 665).

Si les servitudes sont passives, c'est aux tiers à qui elles sont dues à obliger le maître du mur de le reconstruire pour qu'ils puissent les exercer

---

(1) *Voy.* MM. Pardessus, *des Servitudes*, n° 201; Toullier, tom. III, n° 334, et Favard, *Répertoire*, v° *Servitude*, sect. 2, §. 4, n° 12.

Ce dernier jurisconsulte dit que le voisin, dans le cas même d'une incommodité ou d'un préjudice notable à lui causé par suite des travaux faits après règlement d'experts, n'a pas le droit de faire ordonner la suppression ou rectification des travaux, mais seulement celui d'obtenir une indemnité; et il cite à l'appui de sa décision, la loi 8, §. 5, ff. *si servit. vindic.*; mais cette loi dit, au contraire, que le voisin qui n'a pas consenti à une pareille charge, a le droit de s'en affranchir; et la loi est d'accord avec tous les principes. S'il aime mieux faire ordonner la suppression ou la rectification des travaux, et aux dépens de celui qui les a faits, nul doute, en effet, qu'il ne le puisse. Si les experts se sont trompés, ce n'est pas sa faute : le fait parle plus haut que l'opinion qu'ils avaient émise quand les travaux n'existaient pas encore.

avant que la prescription ne soit acquise, ou à faire l'abandon de ce qui reste; car la servitude imposée à votre mur, de supporter ma poutre ou ma charge quelconque, *oneris ferendi*, a cela de particulier, ainsi que nous le dirons par la suite, que c'est au maître du mur à l'entretenir en état (1), à moins de stipulation contraire; tandis que dans les autres servitudes, c'est au maître du fonds dominant à faire les travaux nécessaires à l'exercice de la servitude, sauf disposition contraire dans le titre. (Art. 698).

§. II.

Du cas où les divers étages d'un bâtiment appartiennent à plusieurs divisément.

SOMMAIRE.

339. *Le cas où les divers étages d'une maison appartiennent à plusieurs divisément se rapporte plutôt à la matière de la communauté, qu'à celle des servitudes.*

340. *Texte de l'art. 664.*

341. *Les titres de propriété sont la première règle à suivre dans la répartition des dépenses communes.*

342. *Autres réparations communes que celles dont parle l'art. 664.*

343. *Règle de répartition des dépenses communes en l'absence de titre à cet égard.*

344. *Le propriétaire de chaque étage fait le plancher sur lequel il marche, mais non le plafond ni aucun autre embellissement.*

345. *Observation sur la répartition des frais d'entretien de l'escalier.*

---

(1) L. 6, §. 2, ff. *si servit. vindic.*; L. 33, ff. *de servit. præd. urb.*

339. Le cas où les divers étages d'une maison appartiennent à plusieurs divisément ne se rapporte qu'assez indirectement à la matière des servitudes : il appartient plutôt à celle de la communauté, quoique chacun des propriétaires du bâtiment soit propriétaire exclusif de son étage; car les gros murs et le toit, à l'entretien desquels ils doivent tous contribuer, sont en quelque sorte en commun, du moins sous ce rapport : l'escalier lui-même n'est pas simplement soumis, dans la partie qui conduit au premier étage, et du premier au second, etc., à un droit de servitude au profit des propriétaires des étages supérieurs; ils y ont un droit de copropriété, imparfaite, si l'on veut, mais ce droit n'est point une véritable servitude, puisque, de droit commun, ce ne sont point eux qui en font les réparations, quand, au contraire, le droit commun, en matière de servitude, met les frais nécessaires à la charge du propriétaire de l'héritage dominant (698). Mais, comme nous l'avons déjà observé à l'égard du mur mitoyen, observation qu'on pourrait étendre à bien d'autres cas, les règles sur ce point ont pu être placées sans inconvénient au titre *des servitudes*, dès qu'on ne consacrait pas un titre spécial à la *communauté de propriété*.

340. L'art. 664 porte que « lorsque les différens

« étages d'une maison appartiennent à divers pro-
« priétaires, si les titres de propriété ne règlent pas
« le mode des réparations et reconstructions, elles
« doivent être faites ainsi qu'il suit :

« Les gros murs et le toit sont à la charge de
« tous les propriétaires, chacun en proportion de
« la valeur de l'étage qui lui appartient.

« Le propriétaire de chaque étage fait le plancher
« sur lequel il marche.

« Le propriétaire du premier étage fait l'escalier
« qui y conduit; le propriétaire du second étage
« fait, à partir du premier, l'escalier qui conduit
« chez lui, et ainsi de suite. »

341. Ainsi, la première règle à suivre est dans les
titres de propriété; et s'il n'y en a pas, comme
lorsqu'un testateur, propriétaire d'une maison, a
légué à Paul le rez-de-chaussée de cette maison, à
Jean le premier étage, et à Pierre le second, sans
autre explication, on suit les dispositions de la loi
qui interprète sa volonté à cet égard.

342. M. Delvincourt pense que les divers propriétaires, à défaut de mode de contribution réglé
par les titres de propriété, doivent contribuer aux
réparations et reconstructions des digues, des
voûtes et murs des caves, etc., en un mot, de tous
les objets nécessaires à la solidité de l'édifice entier,
ou qui servent à la commodité de tous les locataires, tels que les puits ou fosses d'aisances, communs et passages d'allées.

V. 25

Nous n'adoptons cette décision qu'avec une restriction relativement aux *voûtes* des caves; ces voûtes ne sont pas nécessaires à la solidité de l'édifice, du moins généralement, car les murs de *refend* eux-mêmes partent le plus souvent du bas. Les voûtes des caves sont le plancher sur lequel marche le propriétaire du rez-de-chaussée ; elles lui en tiennent lieu, et par conséquent elles doivent rester à sa charge, quand même il ne serait par propriétaire des caves.

343. Pour l'application de l'article que nous expliquons, on doit donc estimer la valeur de chaque étage, comparativement à celle des autres, ce qu'on appelle faire une *ventilation*, puisque les dépenses communes sont réparties en raison de cette valeur.

Ainsi, soit une maison valant 40,000 fr. : le rez-de-chaussée, y compris les caves, que nous supposons appartenir au même propriétaire, valent 15,000 fr.; le premier 10,000 fr.; le second 8,000 fr.; et le troisième, y compris les greniers, 7,000 fr. Il y a eu 4,000 fr. de dépenses communes : le rez-de-chaussée en supportera pour 1,500 fr., le premier étage, pour 1,000 fr., le second, pour 800 fr. et le troisième, pour 700 fr. Si, comme il arrive le plus ordinairement, les caves ou les greniers n'appartiennent pas au même, on en fera une estimation particulière, et l'on opérera de la même manière pour fixer la contribution que ces objets doivent supporter dans la répartition générale des dépenses communes.

344. Chaque propriétaire fait bien le plancher sur lequel il marche, mais c'est à celui qui se trouve au-dessous à faire les embellissemens qu'il juge utiles à son habitation, comme un plafond : tellement que quand même il y en aurait un lors de la reconstruction du plancher, celui qui le reconstruit ne serait point obligé de le faire avec plafond, et encore moins avec les peintures qui s'y trouvaient. La loi ne le soumet qu'à l'obligation de refaire le plancher, sauf disposition contraire dans les titres, et sauf aussi les cas de malice ou de fraude, qui sont toujours exceptés : par exemple, si, sans nécessité, et uniquement pour détruire les peintures et les ornemens du propriétaire de l'étage inférieur, le maître de l'étage supérieur reconstruisait ce plancher.

345. On sent que, dans la répartition des frais de l'escalier, on n'a pas suivi une proportion géométrique; car le propriétaire du second se sert de la partie de cet escalier, qui conduit jusqu'au premier, comme le maître du premier étage, et cependant il ne contribue en rien aux frais de son entretien; mais on a suivi les règles de l'équité en prenant en considération la valeur respective des divers étages.

346. Quant aux impôts, dont le Code ne parle pas, si la répartition n'en est pas faite par les titres ou par un acte postérieur, chacun des propriétaires

doit y contribuer comme pour les gros murs et le toit, parce qu'en effet c'est une charge de toute la propriété : avec cette restriction toutefois que l'impôt des portes et fenêtres reste à la charge de chacun de ceux qui les ont dans leur étage; mais celui de la porte cochère ou de l'allée commune entre dans les dépenses générales.

347. Si, dans le cas où la maison viendrait à être incendiée ou démolie pour cause de vétusté, l'un des propriétaires résistait à la volonté des autres pour la rétablir, ceux-ci seraient en droit de le forcer d'opter : ou d'abandonner ses droits, ou de contribuer à la reconstruction, qui se ferait alors, pour chaque étage, dans les proportions indiquées ci-dessus. Les tribunaux pourraient toutefois, suivant les circonstances et la position du défendeur, fixer un terme pour le rétablissement de l'édifice. Mais nous ne croyons pas que, par l'effet de cette destruction, le terrain soit devenu commun, de manière à devoir être partagé ou licité entre les divers propriétaires, même proportionnellement à la valeur relative qu'avait chaque étage avant la destruction ou la démolition de l'édifice; sauf à eux à établir une communauté à ce sujet, si bon leur semble; car le propriétaire du rez-de-chaussée ne doit point être forcé d'en céder une partie plus ou moins considérable; et, *vice versá*, les autres peuvent avoir intérêt au rétablissement de leur étage pour l'avoir en entier.

§. III.

Des fossés, mitoyens ou non.

SOMMAIRE.

348. On a vu que, dans les villes et les campagnes, tout mur servant de séparation entre bâtimens jusqu'à l'héberge, ou entre cours et jardins, et même entre enclos dans les champs, est présumé mitoyen, s'il n'y a titre ou marque du contraire; par suite du même principe, tous fossés entre deux héritages sont aussi présumés mitoyens, s'il n'y a titre ou marque du contraire. (Art. 666.)

Le titre serait, par exemple, un acte de vente, d'échange, de cession, de partage, etc., qui attribuerait le fossé à l'un des propriétaires, soit expressément, soit par la délimitation précise du terrain.

349. On regarderait aussi comme un titre, plutôt que comme une simple marque de non-mitoyenneté, les bornes existantes, pourvu qu'elles ne fussent pas démenties par un titre. Elles feraient présumer la propriété exclusive du fossé contre celui du côté duquel elles se trouveraient. C'est à lui, s'il croit qu'elles ont été déplacées, à agir au possessoire dans l'année du trouble, conformément à l'article 3 du Code de procédure; passé ce temps,

ou si son action est repoussée, il ne pourra se pour-voir qu'au pétitoire, et devra prouver que le fossé lui appartient, ou qu'il est mitoyen : foi sera due aux bornes jusqu'à preuve contraire.

350. Il y a marque de non-mitoyenneté lorsque la levée ou le rejet de la terre se trouve d'un côté seulement du fossé. (Art. 667.)

Et le fossé est censé appartenir exclusivement à celui du côté duquel le rejet se trouve. (Art. 668.)

351. Mais comme ce n'est qu'une présomption, elle céderait à un titre contraire qui établirait, ou la mitoyenneté, ou la propriété exclusive, en fa-veur du voisin.

Et d'après ce que nous venons de dire, la pré-somption résultante de la place qu'occupe le rejet céderait également aux bornes qui la démentiraient, si d'ailleurs leur position n'était point prouvée frau-duleuse par celui qui voudrait les méconnaître.

352. Toutefois, si la possession du fossé durait depuis trente ans, paisiblement et publiquement, elle détruirait l'effet du titre et des bornes; car la prescription serait acquise sur le voisin qui avait la propriété ou la mitoyenneté (art. 2262); sans pré-judice des suspensions et interruptions de prescrip-tion, telles que de droit.

353. Le rejet de la terre d'un seul côté est la seule marque de non-mitoyenneté admise par le Code.

Ainsi, de ce que l'un des deux fonds voisins serait entouré de fossés de toutes parts, et que l'autre ne le serait que du côté du premier, il n'en résulterait pas, comme pour les haies (art. 670), présomption de propriété exclusive du fossé en faveur du maître de ce fonds. La loi ne dit rien de semblable; elle dit même le contraire.

354. Dans plusieurs localités, quand une haie était reconnue appartenir exclusivement à l'un des voisins, le fossé qui la joignait en dehors était également censé lui appartenir, parce qu'on supposait qu'il l'avait fait pour garantir sa haie; aussi disait-on (et dit-on encore aujourd'hui) dans ces localités : *le fossé appartient à la haie* (1). Mais le Code ne consacre point cette présomption; il établit, au contraire, celle de mitoyenneté, sauf titre ou marque opposée tirée de la place qu'occupe le rejet, et sauf aussi celle tirée de ce que le propriétaire d'une haie a dû laisser un demi-mètre de distance du fonds voisin (art. 671). Et comme il ne déclare pas non plus que les usages des lieux seront suivis en ce point, ainsi qu'il le fait pour l'usage des eaux, pour la hauteur des murs dans les lieux où la clôture est forcée, pour la distance à observer dans la plantation des arbres, on est bien fondé à conclure de son silence à cet égard que la présomption dont il s'agit ne repose aujourd'hui sur rien nulle part en France.

_____

(1) Voir ce qui est dit au §. suivant.

355. Mais pour les fossés qui auraient été faits avant le Code, dans les pays où existait la présomption qu'ils appartenaient au maître de la haie, cette présomption étant un droit acquis, n'a point été détruite par le Code, qui n'a pas d'effet rétroactif (art. 2). Celui qui a creusé le fossé a dû penser que sa propriété lui était pleinement garantie par l'usage local; et, en conséquence, il n'a pas dû croire qu'il était utile de se l'assurer davantage par d'autres moyens : son attente ne doit donc pas être trompée. On doit appliquer à ce cas ce qui a été dit relativement au *tour d'échelle*. Mais ce sera à celui qui invoquera cette présomption ancienne à prouver que le fossé a été fait avant le Code, si ce fait est contesté.

356. Puisque le rejet de la terre d'un seul côté établit la présomption de propriété exclusive du fossé en faveur de celui qui a ce rejet, on sent qu'il importe au voisin, surtout quand il n'a pas de titre contraire, ou qu'il n'y a pas de bornes certaines, de s'opposer à ce que l'autre cure le fossé et mette le rejet de son côté. Si cela a eu lieu, il doit intenter l'action en complainte ou trouble de jouissance dans l'année du fait (art. 3 Cod. de procéd.) pour faire rétablir le rejet, soit de son côté, soit par moitié pour chaque côté, selon qu'il prétendra que le fossé lui appartient exclusivement, ou qu'il est mitoyen.

Passé l'année du curage, la possession du fossé serait acquise au voisin, et il faudrait ensuite l'attaquer au pétitoire, où l'on serait obligé de prouver le droit de propriété sur ce fossé, ou la mitoyenneté. Vainement dirait-on que l'article 666 n'a pas, comme l'article 670, relatif aux haies, réservé la possession contraire pour détruire la présomption de mitoyenneté; car on répondrait que, d'après l'article 3 du Code de procédure, l'action possessoire pour usurpation de fossés, comme pour usurpation de haies, doit être intentée dans l'année du trouble, à peine de perte de la possession. Nous répéterons ici ce que nous avons dit à l'égard du mur mitoyen sur lequel l'un des voisins a fait des actes de propriété exclusive : quelle serait l'utilité de l'action possessoire, de la possession annale elle-même, si cette possession n'avait pas pour effet de faire présumer celui qui l'a en sa faveur propriétaire du fossé jusqu'à preuve du contraire? et comment dès lors supposer que le législateur ait donné une action sans objet?

357. Mais quand l'article 668 dit que le rejet d'un seul côté établit la présomption que le fossé appartient à celui du côté duquel est ce rejet, il n'entend pas faire résulter cette présomption du simple fait de rejet actuel, existant au moment même de la contestation, fait qui peut être facilement clandestin ou l'effet d'une surprise; il suppose que la possession du rejet n'est pas contestée, ou si elle l'est, que la contestation a été jugée non-recevable, comme tardivement intentée, ou jugée mal fondée;

en sorte que dans l'année du curage, la position du rejet n'a d'autre effet que d'obliger celui qui s'en plaint, à intenter l'action en trouble de jouissance, pour empêcher la possession annale de s'acquérir au profit du voisin. Mais il n'est point, pour cela, obligé de prouver la mitoyenneté; la loi la présume tant que la possession du rejet n'est pas acquise. Il suffit qu'il prouve que le curage a eu lieu dans l'année, parce que c'est là le fait du trouble dont il se plaint. Tout autre système serait une source d'abus et de fraudes, puisque l'un des voisins, en curant le fossé et en rejetant la terre de son côté, ce qui est si facile, même quand le propriétaire est sur les lieux ou qu'il a un fermier ou un colon attentif, s'attribuerait ainsi une présomption de propriété exclusive par ce seul fait, en mettant l'autre dans l'impuissance de prouver la mitoyenneté.

358. Le fait du curage, eût-il été répété à diverses reprises, même pendant plusieurs années, n'établit aucune présomption de propriété; c'est le *rejet* d'un seul côté qui l'établit, parce que le curage a pu être clandestin, ou l'effet de la violence, ou le résultat d'une possession équivoque, ce qui ne fonde ni possession, ni prescription (art. 2229); ou bien il a pu, tant qu'il n'y avait pas de rejet du seul côté de celui qui le faisait, être vu avec indifférence par le voisin; ce qui n'était qu'un acte de simple tolérance de sa part, incapable aussi de fonder une possession valable. (Art. 2232.)

359. Le fossé mitoyen doit être entretenu à frais communs. (Art. 669.)

Les engrais qu'il produit doivent se partager, et, s'ils ne sont point enlevés sur-le-champ, être rejetés des deux côtés également, afin de ne pas faire acquérir à l'un des voisins une présomption de non-mitoyenneté : dès lors, le curage doit, autant que possible, se faire de concert, parce qu'aussi l'un des fonds pourrait se trouver ensemencé au moment où le voisin voudrait le faire.

360. Comme pour le mur mitoyen, l'un des copropriétaires du fossé peut renoncer à la mitoyenneté pour se dispenser de contribuer à son entretien (1). Il suffit qu'il abandonne toute la partie de terre qu'il a fournie de son côté pour l'établissement du fossé. Mais il n'y pourra plus *conduire* les eaux de son fonds, ni y faire tomber des terres, qui pourraient l'obstruer.

---

(1) M. Favard, *Répertoire*, v° *Servitude*, sect. 2, §. 4, n° 11, dit : « Dans les lieux où *la clôture n'est pas forcée*, le copropriétaire d'un « fossé mitoyen qui ne sert pas à un cours d'eau, peut renoncer à sa « copropriété pour se soustraire à l'obligation d'entretenir le fossé. « La raison en est qu'en général on peut se dispenser de l'entretien « d'une chose commune en renonçant à sa copropriété. » Nous n'adoptons point cette restriction de M. Favard, pour le cas où le fossé serait dans un lieu où la clôture est forcée : elle ne l'est nulle part au moyen de *fossés;* elle ne l'est dans les villes et faubourgs qu'au moyen de *murs*. Que le voisin demande une clôture en murs, il en a le droit dans ces lieux, mais il n'a pas celui de forcer l'autre à rester en communauté pour contribuer à l'entretien d'un *fossé*.

Il n'y aurait exception que pour le cas où le fossé servirait de canal à une eau courante, parce que la loi impose aux riverains indistinctement l'obligation de faire le curage. Voy. *suprà*, n° 201.

Si, après l'abandon, le voisin ne l'entretient pas en bon état, l'autre peut révoquer son acte, comme nous l'avons dit au sujet de l'abandon de la mitoyenneté du mur, n° 320 : il est présumé ne l'avoir consenti que sous la condition que le fossé serait entretenu (1).

361. Le copropriétaire d'un fossé mitoyen peut en exiger le partage, soit pour le combler et étendre sa culture jusqu'au point milieu, soit pour bâtir joignant la ligne séparative des deux héritages, ce qui peut être fort utile en certains cas. Le voisin n'a pas le droit de s'y opposer, parce qu'il peut en faire autant, ou élargir le fossé de son côté. Ce cas n'est point du tout semblable à celui d'une allée, d'un vestibule de maison, d'une cour d'une d'une faible étendue, servant à plusieurs bâtimens ou aux divers étages d'une maison appartenant à plusieurs, et dont nous avons parlé précédemment, n° 149; ici la division est facile et sans dépréciation du fonds voisin. M. Pardessus (n° 185) est d'une opinion contraire, parce que, dit-il, l'existence du fossé étant réputée l'effet de la volonté de l'un et l'autre, ce n'est que leur consentement mutuel qui peut la changer. Mais cette raison n'est point du tout concluante, car la société aussi se forme d'un mutuel consentement, et la volonté d'un seul suffit pour en opérer la dissolution; la commu-

---

(1) C'est aussi l'avis de M. Pardessus, n° 185.

nauté elle-même se forme quelquefois par la volonté des intéressés, et néanmoins nul n'est tenu de rester dans dans l'indivision (art. 815). Dans le cas d'un fossé mitoyen, la communauté n'existe pas, il est vrai, comme dans celui d'un objet appartenant à plusieurs par indivis; elle a lieu *pro regione,* c'est-à-dire que chacun des propriétaires est propriétaire de la partie du fossé qui est de son côté (1); mais cette différence, loin d'être contraire à notre opinion, lui est favorable, puisque celui qui veut faire servir cette partie à un autre usage ne fait qu'user d'une chose qui lui appartient exclusivement, et qu'il n'a aliénée pour aucune portion.

Il pourrait, au reste, y avoir exception pour le cas où il s'agirait d'un égout, d'un conduit souterrain recevant les eaux des fosses d'aisances, ou autres, de deux maisons; mais le principe n'est pas moins certain.

362. A plus forte raison l'un des voisins ne peut-il, même dans les villes et les faubourgs, contraindre l'autre à contribuer à l'établissement d'un canal ou d'un fossé pour limiter et assainir leurs propriétés contiguës; car la clôture n'y est forcée que par le moyen de murs.

363. Le voisin d'un fossé ne peut non plus le rendre mitoyen malgré le propriétaire, comme il pourrait le faire s'il s'agissait d'un mur (art. 661).

---

(1) L. 7, §. *ult.*; L. 8, ff. *de acquir. rer. dom.*; L. 19, ff. *comm. divid.*

Les motifs de la loi relativement au mur sont inapplicables quand il ne s'agit que d'un simple fossé. Il ne pourrait même, malgré le voisin, recouvrer, en en offrant le prix, la mitoyenneté qu'il avait abandonnée pour se dispenser de contribuer à l'entretien du fossé. Ce fossé est devenu la propriété exclusive du voisin, comme s'il avait été primitivement pratiqué sur son terrain.

364. Dans plusieurs localités, celui qui creusait un fossé devait laisser au-delà un certain espace sur son sol pour empêcher les terres du voisin de tomber dans le fossé. Il en était donc propriétaire, et il y avait à cet égard une présomption de droit en sa faveur. Cet espace était ordinairement d'un pied à partir de la berge ou bord du fossé : dans quelques lieux il était un peu plus étendu, dans d'autres moins (1). Desgodets, sur l'article 213 de la Coutume de Paris, dit même que celui qui fait l'abandon de son droit sur un fossé mitoyen abandonne tacitement aussi cet espace, qui devient ainsi la propriété exclusive du voisin.

Mais le Code ne dit pas que le propriétaire exclusif d'un fossé est en même temps censé propriétaire d'une portion déterminée de terrain du côté du voisin ; il permet même de supposer le contraire, puisqu'il statue dans l'hypothèse que c'est

(1) Suivant la loi de Solon, rapportée dans la loi 13, ff. *finium regund.* et adoptée par les Romains, il fallait que cet espace fût égal à la profondeur du fossé.

le fossé qui fait la séparation entre les deux héritages, ce qui ne serait pas dans l'autre système, puisque ce serait cet espace. Aussi ne voyons-nous pas qu'il ait consacré cette présomption locale; sauf, comme nous l'avons déjà dit, le maintien du droit acquis lors de sa publication, à l'égard des fossés établis à cette époque, dans les lieux où la présomption était en vigueur.

Mais celui qui creuse un fossé joignant le fonds d'autrui doit lui laisser du moins le talus nécessaire pour que le terrain du voisin ne s'éboule pas. S'il n'est pas permis au propriétaire d'un fonds supérieur de rien faire qui puisse aggraver la condition du propriétaire inférieur, et, *vice versá*, si celui-ci ne peut rien faire qui empêche celui-là de jouir de son fonds suivant sa position naturelle (art. 640); par la même raison, l'un des voisins ne doit pas, en changeant l'ordre naturel des lieux, causer la chute des terres de l'autre : et c'est ce qui arriverait infailliblement si le fossé pratiqué immédiatement contre le terrain du voisin était coupé à pic. Il faudrait donc, si l'on voulait le tracer de la sorte, laisser en dehors de quoi faire un rebord en gazon ou en pierre, ou prendre tout autre moyen pour empêcher l'éboulement des terres du voisin; et si cela était ensuite constaté en cas de contestation, la propriété de cet espace serait prouvée par cela même en faveur du propriétaire du fossé.

§. IV.

Des haies, mitoyennes ou non.

SOMMAIRE.

V.   26

378. *Il le peut, quelle que fût leur ancienneté, et quand même ils auraient déjà existé à l'époque où les deux fonds appartenant au même propriétaire ont cessé d'être dans la même main.*

379. *Comment se partage le bois de l'arbre une fois arraché.*

380. *Suivant le droit romain, la propriété d'un arbre s'estimait par le terrain où étaient les racines : chez nous, c'est principalement par le tronc.*

381. *L'un des voisins ne peut exiger que la haie elle-même soit arrachée.*

382. *Mais il le peut dans les lieux où la clôture est forcée, pour qu'il soit construit un mur à sa place.*

383. *La haie doit être entretenue à frais communs.*

384. *Celui qui plante une haie est obligé de laisser la distance prescrite : quelle est cette distance; l'espace au-delà est présumé lui appartenir.*

385. *Le voisin d'une haie ne peut forcer le propriétaire à lui en céder la mitoyenneté.*

365. « Toute haie qui sépare des héritages, porte « l'art. 670, est réputée mitoyenne, à moins qu'il n'y « ait qu'un seul des héritages en état de clôture, « ou s'il n'y a titre ou possession suffisante au con- « traire. »

En principe, que la haie soit sèche ou vive, qu'elle soit située dans un faubourg ou dans les champs, elle est présumée mitoyenne.

Nous allons parcourir successivement les exceptions que souffre ce principe.

366. La première, c'est lorsqu'il y a titre qui attribue la haie à l'un des voisins exclusivement. Dans ce cas il n'y a point à considérer l'état de

clôture de l'un ou l'autre fonds; ce titre l'emporterait même sur la présomption de non-mitoyenneté résultant, en faveur du voisin, de ce que son fonds serait en parfait état de clôture quand l'autre ne le serait pas. Il établirait, par la même raison, la mitoyenneté, nonobstant cette présomption.

367. La seconde exception, dont ne parle pas le Code, il est vrai, mais qui n'existe pas moins, d'après les principes généraux du droit, c'est quand il y a des bornes qui attribuent aussi la haie exclusivement à l'un des héritages, peu importe qu'ils soient tous deux en état de clôture, et même que l'autre le soit seul. Tout ce que nous avons dit de l'effet des bornes relativement au fossé s'applique à la haie.

368. La troisième exception a lieu quand un seul des héritages est en état de clôture; alors la haie appartient à cet héritage. D'où il suit que la présomption de mitoyenneté existe si les deux fonds sont clos, ou s'ils ne le sont ni l'un ni l'autre.

D'après la loi du 6 octobre 1791, sur la *police rurale*, on regarde comme clôture les *fossés* qui entourent un fonds; et, suivant l'art. 391 du Code pénal de 1810, « Est réputé *parc* ou *enclos* tout « terrain environné de *fossés*, de pieux, de claies, « de planches, de haies vives ou *sèches*, ou de murs « de quelque espèce de matériaux que ce soit, « quelles que soient la hauteur, la profondeur, la « vétusté, la dégradation de ces diverses clôtures,

« quand il n'y aurait pas de porte fermant à clé ou
« autrement, ou quand la porte serait à claire-
« voie et ouverte habituellement. »

L'esprit de la loi pénale est facile à saisir : le
propriétaire avait garanti sa propriété comme il
avait pu ; le délinquant a méprisé cette garantie,
qui se manifestait par des signes évidens, et cette
violation du droit de propriété supposant en lui
plus d'audace et de perversité, et faisant d'ailleurs
courir plus de danger au propriétaire, méritait d'être
punie plus sévèrement que les simples soustractions. Mais l'art. 670 du Code civil ne doit pas être
entendu en ce sens : les mots *en état de clôture*,
dans l'esprit de ce texte, ne signifient pas toute espèce de moyens employés pour enclore un héritage ; il y est question des *haies*, et ce ne peut être
que les clôtures par des haies qu'il a eues en vue.

Ainsi l'un des fonds est entouré de fossés de trois
côtés, et du quatrième par une haie ; l'autre fonds
est entouré de haies de tous côtés : il ne nous paraît pas douteux que celle qui sépare les deux héritages ne soit censée appartenir exclusivement au
fonds qui est clos de haies de toutes parts, sauf
preuve contraire.

Le système opposé mènerait à l'absurde, car si
ce fonds était clos seulement de trois côtés par des
haies, quoique de même âge et de même essence, il
faudrait aller jusqu'à dire que celle qui est l'objet
du litige est présumée appartenir au fonds qui n'a
de haie que de ce seul côté et des fossés des trois

autres, parce qu'il serait, dans ce système, le seul en état de clôture. Mais un tel résultat est inadmissible ; il ne reposerait que sur une fausse interprétation de ce qu'entend la loi civile par les mots *en état de clôture.*

Tout porte donc à croire que celui qui a enclos son fonds de haies de plusieurs côtés , l'a également enclos du côté où est la haie, objet de la contestation, quand surtout ces haies sont de même essence et de même âge ; et que le voisin qui a jugé que des fossés lui suffisaient n'a point contribué à l'établissement de cette haie. Cela serait encore moins douteux, s'il est possible, s'il y avait aussi un fossé, joignant la haie, du côté de son fonds.

Nous décidons aussi, par identité de raison, que, lors même que ce fonds serait gardé par des haies sèches de tous autres côtés, si l'autre héritage l'était de toutes parts par des haies vives, la haie litigieuse serait censée appartenir exclusivement à ce dernier, bien que l'un et l'autre fussent clos de tous côtés; car cette clôture sèche n'attesterait pas que le propriétaire du fonds où elle se trouve a contribué à l'établissement de la haie , comme les autres parties de clôture vive attesteraient que celui qui les a élevées a élevé aussi celle qui est homogène.

369. La quatrième exception est le cas où il y a possession suffisante au contraire en faveur de celui qui prétend que la haie lui appartient en propre, quand les deux fonds sont, ou non, en état de clôture,

ou même quand le fonds du voisin l'est seul. Dans cette dernière hypothèse, la possession détruit même la présomption de propriété exclusive qui existait en faveur du voisin, et dans la première, elle détruit seulement celle de mitoyenneté. La rédaction de l'art. 670 et le droit commun ne laissent aucun doute sur l'un et l'autre points.

370. Mais quelle doit être la durée de cette possession contraire à la présomption de mitoyenneté, ou de propriété exclusive en faveur du voisin? La loi se borne à dire que ce doit être une possession *suffisante*, sans expliquer si elle doit être trentenaire, ou s'il suffit qu'elle soit annale. On doit donc s'en tenir sur ce point aux principes généraux; or, d'après ces principes, la possession est la jouissance ou la détention d'une chose ou d'un droit par nous-mêmes ou par quelqu'un qui en jouit ou la détient en notre nom (art. 2228); et la possession utile, la possession civile, celle qui donne l'action pour la recouvrer si on la perd, ou le droit d'être maintenu si l'on est attaqué au possessoire, c'est la possession annale (art. 23 du Code de procéd.). Voilà pourquoi l'interruption de prescription résulte d'une interruption de jouissance pendant plus d'un an (art. 2243), parce qu'alors la possession est perdue. Donc elle existe si elle a duré plus d'un an, et si elle n'a pas été d'ailleurs abandonnée depuis plus d'une année.

De ces principes nous tirons la conséquence que la

possession annale de la haie, en fait, jusqu'à preuve
contraire, administrée au pétitoire, présumer propriétaire le possesseur, soit que les deux fonds fussent ou non en état de clôture, soit même qu'il n'y
eût de clos que celui du voisin. L'art. 3 du Code
de procédure, en plaçant dans les attributions des
juges de paix les entreprises ou usurpations sur les
haies, commises dans l'année, reconnaît par-là que
la possession de la haie est acquise après l'année,
car c'est un droit prescriptible ; et si elle ne dispensait pas de prouver ensuite la propriété, à quoi
servirait-elle ? A quoi bon maintenir le possesseur,
ainsi que le veut la loi (1) ?

Au reste, comme la possession d'une haie ne se
manifeste pas par l'existence même de la haie,
qu'elle ne s'exerce que par certains actes ou certains
faits, et que ces faits, de leur nature, sont isolés,
peu répétés, souvent clandestins, le juge ne devra
voir la possession utile que dans une jouissance paisible et qui a pu facilement être connue de celui qui
avait intérêt à la faire cesser : avec ces caractères,
la possession annale ne peut avoir aucun effet
dangereux, qu'elle n'aurait également pas dans les
autres cas.

---

(1) *Voy.* un arrêt de rejet du 8 vendémiaire an xiv (Sirey, 1806-1-75)
qui a jugé conformément à notre doctrine, en décidant que l'action
pour la possession *annale* d'une haie de séparation de deux héritages
est *recevable* comme *action possessoire*, et que celui qui a possédé la
haie pendant un an révolu, paisiblement, publiquement, et à titre de
propriétaire, doit être maintenu dans sa possession ; ce qui oblige,
par conséquent, l'autre partie à prouver sa prétention au droit de
propriété ou de mitoyenneté.

371. La présomption qui en résultera pourra d'ailleurs être détruite par la preuve contraire tirée d'un titre, ou par la possession trentenaire antérieure; car si la perte de la possession s'opère par une discontinuation de jouissance pendant un an, celle du droit de propriété ne s'opère que par la jouissance d'un tiers pendant le temps nécessaire à la prescription. Mais après les trente ans de possession, le titre qu'on invoquerait pour la combattre serait inefficace; il ne prouverait qu'une chose : que l'on a eu un droit que l'on n'a pas su conserver.

372. Si, dans le cas où l'un des deux fonds seulement est clos, le propriétaire de l'héritage non clos se mettait en devoir de le clore, comme il acquerrait par-là une présomption de mitoyenneté, le maître de l'héritage clos pourrait lui faire signifier un acte de protestation pour conserver la présomption de propriété exclusive qui résulte, en sa faveur, de ce que son héritage est seul en ce moment en état de clôture.

373. Il arrive quelquefois que ni l'un ni l'autre des héritages n'est clos de toutes parts, mais que l'un d'eux se trouve gardé, du côté où il n'est pas clos, par des fonds de même nature : par exemple, un pré ou une vigne a une haie de trois côtés, qui la sépare de terres ou pacages non clos, et de l'autre c'est une suite de prés ou de vignes appartenant à divers; dans ce cas, y a-t-il présomption de

non-mitoyenneté de la haie en faveur du pré ou de la vigne? On le décidait ainsi dans beaucoup de localités, parce que, disait-on, il est vraisemblable que le propriétaire de ce pré ou de cette vigne a élevé la haie à ses dépens, attendu qu'un pré ou une vigne a plus besoin d'être gardée qu'une terre labourable ou un pacage.

Mais le Code n'a pas consacré cette présomption locale de propriété exclusive, quoiqu'elle fût très-raisonnable; il établit, au contraire, celle de mitoyenneté dans tous les cas où les deux héritages ne sont pas en état de clôture, ce qui doit s'entendre d'une clôture parfaite; et dans tous les cas aussi où ils sont l'un et l'autre clos de tous côtés, n'importe que le genre de leur culture soit semblable ou différent.

374. Cependant, rappelant ce que nous avons déjà fait observer plusieurs fois, soit au sujet de l'ancien *tour d'échelle*, soit au sujet de l'espace au-delà du fossé (1), nous dirons aussi à l'égard des haies, que, pour celles qui seraient prouvées avoir été plantées sous l'empire des lois et coutumes anciennes, la présomption légale de propriété exclusive, quoique non confirmée par le Code dans les mêmes cas, ne doit pas moins continuer d'avoir lieu, puisque le droit était acquis lors de sa publication, et que la loi n'a pas d'ef-

---

(1) Voy. *suprà*, n° 316—355.

fet rétroactif (art. 2) : elle n'a pas créé des droits nouveaux, ni abrogé ceux qui existaient : elle n'a fait que régler l'avenir. Ceux qui ont planté ces haies ont dû se reposer sur les usages alors en vigueur, pour être assurés de leur droit de propriété, et rien ne les obligeait de prendre d'autres mesures.

375. Si, comme on le voit souvent, il existe un fossé joignant la haie, et que la propriété, ou même la mitoyenneté du fossé situé au-delà, ne soit pas contestée au propriétaire de l'héritage du côté duquel est cette haie, ou que celui-ci fasse sa preuve en cas de contestation, il est bien clair que la propriété exclusive de la haie ne saurait lui être disputée, puisqu'elle est évidemment en entier sur son terrain : et il en serait de même, quoique le fonds du voisin fût en parfait état de clôture, et que le sien ne le fût pas.

Mais si ce propriétaire ne prouve point, par titre, bornes, ou possession suffisante, qu'il a des droits sur ce fossé, qui se trouve au-delà de la haie, du côté du voisin, quand celui-ci les lui conteste, et en prétend lui-même sur la haie, alors il y a réellement difficulté, parce qu'il s'agit de savoir si c'est la haie, ou le fossé, qui fait la séparation des deux héritages.

Ainsi, entre le fonds A et le fonds B se trouve une haie, et joignant cette haie, du côté du fonds B, un fossé : on peut supposer que les deux fonds sont tous deux en état de clôture, ou qu'ils ne le sont ni l'un ni l'autre.

Le propriétaire du fonds A prétend que c'est le fossé qui fait la véritable limite des deux héritages, qu'il est au moins mitoyen s'il ne lui appartient pas en totalité, et conséquemment que la haie lui appartient exclusivement. Il argumente de ce qui se pratique ordinairement, de l'établissement d'un fossé au-delà de la haie, du côté du voisin, pour la garantir; il dit même que le fossé est tracé en tout ou partie sur l'espace que doit laisser celui qui plante une haie, par conséquent sur son terrain; mais il insiste surtout sur la mitoyenneté de ce fossé, ce qui lui attribuerait, comme on vient de le dire, la propriété exclusive de la haie.

Le propriétaire du fonds B répond que ce n'est pas le fossé, mais bien la haie, qui fait la véritable séparation des deux fonds; d'après cela, qu'elle est mitoyenne parce que les deux fonds sont en état de clôture, ou parce que ni l'un ni l'autre n'est clos; ou même qu'elle lui appartient exclusivement parce que son héritage seul est clos; et à l'appui de sa prétention il invoque aussi l'usage de beaucoup de propriétaires, qui pratiquent un fossé en deçà de leur haie pour la mieux faire prospérer, ou pour conduire les eaux dans quelque partie de leur fonds.

Dans beaucoup de localités, la prétention du propriétaire du fonds A eût été préférée, parce qu'on y supposait que la haie était enfermée dans le fonds par le fossé, qui était censé, suivant l'usage

en vigueur dans ces localités, être la véritable limite des deux héritages, soit qu'il appartînt en
propre au maître de la haie, soit qu'il fût mitoyen.

Dans d'autres, même très-rapprochées des premières, on décidait, au contraire, qu'il y avait présomption de propriété du fossé, et par suite, de la
haie, en faveur du maître du fonds B, par cela seul
que ce fossé se trouvait de son côté, comme ayant
été établi pour assainir le terrain de la haie, et
comme n'ayant été pratiqué sur ce fonds que parce
qu'elle en était elle-même une dépendance.

On doit encore, sous le Code, observer l'effet
de ces présomptions locales pour les haies et fossés
établis avant sa publication, suivant ce qui a été
dit précédemment. Mais pour les cas nés sous son
empire, on doit s'en tenir aux seules présomptions,
soit de propriété exclusive, soit de mitoyenneté,
qu'il consacre; et comme il a pu arriver que l'un
des voisins ait en effet pratiqué le fossé de son
côté pour assainir la haie, qui lui appartenait en
propre, ou pour faire couler les eaux dans quelque partie de son fonds; comme il a pu se faire
aussi que l'autre voisin l'ait établi au-delà de la haie,
qui était exclusivement à lui, pour la garantir et
l'enfermer dans son héritage, il y a réellement difficulté très-grave sous le Code; car on ne peut dire
avec certitude si c'est la haie, ou bien le fossé, qui
forme la séparation des deux héritages.

D'abord, on sent que si l'un des fonds seulement
est en parfait état de clôture, la haie est censée

appartenir à ce fonds, quand bien même, suivant ce qui a été dit plus haut, l'autre serait entouré de fossés de toutes parts; et le fossé qui serait au-delà de la haie, du côté de ce dernier fonds, mais tracé sur l'espace que doit laisser celui qui plante une haie (un demi-mètre), serait aussi censé appartenir au propriétaire de la haie, encore que son héritage fût une terre labourable, un bois ou un pacage, quand l'autre serait une vigne ou un pré. La différence du genre de culture n'a point été prise en considération par le Code, dans l'établissement des présomptions de mitoyenneté ou d'exclusion de mitoyenneté. Si ce fossé s'étendait au-delà de cet espace, la présomption ci-dessus cesserait quant à ce fossé, qui serait censé mitoyen, à moins que le rejet ne fût d'un seul côté.

Mais si aucun des deux fonds n'est entouré de haies de tous côtés, ou que tous deux le soient, nous pensons que c'est la haie plutôt que le fossé qui doit être censée former la séparation des deux fonds, parce que cette séparation est la véritable clôture, plutôt qu'un fossé, dont bien souvent il reste à peine quelques traces. D'après cela, nous déciderions que la haie est mitoyenne, et que celui des voisins du côté duquel est le fossé, est par conséquent censé en être seul propriétaire. Cette décision, néanmoins, devrait être modifiée dans le cas où la haie dont il s'agit serait de même essence et de même âge que les autres haies qui entourraient l'un des deux fonds, et différeraient beaucoup par l'essence ou par l'âge de celle des l'autre fonds : dans ce cas la haie serait censée, selon nous, appartenir au premier fonds, ainsi que le fossé au-delà s'il était creusé sur l'espace qu'on est obligé de laisser en dehors en plantant une haie; pratiqué au-delà de cet espace, ce fossé serait censé mitoyen, à moins que le rejet ne se trouvât d'un seul côté. Le tout, sauf preuve contraire résultant d'un titre, des bornes ou de la possession suffisante.

376. Les arbres qui sont dans la haie mitoyenne sont mitoyens comme la haie elle-même. (Art. 673.)

En conséquence, leurs fruits et autres produits se partagent entre les copropriétaires.

Mais le partage doit-il avoir lieu par égales portions quand l'arbre, comme il arrive souvent, est plus d'un côté que de l'autre? ou chacun des voisins doit-il prendre les produits qui sont de son côté? C'est assez souvent ce dernier mode de jouissance que les copropriétaires adoptent d'un commun accord, mais cet accord peut ne pas exister ou cesser d'un moment à l'autre.

Il est bien certain que la communauté de l'arbre n'est pas parfaite, qu'elle est seulement *pro diviso, pro regione*, tant qu'il est sur pied (1): d'où il paraît juste de décider que les fruits produits par les branches qui donnent sur l'un des fonds doivent appartenir au maître de ce fonds, d'autant mieux

_____

(1) L. 7, §. *ult.*, et L. 8 ff. *de acquir. rer. domin.*; L. 19 ff. *commun. divid.* précitées.

que l'ombrage de ces mêmes branches nuit à cet héritage, et non à l'autre, du moins au même degré. Cela répond à l'objection tirée de ce que l'arbre est nourri également par le terrain des deux fonds ; car lors même que cela serait absolument vrai, il n'en est pas moins certain aussi que le fonds du côté duquel les branches sont plus nombreuses et plus étendues, souffre le plus de l'ombrage de l'arbre.

377. D'ailleurs, celui des voisins qui ne serait pas satisfait de cette répartition des produits, peut exiger qu'il soit abattu, suivant la disposition formelle de l'article 673, qui donne ce droit à chacun des propriétaires. Il n'y a même pas à distinguer, en pareil cas, si l'arbre a plus ou moins de trente ans, parce que la prescription n'a point lieu entre ceux qui jouissent en commun, et qui trouvaient chacun leur avantage à jouir de cette manière. Elle ne peut commencer à courir que du moment où l'un d'eux a joui séparément, parce qu'alors il a joui comme propriétaire exclusif (1). (Art. 815-816 combinés.)

378. La circonstance que les deux fonds auraient appartenu au même, et que les arbres existaient déjà dans la haie mitoyenne au moment où s'est

---

(1) Ce qui fait qu'il n'y a pas d'opposition avec ce que nous avons dit précédemment, n° 313, que l'un des voisins peut, par des actes ou entreprises sur un mur prétendu mitoyen, en acquérir la propriété exclusive; car alors il ne reconnaît pas la mitoyenneté : il jouit comme étant seul propriétaire.

opéré le partage de ces mêmes fonds, ou l'aliénation de l'un d'eux, ne ferait non plus aucun obstacle à ce que l'un ou l'autre des voisins pût exiger qu'ils fussent arrachés, quelle que fût leur ancienneté. La destination du père de famille ne peut être invoquée dans ce cas, comme elle pourrait l'être si les arbres n'étaient pas dans la haie elle-même, parce qu'alors il y aurait acquisition du droit de les maintenir; au lieu que l'existence de la communauté est exclusive de toute idée d'acquisition par l'un des associés sur l'autre. Cette destination a seulement établi la mitoyenneté relativement aux arbres comme relativement à la haie, mais non une servitude réciproque au profit de chacun des copropriétaires sur l'autre. Il n'en est pas d'un arbre ainsi que d'une chose qu'on ne peut partager ou liciter sans grande détérioration des objets dont elle est un accessoire nécessaire, ou sans détriment notable pour l'un des propriétaires, comme un vestibule, une allée, et dont nous avons parlé précédemment, n° 149.

379. Une fois que l'arbre est arraché, la communauté, qui était d'abord *pro diviso*, *pro regione*, devient *pro indiviso;* mais s'il était plus d'un côté que de l'autre, le partage du bois devrait se faire dans la même proportion, suivant ce qui a été dit par rapport aux fruits (1).

_____

(1) Telle est la décision de la L. 83, ff. *Pro socio : Naturali convenit rationi, et posteà tamtam partem utrumque habere, tàm in lapide, quàm in arbore, quamtam et in terra habebat.*

380. Suivant le droit romain, la propriété d'un arbre s'estimait par le terrain où étaient les racines (1), et telle est la raison pour laquelle l'arbre placé auprès de la limite de deux fonds, et qui avait jeté ses racines dans l'un et l'autre, devenait commun aux deux propriétaires; mais, dans notre droit, la propriété de l'arbre s'estime d'après le lieu d'où sort le tronc, parce que c'est là véritablement l'arbre : aussi l'art. 673 dit-il que les arbres qui sont dans la haie mitoyenne sont mitoyens comme la haie; or, en disant les *arbres*, cet article a évidemment en vue le tronc, comme étant ce qui constitue réellement l'arbre.

381. Quoique chacun des voisins puisse exiger que les arbres qui sont dans la haie mitoyenne soient arrachés, il ne peut toutefois exiger que la haie elle-même soit détruite.

Nous avons décidé le contraire pour le fossé, et contre le sentiment de M. Pardessus (2); mais le cas est bien différent. Quand il ne s'agit que d'un fossé, le voisin peut facilement l'élargir de son côté, du moins ordinairement; aussi avons-nous fait exception pour certains cas; en sorte qu'il ne peut souffrir de préjudice du parti que prend l'autre voisin, puisqu'il sera maître exclusif du nouveau fossé, s'il juge à propos d'en avoir un. Au lieu que l'établis-

---

(1) §. 31 INSTIT. *de rerum divis.* Voy. Vinnius sur ce paragraphe.
(2) Voy. *suprà*, n° 361.

V.   27

sement d'une haie vive exige beaucoup de temps et de soins ; par conséquent ce serait un dommage réel que souffrirait le voisin, s'il était obligé d'en élever une nouvelle. C'est ce qui répond à l'objection tirée du principe que nul ne peut être forcé de rester indéfiniment dans l'indivision (art. 815), quand bien même la communauté aurait été le résultat de sa volonté.

382. Mais si la haie était dans un lieu où la clôture est forcée, comme elle l'est en murs, chacun des voisins pourrait contraindre l'autre à la suppression de la haie et à contribuer à la construction d'un mur de clôture. L'art. 663 ne fait aucune exception ; il ne distingue pas entre le cas où il y a une haie sur la ligne séparative, comme cela a presque toujours lieu quand il n'y a pas encore de mur, et le cas où les deux fonds n'ont aucune espèce de clôture. Il dispose de la manière la plus absolue. L'établissement de la haie à frais communs ne devrait point être considéré comme une renonciation au droit de pouvoir invoquer sa disposition dans la suite, mais seulement comme l'emploi d'un mode de clôture que chacun des voisins regardait alors comme suffisant.

383. Au surplus, la haie doit bien être entretenue à frais communs, mais rien n'empêche l'un des copropriétaires d'abandonner la mitoyenneté pour se dispenser de contribuer dorénavant à son entretien.

384. Celui qui plante une haie est obligé de laisser la distance prescrite par les règlemens particuliers actuellement existans, ou par les usages constans et reconnus, et à défaut de règlemens et usages, un demi-mètre (1 pied et demi) de distance de la ligne séparative des deux héritages. (Art. 671.)

Cet espace est présumé par cela même lui appartenir, sauf preuve contraire; et si le voisin ne réclame pas dans les trente ans, la présomption est inattaquable. Il y a prescription de ce terrain, que le propriétaire de la haie a possédé, ne fût-ce qu'au moyen de la haie elle-même.

385. Il est clair que le voisin d'une haie ne peut, contre la volonté de celui à qui elle appartient, la rendre mitoyenne; car l'espace dont il vient d'être parlé ferait obstacle à sa prétention; et quand bien même cet espace n'existerait pas, de fait, elle ne serait encore point fondée, puisque la loi ne la consacre pas, comme elle le fait pour le mur qui joint le fonds d'autrui (art. 661); sauf à lui, dans cette dernière hypothèse, à forcer le maître de la haie à l'arracher, si le temps de la prescription n'est pas écoulé. Les motifs qui ont déterminé la disposition relative à l'obligation de céder la mitoyenneté d'un mur, ne s'appliquent point au cas où il s'agit d'une haie.

§. V.

De la distance à observer dans la plantation des arbres.

SOMMAIRE.

397. *Le droit de forcer le propriétaire des arbres dont les branches avancent sur le terrain du voisin, à les couper, s'entend même du cas où les arbres se trouvent à la distance prescrite.*

398. *Ainsi que du cas où, plantés à une distance moindre, le propriétaire a acquis par prescription le droit de les maintenir.*

399. *Il en est autrement quand le droit de conserver les arbres dans leur état actuel, peut être raisonnablement considéré comme le résultat d'une sorte de destination du père de famille.*

400. *Le propriétaire de l'arbre dont les branches avancent sur le terrain d'autrui n'a pas, sous le Code, le droit d'y passer pour aller en recueillir les fruits : controversé; droit romain contraire à cette décision, mais par des motifs qui n'existent pas chez nous.*

386. D'après l'art. 671, « il n'est permis de planter « des arbres de haute tige (1) qu'à la distance prescrite par les règlemens particuliers actuellement « existans, ou par les usages constans et reconnus; « et, à défaut de règlemens et usages, qu'à la dis- « tance de deux mètres de la ligne séparative des « deux héritages pour les arbres de haute tige, et « à la distance d'un demi-mètre pour les autres « arbres et haies vives. »

Ainsi, il faut d'abord observer les règlemens particuliers existans, ou les usages constans et reconnus; et à leur défaut, la distance déterminée par le Code.

_____

(1) Tels que les chênes, les ormes, les noyers, les peupliers, les frênes, les châtaigners, les marroniers, les tilleuls, les aulnes, etc.

Les règlemens particuliers et les usages varient non-seulement en raison des localités, mais encore en raison des diverses espèces d'arbres; c'est ainsi, par exemple, que dans tel canton la distance doit être de quinze pieds pour les noyers et châtaigners, qui y viennent très-gros, tandis que pour les pommiers, poiriers et autres arbres, réputés aussi à haute tige, la distance n'est que de six ou huit pieds.

387. Quand les deux fonds sont séparés par un mur, une haie, un canal ou un fossé mitoyen, la distance se calcule du point milieu du mur, de la haie, du canal et du fossé.

Il en serait de même si c'était un chemin mitoyen qui séparât les héritages, mais non si c'était un chemin public. Dans ce cas la distance se calculerait à partir du fonds du voisin. Ce serait également de ce fonds qu'elle se calculerait quoique son propriétaire eût un droit de passage sur les bords de celui où les arbres vont être plantés; car la propriété du sol du chemin n'en demeure pas moins au maître de ce dernier héritage.

Enfin, si les deux fonds étaient séparés par un ruisseau, on devrait calculer la distance à partir du point milieu du ruisseau, attendu, comme nous l'avons dit plusieurs fois (1), que le lit des cours d'eau non navigables ni flottables appartient aux ri-

---

(1) *Voy.* tome précédent, n° 421, et *suprà*, n° 208.

verains, puisque l'île qui y naît leur est attribuée (art. 561)(1).

388. Si les règlemens et usages locaux n'ont pas été observés, ou, à leur défaut, la distance prescrite par le Code, le voisin peut exiger que les arbres ou haies soient arrachés. (Art. 672.)

Il ne le peut toutefois sur le seul prétexte que les arbres, il est vrai, ont bien été plantés à la distance prescrite, mais que par leur accroissement successif il ne se trouvent plus maintenant à cette distance; car la loi a prévu l'accroissement et a calculé l'espace en conséquence.

389. Mais quand même les arbres ne se trouveraient point plantés à la distance prescrite, s'il était prouvé que les deux fonds ont appartenu au même, et que les arbres existaient au moment où l'un de ces fonds est sorti de sa main par disposition quelconque, vente, échange, ou partage, on verrait là une sorte de destination du père de fa-

---

(1) M. Pardessus (n° 194) dit le contraire, sur le fondement que, suivant lui, la nature de cette propriété n'oblige pas chacun des riverains à compter la distance du milieu du ruisseau, mais seulement à partir du bord de la propriété opposée. Il convient cependant, dans un autre endroit de son ouvrage, que le lit du ruisseau appartient aux deux riverains. L'opinion de M. Pardessus aurait généralement pour elle l'intérêt de l'agriculture; mais la nôtre aurait toujours en sa faveur les principes, et dans plusieurs cas l'équité; par exemple, propriétaire d'un jardin qui borde un cours d'eau, j'ai intérêt à ce que les branches des arbres du voisin ne viennent pas couvrir ce cours d'eau jusqu'au point où commence mon jardin : l'agrément du cours d'eau en serait singulièrement diminué.

mille : on appliquerait, par analogie, l'art. 694, en considérant le droit de maintenir les arbres comme l'effet d'une convention tacite entre les contractans ou les copartageans.

390. De plus, s'il s'était écoulé depuis la plantation des arbres, le temps requis pour la prescription, le voisin ne pourrait plus les faire abattre, s'il en avait pu d'ailleurs facilement connaître l'existence parce qu'ils n'étaient point masqués par un mur plein (1). On devrait regarder le droit de les maintenir comme une espèce de servitude, qui, étant continue et apparente, serait susceptible, aux termes de l'art. 690, de s'acquérir par prescription (2).

391. Quelques personnes voient même dans

---

(1) Il arrive souvent que le voisin s'accorde verbalement avec le propriétaire d'arbres plantés à une moindre distance que celle qui est prescrite, de souffrir les arbres, moyennant une portion ou la totalité des fruits des branches qui donnent sur son terrain ; mais il est plus prudent de faire cet accord par écrit, afin qu'après les trente ans il ne s'élève pas de difficulté à l'égard des fruits eux-mêmes. *Voy.* au surplus ce que nous disons sur ces fruits, *suprà*, n° 377 et suiv.

(2) Arrêt de rejet du 27 décembre 1820, rapporté par M. Favard, *Répertoire*, v° *Servitude*, sect. 3, §. 5. — Arrêt de la Cour royale d'Orléans, du 10 juillet 1820, et arrêt de rejet du pourvoi, du 9 juin 1823. Sirey—1826-1-176. C'est aussi le sentiment de M. Pardessus, n° 194; de M. Toullier, tom. III, n° 515 ; et de M. Favard, *loco citato*. Duval, *de rebus dubiis, tract.* 8, n° 8, et Mornac, sur la L. 13 ff. *finium regund.*, ont écrit, au contraire, que la prescription ne peut avoir lieu, parce que l'arbre, dans son commencement, est si petit que le voisin peut très-bien n'en avoir pas connaissance, et qu'ainsi il y presque impossibilité d'assigner un point de départ à la prescription.

l'existence des arbres depuis plus de trente ans, un affranchissement, au profit du fonds, d'une servitude légale, dont il était tenu en faveur du fonds voisin, et consistant à n'avoir point d'arbres à haute tige à une distance moindre que celle prescrite par la loi ou les usages locaux ; et elles tirent de là la conséquence que, lorsque les arbres viennent à périr ou à être abattus, il est permis au propriétaire du fonds de les remplacer, dans les trente ans, par d'autres, de même essence, en même nombre et dans le même lieu. M. Pardessus (1) argumente aussi en ce sens de la disposition de l'article 665, suivant lequel, lorsqu'on reconstruit un mur mitoyen ou une maison, les servitudes actives et passives se continuent à l'égard du nouveau mur ou de la nouvelle maison, sans toutefois qu'elles puissent être aggravées, et pourvu que la reconstruction se fasse avant que la prescrition soit acquise. Ce jurisconsulte assimile ainsi l'abattage des arbres et leur remplacement, à la démolition et reconstruction du mur ou de la maison.

Mais, comme nous l'avons déjà fait observer (2), il n'est pas exact de dire qu'il y a servitude dans la prohibition légale de planter des arbres à une distance moindre que celle qui est prescrite : c'est là tout simplement un mode d'exercice du droit de propriété. Ce droit consiste bien dans la faculté

---

(1) Ainsi que M. Favard.
(2) Au sujet des vues : Voy. *supra*, n° 326.

d'user des choses de la manière la plus absolue, mais avec cette importante restriction (qui n'est cependant pas une servitude) : pourvu qu'on n'en fasse pas un usage qui nuirait à autrui. Or, la plantation des arbres contre le fonds du voisin nuirait à ce fonds par la projection de l'ombre, très - préjudiciable aux récoltes. Ce serait altérer en un point, et par un fait de l'homme, la situation naturelle des lieux, qu'il n'est pas permis de changer, du moins en principe, au détriment du voisin (art. 640). Les servitudes légales ne sont point de véritables servitudes ; ce sont seulement des modes d'exercice du droit de propriété ; et conséquemment on ne saurait voir dans l'existence des arbres pendant trente ans l'affranchissement d'une servitude, qui n'a jamais existé avec les caractères et les effets attachés aux véritables servitudes. Ce prétendu état de liberté naturelle dans lequel on dit que le fonds est rentré par ce fait, n'est pas reconnu par la loi ; il n'existait même pas dans les temps les plus reculés, du moins à Athènes et à Rome, puisque la loi de Solon, adoptée par les Romains (1), défendait également à l'un des voisins de planter, sans le consentement de l'autre, des arbres à une distance moindre de neuf pieds pour les oliviers et les figuiers, et de cinq pieds pour les autres.

Il est bien plus vrai de dire que l'existence des

---

(1) *Voy.* la L. 13 ff. *finium regund.*

arbres pendant trente ans constitue seulement une prescription à l'effet d'acquérir le droit de les maintenir, ce qui emporte sans doute extinction de l'action qu'avait le voisin pour les faire supprimer, comme dans tout autre cas où l'on a acquis par prescription, une servitude sur le voisin, et où l'on a, par cela même, prescrit contre l'action qu'il avait pour s'opposer à l'exercice de cette servitude; mais cela ne constitue réellement pas une prescription à l'effet de se libérer; c'est plutôt une prescription à l'effet d'acquérir : autrement on transformerait, dans tous les cas, la prescription à l'effet d'acquérir en prescription à l'effet de se libérer, puisqu'il est bien évident que l'acquisition du droit par l'une des parties renferme la perte de celui qu'avait l'autre, et éteint ainsi l'action qu'avait cette dernière pour le réclamer.

Toutefois, l'on insiste et l'on dit : Le droit naturel me permettait de faire sur mon fonds tout ce que j'aurais voulu, pourvu que je ne fisse rien sur le vôtre. Je pouvais, en conséquence, y planter des arbres très-près de la ligne séparative, en empêchant d'ailleurs leurs branches de s'étendre sur votre terrain, etc. Or, une loi s'y oppose : donc cette loi diminue le libre exercice de mon droit de propriété; et comme c'est pour l'utilité de votre fonds, il en résulte que le mien est grevé d'une servitude négative, comme si je m'étais soumis moi-même à n'y pas faire telle chose, par exemple, à n'y pas bâtir, ou à n'y pas bâtir au-delà de telle hauteur : toute la différence qu'il y a, c'est que la servitude, dans le premier cas, est établie par la loi, qui a consulté à cet égard l'intérêt général ; tandis que dans le second, elle est établie par la volonté des propriétaires, qui ont consulté leur intérêt particulier.

Voilà l'objection dans toute sa force, du moins nous le croyons.

Mais nous y répondons en disant, ainsi que nous l'avons fait précédemment sur un cas analogue, n° (326), que précisément parce que la loi, en établissant ces prohibitions, a consulté l'intérêt général, il est plus vrai de dire qu'elle a plutôt entendu par-là régler l'exercice du droit de propriété, que grever les fonds de servitudes les uns envers les autres. Nous nions que le droit naturel permette à un propriétaire de faire *tout* ce que bon lui semble sur son terrain, dès qu'il en peut résulter un préjudice pour le voisin. Comme chacun, dans ce système, pourrait en faire autant, le tort serait réciproque ; et loin que le droit naturel fût suivi, il serait blessé, puisqu'il n'est rien autre chose que l'équité, et que l'équité veut que les hommes, au lieu de se nuire les uns les autres, jouissent des biens pour la plus grande utilité de tous, dans la mesure suivant laquelle ils leur sont répartis. C'est véritablement la loi civile qui, par sa sagesse, est la loi naturelle dont on parle.

L'argument que M. Pardessus tire de l'art. 655, pour prétendre que le propriétaire des arbres peut, après les avoir arrachés, en replanter d'autres dans les trente ans, en même nombre, de même espèce, et au même lieu, a beaucoup plus de force que la théorie que nous venons de combattre. Cependant nous croyons qu'on peut y répondre avec succès.

C'est un principe constant, que la prescription n'opère que relativement à la chose même dont on a joui, que cette chose soit intellectuelle ou matérielle, n'importe : de là cette règle si connue, *quantum possessum, tantum præscriptum.* Or, de quoi a joui le propriétaire des arbres? qu'a-t-il possédé? Il a joui de l'avantage d'avoir tels arbres placés en tels lieux, et voilà tout; il n'a pas pour cela, comme on le prétend, acquis le droit d'avoir perpétuellement des arbres à la même place, mais seulement celui de pouvoir conserver et maintenir les arbres dont il a joui, qu'il a possédés; et quand ces mêmes arbres viennent à être arrachés, l'on rentre dans le droit commun par la perte de la chose qui faisait la matière de cette espèce de servitude temporaire. Car, autre chose est de souffrir l'existence d'un arbre qu'on pourrait faire arracher; autre chose est de consentir à une servitude perpétuelle. Un arbre, aujourd'hui, ne cause que peu d'incommodité, et procure même de l'agrément; tandis que la succession indéfinie d'arbres placés dans le même lieu peut devenir très-nuisible au voisin. Qu'on infère de son silence pendant trente ans un tacite consentement de sa part à ce que cet arbre subsiste, soit; mais on ne peut pas, avec la même raison, en inférer qu'il a entendu se soumettre à souffrir également un autre arbre, puis un autre, et, ainsi de suite, à perpétuité. Si la prescription a pour effet de punir la négligence de celui contre qui elle s'opère, il n'en est pas moins vrai qu'elle a aussi pour principal fondement son consentement réel ou présumé.

Au lieu que dans le cas prévu à l'article 665 il y a servitude perpétuelle au profit du bâtiment ou sur le bâtiment, et servitude établie par titre (art. 675), car il n'y a pas de prescription quand la jouissance est commune; cette servitude doit donc se continuer activement ou passivement après la reconstruction de l'édifice, parce que le nouveau mur et la nouvelle maison représentent les premiers : l'exercice de la servitude a seulement été suspendu pendant la reconstruction. Aussi la loi ne dit-elle pas qu'elle *renaît*, comme elle le dit dans l'art. 704, pour le cas où les choses ayant été dans un état tel qu'on ne pouvait plus user du droit, elles sont ensuite rétablies de manière qu'on peut en user; elle dit au contraire que la servitude se *continue*, parce qu'en effet le nouvel édifice est censé représenter l'ancien. Il y a là une sorte d'identité, qu'on ne peut voir dans deux arbres qui se succèdent à un temps plus ou moins long : ici ce sont deux arbres véritablement distincts, encore qu'ils fussent de même espèce.

La question a été jugée dans notre sens par la

Cour royale de Paris (1); et il est même à remarquer que, dans l'espèce, les deux fonds avaient appartenu au même, et que les arbres existaient lors de l'aliénation qu'il fit successivement de ces héritages : d'où résultait la convention tacite que le nouveau propriétaire du fonds sur lequel ils se trouvaient lors de son acquisition, aurait le droit de les y maintenir; mais les ayant abattus, la Cour a décidé qu'il ne pouvait, sans le consentement du voisin, en replanter d'autres, quoiqu'à la même place; qu'on était rentré, par l'abattage, dans le droit commun. A plus forte raison, en doit-il être ainsi quand le propriétaire des arbres plantés à une moindre distance que celle voulue par la loi, ne peut invoquer, pour avoir le droit de les maintenir, que le secours de la prescription, puisqu'on ne peut pas supposer, avec la même vraisemblance, que le voisin s'est soumis à souffrir toujours des arbres plantés à cette distance. Il subit sans doute l'effet de sa négligence quant aux arbres existans, mais il peut dire à l'autre : *Quantum possessum, tantum præscriptum.*

392. Celui sur la propriété duquel avancent les branches des arbres du voisin peut contraindre ce dernier à couper ces branches (art. 672) (2); mais

---

(1) Le 23 août 1825. Sirey-26-2-20.

(2) A Rome, si l'arbre avançait sur une maison, il devait être arraché ou coupé au pied; si c'était sur un champ, l'on devait couper

il ne peut les couper lui-même. On a dû craindre que, par malice ou inattention, il ne déshonorât l'arbre, et qu'il ne coupât les branches au-delà du point où elles devaient l'être.

Si ce sont les racines qui avancent chez lui, il peut les couper lui-même (*ibid.*). L'inconvénient que nous venons de signaler n'était point à craindre à l'égard des racines : le principe que chacun peut faire ce qu'il veut dans son fonds, y creuser, y faire des fouilles (art. 544—552), réclamait donc son application.

393. Malgré les justes motifs invoqués par l'administration forestière, la Cour de Paris avait jugé, le 16 février 1824 (2), que l'art. 672 est applicable aussi aux arbres des forêts de l'état, dont les branches se projettent sur les fonds des particuliers. La Cour s'est déterminée par la raison que cet art. 672 ne fait aucune distinction entre les forêts de l'état et les autres arbres, et que l'art. 636, qui soumet les bois et forêts en général à un régime particulier, ne s'applique qu'aux droits d'usage existant sur les bois et forêts. En vain l'on représenta à la Cour que les arbres seraient déshonorés par

---

toutes les branches qui s'étendaient sur ce champ, depuis le sol jusqu'à quinze pieds d'élévation. L. 1, § 9, ff. *de arborib. cædend.*

Chez nous on ne distingue pas : quand l'arbre est à la distance prescrite, le voisin ne peut toujours demander que l'élagage au-dessus de son sol ; mais il le peut à quelque élévation du sol que soient les branches. Leur ombrage, en effet, ne cesse pas d'être nuisible.

(1) *Voy.* le *Journal du Palais,* tom. ii, 1824, pag. 243.

l'élagage, et souvent exposés à périr ; qu'ils contrac-
teraient du moins des vices qui les rendraient impropres au service de la marine et aux autres constructions, objet qui intéresse si essentiellement le
bien général ; que de tout temps les forêts ont été
soumises à une législation spéciale, et conséquemment qu'on ne peut leur appliquer le Code civil :
ces sages observations ne furent point écoutées,
mais du moins cet arrêt a eu un heureux effet, il a
averti l'autorité, parce que ce sont presque toujours les abus qui font naître les bonnes lois. Le
nouveau Code forestier porte, en effet, par son
art. 150, que « les propriétaires riverains des bois et
« forêts ne peuvent se prévaloir de l'art. 672 du Code
« civil pour l'élagage des lisières desdits bois et fo-
« rêts, si ces arbres de lisières ont plus de trente ans.

« Tout élagage qui serait exécuté sans l'autorisa-
« tion des propriétaires des bois et forêts, donnera
« lieu à l'application des peines portées par l'art. 296
« dudit Code. »

Et suivant cet article, « ceux qui, dans les bois
« et forêts, auront éhouppé, écorcé ou mutilé des
« arbres, ou qui en auront coupé les principales
« branches, seront punis comme s'ils les avaient
« abattus par le pied. »

Il importe même de remarquer que ces dispositions ne sont pas seulement applicables aux bois de
l'état, elles le sont à tous les bois et forêts en général ; elles sont placées au titre x, intitulé : *Police et
conservation des bois et forêts*, et sous la section 1re,

434 Liv. II. *Des Biens*, *et des modif. de la Propr.*

dont la rubrique est : *Dispositions applicables à tous les bois et forêts en général.*

394. Dans les cas régis par le Code, si le propriétaire des arbres ne veut pas couper les branches, le voisin peut lui faire sommation de les couper dans un délai déterminé, et, au refus par lui d'y obtempérer, l'assigner pour voir ordonner que cette obligation de *faire* sera exécutée par un autre, à ses dépens, conformément à l'art. 1144; les frais faits resteront à la charge de ce propriétaire. Le voisin peut même l'assigner directement, mais en observant le préliminaire de conciliation, si l'on n'est point dans un cas d'exception. Quelle que soit, au reste, la voie qu'il emploie, le coût de la sommation ou de la citation en conciliation, doit rester à la charge de l'autre voisin, quand bien même il couperait ensuite les branches dans le délai fixé, si le premier l'a prévenu, et en justifie en cas de contestation; attendu que ne pouvant lui-même couper les branches, c'est la faute de l'autre partie de ne les avoir point coupées, d'après l'avertissement qui lui en avait été donné, quoique verbalement, et d'avoir ainsi rendu nécessaire la sommation ou la citation. Le système contraire gênerait beaucoup l'exercice du droit que la loi reconnaît au voisin, de forcer le maître des arbres à en couper les branches qui s'avancent sur son sol : on préférerait souvent en souffrir l'incommodité, plutôt que de supporter les frais d'une sommation ou

d'une citation en conciliation, parce que le propriétaire des arbres, par négligence ou obstination, ne les émonderait pas. C'est assez que, dans son seul intérêt, la loi ait modifié l'exercice du droit de propriété du voisin, en l'empêchant de couper les branches lui-même, de faire sur son sol ce que bon lui aurait semblé, sans que le fait de l'autre puisse lui nuire autrement. On est responsable du tort que l'on cause à autrui par sa faute; or, la réparation, dans le cas dont il s'agit, consiste à affranchir le voisin du coût d'un acte qu'il a été obligé de faire. Mais si celui-ci n'a pas averti le maître des arbres, ce dernier a pu croire que le voisin tolérait les branches sur son terrain; et dans le cas où il obéirait de suite à l'injonction qui lui serait faite de les couper, il ne devrait point supporter les frais de la sommation ou de la citation en conciliation. Il ne devrait non plus aucuns dommages-intérêts à raison du préjudice que le voisin prétendrait avoir souffert dans ses récoltes par l'ombrage des arbres : le droit qu'avait celui-ci de faire couper les branches dont il s'agit fait présumer, tant qu'il a gardé le silence, qu'elles ne lui nuisaient pas. Il ne pourrait donc invoquer la disposition générale de l'art. 1382.

395. Le Code, qui a maintenu les anciens règlemens et usages locaux relativement à la distance à laisser dans la plantation des arbres, n'en a pas également prescrit l'observation par rapport aux

branches qui s'étendent sur le fonds du voisin : le droit de forcer le propriétaire des arbres à couper ces branches a donc lieu aussi dans les pays où l'on suivait un usage contraire, encore que les branches fussent déjà très-anciennes lors de la publication du Code (1). Ce n'est point pour cela lui donner un effet rétroactif, car la simple tolérance de la loi ancienne n'a pas attribué au propriétaire des arbres un droit irrévocable, s'étendant au-delà du temps où subsisterait encore cette même loi, mais bien seulement une faculté mesurée sur le temps pendant lequel elle exercerait son empire (2); et la prescription n'a pu être invoquée en raison d'une jouissance qu'elle autorisait, et que l'autre partie ne pouvait empêcher.

396. Mais en serait-il de même des branches qui règneraient depuis plus de trente ans sur le fonds du voisin, dans les pays où il n'existait point d'usage constant qui obligeât celui-ci à les souffrir?

En serait-il de même aussi à l'égard des branches d'arbres plantés à une distance moindre que celle voulue par les règlemens ou usages locaux, arbres que le propriétaire a acquis, par la prescription, le droit de maintenir?

Enfin du cas où ces arbres doivent être maintenus par l'effet d'une convention expresse ou tacite

---

(1) Arrêt de cassation du 31 décembre 1810.—Sirey—11—1—81.
(2) **Ce cas** est en effet différent de ceux relatifs au *tour d'échelle*, au fossé, à la haie, et dont nous parlons sous les n⁰ˢ 316-355-374.

dans le partage de deux fonds, ou dans l'aliénation de l'un d'eux par celui qui était propriétaire
de l'un et de l'autre?

397. D'abord, il est bien certain que le droit de
forcer le propriétaire des arbres dont les branches
avancent sur le terrain d'autrui, à couper ces branches, s'entend même du cas où ces arbres sont
plantés à la distance prescrite; car lorsqu'ils ne le
sont pas, comme on peut contraindre le voisin à
les arracher, du moins en général, il est clair que
la loi n'aurait pas de sens, ou du moins qu'elle
n'aurait qu'une application très-rare, si on ne
l'entendait que des arbres plantés à une distance
moindre. Or, le législateur statue sur les cas les
plus fréquens, surtout quand il établit une règle,
comme il l'a fait par l'art. 672, où il dispose de la
manière la plus générale et la plus absolue.

398. De même, dans le second cas, la question
ne doit pas moins, selon nous, être décidée contre
le propriétaire des arbres; car l'effet du droit acquis
de maintenir ceux qui sont à une moindre distance que celle prescrite, doit être assimilé à l'effet
de la loi quand les arbres ont été plantés à la distance
voulue : dans l'un et l'autre cas, il y a droit de
maintenir les arbres, il est vrai, mais il ne s'ensuit
pas que le voisin soit tenu de souffrir que leurs
branches s'étendent sur son terrain. Il n'en est pas
des branches d'un arbre comme de l'arbre lui-
même : la prescription ne peut pas faire acquérir le

droit de les maintenir dans l'état où elles se trouvent actuellement, parce que leur accroissement successif ne permet pas, comme pour l'arbre, de déterminer positivement le moment où commence pour le voisin le droit de se plaindre, ce qui est un obstacle à la prescription. Quand il n'est question que de l'arbre planté à une distance insuffisante, le voisin peut facilement le voir et s'en plaindre; tandis que lorsqu'il s'agit des branches, il lui est pour ainsi dire impossible de suivre de l'œil leur accroissement imperceptible pour juger d'une manière précise s'il est dans le cas de réclamer : en sorte qu'on ne pourrait qu'arbitrairement fixer le point de départ de la prescription. On conçoit, d'après cela, que la loi a dû être plus facile à admettre l'acquisition, par ce mode, du droit de maintenir l'arbre, que celle du droit de maintenir les branches.

399. Quant à la troisième question, nous donnons une solution différente, fondée sur la considération que les copartageans ou les contractans ont vraisemblablement entendu que les arbres resteraient dans l'état où ils se trouvaient au moment où l'un des héritages est sorti de la main de celui qui les possédait tous deux, et avec l'accroissement que les branches des arbres pourraient prendre par la suite; car il n'est pas naturel de supposer que celui qui recevait un de ces fonds avec des arbres placés à une distance plus ou moins rap-

prochée de l'autre, ait entendu qu'on pourrait ensuite le forcer à les mutiler et déshonorer par
l'émondage : c'est là une question d'interprétation
de contrat, et cette interprétation doit être faite en
sa faveur.

400. Il n'arrive pas toujours, même dans les cas
ordinaires, que le voisin sur le fonds duquel s'é-
tendent les branches des arbres de l'autre, force
ce dernier à les couper; mais alors que doit-on
décider relativement aux fruits de ces branches?

M. Pardessus (n° 196) dit que celui sur le
terrain duquel elles s'étendent, n'a pas le droit
d'en cueillir les produits; que cette faculté pourrait, à la vérité, être présumée l'effet d'un consentement du propriétaire de l'arbre, en indemnité de ce que le voisin n'aurait pas encore
exigé qu'il fût élagué, ce qui le rendrait non recevable à réclamer le prix des fruits ainsi perçus;
mais qu'elle ne formerait pas un titre permanent,
qu'elle serait toujours révocable dans la suite. Les
statuts locaux qui donnaient ce droit sont abolis,
dit-il, par la loi du 30 ventose an xii (1) : les fruits
sont la propriété exclusive du maître de l'arbre,
conformément à l'article 546; il a même le droit
d'obtenir le passage sur son voisin pour venir les

_____

(1) Qui réunit en un Code toutes les lois dont se compose le
Code civil, et qui abroge (art. 7) les lois romaines, les ordonnances,
les coutumes générales ou locales, les statüts, les règlemens dans les
matières qui sont l'objet des lois composant le présent Code.

ramasser dans un bref délai, en payant, s'il y a lieu, une indemnité, parce que c'est là une obligation de bon voisinage.

Nous ne saurions partager le sentiment de M. Pardessus sur ce dernier point. Nous tombons d'accord que les fruits des branches qui règnent sur le terrain du voisin appartiennent au maître de l'arbre, et que le voisin n'a pas le droit de les cueillir sur l'arbre même, sauf à lui à forcer l'autre à en couper les branches; mais nous ne croyons pas que, dans l'état actuel de la législation, le maître de l'arbre ait le droit de venir sur la propriété du voisin pour y ramasser les fruits, même en payant l'indemnité, hypothèse dont parle M. Pardessus : aucune disposition du Code ne lui attribue ce droit, et si les anciens usages qui donnaient les fruits au voisin sont abrogés, ceux qui conféraient au propriétaire de l'arbre le passage dont il s'agit, ne le sont pas moins. Ce serait une occasion de disputes et de rixes, que l'on avait sagement voulu prévenir dans plusieurs localités de notre ancienne France, en donnant au voisin le droit de prendre les fruits dont il est question : dans quelques autres ils se partageaient. Personne, en un mot, n'a le droit de venir dans mon fonds sans mon aveu : nous rejetons même la distinction que fait à cet égard un autre auteur, entre le cas où ce fonds est clos et le cas contraire : dans aucun la loi actuelle ne donne ce droit de passage.

Sans doute, s'il y est venu, il n'aura pas commis

un vol en ramassant ces fruits, puisque ce ne sera pas ma chose qu'il aura prise; mais je puis m'opposer à ce qu'il entre chez moi, et l'actionner avec succès s'il y est entré mon fonds étant préparé et ensemencé, quand même il ne serait pas clos, et le faire condamner aux peines de police portées par les art. 473—13°, et 475—9° du Code pénal, sans préjudice des dommages-intérêts : je dois même, dans les autres cas, et s'il y est entré malgré ma défense, pouvoir obtenir aussi des dommages-intérêts pour violation de mon droit de propriété.

Et quant aux fruits eux-mêmes, une fois tombés le voisin peut les prendre comme chose trouvée sur son fonds, comme chose présumée abandonnée en indemnité du tort que lui cause l'ombrage des branches. En ce sens, nous rentrons parfaitement dans la première partie de l'opinion de M. Pardessus. De plus, il ne serait tenu à aucune restitution quand même le propriétaire de l'arbre lui aurait défendu de les ramasser, et en cela nous différons du sentiment de ce jurisconsulte. Que ce propriétaire les cueille comme il pourra, ou s'il ne le peut et ne veut pas que le voisin en profite, qu'il coupe ses branches, et tout rentrera dans l'ordre accoutumé.

Le droit romain, nous ne l'ignorons pas, était contraire à cette décision : d'après la loi 9, §. 1, ff. *ad exhibend.*, le propriétaire d'un chêne dont le gland était tombé sur le fonds du voisin, et que celui-ci avait fait disparaître par dol, avait contre lui l'action dite *ad exhibendum*, afin qu'il le produisît ou payât les dommages-intérêts. Il l'avait également si le gland était encore sur le champ, dont le maître ne voulait pas lui permettre l'entrée pour aller l'y recueillir, de même que si sa matière avait été transportée par une cause quelconque sur ce champ et qu'on lui en eût refusé l'entrée.

Enfin, la loi lui donnait également, dans ce cas, l'interdit *de glande legendá*, pour qu'il pût, dans les trois jours, ramasser le gland, à la charge de garantir le propriétaire du champ de tout dommage. Mais tout cela était conforme aux autres principes de la matière, qui sont loin d'être les mêmes chez nous.

En effet, à Rome, le voisin était obligé de souffrir les branches qui étaient à quinze pieds au-dessus de son sol, quand l'arbre était d'ailleurs planté à la distance prescrite (1): d'où il suivait que le propriétaire de l'arbre avait, à cet égard, sur le fonds voisin, une véritable servitude légale, qui lui donnait le droit de forcer le maître de ce fonds, ou à représenter les fruits, ou à souffrir qu'il allât les y ramasser. Chez nous, au contraire, le propriétaire d'un arbre n'a pas, malgré le voisin, le droit d'en laisser les branches s'avancer sur le terrain de celui-ci, à quelque hauteur qu'elles soient élevées, quand bien même les arbres seraient plantés à la distance voulue par la loi, ou, dans le cas contraire, quoiqu'il se fût écoulé plus de trente ans depuis leur

_____

(1) L. 1, § 9, ff. *de arborib. cædend.*

plantation; en sorte qu'il n'y a pas de servitude légale à cet égard, conséquemment, il n'y avait point à en régler le mode d'exercice comme à Rome. Nous sommes donc toujours dans les termes du droit commun : or, le droit commun défend à qui que ce soit d'entrer dans mon fonds sans mon aveu; tous statuts et usages contraires sont abrogés par la loi du 30 ventose an XII, puisqu'ils n'ont point été conservés par le Code et que le Code régit la matière sur laquelle s'élève la question.

§. VI.

De la distance à observer et des travaux intermédiaires requis dans certaines constructions.

SOMMAIRE.

401. *Texte de l'art. 674.*
402. *Diverses dispositions de la Coutume de Paris, relativement aux travaux à faire pour la construction de certains ouvrages.*

« 401. Celui, dit l'article 674, qui fait creuser un « puits ou une fosse d'aisances près d'un mur mi- « toyen (1) ou non;

« Celui qui veut y construire cheminée ou âtre, « forge, four ou fourneau;

« Y adosser une étable;

« Ou établir contre ce mur un magasin de sel, « ou amas de matières corrosives;

___

(1) Voy. *suprà*, n° 329 et suivans.

« Est obligé de laisser la distance prescrite par les
« règlemens et usages particuliers sur ces objets,
« ou à faire les ouvrages par les mêmes règlemens
« et usages, pour éviter de nuire au voisin. »

402. Les articles 188 et suivans de la coutume de
Paris contenaient, à cet égard, plusieurs dispositions
qu'on peut encore regarder comme réglémentaires,
du moins dans les lieux où cette coutume étendait
son empire. Ils ont été fort bien expliqués par Desgodets dans son ouvrage ayant pour titre : *Lois des
bâtimens ;* et bien que, à l'exception du dernier, ces
articles ne s'occupassent que du cas où le mur était
mitoyen, néanmoins le Code portant aussi la même
règle à l'égard de celui qui ne l'est pas, on ne devrait pas moins suivre les dispositions de cette coutume pour l'un comme pour l'autre.

Ces articles étaient ainsi conçus :

« Art. 188. Qui fait étable contre un mur mi-
« toyen, il doit faire contre-mur de huit pouces
« d'épaisseur, de hauteur jusqu'au rez de la man-
« geoire.

« Art. 189. Qui veut faire cheminées et âtres
« contre le mur mitoyen, doit faire contre-mur de
« tuilots, ou autre chose suffisante, de demi-pied
« d'épaisseur.

« Art. 190. Qui veut faire forge, four ou four-
« neau contre le mur mitoyen, doit laisser demi-
« pied de vide et intervalle entre deux, du mur,

« du four ou forge; et doit être ledit mur d'un pied
« d'épaisseur.

« Art. 191. Qui veut faire aisances de privés, ou
« puits contre un mur mitoyen, il doit faire contre-
« mur d'un pied d'épaisseur. Et où il y a de chacun
« côté, puits d'un côté et aisances de l'autre, suffit
« qu'il y ait 4 pieds de maçonnerie d'épaisseur
« entre deux, comprenant les épaisseurs des murs
« d'une part et d'autre. Mais entre deux puits suf-
« fisent 3 pieds pour le moins.

« Art. 192. Celui qui a place, jardin ou autre
« lieu vide, qui joint immédiatement au mur d'au-
« trui, ou à mur mitoyen, et y veut faire labourer
« et fumer, il est tenu faire contre-mur de demi-
« pied d'épaisseur, et s'il y a terres jectisses (1), il
« est tenu faire contre-mur d'un pied d'épaisseur. »

L'article 674 du Code ne parle pas expressément
de ce cas, mais on peut le regarder comme compris dans ces termes : *ou établir contre ce mur...
amas de matières corrosives;* car les terres et le fumier, jetés successivement par le labourage contre
le mur, le dégraderaient par leur humidité.

---

(1) C'est-à-dire qui ont plus d'élévation, et qui sont par cela même
sujettes à se *jeter* contre le mur.

§. VII.

Des vues sur la propriété du voisin sans une constitution de servitude.

SOMMAIRE.

403. Il existe deux principales sortes de vues : les jours libres et les jours à verre dormant.

Les jours libres eux-mêmes sont de deux espèces : les vues droites ou fenêtres d'aspect, qui s'exercent par des ouvertures faites dans un mur parallèle à la ligne séparative des deux héritages ; et les vues de côté ou obliques.

404. On a dit précédemment (1) que, d'après l'art. 675, l'un des copropriétaires d'un mur mitoyen ne peut, sans le consentement de l'autre, pratiquer dans ce mur aucune fenêtre ou ouverture en quelque manière que ce soit, même à verre dormant.

405. Mais le propriétaire d'un mur non mitoyen, joignant même immédiatement l'héritage d'autrui, peut pratiquer dans ce mur des jours ou fenêtres à fer maillé et verre dormant.

Ces fenêtres doivent être garnies d'un treillis de fer dont les mailles auront un décimètre (environ 3 pouces 8 lignes) d'ouverture au plus, et d'un châssis à verre dormant (art 676), c'est-à-dire qui ne s'ouvre pas.

Ces fenêtres ou jours ne peuvent être établis qu'à 26 décimètres (8 pieds) au-dessus du plancher ou sol de la chambre qu'on veut éclairer, si c'est le rez-de-chaussée, et à 19 décimètres (6 pieds) au-dessus du plancher, pour les étages supérieurs. (Art. 677.)

_____

(1) N° 335.

Au moyen de ces précautions, il n'est pas à craindre que le propriétaire du bâtiment puisse voir ce qui se passe chez le voisin. Il n'a réellement pas vue sur le fonds de celui-ci, *sed tantùm, è cœlo lumen accipit.*

S'il s'agit d'éclairer un escalier établi contre le mur, on peut donner à la base de la fenêtre la direction ascendante de l'escalier, en observant la hauteur prescrite; mais si cette base est parfaitement horizontale, elle n'en doit pas moins être également à cette hauteur dans sa partie correspondante avec le point le plus élevé de l'escalier.

406. En thèse générale, lorsque le mur, parallèle à la ligne séparative des deux fonds, en est à moins de 6 pieds de distance, on ne peut, sans le consentement du voisin, avoir d'autres vues que celles dont il vient d'être parlé.

Il y a toutefois une importante différence entre le cas où le mur joint immédiatement le terrain du voisin et celui où il ne le joint pas (1).

Dans le premier, le voisin peut, nonobstant l'existence des jours à fer maillé et verre dormant qui s'y trouvent, et n'importe le temps depuis lequel ils existeraient, acquérir la mitoyenneté et les faire boucher, suivant les dispositions des art. 661 et 675 combinés.

Au lieu que dans le second cas, il n'a pas cette

_____

(1) Voy. *suprà*, n° 324-325.

faculté, parce qu'elle n'est accordée qu'à celui qui joint le mur.

Il ne l'aurait pas non plus, selon nous, quand bien même il joindrait le mur, s'il existait dans ce mur des fenêtres ouvrantes depuis le temps nécessaire à l'acquisition du droit de les maintenir par le moyen de la prescription. Dans ce cas il y aurait servitude de vue acquise comme si c'était par titre ou par l'effet de la destination du père de famille. On peut se reporter à ce que nous avons dit à cet égard (1).

407. Quant aux vues libres ou fenêtres ouvrantes, la loi a considéré qu'elles ne pourraient souvent s'exercer sur l'héritage d'un tiers sans dommage, ou au moins sans incommodité pour lui. En conséquence elle a modifié en ce point l'exercice du droit de propriété dans la main de celui qui voudrait pratiquer ces vues, mais sans que, pour cela, dans notre opinion, elle lui ait imposé une servitude : son héritage n'en est pas moins *libre* (2).

Suivant l'art. 678, « On ne peut avoir des vues « droites ou fenêtres d'aspect, ni balcons ou au- « tres semblables saillies sur l'héritage clos ou « non clos de son voisin, s'il n'y a 19 décimètres « (6 pieds) de distance entre le mur où on les « pratique et ledit héritage. »

_____

(1) Voy. *suprà*, n° 326.
(2) *Ibid.* et n° 146.

408. Cette distance se compte depuis le parement extérieur du mur où l'ouverture se fait jusqu'à la ligne séparative; et s'il y a balcons ou autres semblables saillies, depuis leur ligne extérieure jusqu'au point de séparation des deux fonds. (Art 680.)

Les balcons ou autres *semblables* saillies sont des moyens propres à faciliter la jouissance des vues, et ce n'est que sous ce rapport qu'il en est question dans les articles ci-dessus, comme le démontre la rubrique de la section sous laquelle ils sont placés : *Des vues sur la propriété du voisin.* D'où il suit : 1° que d'autres saillies, telles que des corbeaux, une corniche, l'avancement d'un toit, etc., ne sont pas soumises à ces dispositions; il suffit qu'elles n'avancent pas sur le terrain du voisin; et 2°, lors même qu'il y aurait des fenêtres d'aspect dans le mur où seraient ces saillies, la distance ne devrait pas se calculer depuis leur ligne extérieure, mais bien à partir du parement du mur, ou de la ligne extérieure des balcons ou autres *semblables* saillies, pratiquées pour faciliter la jouissance de la vue et la rendre plus agréable.

Quand les deux héritages sont séparés par un mur, une haie ou un fossé, si ce mur, cette haie ou ce fossé appartient exclusivement au propriétaire du mur dans lequel sont pratiquées les vues, ou au voisin, son existence est indifférente, sauf ce qui va être dit n° 411 : la distance se calcule toujours à partir du parement extérieur du mur où sont les

vues, ou des balcons, s'il y en a, jusqu'au point
où commence la propriété du voisin de ce côté;
mais si le mur, la haie ou le fossé est mitoyen, elle
se calcule à partir du point milieu de ce mur, de
cette haie ou de ce fossé, dans leur épaisseur ou
largeur.

409. La disposition qui interdit à l'un des voisins
d'avoir des fenêtres d'aspect à moins de 6 pieds
de distance de l'héritage de l'autre, sans le consentement de celui-ci, a lieu quelque part que soit
situé cet héritage, qu'il soit déclos ou clos, n'importe; et elle n'admet aucune exception résultant
des circonstances (1). Mais cependant, pour qu'elle
soit applicable, faut-il du moins que les vues soient
sur l'héritage du voisin. Or, si celui qui les pratique
construit aussi chez lui un autre mur assez élevé
pour empêcher qu'il ne voie de ses fenêtres dans
cet héritage, alors il n'y a pas nécessité pour lui
d'observer la distance de 6 pieds entre ledit héritage et le mur où elles sont pratiquées; car les
vues sont sur le mur intermédiaire, et non sur le
fonds du voisin. Mais s'il abaissait ensuite ce mur
de manière à pouvoir exercer la vue sur ce fonds,
le principe reprendrait son empire, quand bien
même le premier état de chose aurait subsisté pendant plus de trente ans : la prescription ne commencerait à courir que du jour du changement.

___

(1) Arrêt de la Cour de cassation, du 5 décembre 1814—Sirey.—
1815—1—49.

410. M. Pardessus (1) le décide même ainsi d'après Desgodets (2), dans le cas où le mur qui fait la séparation des deux fonds, et qui est plus élevé que les vues, appartient au voisin, parce que, dit-il, « la hauteur du mur empêcherait de voir sur l'hé- « ritage de celui-ci. Cette restriction n'a pas besoin « d'être dans le texte de la loi ; elle dérive du prin- « cipe que nul ne peut réclamer l'exercice d'une « servitude (3) s'il n'y a intérêt : mais dans le cas « où le voisin abaisserait son mur, ces vues devraient « être suprimées. Nous ne pensons même pas que « la prescription servît à les acquérir ; cependant le « plus sûr serait de l'interrompre. » Comme l'empêchement d'agir était de droit, faute d'intérêt, la prescription n'a pu courir contre le voisin, tant qu'il n'avait pas acquis cet intérêt en abaissant son mur.

411. Le propriétaire joignant un mur a la faculté de le rendre mitoyen (art. 661) ; s'il le faisait à l'égard du mur intermédiaire dont il vient d'être parlé n° 408, il serait possible alors que la distance ne fût plus de 19 décimètres à partir du point milieu de ce mur. M. Pardessus prévoit aussi cette dif-

---

(1) N° 204 de son Traité.

(2) Sur l'art. 202 de la Coutume de Paris, n° 10.

(3) On a vu que nous ne sommes pas d'accord avec M. Pardessus sur la réalité de la servitude au profit du voisin ; mais ici la différence d'opinion ne porte pas sur le fonds de la chose : nous pensons comme lui que le défaut d'intérêt rend ce voisin non-recevable à se plaindre tant que son mur existera en cet état. *Malitiis non est indulgendum.*

ficulté, et il la résout en disant que celui qui vend la
mitoyenneté du mur doit faire constater l'existence
antérieure de sa vue, et si le voisin n'y consent pas, ne
point vendre sans cette mention, que les tribunaux
ne pourraient refuser : l'équité en fait une loi ; que
si même la mitoyenneté était vendue sans réserve
expresse, le seul fait que l'existence des vues était
antérieure à la convention qui aurait rendu mitoyen
le mur parallèle, serait un titre suffisant. Nous partageons ce sentiment. L'obligation de céder la mitoyenneté est en partie fondée sur le principe que
l'on ne doit pas se refuser à être utile à autrui
quand on le peut sans en éprouver de préjudice :
or, dans l'espèce, le propriétaire du bâtiment en
éprouverait un très-grave si la cession de la mitoyenneté avait pour résultat de le forcer à fermer
ses jours, qu'il avait pratiqués sur la foi de la loi
et en observant son prescrit. Si nous décidons le
contraire, avec la Cour de cassation, quand il ne
s'agit que de simples jours à fer maillé et verre dormant (1), c'est parce que ces jours n'étant établis
qu'en vertu d'une tolérance de la loi, on doit s'attendre, en les pratiquant, à se voir obligé à les
boucher quand le voisin voudra acquérir la mitoyenneté. Ils ne doivent point être en effet un obstacle à cette acquisition, autrement rien ne serait
plus aisé que d'éluder le vœu de la loi à cet égard.

_____

(1) Voy. *supra*, n° 325.

Au surplus si la maison venait à être détruite, on rentrerait dans le droit commun (1).

412. Il s'élève encore sur ce point une difficulté grave quand l'espace intermédiaire est un terrain public, un chemin ou une rue qui a moins de 6 pieds de largeur : dans ce cas, la distance ordinaire doit-elle être observée? Au premier coup d'œil il semble que l'affirmative ne saurait être douteuse, attendu que l'art. 678 décide sans distinction qu'il doit y avoir au moins 19 décimètres de distance entre le mur dans lequel on pratique les vues et l'héritage du voisin; car si, lorsque cette distance est moindre, on ne peut avoir ces vues quoi-qu'on soit propriétaire du terrain intermédiaire; par la même raison, il en doit être ainsi lorsque l'on n'a sur ce terrain que l'usage qui appartient à tous les citoyens : la vue, dans ce cas, ne s'exercerait pas moins en effet sur le fonds du voisin, comme la loi suppose qu'elle s'exercerait dans le premier : les inconvéniens seraient les mêmes. Ces motifs avaient déterminé M. Pardessus a adopter cette ma-nière de voir dans les deux premières éditions de son ouvrage (2), et, nous l'avouerons, le texte de la loi militait en faveur de son opinion.

_____

(1) C'est aussi l'opinion de M. Delvincourt, qui décide le premier cas comme nous.

(2) *Voy.* le n° 204 de la 5ᵉ édition. Cependant, relativement à la plantation des arbres, ce jurisconsulte décidait, et décide encore,

Mais il dit que n'ayant point été partagée par MM. Toullier (1) et Delvincourt (2), il a cru devoir se ranger à leur avis, attendu que les rues et voies publiques, quelle qu'en soit la largeur, sont offertes à l'usage de tous les citoyens; que non-seulement on peut, mais on doit y avoir des fenêtres; autrement l'aspect des villes ferait horreur, et l'on serait sans cesse entre des murs qui ne présenteraient qu'un aspect hideux, et des habitations qui seraient autant de prisons (3). Celui, poursuit-il, qui ouvre sur la rue ou passage public ne peut d'ailleurs être réputé ouvrir que sur ce qui est public, et, à vrai dire, ce n'est plus l'héritage situé au-delà de cette rue ou passage qu'on peut appeler l'héritage voisin (4).

Nous nous rangeons à ce sentiment comme plus conforme à l'esprit de la loi que le premier (5).

413. Quant aux vues de côté ou obliques (6), on

---

que, lorsque les deux fonds sont séparés par un ruisseau, la distance doit se calculer, non pas du milieu du lit jusqu'au point où sont plantés les arbres, mais de ce point jusqu'à l'autre rive, quoiqu'il convienne d'ailleurs que le lit du cours d'eau appartient aux riverains par une sorte de mitoyenneté. Voy. *suprà*, no 208 et 387, note.

(1) Tom. III, pag. 444.

(2) Tom. I, pag. 560.

(3) Cochin, tom. III, pag. 205.

(4) Bourjon, liv. IV, tit. I *des Servitudes*, part. 2, chap. 12, sect. 2, no 9. — Desgodets et les autres commentateurs de l'art. 202 de la Coutume de Paris.

(5) Mais pour la plantation des arbres, aucune circonstance ne peut motiver l'inobservation de la distance prescrite. Voy. *suprà* no 386 et suivans.

(6) C'est-à-dire quand le mur dans lequel on les pratique fait angle droit avec le fonds voisin.

ne peut, d'après l'art. 679, en avoir sur l'héritage d'autrui, s'il n'y a 6 décimètres (2 pieds) de distance.

Dans ce cas, la distance ne se calcule pas, comme le dit inexactement l'art. 680, à partir du *parement extérieur du mur* où l'ouverture se fait, jusqu'à la ligne séparative des deux fonds, puisque ce mur joignant ordinairement, par l'une de ses extrémités, le fonds voisin, on ne pourrait, par cela même, y pratiquer aucune fenêtre ouvrante, même à 40 pieds de ce fonds, ce qui serait absurde ; elle se calcule à partir du jambage ou montant de la fenêtre, du côté dudit fonds, jusqu'à cet héritage.

Mais s'il y a balcon ou autre semblable saillie sur laquelle on puisse se placer, la distance doit se calculer comme pour les vues droites ou fenêtres d'aspect (1).

§. VIII.

De l'égout des toits.

SOMMAIRE.

414. Tout propriétaire doit établir des toits de manière que les eaux pluviales s'écoulent sur son terrain ou sur la voie publique. Il ne peut les faire

---

(1) Desgodets le décidait ainsi.

verser sur le fonds du voisin (art. 681), sans une concession de servitude, de l'espèce de celle qu'on appelle, dans le langage du Droit, *stilicidii recipiendi*, et dont nous parlerons au chapitre suivant, en traitant des servitudes établies par le fait de l'homme.

415. De ce principe il résulte que si la maison, ou le bâtiment quelconque, joint immédiatement le terrain d'autrui, le toit ne doit faire aucune saillie pour y déverser les eaux. Il y en a une autre raison, c'est que ce serait s'attribuer sur le voisin la servitude *projiciendi.* Il faut donc entourer le toit d'un tuyau ou conduit qui ramasse les eaux de manière que l'égout soit sur notre terrain ou sur la voie publique ; et encore ce conduit ne doit pas tomber à plomb sur le sol du voisin ; car la propriété du sol emportant indéfiniment celle du dessus comme celle du dessous (art. 552), ce voisin serait en droit de demander la suppression du conduit.

§. IX.

Du droit d'exiger un passage sur le fonds d'autrui dans un certain cas.

SOMMAIRE.

418. *La loi n'accorde pas le droit d'exiger la cession d'un fossé ou d'un canal pour la conduite des eaux d'un fonds à un autre.*

419. *Le motif tiré d'une abréviation du trajet à parcourir pour aller d'un fonds à tel chemin, ne suffit pas pour pouvoir forcer le voisin à céder un passage.*

420. *Quand c'est par son fait que celui dont le fonds se trouve enclavé n'a pas d'issue sur la voie publique, il ne peut réclamer de passage que sur les fonds de ceux avec lesquels il a traité : distinctions à faire relativement à l'indemnité qui pourrait leur être due.*

421. *Suite.*

422. *Quand c'est par force majeure que le fonds se trouve sans issue, le passage peut être exigé même sur des héritages clos, même par une cour.*

423. *Régulièrement, le passage doit être pris du côté où le trajet à la voie publique serait le plus court, et par l'endroit où il serait le moins dommageable.*

424. *Suite.*

425. *Dans certains cas, la règle que le passage doit être pris du côté où le trajet à la voie publique serait le plus court peut même fléchir dans l'intérêt de celui qui le réclame.*

426. *La loi n'oblige point à céder la propriété du terrain, mais seulement un droit de passage.*

427. *Comment se règle l'indemnité.*

428. *Sa base est, non l'avantage que peut procurer le passage à celui qui le réclame, mais le préjudice qu'en doit éprouver celui qui l'accorde.*

429. *L'action pour l'obtenir est prescriptible, et le passage n'en doit pas moins être continué.*

430. *Mais ce serait à celui qui l'exerce, à prouver que le passage était nécessaire, au moins à l'époque où la prescription de l'indemnité a commencé son cours.*

431. *Une fois que le passage est accordé, il y a servitude établie par le fait de l'homme : auparavant, il n'y avait que la servitude légale de pouvoir se le faire céder.*

416. On a vu précédemment (1) que, pour des motifs d'intérêt public, le propriétaire d'un fonds joignant immédiatement le mur d'autrui, peut s'en faire céder la mitoyenneté, à la charge de payer la valeur de la partie cédée ; l'article 682, fondé sur des motifs semblables, apporte aussi une modification au droit de propriété, en autorisant le maître d'un fonds qui n'a point d'issue sur la voie publique, à se faire céder, moyennant indemnité, un passage sur le fonds du voisin (2). L'intérêt général veut qu'un fonds ne reste pas inculte ; car, entre autres inconvéniens qui en résulteraient,

---

(1) N° 321 et suivans.

(2) Ce cas n'est pas le seul dans la législation. Les lois sur les mines, sur les canaux et sur le desséchement des marais veulent aussi que les propriétaires voisins cèdent, moyennant indemnité, le passage nécessaire à l'exploitation et aux travaux.

les impôts auxquels sont assujéties les propriétés territoriales ne pourraient, avec justice, être perçus sur un héritage qui ne donnerait aucun produit, faute d'un passage pour le cultiver (1).

« Le propriétaire dont les fonds sont enclavés, « qui n'a aucune issue sur la voie publique, porte « l'article précité, peut réclamer un passage sur les « fonds de ses voisins pour l'exploitation de son « héritage, à la charge d'une indemnité proportion- « née au dommage qu'il peut occasioner. »

417. Ainsi, il faut que le fonds pour lequel on réclame un passage soit enclavé ; qu'il n'ait aucune issue sur la voie publique : comme lorsque par l'effet d'un changement ou redressement de chemin ou de rue, un fonds a perdu l'issue qu'il avait sur ce chemin ou sur cette rue (2), et autres cas de force majeure. La loi n'accorde en effet la faculté dont il s'agit, qu'autant qu'il y a nécessité. En cas de contestation sur ce point, les tribunaux doivent d'abord ordonner un rapport d'experts,

---

(1) La faculté de se faire céder un passage n'existait, dans le droit romain, qu'en faveur de ceux qui avaient des sépulcres dans des fonds, et qui n'avaient point de chemin pour y parvenir L. 12 ff. *de religios. et sumpt. funer.* ; ce qui arrivait quand on vendait les fonds sans réserver un passage ; car les sépulcres eux-mêmes étaient inaliénables. *Voy.* aussi la L. 5, ff. *de sepulcro violato.*

Les docteurs ont étendu, par motif d'équité et d'intérêt général, le principe à tous les fonds enclavés et sans issue sur la voie publique.

(2) *Voy.* toutefois ce qui a été dit *suprà*, n° 293 à 298.

ou mieux encore, une descente de lieux pour le constater.

418. La loi n'accorde que la faculté d'exiger un passage pour l'exploitation du fonds, et non celle d'en exiger un pour y conduire les eaux d'un autre héritage, de quelque utilité qu'elles pussent être (1).

419. Du principe qu'il faut qu'il y ait nécessité, il suit que le motif tiré d'une abréviation du trajet à parcourir pour aller de tel chemin à tel fonds, par le moyen d'un nouveau chemin, serait tout-à-fait insuffisant. Ce pourrait être la matière d'une servitude conventionnelle, mais ce ne serait point le cas de la servitude légale dont il est question.

420. De même si, en partageant un fonds commun, qui d'ailleurs a issue sur un chemin public, les copartageans, par négligence ou à dessein, s'arrangeaient de manière à ne laisser aucun passage pour l'exploitation des parts de quelques-uns d'entre eux, les voisins ne seraient point obligés d'en fournir un à ceux aux lots desquels seraient échues ces parts, quand bien même, par la disposition des lieux, le trajet par leurs fonds à ce chemin, ou à tel autre, serait plus court que par les portions échues aux autres copartageans. La loi ne prête pas son appui à l'insouciance ou à la collusion, mais à la nécessité; c'est cette nécessité seule qui a pu déter-

---

(1) Voy. *suprà*, n. 237 et suivant.

miner la modification qu'elle a apportée, en ce point, au droit de propriété.

Nous ne saurions donc adopter la décision de M. Pardessus, quand il dit, n° 213 de son Traité : « Il semblerait juste que celui qui se trouve ainsi « avoir besoin du passage, s'adressât de préférence, « soit à ses copartageans, si le terrain enclavé lui « provenait d'un partage, soit à son donateur, soit « aux héritiers de celui qui le lui aurait donné ou « légué ; car il n'est pas douteux, suivant les prin- « cipes consacrés par l'art. 1018 du Code, que la « transmission d'un fonds à l'un de ces titres n'en- « traîne l'obligation d'assurer un passage pour y « parvenir.

« Mais le défaut de vigilance dans la rédaction « des actes, ou le laps de temps, peut l'avoir rendu « (le propriétaire du fonds enclavé) non-recevable « contre ses garans (1) ; son imprudence serait pu- « nie trop sévèrement, si elle avait pour résultat « de frapper sa propriété d'une éternelle inutilité : « l'intérêt public en souffrirait. *A quelque titre* « *donc qu'un héritage soit parvenu à celui qui a* « *besoin d'un passage pour l'exploiter, il peut s'a-*

---

(1) Pour que le laps de tems l'ait rendu non recevable à réclamer le passage de ses garans, il faut supposer que pendant tout ce tems il a laissé son héritage inculte, puisqu'il n'avait d'autre issue que par les fonds possédés par eux, et que ce n'est que maintenant qu'il réclame le passage. Or, ce cas sera bien rare. C'est la première supposition, le défaut de vigilance dans la rédaction des actes, qui est la plus vraisemblable ; et elle l'est moins encore peut-être que la connivence des parties.

« *dresser à celui des voisins qui, comme nous ve-*
« *nons de le dire, est le plus à portée de le fournir.* »

Nous ne le pensons pas : l'équité et la loi
s'opposent à une telle conséquence. Sans doute
comme, dans notre espèce, les parts privées de
passage ne peuvent rester sans culture, il leur en
faut un ; mais, au lieu de pouvoir forcer, ainsi que
le dit M. Pardessus, les voisins à le céder, ce passage
devra être fourni sur les autres portions du fonds
maintenant divisé ; et quant à l'indemnité, il faut
distinguer :

Ou il a été dit dans l'acte de partage, que ces
portions n'auraient aucun passage sur celles qui
sont le plus rapprochées du chemin, ou il n'a rien
été dit à ce sujet.

Dans la première hypothèse, les propriétaires de
ces portions n'en auront pas moins le droit d'en
réclamer un, mais ils en devront le prix, ainsi
qu'il est dit à l'art. 682. Ceux sur les portions desquels ils le réclameraient ne pourraient, pour se
refuser à l'accorder, invoquer la clause de l'acte ;
car, puisqu'il est indispensable, ce serait ainsi
faire retomber sur un voisin une charge qu'eux
seuls devaient supporter. Mais la clause a du moins
cet effet, que le passage doit leur être payé, vu
que le partage a eu lieu sous la condition qu'ils ne
le devraient pas, parce que, peut-être, les autres
copartageans avaient d'autres fonds aboutissant aux
portions qui leur étaient assignées, ou parce qu'ils
comptaient s'entendre à cet égard avec un voisin.

Dans la seconde hypothèse, deux cas peuvent se présenter : ou il existait sur le fonds divisé, lors du partage, un chemin intérieur, aboutissant au chemin public, et qui servait à l'exploitation de toutes les parties du fonds, comme la *charrière* d'une vigne; ou il n'y en avait pas, par exemple, parce que c'était un pré. Mais, dans l'un comme dans l'autre cas, le passage ne doit pas moins être fourni sans indemnité. En effet, dans le premier, le silence des copartageans équivaut à une convention de servitude de passage au profit des portions les plus éloignées de la voie publique sur le chemin régnant sur celles qui en sont plus rapprochées, par argument irrécusable de l'art. 694, suivant lequel, quand le propriétaire de deux héritages entre lesquels il existe un signe *apparent* de servitude, dispose de l'un d'eux, sans que le contrat contienne aucune convention relative à la servitude, elle continue d'exister activement ou passivement en faveur du fonds aliéné ou sur le fonds aliéné. Or, il en doit être de même en pareille circonstance, quand il s'agit du partage d'un même fonds. Dans le second cas, il y a également tacite convention entre les copartageans que ce passage sera fourni, sans indemnité, sur les portions qui avoisinent la voie publique, puisque, d'une part, sans ce passage, les autres portions ne pouvaient être exploitées, et, d'autre part, qu'aucun prix n'a été stipulé à ce sujet (1).

_____

(1) On peut invoquer aussi à l'appui de cette décision la loi 23, § 3,

421. Tout ce qui vient d'être dit au sujet du partage d'un fonds, s'appliquerait à l'aliénation de partie de ce fonds par celui qui en était propriétaire en totalité, sauf peut-être que dans le cas où il n'existerait pas de chemin *marqué* dans l'intérieur de l'héritage, le vendeur qui a conservé la partie qui ne joint pas la voie publique, sans se réserver un passage sur celle qu'il a aliénée, ne pourrait en exiger un de l'acheteur qu'à la charge d'en payer le prix, conformément à l'art. 682; parce que tout vendeur doit expliquer clairement ce qu'il vend, ce à quoi il s'oblige, et que tout pacte obscur s'interprète contre lui (art. 1602). Au lieu que lorsqu'il y a un signe *apparent* de servitude, un chemin marqué, le doute sur l'intention des parties n'existe plus. Mais à l'égard d'un donateur ou de son héritier, le doute, s'il existait, s'interpréterait en leur faveur.

422. Au reste, dans le cas où un fonds se trouve enclavé par l'effet d'une force majeure, et non par la volonté de celui qui en est propriétaire ou de son auteur, le droit d'obtenir un passage ne serait

---

ff. *de servit. præd. rustic.* D'après cette loi, lorsque le fonds auquel est dû une servitude vient à être divisé, chacun des copartageans conserve son droit à la servitude; et pour l'exercer, ceux dont les parts n'aboutissent point à l'héritage assujéti ont le droit, par l'effet du partage, de passer par le lieu qui a été assigné à son exercice sur les autres portions, ou de passer dans un autre endroit, si ceux à qui elles sont échues y consentent. Donc, par une raison au moins égale, le passage nécessaire à l'exploitation des portions qui n'aboutissent pas à la voie publique, est tacitement réservé sur celles qui en sont voisines.

V.   30

point paralysé par la circonstance que l'héritage du voisin qui, d'après la disposition des lieux, doit le fournir, serait clos de haies ou même de murs, que ce serait un jardin ou même une cour. Mais, d'autre part, ce droit ne peut être exercé arbitrairement.

423. Ainsi, *régulièrement*, le passage doit être pris du côté où le trajet est le plus court du fonds enclavé à la voie publique. (Art. 683.)

Mais ce mot *régulièrement*, employé par le Code, indique clairement que cela n'est vrai qu'en thèse générale, et par conséquent que le principe est susceptible des modifications réclamées par l'équité. La loi n'a pas voulu, en effet, imposer à un propriétaire l'obligation de dénaturer son fonds pour l'utilité de celui d'un autre, quand il y aurait d'ailleurs pour ce dernier, quoique avec un peu moins de commodité peut-être, le moyen d'obtenir une issue par un autre héritage qui aurait à en éprouver un dommage moins considérable. Il suit de là que si le passage peut être fourni sur les fonds de divers propriétaires, par différens endroits, il doit l'être de préférence par ceux dont les héritages en éprouveraient le moins de préjudice, quand bien même le trajet en serait un peu plus long que par les fonds des autres, et que le réclamant voudrait l'obtenir sur ces derniers. Tel serait le cas où le passage serait réclamé par un enclos, par une cour, ou mieux encore par l'allée

d'une maison, quand il pourrait l'être par un terrain ouvert ou moins précieux, quoique le trajet
à la voie publique en fût un peu plus long, fût
moins en ligne droite. Les tribunaux ont à cet
égard un pouvoir discrétionnaire : dans l'impossibilité d'établir des règles positives sur ce point, la
loi s'en repose sur leur sagesse.

424. C'est par l'effet du même principe d'équité
qu'elle décide que, bien que le passage doive régulièrement être pris du côté où le trajet est le plus
court du fonds enclavé à la voie publique, il doit
néanmoins être fixé dans l'endroit le moins dommageable à celui sur le fonds duquel il est accordé.
(Art. 684.)

425. Le principe pourrait même dans certains
cas, mais plus rares, recevoir aussi quelque modification en faveur de celui qui réclame le passage ; par exemple, si, comme l'observe M. Pardessus, n° 219 de son Traité, l'usage du plus court trajet
l'obligeait à des dépenses considérables, telles que
celles qu'exigerait la construction d'un pont, ou
autres semblables, il pourrait s'adresser à un autre
voisin dont le terrain offrirait un trajet plus long,
mais plus commode.

426. Au surplus, la loi ne l'oblige point à céder la
propriété du terrain sur lequel s'exercer le passage,
mais seulement le *passage* : elle n'a pu vouloir
agrandir en quelque sorte la propriété de l'un en
diminuant celle de l'autre ; elle a seulement voulu

fournir le moyen d'exploiter celle du premier : or, pour cela le passage suffit. C'est une servitude qu'elle constitue, et voilà tout. Nous allons bientôt déduire les conséquences de ce principe.

427. Quant à l'indemnité, elle se règle à l'amiable, ou, si les parties ne s'accordent pas, elle se règle judiciairement, au moyen d'une expertise, comme dans le cas où la mitoyenneté d'un mur est réclamée. Tout ce que nous avons dit sur ce cas, au n° 328, est applicable à l'indemnité due pour le passage.

428. La base de cette indemnité n'est pas seulement la valeur du terrain sur lequel s'exercera le passage; c'est aussi le préjudice réel que le propriétaire du fonds en éprouvera (art. 682); mais l'avantage qu'en peut retirer celui qui le réclame, ne doit être que d'une faible considération dans la fixation de l'indemnité, quoiqu'il doive néanmoins y entrer pour quelque chose, s'il est extraordinaire.

429. L'action pour l'obtenir est prescriptible, comme toute autre action en indemnité : elle l'est par trente ans. (Art. 685—2262.)

Et quoiqu'elle ne soit plus recevable par l'effet de la prescription, le passage n'en doit pas moins être continué. (Même art. 685.)

Il n'y a pas lieu de dire que le passage n'a pu s'acquérir sans que l'indemnité ait été payée; que l'indemnité et le passage sont choses corrélatives, et que puisque le passage est une servitude discontinue (art. 688), c'est-à-dire, d'après le Code, une servitude non susceptible de s'acquérir par prescription (art. 691), il n'y a que le paiement de l'indemnité qui ait pu l'attribuer au propriétaire du fonds enclavé; car on répondrait que c'est la loi, fondée sur la nécessité, qui l'attribue elle-même. A la vérité, elle veut que ce soit moyennant indemnité, mais cette indemnité n'est pas la cause du passage : sa cause, c'est l'utilité publique, et son titre constitutif, la loi; ce qui rend inapplicable la disposition de l'article 691, puisqu'il ne s'agit point d'acquisition de servitude par le moyen de la prescription, mais bien seulement d'une indemnité (1). Or, cette indemnité n'est qu'une créance, prescriptible, d'après cela, comme toute autre action ayant pour objet une somme. Un acquéreur prescrit contre l'action du contrat de vente relative au prix, et cependant il n'en conserve pas moins l'objet acheté, par la raison toute simple qu'il l'a reçu et possédé *pro suo;* de même, le propriétaire du fonds enclavé a aussi reçu et exercé le passage à titre non précaire, puisqu'on ne pouvait le lui refuser. En admettant qu'il n'y ait jamais eu de convention à ce sujet entre les parties, il n'en serait pas moins vrai de dire que la constitution de ce passage a existé : elle a existé par l'effet de la loi; la loi en est le titre constitutif. Dès lors il n'y a plus lieu que de s'oc-

---

(1) Arrêt de cassation cité *suprà*, n° 189, note.

cuper du prix; et ce prix, comme celui d'une vente, d'un louage, d'une servitude même, établie par convention intervenue entre voisins, se prescrit par trente ans à partir du moment où il est devenu exigible, et il l'est devenu du jour où le passage a été exercé (1).

430. Tout consiste donc à savoir si ce passage était ou non nécessaire, si c'était ou non le cas de l'art. 682. Si celui qui en use prouve qu'il était nécessaire quand il a commencé à l'exercer, et s'il s'est écoulé depuis plus de trente ans, non-seulement le passage devra être continué, mais encore l'action en indemnité n'est plus recevable, sans préjudice des interruptions de prescription telles que de droit. S'il n'était pas nécessaire et qu'il ne le soit pas devenu depuis, il ne s'agit plus alors d'action en indemnité, mais d'une simple servitude de passage née du fait de l'homme, et régie, quant à son éta-

---

(1) M. Pardessus enseigne qu'il n'est pas indispensable que l'indemnité soit payée avant l'exercice du passage, que les tribunaux peuvent accorder un délai à celui qui le réclame, attendu que dès que le droit à l'indemnité peut se prescrire et que le passage n'en doit pas moins être continué, c'est une preuve qu'il peut commencer avant que l'indemnité soit payée.

Sans doute, il le peut, mais si celui qui le fournit y consent ou néglige de réclamer de suite le paiement de ce qui lui est dû; mais s'il exige son paiement de suite, il doit lui être fait. Les principes ne permettraient pas qu'il fût traité plus défavorablement que s'il était forcé de céder sa propriété à l'état : or, en pareil cas, l'indemnité devrait lui être préalablement payée (art. 545). D'un autre côté, il serait contre les règles qu'un particulier, bien qu'il se fonde également sur l'intérêt public pour obtenir le passage dont il s'agit, jouit, quant au paiement de l'indemnité, d'un terme de faveur que, en thèse générale, l'état lui-même ne pourrait invoquer.

blissement et ses effets, par les règles du chapitre III du présent Titre, et notamment par les
art. 688 et 691 précités. Enfin, si le passage n'é-
tait point nécessaire lorsqu'on a commencé à l'exercer, mais que des changemens dans la disposition
des lieux l'aient rendu indispensable, il se continuera également; et quant à l'action en indemnité,
on devra distinguer les époques : si celui qui se sert
du passage prouve qu'il y a plus de trente ans qu'il
lui est devenu nécessaire, l'action est prescrite quoiqu'il n'y ait eu aucun règlement touchant l'indemnité; s'il ne fait pas cette épreuve, l'action subsiste
encore, du moins dans les cas régis par le Code.

Ainsi, comme on le voit, nous faisons reposer
sur celui qui se sert du passage l'obligation de prouver qu'il est affranchi de l'indemnité par une jouissance de plus de trente ans depuis que le passage *lui
est devenu nécessaire;* en d'autres termes, qu'il est
dans le cas prévu par la loi. Mais si dans le lieu
de la situation des fonds, les servitudes de passage
pouvaient, avant le Code, s'acquérir par prescription, ainsi que le suppose l'art. 691, la possession
antérieure à la publication du Code pourrait s'unir
à celle qui a eu lieu depuis les changemens, et
rendre aussi de la sorte l'action en indemnité non
recevable.

431. Une fois que le passage est accordé, la servitude existe. Auparavant il n'y avait qu'une simple
obligation de voisinage de céder le passage, et que

le Code a rangée parmi les servitudes légales ; maintenant il y a servitude régulière et ordinaire. D'où nous tirons les conséquences suivantes.

432. 1° Si celui qui a fait la cession n'a cédé que le passage, et non le terrain sur lequel il est établi, le concessionnaire n'étant point propriétaire de ce terrain ne peut le faire servir à un autre usage que celui pour lequel il lui a été concédé (art. 702). Il ne peut y bâtir, ni avoir des jours d'aspect à moins de six pieds de distance, puisque, encore une fois, ce terrain est le terrain d'autrui, et que l'art. 678 consacre cette prohibition de la manière la plus absolue. Il ne peut non plus y creuser un canal pour conduire, par ce moyen, l'eau à son fonds, ni céder lui-même, sans le consentement de celui qui lui a fait la cession, un droit de passage à un tiers par le même endroit. Enfin, il ne peut faire que ce que pourrait faire celui qui a stipulé une servitude de passage : il n'y a de différence entre cette charge et celle qui serait établie par convention, qu'en ce que l'une a sa cause dans la volonté du propriétaire de l'héritage assujéti, tandis que l'autre tire son origine de la loi ; mais leurs effets sont les mêmes.

433. 2° Celui qui a fait la cession dans les termes de la loi, c'est-à-dire du passage seulement, et non du terrain sur lequel il est pratiqué, peut s'en servir pour l'exploitation de son fonds, à la charge de contribuer aux frais d'entretien du chemin. Il

peut avoir sur ce terrain des jours d'aspect à moins
de six pieds de distance, joignant même ledit terrain ; en établir de nouveaux, comme maintenir
ceux qui existaient déjà à l'époque de la cession.
En un mot, ses obligations sont écrites dans l'article 701, qui défend au débiteur de toute servitude de rien faire qui puisse en diminuer ou gêner
l'usage, mais ses droits sont dans son titre de propriétaire, qui l'autorise à faire tout ce qui ne serait
point contraire à la servitude. Or, les actes dont il
vient d'être question ne sont point de nature, du
moins dans la plupart des cas, à nuire à son exercice. Il pourrait même, si l'assignation primitive
du passage était devenue plus onéreuse pour lui,
ou si elle l'empêchait de faire des réparations avantageuses, offrir au voisin un autre endroit aussi
commode pour l'exploitation de son fonds, et celui-ci ne pourrait le refuser. L'art. 701 précité,
qui le décide ainsi en matière de servitude établie
par la libre volonté du propriétaire, doit, par une
raison au moins égale, et qu'il serait superflu de
développer, s'appliquer aussi au cas d'une servitude forcée.

434. 3° Toutefois, quoique cette charge n'ait pas
été volontairement consentie, le propriétaire sur
le fonds duquel elle est établie n'a pas le droit,
comme quelques auteurs l'ont prétendu (1), de

____

(1) Notamment Voët, *ad* PANDECTAS, tit. *de servit. præd. rust.*, n° 4.

fermer le passage au moyen d'une porte ou d'une barrière, en offrant au maître du fonds enclavé une clef pour passer. Le passage doit être libre. Mais il doit l'être aussi pour le concédant; en sorte que le concessionnaire ne pourrait non plus le fermer, même en offrant au premier une clef. Le tout sauf les stipulations contraires qui auraient pu avoir lieu dans l'acte de cession.

435. 4° La circonstance que la nécessité qui a fait accorder le passage viendrait à cesser, soit par l'établissement d'un chemin, soit par la réunion du fonds précédemment enclavé à un héritage communiquant à la voie publique, n'autoriserait pas le propriétaire qui a fait la cession à en demander la révocation, en offrant de restituer l'indemnité, quoiqu'il eût intérêt à cette révocation. M. Pardessus pense que ce point est laissé à la sagesse des tribunaux, et que c'est d'ailleurs la conséquence de l'art. 701. Mais cette conséquence ne se montre nullement à nos yeux. Cet article autorise bien, comme nous venons de le dire, les tribunaux à ordonner, dans certains cas, que la servitude sera exercée dorénavant par une autre partie du fonds que celle par où elle s'exerçait d'abord; mais il ne

---

qui cite Grotius et Leeuwen comme étant de ce sentiment. Ces auteurs disent même que, à la différence de celui qui a fait une concession libre, le cédant qui n'en a fait qu'une forcée, peut dégrader le chemin : *qualis via ex necessitate ac precariò indulgenda, à cæteris in eo distat, quod non claudi tantùm per dominum prædii servientis, sed et scindendo vel effodiendo corrumpi possit.* Ce qu'on ne saurait admettre.

les autorise pas à prononcer la suppression de la servitude elle-même ; ce qui serait bien différent. Qu'importe qu'il s'agisse ici d'une servitude établie par la loi : l'origine de sa constitution est fort indifférente en ce qui touche la question. Or, comme les tribunaux ne sauraient, sans excéder les bornes de leur pouvoir, prononcer la suppression d'une servitude conventionnelle, de même, ils ne peuvent ordonner la cessation d'une servitude créée par la loi, qui l'a établie purement et simplement, et non sous une condition résolutoire ou avec charge de révocation.

436. 5° Enfin, nous ne saurions non plus nous ranger au sentiment du même auteur, lorsqu'il dit que si le propriétaire du fonds originairement enclavé l'a laissé inculte pendant trente ans, sans passer sur l'héritage qui a fourni le passage, en reprenant la culture de son champ le propriétaire reprendra le droit de passer, tel qu'il l'avait quand il a laissé son héritage en friche, attendu qu'il usait de la faculté qu'on a de cultiver ou de ne pas cultiver sa propriété, et que les actes de pure faculté ne peuvent être le fondement d'aucune prescription.

Qui ne voit en effet que, dans ce système, l'extinction des servitudes par le moyen de la prescription ne serait qu'un vain mot? Car on pourrait toujours dire que si l'on n'a pas usé de la servitude, l'on n'a fait en cela qu'un acte de pure faculté; que si l'on pouvait, par exemple, exploiter son fonds par tel chemin par lequel s'exerçait une servitude de passage, rien n'empêchait cependant de l'exploiter par un autre chemin exempt de servitude; que dans le choix que l'on a fait, l'on a simplement usé d'une pure faculté : en sorte que la prescription n'aurait non plus jamais lieu dans ce cas, et autres semblables. Mais précisément ce serait aller contre la disposition formelle des articles 706, 707, qui portent, le premier, que les servitudes s'éteignent par le non-usage pendant trente ans; le second, que les trente ans commencent à courir, selon les diverses espèces de servitudes, ou *du jour où l'on a cessé d'en jouir, lorsqu'il s'agit de servitudes discontinues* (comme dans l'espèce), ou du jour où il a été fait un acte contraire à la servitude, lorsqu'il s'agit de servitudes continues. Et ces articles ne distinguent pas, et ne devaient pas en effet distinguer, si l'on a ou non joui du fonds même auquel la servitude était due. Incontestablement si le propriétaire de ce fonds venait à disparaître, et que personne ne cultivât sa propriété à sa place, n'exerçât pour lui la servitude, il ne serait pas écouté à venir dire après trente ans, qu'en laissant son fonds inculte et en n'exerçant pas la servitude qui lui était due, il n'a fait qu'un acte de pure faculté; on lui répondrait qu'il fait une fausse application de la règle : *les actes de pure faculté ne fondent aucune prescription.* Cette règle ne s'applique point à un droit constitué et que l'on a négligé de conserver, comme dans le cas dont il s'agit, où la servitude commandée par la loi, et constatée ensuite par un acte, avait les mêmes effets que si elle avait été le résultat de la volonté libre et spontanée des deux parties. Il en serait autrement, sans doute, si un fonds avait été privé d'issue pendant plus de trente ans, et que celui à qui un passage serait demandé alléguait que le droit de l'obtenir est prescrit : alors la règle ci-dessus serait réellement applicable, parce que c'était en effet une pure faculté pour le maître de l'héritage enclavé, d'user ou de ne pas user du bénéfice de la loi ; mais une fois le droit exercé, ce droit est sujet à s'éteindre, comme tout autre, par le moyen de la prescription ; sauf, bien entendu, à celui qui l'a perdu, à en exercer un nouveau si son héritage se trouve encore sans issue sur la voie publique, mais alors, à la charge de payer l'indemnité corrélative.

437. Au reste, il ne faut pas confondre le passage dont il vient d'être parlé avec les chemins qui servent à l'exploitation d'une suite de fonds de même culture ou de cultures diverses. Ces chemins, qu'on appelle chemins de *desserte*, et qui aboutissent à la voie publique ou communale, font ordinairement partie des chemins communaux ou vicinaux ; mais quelquefois aussi ils ont une destination plus restreinte que ces derniers : ils sont uniquement consacrés à l'exploitation d'un certain nombre d'héritages, sans être un point de communication entre

des bourgs, villages ou hameaux. Ils forment une servitude commune entre les divers propriétaires de ces héritages, servitude dont l'établissement est le résultat, la plupart du temps, de la destination du père de famille, ou de concessions formelles, ou enfin de la prescription. Ceux dont l'origine est ancienne ne pourraient être contestés aujourd'hui par les propriétaires des fonds sur lesquels ils règnent, sur le seul fondement que les droits de passage sont des servitudes discontinues (art. 688) qui ne s'établissent plus par la prescription (art. 691); ou du moins qu'il y a lieu à indemnité, si l'on ne prouve pas, ou que la prescription de la servitude était acquise avant le Code, ou que l'indemnité est prescrite parce que le passage était absolument nécessaire à l'époque où la prescription de cette indemnité a commencé son cours. Car tout porte à croire que de tels chemins ont été établis par l'assentiment exprès ou tacite des divers propriétaires : ces chemins participent des chemins vicinaux, par l'utilité dont ils sont à une collection d'individus. Ce ne sont pas, à proprement parler, des *voies privées* ordinaires; ce qui rend dès lors inapplicables les principes généraux.

438. Quant au chemin appelé *tour d'échelle*, nous en avons suffisamment expliqué la nature et les effets en parlant du mur mitoyen, n° 315-316, auxquels nous renvoyons pour éviter d'inutiles répétitions.

CHAPITRE III.

Des servitudes établies par le fait de l'homme.

SOMMAIRE.

439. *Division de la matière des servitudes établies par le fait de l'homme.*

439. Les servitudes établies par le fait de l'homme, et dont nous allons développer les caractères et les effets, sont les servitudes véritables; celles qui sont établies par la loi n'étant, comme nous l'avons dit, que des obligations de voisinage, qui n'empêchent pas les fonds d'être libres.

Pour traiter cette matière avec le plus de clarté possible, nous verrons, dans une première section, la nature, les caractères et les effets généraux des servitudes proprement dites;

Dans une seconde, les diverses divisions que l'on peut faire des servitudes;

Dans une troisième, les principales servitudes dont peuvent être grevés les héritages;

Dans une quatrième, par qui elles peuvent être imposées, et par qui elles peuvent être acquises;

Dans une cinquième, de quelles manières elles peuvent être établies;

Dans une sixième, le droit du maître du fonds dominant, et les obligations du propriétaire assujéti;

Dans une septième, les diverses actions auxquelles peuvent donner lieu les servitudes ;

Enfin, dans une huitième et dernière, on traitera des manières dont elles s'éteignent.

SECTION PREMIÈRE.

De la nature, des caractères et des effets généraux des servitudes proprement dites.

SOMMAIRE.

440. *En général, on peut établir toute espèce de servitude sur les fonds.*

441. *Principes généraux sur la nature, les caractères et les effets des servitudes proprement dites.*

§. Ier.

Pour qu'il y ait servitude prédiale, il faut deux héritages.

442. *Toute servitude est établie pour l'usage des bâtimens ou des fonds de terre.*

443. *On peut cependant convenir d'une servitude pour l'utilité d'un bâtiment qui n'existe pas encore, et vice versâ.*

444. *La convention que le propriétaire du fonds B, quel qu'il soit et sera, sera tenu, à perpétuité, de venir moudre au moulin A, moyennant une certaine rétribution, ne constitue point une servitude.*

445. *Quid de la convention qui accorderait au propriétaire du fonds B la faculté de moudre au moulin A le blé dont il pourrait avoir besoin pour l'exploitation de son fonds ?*

446. *Espèce traitée dans la L.* 81, § 1, *ff.* de contrahenda emptione, *dont la décision dépendrait chez nous des circonstances de l'acte.*

447. *Opinion divergente des auteurs sur le sens de la L. 8, ff. de servitutibus; renvoi.*

448. *Il n'y a pas non plus servitude dans la stipulation que je fais d'un passage par votre terrain, pour abréger le trajet de la maison que j'occupe à bail, à telle place publique.*

449. *Ni dans la stipulation que le propriétaire du fonds A pourra chasser sur le fonds B : renvoi.*

450. *Ni dans la convention que le propriétaire du fonds B et ses successeurs dans ledit fonds, seront tenus d'aller faire les moissons dans le fonds A.*

§. II.

Pour qu'il y ait servitude, les héritages doivent appartenir à des maîtres différens.

451. *Personne n'a de droit de servitude sur sa chose.*

452. *Conséquence lorsque le propriétaire de deux fonds entre lesquels il existe un signe de servitude apparente, dispose de l'un d'eux.*

453. *Autre conséquence, quand les deux fonds, dont l'un doit une servitude à l'autre, viennent à être réunis dans la même main.*

§. III.

En général, il faut que les fonds soient contigus.

454. *Cette contiguité s'entend plus ou moins strictement, selon les diverses espèces de servitudes.*

455. *Application de la règle au cas de la servitude* altiùs non tollendi.

456. *A celle de passage.*

457. *Suite.*

458. *La perpétuité de la* cause *de la servitude, qui était de l'essence des servitudes dans le droit romain, n'est que de leur nature dans le nôtre.*

§. IV.

La servitude consiste de la part du propriétaire du fonds assujéti à souffrir ou à ne pas faire quelque chose.

§. V.

Le droit de servitude est indivisible.

440. Le principe général en matière de servitude dérivant de la volonté de l'homme, c'est qu'il est permis aux propriétaires d'établir sur leurs propriétés, ou en faveur de leurs propriétés, telles servitudes que bon leur semble, pourvu néanmoins que les services établis ne soient imposés ni à la personne, ni en faveur de la personne, mais seulement à un fonds et pour un fonds, et pourvu que ces servitudes n'aient d'ailleurs rien de contraire à l'ordre public.

L'usage et l'étendue des servitudes ainsi établies se règlent par le titre qui les constitue, et à défaut de titre, par les règles expliquées à ce chapitre du Code. (Art. 686.)

441. De ces principes généraux, et de quelques autres qui seront successivement développés, on peut déduire les axiomes suivans :

1° Pour qu'il y ait servitude prédiale, servitude dans les principes du Code, il doit y avoir deux héritages ;

2° Les héritages doivent appartenir à des maîtres différens ;

3° En général, il faut que les fonds soient contigus ;

4° La servitude consiste de la part du propriétaire de l'héritage assujéti à souffrir ou à ne pas faire ;

5° Le droit de servitude est indivisible ;

6° Les servitudes sont des droits réels ;

7° La servitude n'établit aucune prééminence en faveur de l'un des héritages sur l'autre;

8° Les servitudes peuvent être établies sous certains modes.

Chacun de ces axiomes sera expliqué avec ses conséquences dans les huit paragraphes suivans.

§. Iᵉʳ.

Pour qu'il y ait servitude prédiale, il faut deux héritages.

442. De la définition donnée par l'art. 637 il résulte qu'il doit y avoir deux héritages pour qu'il y ait servitude prédiale : l'un devant la servitude, l'autre à qui elle soit due (1).

Toute servitude en effet est établie pour l'usage des bâtimens ou pour celui des fonds de terre. (Art. 687.)

448. Toutefois, il n'est pas de rigueur que la maison, par exemple, pour l'utilité de laquelle je stipule un droit de servitude, *putà* un droit de vue, existe déjà : je puis très-bien stipuler la servitude pour une maison que je me propose de bâtir, *insulæ futuræ*. En sens inverse, je puis convenir avec vous que la maison que vous vous proposez de construire supportera ma galerie, etc. (2).

_____

(1) L. 1, §. 1, ff. *comm. præd. tàm urb. quàm rustic.*
(2) L. 23, §. 1, *de servit. præd. urban.*

Dans les deux cas la servitude est établie sous cette tacite condition : si la maison vient à être construite ; or, comme on le verra plus loin, la servitude peut être convenue sous condition.

444. Comme il faut que la servitude soit imposée à un fonds pour l'utilité d'un autre fonds, il s'ensuit que si le propriétaire du moulin A stipulait que le propriétaire du fonds B, quel qu'il soit et sera, sera tenu à perpétuité de venir moudre audit moulin, à la charge d'une certaine prestation, cette convention ne constituerait pas une servitude : ce serait là tout au plus une simple obligation personnelle, de l'exécution de laquelle le propriétaire du fonds B pourrait être tenu, ainsi que ses héritiers, détenteurs du fonds, à peine de dommages-intérêts, mais une convention qui n'obligerait point les tiers acquéreurs. Le moulin, en effet, n'en devrait retirer aucune utilité comme fonds ; ce ne serait point là une charge imposée à un héritage pour l'utilité directe d'un autre héritage, mais seulement une convention pour obtenir des bénéfices au moyen du moulin : un contrat de louage, si les obligations étaient réciproques, ou, dans le cas contraire, une espèce de contrat particulier, et non une servitude.

445. Si c'était le propriétaire du fonds B qui eût stipulé du maître du moulin qu'il lui serait loisible d'y moudre le blé dont il aurait besoin pour l'exploitation de son fonds, il y aurait, non pas ser-

vitude proprement dite, mais une espèce d'usage
irrégulier, de la nature de ceux dont nous avons
parlé précédemment, n° 34, d'après les lois 5 et
6 ff. *de servit. prædior. rustic.* ; et cet usage serait
un droit réel comme s'il y avait servitude proprement dite. Mais comme ce ne serait que le moulin,
et non son propriétaire, qui serait obligé, celui-ci ne
serait pas tenu de moudre lui-même le blé nécessaire au fonds B; il serait simplement tenu de souffrir que le propriétaire de ce fonds usât du moulin.
Et s'il y avait aussi la clause que le maître du moulin fournirait également son travail pour l'opération,
il serait bien, ainsi que ses héritiers, tenu de son
obligation personnelle, mais quant aux tiers détenteurs c'est une question plus susceptible de doute, et
que nous examinerons ultérieurement en principe.

446. La loi 81, §. 1, ff. *de contrah. empt.*, nous
offre l'exemple d'un cas où il n'y a, suivant cette loi,
ni servitude, ni même aucun droit réel quelconque,
quoique la convention paraisse cependant imposer
une charge à un fonds en faveur d'un autre fonds.
Dans l'espèce, Lucius Titius, propriétaire d'un
champ, avait promis une certaine quantité de bois-
seaux de froment de ce champ pour les héritages
de Caïus Seïus ; ensuite il a vendu ce fonds avec cette
clause : *quo jure quaque conditione ea prædia Lucii
Titii sunt, ita veneunt, itaque habebuntur.* On a demandé si Seïus pourrait actionner l'acquéreur de
l'héritage pour la délivrance du grain qui lui a été

promis pour ses fonds ; et le jurisconsulte Scœvola résout la question par la négative.

Assurément il ne peut le faire ainsi que parce que le fonds n'est grevé d'aucune servitude, même personnelle, par l'effet de la convention intervenue entre Titius et Seïus ; car s'il y avait eu un droit de servitude quelconque, l'acquéreur eût été obligé d'en souffrir l'exercice. En effet, s'il y avait eu un droit d'usage, même irrégulier, ce droit eût pu s'exercer contre tout détenteur de l'objet sur lequel il aurait résidé, comme dans le cas régi par la L. 6, ff. *de servit. præd. rust.* que nous avons analysée précédemment ; mais il n'y a eu que la simple convention d'une prestation personnelle avec indication du fonds où serait prise annuellement la quantité de grain promise. Ce qui indique clairement que ce n'était qu'une prestation personnelle, ce sont ces mots de la loi : *Lucius Titius promisit de fundo suo centum millia modiorum frumenti annua* PRÆSTARI *prædiis Gaïi Seii.* Ainsi, c'était Titius qui devait *livrer* le grain ; tandis qu'il est de la nature des servitudes, même personnelles, comme l'usufruit et l'usage, que le propriétaire du fonds assujéti soit seulement tenu de souffrir l'exercice du droit, sans être obligé de rien faire. Il est aussi dans la nature de ces servitudes que celui à qui elles sont dues puisse prendre lui-même les fruits (1) ; au lieu que dans l'espèce, on devait

_____

(1) *Voy.* néanmoins ce que nous avons dit à cet égard en parlant de l'usage dans notre droit, *suprà*, n° 27.

livrer le grain à Seïus : celui-ci n'avait pas le droit
de le prendre. Enfin, la circonstance que la quantité en était fixée, a pu, jointe aux autres, porter le
jurisconsulte à ne voir dans la convention qu'une
simple prestation personnelle, et non une servitude quelconque, c'est-à-dire pas même un usage
irrégulier, affectant l'héritage d'un droit réel. La
solution de la question dans notre droit dépendrait
toutefois beaucoup de l'intention des contractans,
des termes dont ils se seraient servis, ainsi que de
la certitude de la date de l'acte.

447. Au reste, nonobstant la décision de Cujas,
mais d'après celle de Vinnius et plusieurs autres
interprètes, on doit tenir qu'il y a, non pas servitude prédiale, mais usage irrégulier, droit réel en
un mot, dans les cas prévus à la L. 8, ff. *de servitutibus*, où il est dit : UT POMUM DECERPERE LICEAT UT
SPATIARI, UT COENARE IN ALIENO POSSIMUS, *servitus
imponi non potest.* Il n'y a pas servitude prédiale,
puisque le droit n'est pas établi au profit d'un
fonds, quoiqu'il le soit sur un fonds; mais il y a,
du moins il peut y avoir (si telle a été l'intention
des parties), une espèce d'usage irrégulier, dont
nous avons précédemment expliqué les effets(1).

448. Il n'y aurait pas non plus servitude prédiale
avec les effets qui y sont attachés, si je stipulais

(1) Voy. *suprà*, n° 16.

un passage par votre terrain pour abréger le chemin de la maison que j'occupe à bail, à telle place publique, à telle promenade : ce seraient, d'après l'intention des parties, les termes de la convention, ou une simple obligation personnelle de votre part, qui vous soumettrait vous et vos héritiers à l'exécuter, à peine de dommages-intérêts, mais sans que j'en pusse réclamer l'exécution des tiers détenteurs dudit terrain ; ou bien une sorte de droit d'usage irrégulier, qui s'exercerait même contre tout détenteur quelconque de ce terrain.

449. Et, comme nous l'avons dit au tome précédent, n° 292, la stipulation que le propriétaire du fonds A, quel qu'il soit et sera, aura le droit de chasse sur le fonds B, ne constituerait non plus aucun droit de servitude, ni aucun droit réel quelconque. Nous en avons donné les raisons (1).

450. Enfin, il y aurait encore moins servitude réelle, s'il était possible, dans la convention que je ferais avec le propriétaire du fonds B, qu'il sera tenu, ainsi que tout possesseur quelconque dudit fonds, de venir faire les moissons dans mon héritage : ce serait là une simple obligation de *faire*, qui ne serait obligatoire que pour celui qui s'y se-

---

(1) *Voy.* aussi au même volume, n. 300, où nous décidons, d'après un avis du Conseil d'état, approuvé le 19 octobre 1811, que le droit de pêche dans les rivières non navigables ni flottables est tellement inhérent à la propriété des fonds riverains, qu'il ne peut être aliéné que par l'aliénation desdits fonds.

rait soumis, avec effet de donner lieu aux dommages-intérêts en cas d'inexécution, et qui prendrait même fin par sa mort, comme un louage d'ouvrage, qui finit par la mort de l'ouvrier (art. 1795); car aucune servitude ne peut être imposée à la *personne*, même en faveur d'un fonds.

On pourrait facilement multiplier les exemples de cas dans lesquels il ne saurait y avoir servitude proprement dite, ni aucun droit quelconque sur la chose même, ce qu'on nomme, dans la doctrine, le droit réel; mais ceux que nous venons de donner suffisent.

§. II.

Pour qu'il y ait servitude, les héritages doivent appartenir à des maîtres différens.

451. Le droit de propriété renfermant la jouissance la plus étendue de la chose qui en est l'objet, il s'ensuit qu'on ne peut avoir sur cette chose un droit de servitude : de là la règle si connue, *res sua nemini servit* (1); règle érigée en loi par l'art. 637 du Code, qui exige expressément, en effet, pour qu'il y ait servitude, que les fonds appartiennent à différens propriétaires.

452. Ainsi, quoique le maître de deux fonds contigus ait établi sur l'un d'eux un passage ou un canal pour l'exploitation ou l'irrigation de l'autre,

---

(1) L. 26, ff. *de servit. prœd. urban.* L. 5, *princip.* ff. *si ususf. peta tur.*

il n'y a pas pour cela servitude : la servitude ne pourra commencer que lorsque les deux fonds ne seront plus réunis dans la même main ; et alors elle pourra résulter de la destination du père de famille, ou de la volonté expresse ou tacite des contractans. (Art. 692—693—694.)

453. En sens inverse, si deux fonds appartenant à des maîtres différens, et dont l'un doit une servitude à l'autre, se trouvent ensuite appartenir au même propriétaire, la servitude est éteinte. (Art. 705.)

Nous verrons ultérieurement dans quels cas elle renaît, lorsque l'un des fonds sort de sa main par l'effet d'une cause forcée, comme dans ceux de réméré, de donation révoquée, d'acquisition rescindée, de délaissement hypothécaire, etc.

§. III.

En général, il faut que les fonds soient contigus.

454. Puisque les servitudes sont établies pour l'utilité des fonds, il faut, pour que ce but puisse être atteint, que les héritages soient contigus (1), qu'il n'y ait pas, par l'existence de fonds intermédiaires appartenant à d'autres propriétaires, d'obstacle à l'exercice de celle qui a été convenue. Mais cette contiguité s'entend plus ou moins strictement,

_____

(1) L. 5, §. 1, ff. *de servitut. præd. rust.*

selon les diverses espèces de servitudes, même dans les principes de la législation romaine, qui, quelquefois en cette matière sont portés jusqu'à un tel point de subtilité, que l'équité ne permettrait pas de s'y attacher dans notre droit, plus ami de la simplicité.

455. Ainsi, propriétaire de la maison A, et voulant m'assurer un aspect agréable, je puis très-bien stipuler du maître du fonds C, qu'il ne bâtira pas sur son terrain, ou qu'il ne bâtira pas au-delà de telle hauteur, quoique nos héritages soient séparés par le fonds B appartenant à un tiers, avec lequel cependant je n'ai fait aucune convention. Car la stipulation me sera utile tant que le tiers ne fera pas, en bâtissant, obstacle à ce que je jouisse de l'aspect que j'ai voulu me ménager, ou s'il fait déjà obstacle, lorsque l'obstacle aura cessé ; pourvu qu'il ait cessé avant l'extinction de la servitude par le non-usage (1).

Mais tant qu'il existera, je n'aurai pas le droit d'empêcher celui qui m'a fait la concession, de bâtir sur son terrain, parce que je n'ai pas d'intérêt (2) ; et telle est la raison pour laquelle je ne puis valablement stipuler que vous ne vous promènerez pas dans votre jardin (3) ; ou, si votre bâtiment est tellement éloigné du mien, que de l'un on ne puisse

---

(1) L. 5 et 6, *princip.* ff. *si servit. vindic.*
(2) *Ibid.*
(3) L. 15, princip. ff. *de servitutibus.*

voir l'autre, ou s'ils sont séparés par une montagne, je ne puis stipuler aucune espèce de servitude de vue, de *prospect*, et autres semblables (1).

456. Mais la servitude de passage au profit du fonds A sur le fonds C ne peut exister réellement si le fonds B est intermédiaire et appartient à un autre propriétaire, à moins que le fonds A n'ait aussi passage sur le fonds B, pour l'exercice de cette même servitude (2).

On sent que si le fonds intermédiaire était un chemin public, la servitude existerait sans difficulté.

Elle existerait également, quoique l'espace intermédiaire fût un cours d'eau, qu'on ne pourrait même traverser ordinairement à cet endroit qu'en bateau. Nous rejetterions, en ce point, la subtilité des lois romaines, qui distinguaient s'il y avait un pont, ou du moins si la rivière était guéable, et qui n'admettaient la validité de la servitude que dans ces cas (3). Cela tenait, comme le dit fort bien Duaren (4), au principe que la *cause* de la servitude devait être perpétuelle, c'est-à-dire, que le propriétaire dominant devait toujours pouvoir l'exercer sans obstacle, sans retard; or, dans l'espèce, dit le même auteur, il ne l'aurait pu, puisqu'il n'aurait pu toujours passer la rivière quand il

---

(1) L. 38, ff. *de servit. præd. urban.*

(2) L. 7, §. 1, ff. *de servit. præd. rust.*

(3) L. 38, ff. *de servit. præd. rust.*, combiné avec la L. 17, §. 2, ff. *de aquâ et aquæ pluv. arcend.*

(4) Sur la loi 38 *de servitut. præd. rust.*, ci-dessus citée.

l'aurait voulu, les bateliers n'étant pas toujours prêts à cet effet.

457. Au surplus, rien ne m'empêche, propriétaire du·fonds A, de stipuler, quant à présent, du propriétaire du fonds C un droit de passage ou de conduite d'eau sur son terrain, quoiqu'il y ait entre ce fonds et le mien le fonds B appartenant à un tiers, et sur lequel je n'ai encore aucun droit de servitude. Celle que je stipule est censée convenue sous cette tacite condition : si je puis obtenir du maître du fonds B ce qui sera nécessaire à son exercice; et si cette condition se réalise, la servitude s'exercera sans difficulté. C'est comme lorsque je stipule une servitude pour une maison que je me propose de construire, ou sur la maison que mon voisin viendrait à édifier (1).

458. Quant à la perpétuité de la *cause*, c'est-à-dire que le fonds servant doit pouvoir *servir* le fonds dominant, sans discontinuation, lorsqu'il y a lieu à *exercer* la servitude (2), elle était essentielle chez les Romains pour qu'il y eût servitude, droit réel; mais chez nous elle est simplement de la *nature* des servitudes.

---

(1) Voy. *suprà*, n° 448.

(2) Pour les anciens, *perpetuum est quodumque ex naturali causâ, sed non ex hominis facto oritur, quamvis non sit assiduum: ut ecce aqua pluvia ex naturali causâ oritur, etsi non assiduè pluat.* Vinnius, Instit. tit. *de servit.*, par interprétation de la L. 28, ff. *de servit. præd. urban.*

459. Ainsi, dans les principes purs de la législation romaine, on n'eût pu valablement avoir la servitude de prise d'eau sur un étang (1), parce qu'un étang est sujet à être desséché par l'effet des chaleurs. Il en eût toutefois été autrement si l'étang eût été alimenté par un ruisseau ou par des sources d'eau vive (2). Mais chez nous, nul doute qu'une prise d'eau ne pût être valablement établie, soit que l'étang fût ou non alimenté par des sources ou un ruisseau.

460. De même, suivant la L. 28, ff. *de servit. præd. urban.* précédemment citée, il n'y avait pas servitude dans la convention faite par l'un des voisins avec l'autre, que le premier, par le moyen d'une ouverture pratiquée dans le mur du second, recevrait sur son terrain les eaux de la cuisine de celui-ci (3), à moins que cette eau ne fût mêlée à celle de la pluie; car autrement, dit le jurisconsulte, *neque perpetuam causam habet quod manu fit* (4). Il est bien certain qu'on ne ferait pas non plus chez nous cette distinction.

---

(1) L. 28, ff. *de servit. præd. urb.*, précitée.

(2) Argument de la L. 1, §. 5, ff. *de aquâ quotid. et æstivâ*, et de la L. unique, §. 4, ff. *de fonte. Voy.* aussi les professeurs de Louvain, *Recitationes ad* PANDECTAS, tit. *de servitutibus*, n° 9.

(3) HUBERUS entend différemment le cas de cette loi. Selon lui, l'un des voisins a concédé à l'autre le droit de prendre, par le moyen d'une ouverture pratiquée dans le mur de celui-ci, l'eau qui serait nécessaire pour laver le pavé de sa cuisine.

(4) Au surplus, rien n'empêchait d'établir la servitude de cloaque, *jus cloacæ;* L. 7, ff. *de servitutibus;* attendu que les eaux de pluie sont

461. Mais les jurisconsultes romains ne faisaient néanmoins pas dériver la perpétuité de la *cause* des servitudes, uniquement de la circonstance que le fait de l'homme n'aurait pas été nécessaire pour l'exercice du droit, autrement celles de passage, de puisage, de pacage, qui ont toutes besoin du fait actuel de l'homme pour être exercées, n'auraient pu avoir lieu ; ils ne la faisaient pas non plus dériver de la faculté de pouvoir exercer le droit sans intermittence, sans discontinuation, puisqu'ils avaient, comme on le verra plus bas, des servitudes qui s'exerçaient alternativement de deux jours l'un, ou depuis telle heure jusqu'à telle heure, ou simplement le jour et non la nuit, *aut vice versâ* (1); ils la tiraient, principalement de la nature de l'héritage assujéti relativement à l'espèce de servitude qu'on avait voulu établir, et de la disposition respective des fonds. Ainsi pour eux comme pour nous, une servitude discontinue dans son *exercice*, telles que sont celles de passage, de pacage, de puisage (art. 688), n'avait pas moins une *cause* perpétuelle si la disposition des lieux ne faisait pas obstacle à son exercice, la nécessité du fait actuel de l'homme pour cet exercice ne détruisant nullement la perpétuité de la *cause*, qui tenait

---

ordinairement reçues dans un cloaque, et que les eaux de pluie ont une cause perpétuelle, quoiqu'il ne pleuve pas continuellement.

(1) *Intervalla dierum et horarum, non ad temporis* CAUSAM, *sed ad* MODUM *pertinent jure constitutæ servitutis.* L. 4, §. 2, ff. *de servitutibus.*

plutôt encore au droit qu'au fait, à la servitude elle-même, qu'à son simple exercice. Tout cela était assez métaphysique, assez subtil. Quoi qu'il en soit, la perpétuité de la *cause*, comme l'entendaient les Romains, n'est, chez nous, que de la *nature* des servitudes, et non de leur *essence;* c'est une circonstance qui a lieu le plus communément, mais qui n'est pas indispensable, et que l'on ne doit point confondre avec ce que nous entendons, dans l'esprit du Code, par la *continuité*, dont nous parlerons à la section suivante.

§. IV.

La servitude consiste, de la part du propriétaire du fonds assujéti, à souffrir ou à ne pas faire quelque chose.

462. Cette proposition, puisée dans la L. 15, §. 1, ff. *de servitutibus*, adoptée par nos auteurs les plus exacts comme axiome certain, est consacrée par le Code aux art. 697-698-699, analysés et combinés. Et en effet, c'est le fonds, et non la personne qui le possède, qui se trouve assujéti : cette personne n'a entendu obliger que son fonds, et non s'obliger elle-même. Ainsi c'est au propriétaire de l'héritage dominant à faire les travaux, s'il en est besoin, pour exercer la servitude.

463. Cependant, suivant l'opinion commune des docteurs, le principe, même dans le droit romain,

reçoit exception à l'égard de la servitude *oneris ferendi*, celle par laquelle votre mur doit supporter ma charge. C'est au maître du mur à l'entretenir et à le refaire, s'il y a lieu, pour qu'il puisse supporter la charge. Ulpien, dans la L. 6, §. 2, ff. *si servitus vindicetur*, établit clairement cette exception (1), contre le sentiment d'Aquilius Gallus, qui pensait qu'aucune servitude n'oblige celui qui la doit à *faire*, mais seulement à *souffrir* ou à ne pas *faire*. Il dit que l'avis de Servius a prévalu dans ce cas particulier, sauf au propriétaire du mur à l'abandonner pour se dispenser de le refaire. Cela tenait à cette espèce de servitude, qui ne pouvait être exercée que par l'entretien du mur, d'où l'on a conclu que celui qui s'y était soumis avait par cela même promis ce qui serait nécessaire à l'exercice du droit, d'après cette règle de logique, qui veut la fin veut les moyens, sauf à lui à abandonner le mur.

464. Chez nous, où les principes sont moins rigoureux, la décision d'Ulpien devrait, à plus forte raison, être suivie, avec le tempérament résultant de la faculté d'abandonner le mur pour se décharger de l'obligation de l'entretenir ou de le refaire. Mais alors le mur appartenant au voisin, celui qui aurait fait l'abandon n'aurait plus le droit de le faire servir à supporter son bâtiment, à moins que, en

---

(1) *Voy.* aussi la loi 33, ff. *de servit. præd. urb.*, qui est dans le même sens.

vertu de l'art. 661, il ne s'en fit céder la mitoyenneté, moyennant indemnité.

Ainsi, dans l'espèce de servitude dont nous parlons, il y a tacite convention que celui qui la doit
entretiendra le mur à ses dépens : dans tous les
autres cas, les travaux nécessaires à l'exercice du
droit sont à la charge de celui qui veut en user.
(Art. 698.)

Ces travaux peuvent toutefois être mis, par le
titre constitutif, à la charge du propriétaire de
l'héritage assujéti (*ibid.*), mais avec la faculté
de s'affranchir de cette charge en l'abandonnant.
(Art. 699.)

465. Nous verrons à la sect. vi, où nous traiterons du droit du maître du fonds dominant, et des
obligations du propriétaire assujéti, quel est l'effet
de la clause qui met les travaux à la charge de ce
dernier, soit par rapport à ce qui doit être abandonné, soit par rapport aux tiers détenteurs du
fonds servant.

§. V.

Le droit de servitude est indivisible.

466. Toute servitude prédiale (1) est indivisible,
et ne peut, en conséquence, s'acquérir ni se perdre
pour partie (2).

---

(1) Nous disons *prédiale*, parce que dans les vrais principes, l'usufruit aussi est une servitude, et n'est point indivisible. Voy. *suprà*,
n° 10.

(2) L. 2, §. 2; L. 72, *princip.* ff. *de verb. oblig.*— L. 8, §. 1; L. 11;

De là il suit que l'un des copropriétaires d'un
fonds ne pouvait seul, dans le droit romain, stipuler valablement une servitude pour ce fonds,
la stipulation eût été nulle : il eût fallu qu'elle
eût été faite par tous (1). La raison de cela, c'est
que la stipulation faite pour autrui, comme toute
autre espèce de contrat, était nulle par défaut d'intérêt (2) : or, le stipulant n'aurait eu intérêt à celle
dont il s'agit qu'en proportion de sa part dans le
fonds, et la servitude n'étant pas susceptible d'être
divisée, s'appliquant nécessairement à tout l'héritage, puisqu'il est indivis, la conséquence finale,
c'est que la stipulation était nulle. Celle que les
autres copropriétaires auraient faite ensuite ne l'aurait même pas rendue valable, puisqu'elle eût été
nulle elle-même, comme n'étant pas faite par tous
les copropriétaires.

467. Mais comme dans le droit moderne, le principe qu'on ne peut stipuler pour autrui ne s'entend

---

L. 17, ff. *de servitutibus.* — L. 6, §. 1, ff. *communia præd. tàm. urb.
quàm rust.*

Mais, *pro parte servitus retineri potest.* L. 8, §. 1, ff. *de servitut.* L. 3o,
§. 1, ff. *de servit. præd. urb.* : d'où cette règle de droit : *Non est novum
ut quæ semel utiliter constituta sunt, durent, licet ille casus extiterit à quo
initium capere non potuissent.* L. 85, ff. *de reg. juris.*

Rien n'empêchait, non plus, d'affranchir de la servitude une
partie déterminée du fonds, par exemple le côté du midi ; de même,
on pouvait ne la constituer que sur telle partie seulement, ou pour
telle partie du fonds dominant. L. 6, ff. *de servitut.*

(1) L. 19, ff. *de servitut. præd. rust.*

(2) L. 11. ff. *de oblig. et actionib.*

pas avec la même rigueur, qu'on y déroge valablement lorsque la stipulation que l'on fait pour un tiers est la condition de celle que l'on fait pour soi-même (art. 1121), nous n'hésitons pas à penser que la convention de servitude faite par l'un des copropriétaires, au profit de l'héritage commun, ne fût valable (1), d'autant mieux que chaque associé peut améliorer la chose commune, et qu'il est toujours censé avoir reçu pour cela mandat de ses co-associés.

468. En sens inverse, un des copropriétaires ne peut, sans le concours des autres, grever le fonds commun d'une servitude; et en principe pur, la promesse eût été nulle dans le droit romain (2), puisque l'associé ne pouvait grever les parts des autres, et que la servitude ne pouvait s'établir pour partie. Cependant, et à la différence du cas précédent, si ces derniers venaient à ratifier en commun ou successivement, la dernière convention confirmait la première, et la servitude se trouvait établie par l'effet de cette dernière cession (3). Bien mieux, même avant la ratification des autres, celui qui avait fait la première cession ne pouvait empêcher le cessionnaire de jouir de l'espèce de

_____

(1) Tel est aussi le sentiment de Voët, tit. *communia præd. tàm urb. quàm rust.*, n° 10.

(2) L. 34, ff. *de servit. præd. rust.*

(3) L. 6, §. 2, ff. *comm. præd. tàm urban. quàm rust.* ; L. 11, ff. *de servit. præd. rust.*

droit qu'il lui avait concédé (1). Ces décisions seraient incontestablement suivies dans notre droit.

469. Toutefois le Code ne s'explique pas positivement sur le caractère d'indivisibilité que nous attribuons aux servitudes, d'après le droit romain et ses interprètes les plus exacts; mais plusieurs de ses dispositions, notamment celles des articles 709 et 710, n'ont pu être conçues telles qu'elles le sont, que dans la supposition qu'en effet les servitudes sont indivisibles aujourd'hui, comme elles l'étaient dans les anciens principes. Les conséquences qui découlent de ces mêmes dispositions démontrent cette vérité avec la dernière évidence.

470. Le premier de ces articles porte que si l'héritage en faveur duquel la servitude est établie appartient à plusieurs par indivis, la jouissance de l'un empêche la prescription à l'égard de tous.

Et le second, qui n'est, au reste, qu'une conséquence du premier (2), dispose que, si parmi les copropriétaires il s'en trouve un contre lequel la prescription n'ait pu courir, comme un mineur, il aura conservé le droit de tous.

Or, cela ne peut avoir lieu que par l'effet de la

---

(1) Même L. 11. Mais cela n'était que par équité, *benigniùs*, comme dit le jurisconsulte, et non en vertu des principes purs.

(2) Aussi on aurait pu, à la rigueur, se dispenser de l'insérer dans le Code, puisque l'inaction, supposée forcée, du mineur, contre lequel la prescription ne court pas (art. 2252), peut être assimilée, en ce qui touche la prescription, à la jouissance d'un copropriétaire majeur. Le Code y attache les mêmes effets.

maxime *in individuis, minor majorem relevat ;* car si le droit de servitude n'était pas indivisible, s'il pouvait se perdre et s'acquérir pour partie, on ne voit pas pourquoi les majeurs, qui n'ont pas su le conserver, n'en seraient pas déchus par l'effet de la prescription; et cependant ils le conservent, tellement que si, par suite du partage ou de la licitation, le fonds vient à leur appartenir en totalité, ils l'auront, avec le droit de servitude, conservé en entier par l'effet de la jouissance, légalement présumée, du mineur, qui n'a maintenant plus de droits sur le fonds, et qui même est censé n'en avoir jamais eu (art. 883—1872 combinés). Le fonds, en effet, a été partagé ou licité *cum suâ conditione*, avec la servitude encore existante. Tandis que, hormis le cas d'indivisibilité, et d'indivisibilité proprement dite, la conservation du droit de l'un des intéressés ne profite pas aux autres : ceux qui ont laissé courir contre eux la prescription ne peuvent se faire un appui de la minorité de leur co-intéressé pour être relevés de la déchéance dont ils sont frappés.

Ainsi, dit fort bien Pothier (1), si le droit dû à plusieurs est divisible *naturâ aut saltem intellectu*, comme la *créance* (2) d'un certain *héritage*, et que

---

(1) *Traité des obligations*, n° 647.

(2) Cela devait être fréquent au temps de Pothier, où, par exemple, la vente d'un fonds ne constituait qu'une simple *créance*, un simple *jus ad rem, actio in personam*, la tradition étant nécessaire alors pour conférer la propriété; tandis qu'actuellement le seul consentement

le créancier meure laissant plusieurs héritiers, les
uns majeurs, les autres mineurs, la minorité de ces
derniers, pendant laquelle le cours de la prescription est suspendue, n'empêchera pas la prescription de courir contre les majeurs. Il en est autrement, ajoute-t-il, dans le cas *d'un droit de servitude.*

471. Mais lorsque le fonds dominant vient à être
divisé, la servitude, quoique une *intellectu et jure,*
devient néanmoins propre à chacune des parties
du fonds; en ce sens, toutefois, que ceux qui les
possèdent maintenant sont obligés de l'exercer par
le même endroit, et sans que la condition du fonds
assujéti puisse en être aggravée (art. 700); par conséquent, chacun de ces propriétaires ayant un droit
distinct, doit le conserver par ses actes, ou par sa
qualité, à peine de déchéance. La maxime précitée
cesse alors d'être applicable.

En sens inverse, si c'est le fonds assujéti qui
vient à être divisé, la servitude dont le mode d'exercice n'a point été restreint et limité à telle ou telle
partie de ce fonds, continue de résider sur
toutes comme auparavant; mais si elle cesse d'être
exercée sur telle ou telle portion pendant le
temps déterminé par la loi pour la prescription,
et que la prescription ait pu d'ailleurs courir

---

des parties suffit pour cela (art. 1138), quand celui qui promet
de livrer la chose en est propriétaire. *Voy.* au tome précédent,
n° 225 à 231.

contre le propriétaire dominant, cette portion sera désormais affranchie du droit.

472. Ces principes sur l'indivisibilité des servitudes, considérées comme droit affectant les fonds qui en sont grevés, ne sont point contredits par la division que certaines d'entre elles peuvent souffrir dans le mode de leur exercice, lorsque le fonds dominant vient à être divisé.

Ainsi, d'après la L. 19, §. 4, ff. *communi dividundo*, une prise d'eau se divise de deux manières: ou en disposant le canal de façon à donner à chacun des intéressés le volume d'eau convenu par le partage du fonds auquel est due la servitude, ou en fixant le temps pendant lequel chacun d'eux pourra user de l'eau exclusivement (1).

Mais ce n'est là qu'une division du mode d'exercice de la servitude; le droit n'en est pas moins indivisible en soi avec cet effet de pouvoir, tant que le fonds dominant ne sera pas partagé, être conservé dans son intégrité, et pour chacune des parties du fonds pour lesquelles il a été assigné, par cela seul que l'un des copropriétaires en aura joui, ou que, à raison de sa qualité, la prescription n'aura pu courir contre lui. A ce cas, comme à toute autre espèce de servitude, s'appliqueraient les articles 709 et 710, qui ne font en effet aucune distinction, si ce n'est seulement touchant l'état d'indivision de l'héritage dominant. Aussi dans les

––––––––––

(1) *Voy.* aussi la L. 5, §. 1, ff. *de servitutibus.*

anciens principes, où les servitudes convenues par
acte entre-vifs n'étaient, en général (1), réellement
constituées, imposées au fouds, que par une quasi
tradition (2), la stipulation d'une prise d'eau (3),
d'un droit de pacage pour tel héritage, n'était pas
moins considérée comme indivisible dans ses effets:
en sorte que si le stipulant fût venu à mourir avant
même que sa *simple créance* eût été transformée en
droit réel par une quasi tradition, laissant parmi ses
héritiers une personne contre laquelle la prescription n'aurait pu courir, elle n'eût pas non plus
couru contre les majeurs. Il en serait de même dans
le droit actuel, où la servitude se trouve imposée
par cela même qu'elle est valablement promise
(art. 1138 par argument), ce qui rend applicables
les articles 709 et 710 précités, tant que l'héritage
dominant n'est pas divisé.

473. De l'indivisibilité des servitudes il résulte
que les actions qu'elles produisent sont elles-mêmes
indivisibles. Ainsi, dans l'ancien droit, si celui qui
avait promis une servitude était venu à mourir lais-

---

(1) Nous disons *en général*, parce que les servitudes *négatives*
étaient imposées, constituées de plein droit, même dans les actes
entre-vifs, par le seul fait du consentement, comme n'étant pas, par
leur nature, susceptibles d'aucune tradition quelconque.

(2) L. 2o, ff. *de servitut.*, et surtout L. 11, analysée et combinée avec
la L. 8, §. 1, au même titre, et la L. 3o, §. 1, ff. *de servit. præd. urban.*
—L. 2o, Cod. *de pactis*, par argument. *Voy.* au tome précédent, le
n° 49o, où nous citons le sentiment commun des docteurs par rapport à l'établissement de l'usufruit dans les actes entre-vifs.

(3) La L. 17, ff. *de servitutibus*, le dit formellement à l'égard de la
prise d'eau, *aquæductus.*

sant plusieurs héritiers, chacun d'eux pouvait être actionné pour la délivrer (1) : le créancier n'était point obligé de diriger sa poursuite contre tous, sauf au défendeur à mettre en cause ses cohéritiers (2). *Vice versâ*, chacun des héritiers du créancier décédé avait aussi dans sa personne l'action pour le tout (3).

474. Mais puisqu'aujourd'hui le droit réel existe dès le principe, chacun des héritiers de celui à qui la servitude a été concédée a bien, il est vrai, l'action pour le tout, tant que le fonds dominant n'est pas divisé, soit que la servitude ait été exercée ou non; et il l'a également contre chacun des héritiers de celui qui a promis la servitude, tant qu'ils possèdent par indivis l'héritage qui la doit.

Mais dès que le partage des biens du concessionnaire a eu lieu, l'action n'appartient plus qu'à ceux aux lots desquels le fonds dominant est échu (art. 883); car il ne peut plus être question d'exécuter une promesse : l'obligation de constituer ou d'imposer la servitude sur le fonds; cette constitution étant résultée, de plein droit, de l'acte même de concession, par application de l'article 1138. Il ne pourrait plus être question que d'une *maintenue* en jouissance, pour laquelle l'action n'appartien-

---

(1) L. 17, ff. *de servitutibus.*

(2) Et cette faculté, consacrée par l'art. 1225, et sous la limitation apportée par cet article, était plutôt de notre ancienne jurisprudence que du droit romain.

(3) Même L. 17.

drait qu'à l'héritier propriétaire exclusif de l'immeuble (1), et, après le partage des biens de celui
qui a fait la concession, ne pourrait être dirigée
que contre ceux de ses héritiers au lot desquels
serait échu le fonds assujéti et leurs successeurs
quelconques dans la possession de l'immeuble, qui
s'opposeraient à l'exercice de la servitude ; en admettant, bien entendu, qu'il en était propriétaire
lorsqu'il a concédé le droit ; autrement tous ses
héritiers devraient la garantie, du moins généralement.

Nous aurons plus d'une fois occasion de revenir
sur ces points, surtout quand nous traiterons des
obligations *divisibles et indivisibles* : ce que nous
venons de dire suffit au développement du principe
que *tout* droit de servitude est indivisible.

§. VI.

Les servitudes sont des droits réels.

475. La servitude est un droit dans le fonds
même qui en est affecté et dans celui au profit duquel elle est établie, un *droit réel*, pour employer
le langage de la doctrine, et même de la loi : c'est,
métaphoriquement parlant, une qualité active et
passive des héritages qui en sont l'objet (2), mais non,
comme on le dit quelquefois, un démembrement
de la propriété elle-même, qui n'en est pas moins

---

(1) L. 2, §. 1, ff. *si servitus vindicetur.*
(2) L. 86 , ff. *de verb. signif.*

entière, quoique son usage soit plus ou moins restreint; car, autre chose est le domaine, autre chose
est son exercice : je suis propriétaire absolu de tel
fonds, quoique vous y ayez un droit de servitude(1);
j'en puis valablement disposer, je puis l'hypothéquer sans votre consentement, et intégralement.

476. Mais comme votre droit est dans la chose
même, toute disposition quelconque que je ferai
de cette chose, et en quelque main qu'elle passe,
n'empêchera pas que ce droit ne puisse s'exercer
sur elle comme si elle m'appartenait encore (2). La
transmission de l'immeuble s'opère, comme en matière d'hypothèque, *cum suá conditione;* et *vice
versá*, la transmission de l'héritage dominant aura
lieu avec le droit de servitude qui y est attaché.
De là, les actions qui naissent des servitudes, et dont
nous parlerons ultérieurement.

§. VII.

*Les servitudes n'établissent aucune prééminence d'un
héritage sur l'autre.*

477. En décidant que la servitude n'établit aucune prééminence en faveur du fonds dominant
sur l'héritage assujéti (art. 638), les auteurs du
Code avaient en vue d'écarter toutes les conséquences du régime féodal, aboli chez nous dans
ses derniers vestiges par les lois de la révolution.

---

(1) Même L. 86 *de verb. signif.*
(2) L. 12, ff. *commun. de præd. tàm urb. quàm rust.* §. 2, *de actionib.*
INSTIT.

478. Ainsi, le propriétaire d'un fonds grevé d'une servitude, n'est pas plus, à raison de la possession de ce fonds, le vassal du maître de l'héritage dominant, qu'il ne l'était chez les Romains : la servitude n'est imposée qu'aux fonds et pour l'utilité d'autres fonds, sans qu'il en puisse résulter aucune prééminence soit politique, soit même honorifique, en faveur des propriétaires de ceux-ci, sur les propriétaires de ceux-là.

479. Aussi l'on devrait regarder comme contraire aux vrais principes de la matière et du droit de propriété, et en conséquence, comme nulle, l'obligation que consentirait le maître du fonds A, par exemple, de ne pouvoir, ainsi que ses successeurs quelconques dans ledit héritage, l'aliéner sans l'assentiment du maître du fonds B, quelqu'il fût, ou sans lui payer une certaine somme pour droit de vente, ainsi que le vassal y était assujéti jadis envers le seigneur.

§. VIII.

Les servitudes peuvent être établies sous certaines modalités.

480. Quoiqu'il soit dans la nature des servitudes d'être perpétuelles, ou du moins de ne s'éteindre que dans les cas prévus par la loi, néanmoins on peut les établir pour ne durer que jusqu'à un certain temps, ou pour cesser par l'arrivée de tel événement. De même on peut aussi convenir

qu'elles ne commenceront qu'à partir d'un jour
fixé, ou si tel événement arrive. Les pactes qui
n'ont rien de contraire à l'ordre public, et qui ne
sont d'ailleurs point opposés à l'essence de l'acte
auquel ils sont attachés, doivent être exécutés
fidèlement : or ceux dont il s'agit sont de ce
nombre, parce qu'ils ne font que modifier la nature des servitudes, sans être contraires à leur
essence (1).

481. Et quoique aussi les servitudes prédiales
soient imposées à des fonds pour l'utilité d'autres
fonds, on peut cependant en établir qui seront en
quelque sorte personnelles par la désignation d'une
personne qui aura seule le droit d'en user pour tel
héritage : cette restriction était adoptée par les lois
romaines (2), absolument étrangères au système

_____

(1) La L. 4, ff. *de servitutibus*, dit bien, il est bien vrai, que les servitudes ne peuvent être établies sous les modalités dont nous venons
de parler ; mais cette décision n'était portée qu'en principes purs,
car, au moyen de l'exception du pacte, ces conventions recevaient
leur effet : *Tamen si hæc adjiciantur, per pacti vel doli exceptio occure-
tur contrà placita servitutem vindicanti.*

(2) *Si tamem testator personam demonstravit, cui servitutem præstari
voluit, emptori vel heredi non eadem præstabitur servitus.* L. 4, ff. *de servit. præd. rust.*

La L. 37, au même titre, renferme une semblable décision.

Dans ces cas, la servitude est une espèce d'usage, relatif toutefois
à un fonds, qui s'éteindra comme un usage proprement dit, par la
mort de la personne désignée ; mais, dans les principes du droit romain, avec cette différence néanmoins que l'usage proprement dit eût
été éteint de plein droit par la mort de l'usager, au lieu que, dans l'espèce, comme il y a servitude *prédiale*, quoique restreinte, elle eût cessé
de prendre fin seulement *opposita doli exceptione*, comme dans le cas

féodal, dont les auteurs du Code ont seulement voulu écarter l'application jusque dans ses derniers vestiges, quand il ont dit (art. 686) que les servitudes ne pourraient être établies *en faveur de la personne, mais seulement en faveur d'un fonds ;* car ils n'ont pas entendu par-là interdire des conventions qui n'ont rien de contraire à l'ordre public ni à l'essence du droit de servitude, qu'elles ont simplement pour objet de modifier dans son exercice ou sa durée.

482. L'usage des servitudes peut aussi être alternatif et séparé par le tems : par exemple, vous aurez le droit de prendre l'eau tel jour de la semaine, et ainsi de suite ; ou vous pourrez la prendre pendant six heures chaque jour (1); ou vous passerez par telle allée pendant le jour, et non la nuit, ce qui est assez fréquent dans les villes (2). Ces modifications à l'exercice du droit ne portaient même point atteinte au principe de la perpétuité de la *cause* des servitudes, principe auquel les jurisconsultes romains s'étaient, comme on l'a vu, si fortement attachés.

483. Enfin l'on peut valablement attribuer un *mode* d'exercice spécial à la servitude : par exemple, dans la servitude de vue, que vous ne

---

où elle avait été concédée jusqu'à telle époque ou pour finir à l'arrivée de tel événement.

(1) L. 5, §. 1, ff. *de servitut.* L. 2, ff. *de aqua quotid. et æstiv.*
(2) L. 14, ff. *communia præd. tàm urb. quàm rust.*

pourrez avoir que des fenêtres de telle dimension, de telle forme; dans celle de passage, que vous pourrez passer seulement à pied, ou à cheval, ou que vous aurez le droit de faire passer un troupeau, ou des bêtes de somme avec leur charge, ou même des chars ou chariots (1); que pendant que telle partie du fonds sera ensemencée, vous passerez sur l'autre, ou bien que vous aurez seulement passage pour sortir la vendange de votre vigne, le foin de votre pré, la pierre de votre carrière, etc. etc.

Dans tous les cas, l'on devra s'attacher au titre ou à l'usage acquis par la prescription, s'il a pu s'acquérir de cette manière, ce que nous examinerons dans la suite.

Ces principes généraux suffisent pour faire connaître les caractères et les effets des servitudes.

SECTION II.

Comment l'on peut diviser les servitudes.

SOMMAIRE.

484. *Différentes divisions que l'on peut établir des servitudes.*

§. Ier.

Les servitudes sont urbaines ou rurales.

485. *Texte de l'art. 687.*
486. *Cette division n'est d'aucune importance sous le Code.*

§. II.

Les servitudes sont continues ou discontinues.

487. *Quelles sont les servitudes continues.*

---

(1) L. 4 et 5, §. 1, ff. *de servitut.*

§. III.

Les servitudes sont apparentes ou non apparentes.

§. IV.

Les servitudes sont positives ou négatives.

484. Indépendamment de la grande division des servitudes en servitudes prédiales et en servitudes personnelles (1), qui appartient encore à la doctrine si elle n'appartient plus à la loi, on peut diviser les servitudes de plusieurs manières, en les considérant sous des points de vue différens.

Ainsi, 1° les servitudes sont urbaines ou rurales;

2° Elles sont continues ou discontinues;

3° Apparentes ou non apparentes;

4° Positives ou négatives.

C'est ce que nous allons expliquer rapidement.

§ Ier.

Les servitudes sont urbaines ou rurales.

485. Toutes les servitudes sont établies pour l'usage des bâtimens ou pour celui des fonds de terre.

De là, la division des servitudes en urbaines et en rurales.

Les servitudes urbaines sont établies pour l'usage des bâtimens, soit que les bâtimens auxquels elles sont dues soient situés à la ville ou à la campagne. (Art. 687.)

---

(1) C'est-à-dire l'usufruit, l'usage, l'habitation. *Voy.* tome précédent, n° 467.

Les servitudes rurales sont établies pour les fonds de terre. (*Ibid.*)

Et quoique l'on ne soit pas d'accord en cela avec l'étymologie, il faut néanmoins regarder, par extension, comme servitude rurale, celle qui est établie au profit d'un fonds de terre, par exemple d'un enclos, d'un jardin, même situé dans une ville ou dans un faubourg; car n'étant pas constituée au profit d'un bâtiment, elle est nécessairement comprise dans l'autre branche de la division. De même, on ne s'attache pas non plus à l'étymologie des servitudes urbaines, puisqu'on comprend dans cette classe celles qui sont établies au profit des bâtimens, même situés à la campagne.

486. Cette division, au reste, n'est aujourd'hui que de pure doctrine, bien qu'elle ait été l'objet d'une disposition du Code. C'est un emprunt fait sans nécessité aux commentateurs du droit romain (1); car il n'y a aucune différence entre les effets, soit quant aux modes d'établissement des servitudes de l'une et de l'autre classe, soit quant aux modes d'extinction des unes et des autres; et toutes s'exercent conformément au titre constitutif.

Il est vrai que les servitudes urbaines sont, pour la plupart, apparentes et continues, et que celles

---

(1) Aussi était-il loin d'en être ainsi dans les principes de ce droit, surtout de l'ancien, relativement à la manière d'acquérir les servitudes par l'usucapion. Mais comme cela exigerait de nombreuses explications sans beaucoup d'utilité, nous nous bornerons ici à cette observation générale.

de cette nature sont susceptibles de s'acquérir par prescription comme par titre; tandis que les servitudes rurales sont, en général, discontinues et non apparentes, et par conséquent non susceptibles de s'acquérir aujourd'hui par la prescription (art 691). Mais cette différence n'est pas essentielle; ce n'est point à la qualité d'*urbaines,* mais bien à celle de *continues et apparentes* qu'est attaché ce mode d'acquisition, puisqu'il est des servitudes de cette classe qui ne sont point apparentes (1), d'autres qui ne sont point continues (2), et qui, d'après cela, ne peuvent s'acquérir de cette manière : comme, en sens inverse, il existe des servitudes rurales apparentes et continues (3), susceptibles, dès lors, de s'établir par ce mode.

Ainsi, dans les principes du Code, nous ne voyons, sous aucun rapport, l'utilité de la distinction des servitudes en urbaines et rurales. Cependant dans un ouvrage principalement de doctrine, il n'était pas permis de la passer sous silence.

§. II.

Les servitudes sont continues ou discontinues.

487. « Les servitudes continues sont celles dont « l'usage *est* (4) ou *peut être* (5) continuel sans avoir

---

(1) Par exemple, la prohibition de bâtir sur un terrain pour procurer des jours plus agréables à une maison.

(2) Un droit de passage, de puisage.

(3) *Putà* une prise d'eau.

(4) *Putà* la prohibition de bâtir sur tel terrain.

(5) Par exemple, un droit de vue, dont on peut jouir sans cesse pour

« besoin du fait actuel de l'homme : tels sont les
« conduites d'eau, les égouts (1), les vues, et autres
« de cette espèce. (Art. 688.) »

Tels sont surtout la prohibition de bâtir sur
un terrain, ou de bâtir au-delà de telle hauteur,
le droit de faire supporter ma charge par le mur
du voisin, de faire avancer ma galerie, mon balcon
ou mon toit sur son terrain.

488. « Les servitudes discontinues sont celles qui
« ont besoin du fait actuel de l'homme pour être
« exercées : tels sont les droits de passage, de pui-
« sage, pacage, et autres semblables. (Même art.) »

489. La distinction est importante sous plusieurs
rapports :

1° En ce que les servitudes de la première espèce
peuvent, si elles sont en même temps apparentes,
s'acquérir par la prescription comme par titre
(art. 690—691); tandis que celles de la seconde
ne peuvent s'acquérir que par titre.

490. Aussi, 2°, les premières, si elles sont en même
tems apparentes, peuvent être la matière d'une
action possessoire, en ce sens que celui qui les a

éclairer un appartement, comme on peut n'en jouir que par intervalles, en ouvrant les volets.

(1) Car, quoiqu'il ne pleuve pas continuellement, la servitude ne
s'en exerce pas moins d'une manière continue, puisqu'elle est utile au
maître du fonds dominant toutes les fois qu'il a besoin qu'elle soit
exercée de fait, et sans que lui-même soit obligé de rien faire pour
cela. Voilà pourquoi cette servitude était considérée dans le droit
romain lui-même comme ayant *perpetuam causam.* L. 28 ff. *de servit.*
præd. urb. Voy. *suprà,* n° 468 note.

exercées paisiblement, publiquement et non à titre précaire, pendant plus d'un an, et qui n'a pas cessé de les exercer depuis plus d'une année, doit être maintenu dans sa jouissance, s'il agit dans l'année du trouble; au lieu que dans les secondes, le propriétaire du fonds sur lequel elles sont prétendues, doit toujours, soit en demandant, soit en défendant, si l'adversaire n'a pas de titre, être maintenu dans la jouissance libre de son fonds, ainsi que nous l'expliquerons plus bas, en traitant des actions auxquelles les servitudes peuvent donner lieu.

491. 3₀ Dans les servitudes continues, la prescription à l'effet de les éteindre ne commence à courir que du jour où celui qui l'invoque a fait un acte contraire à l'exercice de la servitude (art. 707). De ce moment seulement il commence à prescrire à l'effet de libérer son héritage. Tandis que dans les servitudes discontinues, la prescription commence son cours à partir du jour où l'on a cessé d'en jouir (*ibid.*), encore que le propriétaire du fonds assujéti n'ait lui-même rien fait pour faire cesser cette jouissance.

Cette distinction, bien analysée, n'est toutefois pas dans le fond des choses; car aussi dans les servitudes continues, la prescription ne commence son cours que du jour où le maître du fonds dominant a cessé d'en jouir, par l'acte contraire à l'exercice de la servitude qu'a fait le propriétaire de l'héritage assujéti : jusque-là, il en jouissait, en effet, puisqu'elle n'avait pas besoin de son fait pour être exercée. La différence consiste seulement en ce que dans les servitudes discontinues, c'est par un fait négatif de la part du propriétaire du fonds dominant, si l'on peut s'exprimer ainsi, que la prescription commence son cours à l'effet d'éteindre la servitude; au lieu que dans les servitudes conti-nues, c'est par un fait positif de la part du maître de l'héritage assujéti.

492. Ainsi qu'on vient de le voir, l'art. 688 donne comme exemple de servitudes *continues* les con-duites d'eau, sans aucune distinction. Cependant, il en est de plusieurs sortes; les unes qui s'exercent sans interruption, si ce n'est celle que la nature des choses ou le maître du fonds dominant apporte à sa jouissance; et il n'y a aucune difficulté à l'égard de celles-là : elles sont évidemment des servitudes continues. Mais d'autres ont un mode d'exercice alternatif : par exemple, avant midi, et non le soir, le jour, et non la nuit, de deux jours l'un, depuis tel jour de la semaine jusqu'à tel autre, pendant telle saison seulement, etc.; évidemment dans ces dernières, le fait de l'homme est nécessaire pour rouvrir le canal ou fossé (*aquarum iter*) qui avait été bouché pendant le temps où la servitude ne s'exerçait pas, soit en levant une écluse ou une bonde, soit de toute autre manière. L'article pré-cité porte que la servitude continue est celle dont l'usage *est* ou *peut être* continuel sans avoir besoin

du fait *actuel* de l'homme; or, il semble que cette condition ne se rencontre pas dans les servitudes dont il s'agit; car l'*usage* n'en est pas continuel, puisqu'il est alternatif, interrompu : le *droit* est sans doute continuel, comme dans la servitude de passage, mais l'exercice du droit, l'usage du droit, ne l'est pas. Il n'y a pas lieu non plus de dire qu'il *peut* l'être, puisque ce serait dénaturer la concession, changer l'esprit du titre constitutif.

Néanmoins tel n'est pas notre sentiment; nous croyons qu'on ne doit, en effet, faire aucune distinction à l'égard des prises ou conduites d'eau; qu'elles sont toutes servitudes continues, et par conséquent toutes susceptibles de s'acquérir par prescription, et de donner lieu avec effet à l'action possessoire, si l'on a la possession utile et que l'on y soit troublé.

Sans doute il faut, dans les conduites d'eau dont nous venons de parler en dernier lieu, le fait de l'homme pour pouvoir, après l'interruption de l'exercice, les exercer encore; mais ce fait n'est pas continuellement exigé, comme dans les servitudes de passage, de puisage, de pacage : il ne l'est que pour faire cesser l'interruption résultant de la concession; et une fois que l'exercice a été repris, la servitude s'exerce sans ce fait, tout de même que celle de vue, dont l'exercice avait été interrompu par la fermeture des volets, et dont on use en les ouvrant. Ces interruptions, qui tiennent tantôt à la nature des choses, tantôt aux dispositions du titre constitutif, n'enlèvent point à la servitude son caractère de continuité ; autrement il faudrait aller jusqu'à dire, par voie de conséquence, et pour ne pas se jeter dans l'arbitraire, que la prise d'eau constituée pour en user alternativement de deux années l'une, ce qui n'est certainement point contraire à la nature des servitudes, n'est elle-même qu'une servitude discontinue ; et cependant elle est, à n'en pas douter, servitude continue. Voilà pourquoi, dans le droit romain lui-même, suivant lequel, comme on l'a vu plus haut, la perpétuité de la *cause* était exigée avec une rigueur qui allait parfois jusqu'à la subtilité, les servitudes dont il s'agit n'étaient pas moins censées avoir une *cause* perpétuelle : *intervalla dierum et horarum non pertinent ad temporis causam.* L. 4, §. *ult.* ff. *de servit.* Le fait de l'homme était cependant exigé pour faire cesser les interruptions de jouissance, et d'après la L. 28, ff. *de servit. præd. urb.*, *non habet causam perpetuam quod manu fit, sed quod ex naturali causa fit* (1); mais c'est que par *fait de l'homme*, on n'entendait pas, et l'on ne doit pas entendre le

---

(1) Nous n'entendons pas toutefois dire par là que la perpétuité de la *cause* et la continuité fussent la même chose : car une servitude de passage n'était assurément point continue, et elle avait cependant une *cause* perpétuelle, s'il n'existait pas de fonds intermédiaire qui fît obstacle à son exercice, ainsi que nous l'avons dit plus haut, nº 455; car la perpétuité de la cause s'estimait principalement d'après la possibilité où était le propriétaire du fonds dominant d'exercer la servitude quand bon lui semblait, du moins conformément à son titre; ce qui s'appliquait aux servitudes dont le mode d'exercice était alternatif, comme aux autres.

fait qui met en état d'exercer la servitude, comme serait de déboucher un fossé de tems à autre, de lever une bonde ou une écluse, mais le fait par lequel la servitude s'exerce actuellement, fait dans lequel, en un mot, consiste tout son exercice : comme le fait de passer sur un terrain quand il s'agit d'un droit de passage, et dont la cessation entraîne nécessairement la discontinuation de l'exercice ou de l'usage du droit ; ce qu'on ne peut dire, encore une fois, d'un droit de prise d'eau, quoique alternatif, puisqu'une fois l'écluse lâchée la servitude s'exerce pendant le repos de l'homme. Ainsi on doit donc entendre l'art. 688 sans aucune distinction quand il donne d'une manière générale comme exemple de servitudes *continues* les *conduites d'eau.*

§. III.

Les servitudes sont apparentes ou non apparentes.

493. « Les servitudes apparentes sont celles qui « s'annoncent par des ouvrages extérieurs, tels « qu'une porte, une fenêtre, un aquéduc.

« Les servitudes non apparentes sont celles qui « n'ont pas de signe extérieur de leur existence, « comme, par exemple (1), la prohibition de bâtir

---

(1) Il en est en effet bien d'autres. Ainsi celle de pacage, de puisage à un puits ou à une fontaine où d'autres puisent également ; la prohibition d'avoir des jours libres à la distance où il serait permis d'en avoir, etc. etc.

« sur un fonds, ou de ne bâtir qu'à une hauteur
« déterminée. (Art. 689.) »

494. Cette distinction a la même importance,
quant à l'acquisition du droit par le moyen de la
prescription (art. 491), et par rapport à l'effet de la
possession et de l'action possessoire, que celle
qui existe entre les servitudes continues et les servitudes discontinues; en sorte que ce que nous
avons dit à cet égard au paragraphe précédent est
applicable ici.

495. Les servitudes apparentes sont continues,
ou discontinues : par exemple, une conduite d'eau
est tout à la fois apparente, puisqu'elle s'annonce
par un aquéduc, et continue, d'après l'art. 688;
et un droit de passage qui s'annonce par une porte
est par cela même apparent, et il est discontinu
puisque le fait de l'homme est nécessaire pour son
exercice. C'est peut-être la seule servitude qui soit
tout à la fois apparente et discontinue, et encore
ne l'est-elle pas toujours.

496. En expliquant les art. 692—693—694 relatifs à l'établissement des servitudes par suite de la
destination du père de famille, ou de la tacite
volonté de celui qui était propriétaire des deux
fonds, et qui a disposé de l'un d'eux, nous verrons
s'il importe de faire, sous ce rapport, une distinction entre la servitude continue et apparente, et
celle qui est apparente aussi, mais discontinue.

§. IV.

Les servitudes sont positives ou négatives.

497. Toute servitude consistant, de la part du propriétaire assujéti, à *souffrir* ou à *ne pas faire* (1), la servitude est positive (ou affirmative) quand ce propriétaire est seulement tenu de *souffrir* quelque chose; alors l'autre est obligé de faire telle ou telle chose pour exercer le droit : telles sont les servitudes de vue, de passage, de puisage, de pacage, etc., qui toutes en effet consistent, quant à leur exercice, dans le fait du maître de l'héritage dominant.

Au lieu que la servitude est négative quand le propriétaire du fonds assujéti est tenu de ne pas faire certaine chose, ce qui n'empêche pas qu'elle ne s'exerce, quoique le maître du fonds dominant ne fasse lui-même rien pour cela : par exemple, la soumission de ne pas bâtir sur tel terrain ou de ne pas bâtir au-delà de telle hauteur, et autres analogues.

498. Toutes les servitudes négatives n'ont par elles-mêmes aucun signe de leur existence; elles sont toutes non apparentes; en sorte qu'elles ne peuvent jamais s'acquérir par prescription. D'ailleurs celui qui prétendrait les avoir acquises de

---

(1) L. 15, §. 1, ff. *de servitut.* Voy. *suprà*, n° 462.

cette manière ne pourrait nullement justifier de sa prétention, puisqu'il n'a rien fait sur le fonds du voisin, n'y a rien possédé : ce dernier, en s'abstenant jusqu'à ce jour de faire ce qu'il veut faire maintenant, par exemple, bâtir, n'a fait qu'user d'une pure faculté, ce qui est exclusif de toute possession et de toute prescription (art. 2232). Il en serait ainsi aujourd'hui, encore qu'il s'écoulât plus de trente ans depuis la sommation qui lui serait faite de ne point bâtir; car cette sommation ne serait pas un titre, et une telle servitude ne peut s'établir que par titre. (Art. 691.)

499. Tandis que les servitudes affirmatives peuvent s'acquérir par prescription comme par titre lorsqu'elles sont apparentes et continues. (Art. 690.)

Elles sont susceptibles aussi de s'acquérir par suite de la destination du père de famille, ce qui n'a pas lieu à l'égard des servitudes négatives.

500. Suivant les anciens principes, les servitudes affirmatives, ou positives, n'étaient réellement constituées, imposées aux fonds, dans les actes entre-vifs, que par une quasi-tradition, par l'exercice du droit ou un fait quelconque; jusque-là le droit réel n'existait pas encore. Au lieu que les servitudes négatives n'étant susceptibles d'aucune quasi-tradition, elles étaient constituées par le seul consentement des parties. Aujourd'hui cette distinction n'a plus lieu, parce que toute servitude régulièrement convenue affecte aussitôt l'héritage.

SECTION III.

Des diverses espèces de servitudes établies par le fait de l'homme.

SOMMAIRE.

501. Nous allons expliquer rapidement les effets des principales servitudes, que l'on peut réduire aux suivantes, sans toutefois que nous prétendions dire par-là qu'il n'y en ait pas encore quelques autres ; car, aux termes de l'art. 686, les propriétaires peuvent établir toutes celles que bon leur semble, pourvu qu'elles soient imposées aux fonds pour l'utilité d'autres fonds, et qu'elles n'aient d'ailleurs rien de contraire à l'ordre public. Mais celles dont il va être spécialement parlé sont les plus usuelles, et les autres s'y rapportent généralement.

1° Celle de faire supporter une charge par le mur du voisin ;

2° Celle de faire avancer une galerie ou autre objet sur le terrain du voisin ;

3° Celle d'égout ;

4° Celle de ne pas bâtir sur tel terrain, ou de ne pas bâtir au-delà de telle hauteur ;

5° Celle de vue;

6° Celle de *prospect*;

7° Celle de passage;

8° Celle de pacage;

9° Celles de puisage et d'abreuvage;

10° Celle de prise d'eau (*aquæductus.*)

502. L'étendue de ces diverses servitudes se règle par le titre constitutif; mais comme il ne s'explique pas toujours d'une manière positive, il faut bien alors s'attacher à la nature de chacune d'elles, telle que les lois romaines, leurs interprètes et la jurisprudence l'ont définie, puisque le Code ne s'explique pas non plus spécialement sur leurs effets particuliers.

§. Ier.

De la servitude de supporter la charge du voisin.

SOMMAIRE.

503. *La servitude* oneris ferendi *a cela de particulier, que c'est au maître du mur à l'entretenir en état de supporter la charge, s'il n'aime mieux l'abandonner, sauf convention contraire.*

504. *L'enlèvement des poutres, du mur assujéti, ne fait pas seul évanouir la servitude.*

505. *Celui à qui est due la servitude ne peut placer dans le mur du voisin un plus grand nombre de poutres qu'il n'a été convenu, ni les mettre ailleurs qu'à l'endroit indiqué.*

503. Par cette servitude, que dans la doctrine on nomme *oneris ferendi*, le maître du mur doit, à

V.   34

moins de stipulation contraire, l'entretenir en état
de supporter la charge du voisin, ou l'abandonner;
et cette décision n'est point opposée à la règle que
c'est le propriétaire de l'héritage dominant qui
doit, à moins de convention contraire, faire les
travaux nécessaires à l'exercice de la servitude
(art 698), car la nature particulière de celle dont il
s'agit le comporte ainsi. Voilà pourquoi, dans le
droit romain, où le principe de notre article était
suivi avec toute la rigueur, le propriétaire du mur
était néanmoins tenu de l'entretenir, de le refaire
même si cela était nécessaire, ou d'en faire l'abandon (1). Or, il est invraisemblable qu'on ait entendu
s'écarter, en ce point, de la décision des lois
romaines, qui étaient suivies dans l'ancienne jurisprudence. Le mur, d'ailleurs, sert à son propriétaire, et il ne serait pas juste, dès lors, que ce fût
le maître du fonds dominant qui dût l'entretenir ou
le refaire à ses frais.

504. Si c'est ma poutre ou mes solives que j'ai
le droit de faire appuyer dans ou sur le mur du
voisin (2), la servitude ne s'éteindrait point par cela
seul que la poutre ou les solives viendraient à périr
de vétusté ou seraient enlevées pour autre cause;
elle subsistera tant que le mur qui la doit subsistera

---

(1) L. 6, §. 2, ff. *si servit. vindic.*; L. 33, ff. *de servit. præd. urb.*
(2) C'est alors la servitude *tigni immittendi*, qui diffère peu de la
précédente. *Voy.* L. 20, ff. *de præd. urb.* — L. 242, §. 1, *de verb.*
signif.

lui-même, à moins que je n'aie laissé passer le tems de la prescription sans replacer une nouvelle poutre ou de nouvelles solives. J'en puis donc replacer de nouvelles, en même nombre et à la même place.

5o5. Si le titre portait simplement que j'aurais le droit de pouvoir placer mes poutres dans votre mur, j'en pourrais placer tant qu'il en faudrait pour soutenir mon bâtiment (1), et même faire des étages autant que la hauteur de votre mur le comporterait. Mais si le nombre des étages avait été déterminé, je ne pourrais, sans une nouvelle concession, y placer des poutres pour soutenir d'autres étages; comme je ne pourrais, si le nombre des poutres ou solives avait été fixé, ou si leur place avait été réglée, en avoir un plus grand nombre, ou les mettre dans un autre endroit.

§. II.

De la servitude de pouvoir faire avancer sa galerie ou autre saillie sur le fonds du voisin.

SOMMAIRE.

5o6. *En quoi consiste cette servitude.*

5o6. Cette servitude (2) consiste dans la faculté de pouvoir faire avancer sa galerie, son balcon ou

---

(1) Voët, tit. *de servitut. præd. urb.*, n° 2.
(2) Qu'on appelle *servitus projiciendi.*

toute autre saillie, comme le bord d'un toit (1), sur le terrain du voisin, mais sans pouvoir l'y appuyer (2), à moins de convention contraire.

Comme celui qui a la propriété du sol a aussi la propriété du dessous et du *dessus* (art. 552), il est besoin d'un droit de servitude pour pouvoir faire ainsi avancer sur le fonds voisin une partie quelconque d'un bâtiment, lors même qu'il n'y aurait à l'endroit sur lequel règnerait l'avancement, ni arbres, ni constructions quelconques (3).

§. III.

De la servitude d'égout.

SOMMAIRE.

507. *On déroge, par une convention, à l'art. 681, qui veut que l'on ne puisse faire écouler les eaux de son toit chez le voisin.*

508. *L'obligation de recevoir les eaux de ma cour, de mes écuries, est aussi une servitude d'égout.*

509. *Elle peut être stipulée activement par le voisin.*

507. On a vu (4) que, d'après l'art. 681, tout propriétaire doit établir des toits de manière que les eaux pluviales s'écoulent sur son terrain ou sur la

_____

(1) S'il y a aussi faculté par le titre de pouvoir faire découler les eaux du toit sur le terrain du voisin, c'est la servitude d'égout, *stillicidii recipiendi;* si l'on ne doit pas faire tomber les eaux, mais les diriger ailleurs par le moyen d'un conduit, il n'y a que la servitude *projiciendi.*

(2) L. 2, ff. *de servitut. præd. urb.* L. 242, ff. *de verb. signif.* combinées.

(3) Voy. *suprà*, n° 415.

(4) *Suprà*, n° 414.

voie publique, sans pouvoir les faire verser sur le fonds du voisin; mais on déroge licitement à cette disposition de droit commun par une convention : alors il y a servitude d'égout, *stilicidii recipiendi* (1), par laquelle le voisin est tenu de souffrir que l'eau de mon toit tombe sur son terrain, et par conséquent que le bord de mon toit y domine suffisamment à cet effet.

508. S'il s'agit de l'obligation, pour le voisin, de recevoir les eaux qui s'écoulent de ma cour, de mes écuries, etc., c'est également une servitude d'égout (2).

509. Elle peut être aussi stipulée activement, parce que les eaux peuvent être utiles au voisin : aussi importe-t-il de bien voir dans quels termes a été conçu le titre constitutif, et quelle a pu être l'intention des parties, car les effets sont évidemment très-différens.

---

(1) C'est quand l'eau tombe *guttatim.*

(2) Elle s'appelle, dans le droit romain, *fluminis recipiendi.* Il est fait mention de l'une et de l'autre dans la L. 2 , ff. *de servit. præd. urb.*

Les Romains avaient aussi les servitudes contraires, *stilicidii vel fluminis non recipiendi*, mais elles ne sont point en usage dans notre droit, à cause de la disposition de l'art. 681 ; sauf toutefois que, pour se décharger de la servitude légale de l'art. 640, le propriétaire inférieur pourrait très-bien convenir avec le propriétaire supérieur, que celui-ci retiendra chez lui les eaux qui découlent naturellement de son fonds. Mais alors, suivant ce qui a été dit précédemment. n° 146, et ailleurs, ce serait plutôt la constitution d'une servitude sur ce dernier fonds, que l'extinction d'une servitude véritable qui aurait existé à son profit.

§. IV.

De la prohibition de bâtir sur un terrain ou de bâtir au-delà de telle hauteur (1).

SOMMAIRE.

510. Cette servitude est ordinairement établie pour que le propriétaire du fonds dominant ait des vues ou un aspect plus agréables; car sans elle, le maître du fonds assujéti pourrait bâtir jusqu'à la

---

(1) C'est la servitude appelée en droit *servitus altiùs non tollendi.* Il en est fait mention dans la L. 2, ff. *de servit. præd. urb.*, et au §. 1, INSTIT. *de servitutibus.*

On connaissait aussi la servitude *altiùs tollendi,* qui n'était point, comme l'ont cru mal à propos quelques interprètes, la remise de celle *altiùs non tollendi*; car il y aurait eu anomalie d'appeler servitude l'extinction d'une servitude. Mais elle supposait l'existence d'un statut local portant prohibition d'édifier au-delà de telle hauteur, avec faculté toutefois, pour les voisins, d'y déroger par une convention; et l'on dit qu'il en existait un semblable à Constantinople sous les derniers empereurs. Alors la servitude était *altiùs tollendi quàm statuto permittebatur.* Comme nous n'avons pas de pareils statuts, cette servitude est inconnue dans nos mœurs.

ligne séparative, et à la hauteur que bon lui semblerait, en se conformant toutefois, à cet égard,
aux lois de police (1). (Art. 552.)

511. Elle n'a pour effet que d'empêcher le voisin de bâtir sur le terrain indiqué, ou de bâtir
au-delà de la hauteur convenue, mais non de l'empêcher d'y planter des arbres, d'y avoir des bos-
quets (2), ni d'y établir un cloaque, à la différence
de la servitude de *prospect*, qui interdirait, non
pas absolument de planter des arbres, mais de faire
toute chose qui nuirait à la beauté de l'aspect que
l'on s'est proposé d'avoir (3).

512. Au surplus, elle ne renferme pas la servitude de vue, *luminum;* cette dernière est *affirmative*, tandis que la première est *négative;* elle se
borne simplement à empêcher celui qui s'y est
soumis, de bâtir, ou de bâtir au-delà de la hauteur
convenue.

Ainsi, j'ai ma maison située à 8 ou 10 pieds de
la ligne séparative, et pour avoir des vues plus
agréables je conviens avec vous que vous ne bâti-
rez pas sur votre terrain : je n'aurai pas pour cela,
si je veux rapprocher ma maison de la limite des
deux fonds, le droit d'avoir des jours d'aspect à
moins de 6 pieds de distance.

513. Toutefois si l'on suppose qu'au moment de

---

(1) On ne pourrait, en effet, dans les villes, élever une maison à
une hauteur démesurée : la sûreté publique en serait compromise.

(2) L. 12 ff. *de servit. præd. urb.*

(3) Même loi.

l'établissement pur et simple de la servitude dont il s'agit, j'avais déjà, sans droit, des jours à moins de 6 pieds de la ligne séparative, on pourrait, suivant les circonstances, et d'après l'intention présumée des parties, voir dans la convention la servitude *ne luminibus officiatur* unie à celle *altiùs non tollendi;* en d'autres termes, on pourrait y voir, non-seulement la défense de bâtir imposée au propriétaire du terrain, mais encore une renonciation de sa part au droit de me forcer à supprimer mes jours. Car il serait assez naturel de penser que je n'ai entendu lui imposer la prohibition de bâtir qu'afin de pouvoir les conserver dans l'état où ils se trouvaient alors. Ce serait une question d'interprétation d'intention; mais, en principe, la servitude dont nous parlons n'emporte point celle de vue.

514. L'effet de la servitude de *ne point bâtir,* quant à l'étendue du terrain sur lequel elle règne, est déterminé par le titre constitutif. Si la prohibition est générale et sans réserve, elle s'étend à tout le fonds, à moins que l'intention bien évidente des parties ne voulût une autre interprétation de la généralité des termes dont elles se seraient servies. Si la servitude était établie par vente, le doute devrait s'interpréter contre le vendeur, parce que tout pacte obscur ou ambigu s'interprète contre lui. (Art. 1602.)

§. V.

De la servitude de vue.

SOMMAIRE.

515. Nous avons parlé des vues que l'on peut avoir sur la propriété d'autrui en vertu des seules dispositions de la loi (art. 676—677) (1); il s'agit ici des vues établies par le fait de l'homme, des véritables servitudes de vues, que l'on nomme, dans le langage du droit, servitudes *luminum* ou *luminis immittendi* (2).

---

(1) Voy. *suprà*, n. 403 et suivans.

(2) Celle *ne luminibus meis officiatur*, dont il est notamment fait mention à la L. 15, ff *de servit. præd. urb.*, paraît être la même que celle *luminum* ou *luminis immittendi :* il y aurait seulement entre ces diverses concessions cette différence que la dernière ne suppose pas que les jours existent déjà quand elle a lieu; tandis que la première le suppose. Au reste, les docteurs ont beaucoup disputé sur le point de savoir si elles ne constituaient pas diverses servitudes plus ou moins différentes entre elles. *Voy.* Vinnius sur ce titre aux Instit.

Dans notre Droit (1), la servitude de vue consiste à avoir des fenêtres d'aspect ou des jours obliques, mais libres, à une distance moindre de l'héritage du voisin, que celle qui est fixée par les art. 678 et 679 : à la distance prescrite, les jours que l'on a, on les a *jure dominii*, et non *jure servitutis*.

516. L'étendue de cette espèce de servitude se règle, comme celle des autres servitudes, par le titre constitutif; en sorte que si le nombre, la forme, la dimension et la place des fenêtres ou des ouvertures quelconques, ont été déterminés, on suivra le titre.

517. On s'en écarterait cependant si, par suite de la prescription à l'effet d'acquérir les servitudes ou de les éteindre, il avait été apporté des changemens en plus ou en moins au mode d'exercice de celle dont il s'agit; car le mode de la servitude peut se prescrire comme la servitude même, et de la même manière (art. 708.) Nous reviendrons sur ce point.

518. La convention par laquelle il serait dit purement et simplement que je pourrai avoir sur votre terrain les jours de la maison que je me propose de construire, sans autre explication, me donnerait le droit de pratiquer ceux que bon me semblerait, et à chaque étage qu'il me convien-

_____

(1) Car on est loin d'être d'accord sur ce qu'était positivement cette servitude dans le droit romain. *Voy*. Vinnius, *ibid.*

drait de donner à ma maison; mais la convention par laquelle je serais simplement autorisé à ouvrir des jours pour le service de ma maison déjà existante, ne me donnerait le droit que d'en pratiquer pour les étages qu'elle a maintenant, et non pour ceux que je croirais devoir ajouter par la suite; à moins que, des circonstances, ne résultât l'intention contraire des parties. A plus forte raison, si je stipulais le droit d'avoir des jours pour tel ou tel étage de ma maison, qui en a plusieurs, ou pour telle ou telle chambre, je ne pourrais en pratiquer pour un autre étage ou une autre chambre.

519. La servitude de vue seule n'emporte point celle de *prospect,* dont nous allons parler au paragraphe suivant, et qui est généralement plus étendue (1); elle n'emporte pas davantage la prohibition, pour celui qui la doit, de bâtir sur son terrain, pourvu qu'il ne fasse rien de contraire à l'exercice du droit.

Il pourrait ainsi bâtir jusqu'à la hauteur des fenêtres dans toutes les parties de son fonds indistinctement; car il ne nuirait pas par-là aux jours, *quia lumen è cœlo accipitur,* quoiqu'il nuisît à la beauté de l'aspect; mais il ne doit pas la servitude d'aspect.

520. Quant à la distance à laquelle il devrait s'interdire de bâtir au-delà de la hauteur des fenê-

_____

(1) L. 15, ff. *de servit. præd. urb.*

tres lorsqu'il n'y a aucune clause à ce sujet dans le titre constitutif, c'est un point sur lequel le Code ne s'explique pas, et cependant il ne nous paraît pas vraisemblable qu'après avoir défini avec tant de précision la distance à observer pour avoir des jours libres sur l'héritage du voisin sans un titre de servitude, il ait entendu laisser à l'arbitraire du juge, de déterminer celle que devrait observer pour bâtir celui qui a concédé un droit de vue sur son terrain. On pourrait donc dire : Celui qui a des jours libres à 6 pieds au moins de la ligne séparative n'exerce point une servitude sur le fonds du voisin (art. 678); et, par argument *è contrariò*, le voisin qui doit une servitude de vue n'est pas censé en gêner l'exercice quand il bâtit au moins à 6 pieds (1). Mais nous croyons que les 6 pieds ne devraient être comptés qu'à partir de la ligne séparative : autrement le droit de servitude se réduirait à rien, si la maison où sont les jours était elle-même éloignée de 6 pieds de la limite des deux fonds.

521. En sens inverse de la servitude de vue, on peut convenir que le propriétaire d'un bâtiment éloigné de plus de 6 pieds de la ligne séparative, n'y ouvrira pas de fenêtres, ainsi qu'il a le droit d'en ouvrir, ou qu'il supprimera celles qui y sont. On peut, par la même raison, convenir que celui qui est à moins de 6 pieds de la limite ne pourra pas pratiquer les jours à fer maillé et verre dormant

---

(1) *Voy.* ce qui a été dit à cet égard, *suprà*, n° 326, pag. 361.

autorisés par les art. 676—677, ou qu'il supprimera ceux qui existent. Car, dans ce cas, le voisin peut avoir intérêt à cette suppression (1).

§. VI.

De la servitude de prospect (2).

SOMMAIRE.

522. *En quoi consiste cette servitude.*

522. Cette servitude consiste dans l'obligation où est celui qui la doit de ne rien faire sur son fonds qui puisse nuire à la beauté de l'aspect dont jouit une maison ; par conséquent, il ne doit point y bâtir dans les limites déterminées explicitement ou implicitement par le titre.

Aussi, comme nous l'avons dit, la prohibition qu'elle renferme est-elle plus étendue que celle qu'emporte la simple servitude de vue (3). Voilà pourquoi le maître du fonds assujéti ne pourrait y planter des arbres qui masqueraient la vue, ni y

---

(1) Voët, tit. *de servit.*, n° 10.

(2) *Servitus prospectus* ou *ne prospectui offendatur.*

(3) *Inter servitutes* NE LUMINIBUS OFFICIATUR *et* NE PROSPECTUI OFFENDATUR, *aliud et aliud observatur : quod in* PROSPECTU *plus quis habet, ne quid ei officiatur ad gratiorem prospectum, et liberum : in* LUMINIBUS *autem non officere, ne lumina cujusquam obscuriora fiant : quodcumque igitur faciat ad luminis impedimentum, prohiberi potest, si servitus debeatur; opusque ei novum nunciari potest, si modò sic faciat, ut lumini noceat.* L. 15, ff. *de servit. præd. urb.*

LUMEN, *id est, ut cœlum videretur : et interest inter* LUMEN *et* PROSPECTUM : *nam prospectus etiam ex inferioribus locis est : lumen ex inferiore loco esse non potest.* L. 16, *eodem tit.*

établir une mare, un cloaque, ou tout autre objet d'un aspect désagréable, du moins tel est le sentiment commun des docteurs; mais l'intention exprimée ou présumée des parties sera toujours la première règle à suivre dans l'appréciation de l'étendue de la prohibition.

§. VII.

De la servitude de passage.

SOMMAIRE.

523. *La servitude de passage est une des plus fréquentes.*
524. *Comment on peut en varier le mode d'exercice.*
525. *On s'attache au titre pour déterminer l'étendue de la servitude, mais il peut y avoir été dérogé.*
526. *A moins de convention contraire, le maître du fonds assujéti a le droit de se servir du chemin.*

523. La servitude de passage est une des plus fréquentes : tantôt elle a lieu pour le service d'une maison ou autre bâtiment, afin de fournir une issue, ou un trajet plus court à la voie publique; tantôt elle est établie pour l'exploitation d'un fonds de terre. Le mode d'exercice en est aussi très-varié.

524. Quelquefois, en effet, il n'est dû qu'un passage à pied; d'autres fois il est dû pour passer à cheval, ou même avec chars et chariots, ou pour conduire un troupeau à tel ou tel pâturage. En certains cas il ne peut s'exercer que de jour, et non la nuit; dans d'autres, il a lieu seulement en certaine saison de l'année, pour sortir, par exemple,

le foin d'un pré, la vendange d'une vigne, etc. Il arrive même dans quelques cas que l'endroit par où il doit s'exercer varie en raison de l'état actuel de culture du fonds qui le doit : ainsi vous passerez par la partie à droite de mon fonds quand celle de gauche sera ensemencée, *et vice versâ*.

525. Mais, dans toutes les hypothèses, on suit le titre constitutif, sauf les dérogations qui pourraient y avoir été faites par une nouvelle convention, ou même par un usage différent prolongé pendant le temps requis pour la prescription (art. 708), suivant ce qui sera dit ultérieurement (1). Et dans aucun cas le maître du fonds dominant ne peut, sans l'agrément du propriétaire de l'héritage assujéti, faire servir le passage à un autre usage que celui pour lequel il a été concédé, ni, par la même raison, autoriser un tiers à s'en servir.

526. Le propriétaire assujéti peut, à moins de convention contraire, se servir du chemin, puisque le sol sur lequel il règne lui appartient; mais alors il devra, comme nous l'avons dit en parlant du passage que s'est fait céder celui dont le fonds était enclavé, contribuer à l'entretien du chemin, sauf convention contraire.

---

(1) Nous n'entendons point, au reste, préjuger, quant à présent, la question de savoir si le mode d'exercice de cette servitude, qui est discontinue, peut aujourd'hui devenir plus onéreux par l'effet de la prescription, ou même si la servitude n'est pas éteinte par la prescription du premier mode : ce point sera traité à la sect. v, §. 3. *infrà*.

§. VIII.

De la servitude de pacage.

SOMMAIRE.

527. La servitude de pacage est le droit qu'a le propriétaire d'un fonds rural, d'envoyer paître le troupeau attaché à ce fonds sur l'héritage d'autrui, tantôt sur un terrain déterminé, tantôt sur toute la surface du domaine, selon le titre.

528. En parlant des droits d'usage établis au profit des communes, des droits de pâturage dans les bois et forêts, et du droit de se clore et du parcours, nous avons expliqué les dispositions les plus importantes touchant cette espèce de servitude (1).

529. Cependant il ne faut pas la confondre avec le simple droit de *parcours* sur lequel statue l'article 648 du Code ; car dans le cas de cet article il n'y a réellement pas servitude, mais bien un simple usage local auquel on peut se soustraire en faisant

---

(1) Voy. *suprà*, sect. 3 du chap. vi, et sect. 3 du chap. vii du titre précédent ; et sect. 3 du chap. 1er du présent titre.

enclore son terrain (art. 647), au lieu que celui qui doit la servitude de pacage ne pourrait s'en affranchir par la clôture de son fonds; il ne pourrait même se clore si le parcours était dû aux habitans d'une commune, et qu'il fût fondé sur un *titre* (1); mais s'il était dû à un particulier, la clôture pourrait avoir lieu, pourvu qu'elle ne diminuât pas l'usage de la servitude : l'art. 701 serait le régulateur des prétentions respectives des parties.

530. Le maître du fonds assujéti peut, à moins de convention contraire, faire paître son troupeau, pourvu qu'il ne l'augmente pas outre mesure, de manière à rendre illusoire le droit qu'il a concédé (2).

§. IX.

Des servitudes de puisage et d'abreuvage.

SOMMAIRE.

531. *En quoi consiste la servitude de puisage.*
532. *Elle emporte ordinairement la faculté de passer pour le puisage.*
533. *Mais le passage n'est dû que comme accessoire et moyen : conséquence.*
534. *En quoi consiste la servitude d'abreuvage.*

531. La servitude de puisage est le droit de pouvoir puiser au puits, à la fontaine, ou à la citerne d'autrui, l'eau nécessaire à l'habitation d'une mai-

---

(1) Voy. *suprà*, n° 265.
(2) Voët, tit. *de servit. præd. rust.*, n° 10.

son, à l'arrosement d'un jardin ou à l'exploitation d'une fabrique dont on est propriétaire.

Car si l'on n'en était que détenteur à titre précaire, par exemple, locataire, il n'y aurait pas droit de servitude, mais bien seulement droit d'obligation (1).

Cette servitude est essentiellement discontinue, parce que le fait actuel de l'homme est absolument nécessaire pour qu'elle puisse s'exercer (art. 688), à la différence des conduites d'eau (*ibid.*), dont il a déjà été parlé, sous ce rapport (2), ainsi que sous plusieurs autres.

532. D'après le principe *qui veut la fin veut les moyens*, celui qui accorde une servitude de puisage est censé accorder aussi le droit de passer pour pouvoir puiser (art. 696), si toutefois le passage est nécessaire pour cela, parce que le fonds dominant ne joindrait pas immédiatement le puits, la fontaine ou la citerne du voisin.

533. Mais, à moins de disposition contraire dans le titre constitutif, ce passage ne constitue pas par lui-même une servitude spéciale; il n'est dû que comme accessoire de celle de puisage, et comme moyen de l'exercer. D'où il suit que la simple remise du droit de puisage, ou son extinction par toute autre cause, entraînerait par cela même celle du passage; et d'où il suit encore que celui à qui le puisage est dû ne pourrait, sans l'agrément du

---

(1) Voy. *suprà*, n° 448.
(2) N° 487 et surtout n° 492.

propriétaire assujéti, faire servir le passage à un autre usage.

534. La servitude d'abreuvage (1) consiste dans le droit, pour le propriétaire d'une métairie, de pouvoir mener boire son troupeau à la fontaine, à la mare ou à l'étang d'autrui. Elle emporte aussi, comme la précédente, le passage nécessaire à cet effet; et il n'y aurait même que servitude de passage seulement, s'il s'agissait du droit de mener boire, par le terrain d'autrui, le troupeau à un cours d'eau quelconque.

§. X.

De la servitude de prise ou conduite d'eau.

SOMMAIRE.

535. *Renvoi pour l'explication de cette espèce de servitude.*

535. En adoptant la division générale du Code sur ce titre, nous avons exposé, dans les explications que nous avons données sur les articles 640 et suivans (2), tout ce qu'il y a de plus important à dire sur ce sujet. Pour éviter d'inutiles répétitions, nous nous bornerons donc à renvoyer à nos observations précédentes.

---

(1) *Adpulsus pecoris ad aquam.*

(2) Voy. *suprà*, sect. 1re du chap. 1er de ce titre, page 144, et notamment les nos 152 à 191, et 205 à 244.

SECTION IV.

Par qui les servitudes dérivant du fait de l'homme peuvent-elles être imposées, et par qui peuvent-elles être acquises.

Ce sera l'objet des deux paragraphes suivans.

SOMMAIRE.

§. Ier.

Par qui peuvent être imposées les servitudes dérivant du fait de l'homme.

546. *Les hypothèques ne peuvent souffrir d'atteinte des constitu-*
tions de servitude faites depuis leur établissement : con-
séquence.

547. *Il n'y a pas lieu à purger, par l'offre d'un prix, les con-*
cessions de servitude, des hypothèques qui grèvent le
fonds, comme lorsqu'il s'agit de la propriété.

§. II.

Par qui peuvent être acquises les servitudes dérivant du fait
de l'homme.

548. *En général, pour acquérir une servitude à un fonds, il faut*
en être propriétaire.

549. *Ainsi, le fermier, le locataire n'ont pas qualité à cet effet,*
quoiqu'ils eussent expressément déclaré qu'ils feraient
ratifier par le propriétaire, et que celui-ci ratifiât en effet.

550. *Il en serait de même de l'usufruitier; mais l'emphytéote*
peut stipuler des servitudes pour la durée de l'emphytéose.

551. *Dans les principes du Code, il n'est pas nécessaire d'être*
seul propriétaire d'un fonds pour lui acquérir une servi-
tude.

552. *Je puis stipuler une servitude pour un fonds que je me pro-*
pose d'acquérir.

553. *Le simple possesseur peut faire acquérir une servitude au*
fonds par l'usage qu'il en fait.

554. *La servitude concédée à un propriétaire dont le droit vient*
à se résoudre avant qu'elle ne soit acquise au fonds par
l'usage, cesse avec ce droit.

555. *Application de cette décision aux servitudes concédées à*
l'acquéreur à réméré.

556. *Un père, même sans exercer la tutelle, acquiert valable-*
ment des servitudes aux héritages de son enfant mineur,
et un mari à ceux de sa femme.

557. *L'annulation des concessions de servitude faites à un inca-*
pable ne peut être demandée que par lui.

§. Ier.

*Par qui peuvent être imposées les servitudes dérivant
du fait de l'homme.*

536. Pour pouvoir imposer des servitudes à un
fonds, il faut, en général, être propriétaire de ce
fonds, ou avoir reçu à cet effet mandat du propriétaire.

537. Il faut, de plus, que le concédant ait la libre
disposition de ses biens, du moins en général; car
. les services fonciers étant des droits immobiliers,
des immeubles par l'objet auquel ils s'appliquent
(art. 526), il est clair que pour pouvoir valablement en constituer, on doit, en principe, être
capable de disposer des biens que l'on y voudrait
soumettre. Cette condition n'est d'ailleurs rien
autre chose que l'application du droit commun,
tel que l'établit l'art. 1124, en disant : «Les inca-
« pables de contracter sont les mineurs, les inter-
« dits, les femmes mariées dans les cas déterminés
« par la loi, et généralement tous ceux à qui la
« loi interdit certains contrats. »

538. Ainsi, les mineurs ne peuvent grever leurs
biens de servitudes, à moins que la convention
qu'ils feraient à cet égard ne leur causât aucun
préjudice, par exemple, parce qu'ils auraient reçu
en retour des servitudes plus avantageuses pour
leurs fonds, que celles qu'ils ont consenties ne leur

étaient onéreuses. Car, d'après l'art. 1125, ils ne
peuvent attaquer leurs engagemens que dans les
cas prévus par la loi; et suivant l'art. 1305, c'est
la simple lésion, dans toutes les conventions quelconques faites par le mineur non émancipé, et, à
l'égard du mineur émancipé, dans les actes qui
excèdent les bornes de sa capacité, telle qu'elle
est déterminée au titre *de la tutelle*, qui ouvre
aux mineurs l'action en rescision de leurs engagemens; il faut donc qu'il y ait lésion; autrement cet
art. 1305 n'aurait aucune application. Mais ce n'est
pas ici le lieu d'entrer dans de plus grands développemens sur ce point; nous le ferons au titre
*des contrats ou des obligations conventionnelles en
général.*

539. Ainsi encore, les interdits, et même ceux
qui sont simplement placés sous l'assistance d'un
conseil judiciaire pour cause de prodigalité ou de
faiblesse d'esprit, ne peuvent grever leurs fonds
de servitudes, à moins que ces derniers ne soient
assistés du conseil qui leur a été donné. (Art. 502-
499 et 513 combinés.)

540. Enfin, les femmes mariées ne peuvent constituer des servitudes sur leurs immeubles qu'avec
l'autorisation de leur mari, ou, à défaut de cette autorisation, qu'avec celle de la justice (art. 217-218);
et même lorsqu'il s'agit d'immeubles soumis au
régime dotal proprement dit, comme ils sont
inaliénables pendant le mariage, sauf quelques cas

d'exception (art. 1554), ils ne peuvent, par la même raison, être grevés de servitudes.

541. Puisqu'il faut être propriétaire du fonds que l'on veut soumettre à une servitude pour pouvoir le faire valablement, ou du moins avoir reçu mandat à cet effet du propriétaire, il suit que l'usufruitier (1), le locataire, le mari, à l'égard des biens personnels de sa femme, les envoyés en possession provisoire de ceux d'un absent, ne peuvent, en ces seules qualités, imposer des servitudes sur les héritages dont ils jouissent ou qu'ils administrent; tandis qu'un propriétaire peut, sans le consentement de l'usufruitier, constituer celles qui ne nuiraient point à la jouissance de ce dernier, comme la soumission de ne point bâtir sur tel terrain, ou de n'y point bâtir au-delà de telle hauteur (2).

542. Cependant l'emphythéote peut en établir sur le fonds (3), mais dont la durée sera mesurée sur celle de sa jouissance. Son droit, en effet, est assimilé, sauf la perpétuité, au droit de propriété lui-même : c'est une propriété moins pleine, sans doute, que la propriété ordinaire, mais c'est une propriété.

543. Le mari peut aussi constituer seul des ser-

---

(1) L. 15, § 7, ff. *de usuf. et quemad.*
(2) L. 16, ff. *de usuf. et quemad.* Voy. tome précéd., n° 583 et 641.
(3) *Voy.* tome précédent, n° 24.

vitudes sur les biens de la communauté, mais avec quelques distinctions.

Il le peut sans difficulté s'il le fait à titre onéreux. (Art. 1421.)

Il le peut également par testament, et alors s'appliquera l'art. 1423, c'est-à-dire que si l'immeuble tombe au lot de ses héritiers, ceux-ci seront tenus de souffrir l'exercice de la servitude (1); et s'il échoit au lot de la femme et que celle-ci ne consente pas à l'exécution de la disposition, le légataire a droit à une indemnité qui se prendra sur la part des héritiers du mari dans la communauté et même sur ses biens personnels. On estimerait ce que peut valoir le droit de servitude, comme on le fait à l'égard de l'immeuble lui-même quand c'est l'immeuble qui a été légué et qu'il échoit au lot de la femme. Le plus ou moins de difficulté que pourrait présenter cette appréciation, l'impossibilité même de la faire d'une manière exacte, ne seraient point des raisons suffisantes pour priver le légataire de l'avantage que le testateur a entendu lui conférer, et rendre ainsi sans effet la volonté de ce dernier.

Mais en disant que le mari ne peut seul disposer des immeubles de la communauté par donation

---

(1) Pourvu, bien entendu, s'ils étaient héritiers ayant droit à une réserve, que le testateur n'eût pas disposé au-delà de la quotité disponible. Au surplus, ils pourraient, dans le doute sur le point de savoir si cette quotité n'a pas été dépassée par le legs de la servitude lui-même, user de la faculté que l'art. 917 leur donne dans un cas analogue, et en conséquence, ou exécuter la disposition, ou abandonner la quotité disponible en nature, ou ce qui en resterait.

entre-vifs, si ce n'est pour l'établissement des en-fans communs, l'art. 1421 précité lui refuse par cela même le droit de les grever, par actes de cette sorte, de servitudes en faveur de tout autre, au préjudice de sa femme ou des héritiers de celle-ci; car, encore une fois, les services fonciers sont des *immeubles* par l'objet auquel ils s'appliquent; ils renferment une notable atténuation du droit de propriété. En conséquence, la cession gratuite, et par acte entre-vifs, que le mari aurait faite au profit d'un autre qu'un enfant commun, serait subor-donnée dans ses effets à la non-acceptation de la communauté par la femme ou ses héritiers, ou, en cas d'acceptation de leur part, à la circonstance que l'immeuble assujéti tomberait au lot du mari ou de ses héritiers. Mais il est clair que durant la com-munauté, dont le mari a seul la libre administra-tion, la femme ne pourrait s'opposer à l'exercice de la servitude.

544. Du principe qu'il faut être propriétaire du fonds assujéti, ou avoir reçu mandat du proprié-taire, pour pouvoir y établir des servitudes, il suit encore que celui qui n'a qu'une part indivise dans le fonds, comme le tiers, le quart, ne peut, sans le consentement de ses copropriétaires, en constituer qui soient obligatoires pour eux (1). Elles ne le deviendraient que par leur ratification, parce que la ratification équipolle au mandat. Mais

(1) L. 2, ff. *de servit.*

il ne pourrait cependant lui-même s'opposer à leur exercice, quoique la ratification n'eût pas encore eu lieu : il doit au moins respecter ses actes (1).

545. La qualité de propriétaire, avec la capacité de contracter ou de disposer, suffit sans doute pour pouvoir constituer valablement des servitudes; mais pour le faire avec des effets permanens il faut, de plus, être propriétaire incommutable, du moins généralement (2); car si la propriété vient à se résoudre dans la main du constituant par l'effet d'une révocation, d'une rescision ou d'une condition résolutoire, les droits qu'il a lui-même concédés à des tiers s'évanouissent avec le sien, par application de la règle si connue, et érigée en loi dans l'artible 2125 relativement aux hypothèques, *resoluto jure dantis, resolvitur jus accipientis.* Mais nous reviendrons sur ce point quand nous traiterons de l'extinction des servitudes.

546. La circonstance que les biens d'une personne sont grevés d'hypothèque, ne l'empêche sans doute pas de les grever aussi de servitudes, mais elle ne peut néanmoins le faire au détriment

---

(1) Voy. *suprà*, n° 468.

(2) Nous disons *généralement*, parce qu'il y a quelques exceptions, notamment pour le cas où les servitudes auraient été constituées par les envoyés en possession définitive et que l'absent reparaîtrait : il reprendrait ses biens dans l'état où ils se trouveraient (art. 132). Il en serait de même si c'était ses enfans ou descendans qui vinssent les réclamer dans les trente ans (art. 133). L'art. 958 renferme aussi une modification du principe.

des droits de ceux à qui elle a consenti ces hypothè-ques. Telle servitude, en effet, par exemple, la prohibition de bâtir sur un terrain situé dans une ville, enleverait à ce terrain la majeure partie de sa valeur, et diminuerait, dans la même propor-tion, celle du gage déjà consenti aux créanciers, et sur la foi duquel ils ont contracté : aussi le prin-cipe en lui-même n'est-il susceptible d'aucune objection; toute la difficulté consiste dans l'appli-cation.

D'abord, supposons qu'au moment où les créances deviennent exigibles, les immeubles sont encore dans la main du débiteur : l'expropriation, faute de paiement, peut en être poursuivie sans égard aux servitudes dont il s'agit; mais nous croyons qu'il faudrait assigner, avant l'adjudication, ceux au profit desquels elles ont été constituées, pour les faire annuler contradictoirement avec eux, comme ayant été établies en fraude de leurs droits. L'art. 1167 serait applicable. Il en de-vrait même être ainsi, encore que la fraude ne fût point prouvée, si le préjudice était réel et de quelque importance; car le débiteur n'a pu, par son fait, diminuer les sûretés qu'il avait données à ses créanciers, et ceux qui ont reçu de lui les ces-sions des servitudes n'ont pu les accepter que sous l'obligation de respecter dans tous leurs effets les droits qui étaient déjà acquis à d'autres sur les mêmes biens.

Mais si l'adjudication avait eu lieu sans que l'annulation des concessions eût été prononcée contradictoirement avec les parties intéressées, l'adjudicataire serait obligé d'en souffrir l'exercice, puisqu'il serait censé avoir acquis en conséquence; sauf son recours contre le débiteur pour celles qui n'étaient point apparentes et qui n'auraient pas été déclarées dans le cahier des charges; et même, si ces servitudes étaient tellement onéreuses qu'il serait évident que l'adjudicataire n'aurait pas acquis s'il les avait connues, le droit de demander, contre ce dernier, la résiliation du contrat d'adjudication, par application de l'art. 1638.

Si les immeubles avaient été aliénés depuis la constitution des servitudes, et que l'acquéreur se mît en mesure de purger les hypothèques en offrant un prix aux créanciers inscrits, nous pensons, si cette offre leur paraissait insuffisante, qu'ils devraient, en surenchérissant dans le délai et sous les conditions prescrits par la loi, procéder contre les cessionnaires des servitudes comme il vient d'être dit sur le cas où l'expropriation est poursuivie contre le débiteur lui-même; car le prix offert étant moindre en raison de l'existence des servitudes, les créanciers hypothécaires éprouveraient par cela même un préjudice s'ils ne les faisaient annuler, afin de pouvoir faire vendre les immeubles à un prix supérieur. Cela n'a pas besoin d'être plus amplement démontré; et tout ce qui vient d'être dit est applicable, quelle que soit l'espèce d'hypothèque au préjudice de laquelle les

servitudes auraient été consenties : qu'elle soit légale, judiciaire, ou conventionnelle, n'importe; et,
nonobstant le droit de pouvoir en faire prononcer
l'annulation, le créancier porteur d'une hypothèque de cette dernière qualité pourrait invoquer
l'art. 1188, et prétendre que le débiteur est déchu
du bénéfice du terme pour avoir, par son fait,
diminué les sûretés qu'il lui avait données par le
contrat; car en l'exposant ainsi à un procès dont
l'issue est toujours plus ou moins incertaine, et
accompagné de difficultés plus ou moins graves,
c'est réellement avoir diminué ses sûretés.

547. Au surplus, dans aucun cas, l'acquéreur
d'une servitude ne peut, comme l'acquéreur de
l'immeuble lui-même, l'affranchir des hypothèques
par l'offre d'un prix aux créanciers hypothécaires.
La purge des hypothèques n'a point été instituée
en faveur des cessions de servitudes, mais en faveur
des transmissions de propriété : elle est même incompatible avec la nature du droit de servitude;
car ce droit réside sur un immeuble déterminé, et
la translation qui en serait faite sur un autre fonds
ne pourrait être que l'extinction de la première
servitude et la constitution d'une nouvelle : or,
c'est ce que les principes n'admettent pas. Aucun
des créanciers hypothécaires auxquels le prix serait
offert, même celui qui aurait un fonds joignant
l'héritage assujéti, et auquel une semblable servitude pourrait convenir, n'aurait le moyen de sur-en-

chérir pour acquérir celle dont il s'agit; par conséquent, privé de cette faculté, l'offre d'un prix quelconque ne peut lui être valablement faite. Un tiers ne pourrait pas davantage l'acquérir, et telle est la raison pour laquelle les servitudes, quoiqu'elles soient des droits réels immobiliers, comme l'usufruit des immeubles, ne peuvent cependant être hypothéquées par elles-mêmes, abstraction faite du fonds au profit duquel elles existent, tandis que l'usufruit des mêmes biens peut l'être sans difficulté (art. 2118) : car une telle hypothèque ne présenterait aucune sûreté à celui qui la recevrait.

§. II.

Par qui peuvent être acquises les servitudes dérivant du fait de l'homme.

548. Comme, en principe, on ne peut stipuler pour autrui (art. 1119), il faut, en général, pour pouvoir attribuer valablement une servitude à un fonds, être propriétaire de ce fonds, ou avoir reçu mandat du propriétaire.

549. Ainsi, le fermier, le locataire n'ont pas qualité à cet effet, quand même ils se seraient portés fort de faire agréer la convention au propriétaire. On peut bien, en se portant fort pour un tiers, promettre valablement que ce tiers donnera ou fera quelque chose, parce qu'alors on est moins censé promettre le fait de celui-ci que son propre

fait; mais, hormis les cas où la stipulation que l'on fait pour le tiers est la condition d'une stipulation que l'on fait pour soi-même, ou d'une donation que l'on fait à un autre (art. 1121), on ne stipule pas valablement pour autrui, même en se portant fort que le tiers ratifiera; car, s'il en était autrement, le principe ne signifierait rien, puisqu'il faut bien supposer, pour qu'il y ait lieu à la question, que le tiers veut profiter de la stipulation, et par conséquent qu'il ratifie : or, la loi dit qu'on ne peut, en général, s'engager ni stipuler en son propre nom, que pour soi-même (1), et elle ne fait exception, quant à la promesse, que pour le cas où celui qui la consent se porte fort que le tiers ratifiera, et quant à la stipulation, que pour les deux cas ci-dessus rappelés. En un mot, le défaut d'intérêt, et, par suite, le défaut de lien, n'existe pas moins quoique celui qui a fait la stipulation pour le tiers ait promis la ratification de ce dernier : cette promesse, nécessairement sous-entendue dans la convention, n'ajoute rien à sa force intrinsèque, et ne supplée en rien le défaut de lien. La stipulation du fermier, du locataire, aurait sans doute son effet, comme toute convention qui n'est pas contraire aux lois et aux bonnes mœurs, mais elle ne produirait le droit réel, ni sur le fonds de celui qui aurait fait la promesse, ni en faveur du fonds affermé ou loué : il n'y aurait qu'un simple droit d'obliga-

---

(1) Ce principe est consacré par une foule de lois romaines, notamment par la L. 11, ff. *de obligat. et actionib.*

tion, dont l'effet ne serait relatif qu'aux contractans, et cesserait à l'expiration du bail : au delà, le fermier ou le locataire est sans intérêt, et c'est ce qui répond parfaitement au raisonnement de quelques auteurs, qui ont cru voir dans l'art. 1121 précité, la confirmation de la convention comme servitude, parce que, selon eux, elle était la condition de la stipulation que le fermier ou le locataire faisait pour lui-même. Cet article est inapplicable à la question, parce que le principal, la constitution de servitude, ne pouvait être stipulé par lui, à cause du défaut de qualité, et qu'il serait contraire aux principes que ce fût une convention, dont l'effet n'est que très-secondaire comparativement, qui validât ce qui ne pouvait avoir lieu pour cette cause.

550. Il en serait de même de la stipulation de servitude faite par l'usufruitier. Cependant, suivant le droit romain, dont la disposition à cet égard devrait être suivie chez nous, l'emphytéote peut valablement stipuler des servitudes au profit du fonds, non pas, il est vrai, d'après les principes du droit civil, mais d'après ceux du droit prétorien (1), qui maintenait les servitudes pendant la durée de l'emphytéose.

551. Mais, comme nous l'avons dit plus haut (2) il ne serait pas nécessaire, dans les principes du,

(1) L. 1 ff. *de superf. Voy.* au tome précéd., n° 24, et *suprà* n° 542.
(2) Voy. *suprà*, n° 467.

Code, d'être propriétaire en totalité d'un immeuble pour stipuler valablement une servitude au profit de cet immeuble. Celui qui n'en aurait qu'une portion par indivis devrait être considéré comme ayant reçu pouvoir de ses copropriétaires d'améliorer la chose commune, d'après les principes généraux de la société; sa stipulation, en ce qui concernerait l'intérêt des associés, devrait d'ailleurs être regardée comme la condition de celle qu'il a faite pour lui-même, ce qui rendrait applicable l'art. 1121. Tel est aussi le sentiment de Voët (1), qui enseigne que le droit moderne, moins rigoureux que le droit romain sur l'effet de la stipulation au profit des tiers, s'éloigne en ce point des principes de cette dernière législation.

552. Au reste, je puis stipuler une servitude pour un fonds que je n'ai pas encore, mais que je me propose d'acquérir (2); car la stipulation est censée faite sous cette condition : *si j'acquiers le fonds*. Ce cas est semblable à celui où je stipule une servitude pour une maison que je me propose de construire sur mon terrain, *in sulæ futuræ* (3).

553. Bien mieux, le simple possesseur d'un fonds, même de mauvaise foi, peut lui faire acquérir une servitude par l'usage qu'il en fait. Ce

---

(1) Tit. *communia præd: tàm urb. quàm rust.*, n° 9 et 10.

(2) L. 25, §. 10, ff. *famil. ercisc.* L. 10, ff. *de servit. præd. rust.* Voët, tit. *de servit.*, n° 2.

(3) Voy. *suprà*, n° 443.

n'est pas là stipuler pour autrui sans mandat; c'est plutôt le fonds qui acquiert la servitude que la personne elle-même. Tel serait le cas où, au moment de la possession, la servitude s'exerçait déjà depuis un certain tems; tel serait aussi le cas où le possesseur aurait commencé à l'exercer lui-même, et que la prescription, qui n'a pu courir relativement à l'acquisition du fonds possédé, à cause, par exemple, de la minorité du propriétaire (1), a pu cependant courir contre le maître de l'héritage sur lequel la servitude a été exercée; on est généralement d'accord sur ce point.

554. La servitude concédée à un propriétaire dont le droit vient à se résoudre avant qu'elle ne soit acquise au fonds par l'usage, doit, selon nous, et d'après les principes précédemment exposés, cesser avec le droit de celui à qui elle a été concédée. Par exemple, la servitude acquise par un donataire dont la donation est ensuite révoquée pour survenance d'enfans, cesse par l'effet de la révocation. Le donateur, qui ne serait point obligé de souffrir celle que ce donataire aurait imposée sur le fonds (art. 963), parce qu'il le reprend dans l'état où il était lors de la donation, ne doit point, par la même raison, invoquer la cession faite au donataire, bien que les servitudes soient attachées

_____

(1) Ce qu'il faut supposer pour que la question puisse s'élever dans ce cas, car autrement le possesseur serait propriétaire, et non pas simplement possesseur.

au fonds. Reprenant son immeuble *ex jure antiquo*, tout ce qui s'est fait pendant que cet immeuble était dans la main du donataire est, à son égard, *res inter alios acta, quæ aliis nec nocet nec prodest.*

555. Nous en disons autant de la servitude acquise par l'acheteur avec pacte de réméré, si le vendeur usait de la faculté de rachat. La servitude, par exemple, qui aurait été léguée à cet acquéreur ne devrait point profiter au vendeur, auquel le testateur n'a nullement songé. Il en aurait été sans doute autrement en droit romain, mais par l'effet d'un principe qui n'a pas été admis dans notre législation. Chez nous, le pacte de réméré a des effets réels, et peut en conséquence être exercé contre tout détenteur quelconque (art. 1664); au lieu que, suivant le droit romain, il obligeait seulement l'acquéreur à revendre la chose au vendeur; la propriété pleine et absolue n'en passait pas moins à ce dernier par la tradition de la chose, à moins qu'il ne lui eût été livré qu'une possession précaire : en sorte que, hormis ce cas, le pacte ne s'exerçait point contre les tiers. D'après cela, il n'est pas étonnant que si l'acquéreur eût accepté des cessions de servitudes pendant que le fonds était encore dans sa main, ces servitudes ne suivissent l'héritage dans celle du vendeur; ce n'était là que l'application des principes ordinaires. Mais dans notre droit, l'acquéreur à réméré n'est pas propriétaire incommutable tant que le délai pour le

rachat n'est pas expiré : il n'a jusque-là qu'une propriété résoluble, et l'effet de cette résolution est de le faire considérer comme n'ayant jamais été propriétaire de l'immeuble : d'où il suit que tout ce qu'il a fait relativement à cet immeuble est censé avoir été fait par un tiers sans intérêt, ou dont l'intérêt, du moins, était résoluble ; ce qui rend également inapplicable l'art. 1121, lors même que celui qui reprend l'immeuble, soit dans le cas de donation, soit dans celui de vente à réméré, aurait déclaré, avant toute protestation de la part du propriétaire du fonds assujéti, vouloir profiter de la stipulation faite par le donataire ou l'acquéreur. En un mot, dans tous ces cas, la cession de la servitude est censée avoir été faite sous la même condition résolutoire, expresse ou tacite, que celle dont était affectée la transmission de la propriété du fonds. On ne peut même raisonnablement supposer que le donataire, l'acquéreur à réméré, ou tout autre dont le droit était révocable, résoluble, ou rescindable, ait pu vouloir autre chose en acceptant cette cession, puisqu'il était sans intérêt à ce qu'elle produisît encore des effets après la résolution quelconque de son droit. Nous croyons fermement que tels sont les vrais principes de la matière, quoique nous n'ignorions pas que quelques personnes aient écrit le contraire.

556. Bien qu'il faille être propriétaire du fonds pour lequel on stipule une servitude, afin de la

stipuler valablement, rien n'empêche néanmoins qu'un père ne puisse en acquérir une en faveur de l'héritage de son enfant mineur, lors même qu'il ne serait point tuteur de ce dernier, soit parce que la tutelle ne serait pas encore ouverte, la mère vivant encore, soit pour d'autres causes.

Il en est de même du mari à l'égard de celle qu'il stipulerait pour les biens de sa femme. Il y a pouvoir suffisant à cet effet dans le père et dans le mari, pouvoir que leur seule qualité fait présumer, et qui existe presque toujours réellement, parce que l'un et l'autre sont chargés par la loi de faire ce qui peut améliorer les biens de la personne placée sous leur protection. Le concédant ne serait donc pas fondé à prétendre ensuite, contre le mineur ou la femme, que la convention n'a été faite que par un tiers sans mandat, et qu'elle pèche, en conséquence, par défaut de lien.

557. Et dans tous les cas où ce serait un incapable lui-même qui aurait accepté la concession d'une servitude, comme un interdit, une femme mariée non autorisée, le concédant ne pourrait se prévaloir de l'incapacité de celui avec lequel il a traité pour faire annuler cette concession : l'article 1125 s'y opposerait formellement. L'annulation de l'acte ne pourrait être invoquée que par l'incapable ou son héritier.

SECTION V.

De quelles manières peuvent être établies les servitudes dérivant du fait de l'homme.

SOMMAIRE.

§. Ier.

De l'établissement des servitudes par titre, ou volonté expresse.

§. II.

De l'établissement des servitudes par tacite volonté, ou destination du père de famille.

568. *Pour qu'il y ait servitude par suite de la destination du père de famille, il faut que l'un des fonds, ou partie du fonds, s'il n'y en a qu'un, sorte de la main du propriétaire.*

569. *Dispositions des articles 692-693-694, relatives à la destination du père de famille, ou à l'établissement de la servitude par tacite volonté du propriétaire des deux fonds.*

570. *Différence des conditions exigées par les deux premiers de ces articles, et de celles que veut simplement le dernier.*

571. *Diverses opinions sur la manière de les concilier quant au résultat définitif touchant l'existence de la servitude.*

572. *Réfutation de ces différentes opinions.*

573. *Résumé de la difficulté.*

574. *D'après l'analyse exacte des articles précités, la question de savoir comment peut se faire la preuve que les deux fonds ont appartenu au même, et que les choses ont été mises par lui dans l'état où elles se trouvent, n'a pas une grande importance.*

§. III.

De l'établissement des servitudes par la prescription.

575. *D'après le Code, il n'y a que les servitudes tout à la fois continues et apparentes qui puissent s'établir par prescription.*

576. *La servitude* altiùs non tollendi *ne peut et n'a jamais pu s'établir de cette manière, parce que d'ailleurs c'est une servitude négative.*

577. *Ainsi encore, un droit de passage ne peut s'acquérir par prescription.*

578. *Motif qui a déterminé les rédacteurs du Code à rejeter la prescription, comme moyen d'établir les servitudes, à l'égard de celles qui sont non apparentes, ou discontinues, apparentes ou non.*

579. *Le Code n'a porté aucune atteinte aux droits acquis par prescription lors de la publication de la loi sur les servitudes, dans les pays où ils pouvaient s'acquérir de cette manière.*

580. *Ce serait à celui qui prétendrait qu'un tel droit lui était alors acquis à en faire la preuve.*

581. *Bientôt cette preuve sera difficile à administrer : précaution que l'on peut prendre dès à présent pour assurer la conservation du droit.*

582. *La prescription ne pourrait être fondée sur une jouissance uniquement autorisée par un statut local.*

583. *Conditions générales requises pour la prescription à l'effet d'acquérir les servitudes.*

584. *Il faut que la possession soit paisible : conséquence.*

585. *Il faut qu'elle soit publique : exemples.*

586. *Il faut qu'elle ne soit point équivoque : application du principe.*

587. *Il faut aussi qu'elle ne soit pas à titre précaire; dans tous les cas, le vice de la possession ne peut être opposé qu'autant qu'il existe par rapport à l'adversaire de celui qui invoque la prescription.*

588. *Les actes de pure faculté ne fondent ni possession ni prescription : caractères de ces actes.*

589. *Ceux de pure tolérance ne fondent non plus aucune prescription.*

590. *Il est bien moins important aujourd'hui qu'anciennement, en matière de servitude, de connaître si la jouissance a été ou non l'effet d'une simple tolérance.*

591. *Il n'est pas nécessaire que ce soit le maître de l'héritage dominant qui exerce la servitude pour qu'elle puisse s'établir par prescription.*

592. *Il faut que la possession ait eu la durée voulue par la loi, et qu'elle n'ait pas été interrompue; cette durée est en général de trente ans.*

608. *Si le changement de mode a eu lieu d'un commun accord,*
ces distinctions n'ont plus d'application.

609. *L'ancien mode peut se trouver éteint par l'effet de la pres-*
cription, sans que le nouveau ait pu s'acquérir de cette
manière, à cause de la minorité ou de l'interdiction du
propriétaire du fonds assujéti.

558. Les servitudes dérivant du fait de l'homme
peuvent être établies:

Par titre, ou volonté expresse;

Par tacite volonté, ou destination du père de
famille, dans certains cas;

Par prescription, mais sous certaines distinctions.

C'est ce que nous allons successivement développer.

§. Ier.

De l'établissement des servitudes par titre, ou volonté
expresse.

559. Comme l'usufruit, les servitudes peuvent
être établies à titre gratuit ou à titre onéreux.

A titre gratuit : par testament ou par donation
entre-vifs.

Ainsi, je lègue à Paul un droit de prise d'eau à
la source qui est dans mon fonds; ou bien je lui
lègue le fonds, mais sous la réserve que mon héritier y aura une prise d'eau, ou un passage, etc.

560. Ainsi encore, je donne à Paul, qui l'accepte,

le droit d'avoir des jours d'aspect sur mon terrain à moins de six pieds de distance de la ligne séparative de nos fonds. Comme il n'y a aucun prix quelconque, que ce n'est point là un arrangement entre voisins, ni un don manuel, ni une remise de dette, mais bien une donation régulière, destinée à produire un droit et une action pour en assurer l'exécution, l'acte, pour être obligatoire et capable de produire cette action contre moi ou mes héritiers, devrait être fait dans la forme des actes emportant donation entre-vifs, avec acceptation expresse; autrement la concession pourrait être attaquée comme n'ayant d'autre cause que la volonté de conférer une libéralité, pour la validité de laquelle les formalités prescrites par la loi n'ont pas été observées. Cela ne surprendra pas si l'on songe que les donations d'effets mobiliers, même faites et acceptées par actes authentiques, sont nulles, s'il n'a pas été joint à l'acte un état estimatif des objets, signé du donateur et du donataire, ou de celui qui a accepté pour lui. (Art. 948.)

561. Mais comme les servitudes ne sont point, par elles-mêmes, susceptibles d'hypothèque (art. 2118), et que l'article 939 ne prescrit la transcription des actes de donation qu'autant que les biens peuvent être hypothéqués, il n'y aurait aucune nécessité de faire transcrire l'acte emportant donation d'une servitude.

562. *A titre onéreux* : par titre onéreux nous

entendons le titre intéressé de part et d'autre, le titre commutatif.

Ainsi les servitudes s'établissent par actes de vente; comme lorsque je vous vends, moyennant tant, un droit de prise d'eau sur mon fonds, ou qu'en vous vendant le fonds je m'y réserve une prise d'eau, ou vous accorde le droit d'en exercer une sur un autre fonds qui m'appartient également.

Elles s'établissent aussi par échange, par arrangement entre voisins, qui se cèdent réciproquement une servitude sur leurs fonds; par cessions, transactions, et plus fréquemment encore par actes de partage.

563. Mais si la constitution a lieu par acte sous seing privé, il doit être fait en double original, et chaque original doit contenir la mention du nombre d'originaux qui en sont faits. Cependant, le défaut de mention que les originaux ont été faits doubles ne pourrait être opposé par celui qui aurait exécuté de sa part la convention portée dans l'acte. (Art. 1325.)

564. Si l'acte constitutif n'avait point encore acquis une date certaine, de l'une des manières exprimées à l'art. 1328, au moment où un tiers viendrait à acquérir des droits sur le fonds assujéti, par vente, échange, cession ou abandon, sans que cet acte de transmission contînt aucune clause relative à la servitude, le tiers ne serait point forcé d'en reconnaître l'existence, puisqu'elle a pu être

concédée seulement depuis l'aliénation du fonds à son profit, ou l'acquisition de tout autre droit, et que les actes qui n'ont pas de date certaine ne peuvent être opposés aux tiers. Cette décision ne serait toutefois pas applicable au cas où la servitude s'exercerait déjà publiquement au moment de l'acquisition du fonds; la possession publique en laquelle serait celui à qui elle a été cédée attesterait que son titre n'est point frauduleux, et elle devrait le protéger, du mois généralement.

565. L'article 695 porte : « Le titre constitutif « de la servitude, à l'égard de celles qui ne peuvent « s'acquérir par la prescription, ne peut être rem-« placé que par un titre récognitif de la servitude, « et émané du propriétaire du fonds asservi. »

Ces mots, *à l'égard de celles qui ne peuvent s'acquérir par la prescription*, ne veulent pas dire, *è contrario*, que le titre constitutif des servitudes qui peuvent s'acquérir par prescription peut être remplacé par un autre titre qu'un titre récognitif, ou émané d'un autre que le propriétaire de l'héritage assujéti; car tout titre qui a pour objet d'en remplacer un autre ne peut être qu'un titre récognitif, et ce titre doit nécessairement émaner de la partie intéressée. Ces mots ne sont donc employés, dans l'article que *simpliciter*, seulement pour faire entendre que la prescription, à l'égard des servitudes qui peuvent s'acquérir de cette manière, remplace le titre constitutif, en tient lieu, dispense d'en produire un ; tandis que lorsqu'il s'agit de servitudes qui ne peuvent s'acquérir que par titre, il faut, à toute époque, produire celui de la constitution, ou bien un titre récognitif, émané du propriétaire du fonds asservi, ou de son prédécesseur.

§. II.

De l'établissement des servitudes par tacite volonté, ou destination du père de famille.

566. On entend par *destination du père de famille*, les dispositions que le propriétaire d'un ou plusieurs fonds a faites, au moyen de certains travaux, pour l'usage plus avantageux de ces mêmes fonds, ou de l'un d'eux, ou des diverses parties de celui qu'il possède s'il n'en a qu'un seul. Par exemple, si, dans le cas d'un pré, le propriétaire a établi des canaux d'irrigation aboutissant à celui qui conduit les eaux chez lui ; ou si le propriétaire d'un bâtiment y a pratiqué des jours d'aspect donnant sur un terrain qui lui appartient également, etc. etc.

567. Il faut, en effet, que ces dispositions, cet arrangement du père de famille, ne soient pas momentanés ; qu'ils ne soient pas seulement le résultat de quelques circonstances passagères, mais bien, au contraire, pour durer toujours. En un mot, ce doit être une *destination*, pour pouvoir produire les effets que la loi y a attachés.

568. On sent, au surplus, que tant que le même

restera seul propriétaire du fonds ou des fonds, il n'y aura pas servitude, puisque *res sua nemini servit* (art. 637); mais si dans les cas donnés ci-dessus comme exemples, il aliène une partie du pré, ou bien la maison ou le terrain, alors la servitude commence, et elle est le résultat de l'arrangement qu'il avait fait pour l'exploitation de sa propriété, de sa volonté tacite que les choses continueraient de subsister dans le même état.

569. Voici les dispositions du Code à cet égard; elles ne sont pas sans quelque difficulté pour les concilier entre elles :

« La destination du père de famille vaut titre à « l'égard des servitudes continues et apparentes. » (Art. 692.)

« Il n'y a destination du père de famille que lors- « qu'il est prouvé que les deux fonds actuellement » divisés ont appartenu au même propriétaire, et « que c'est par lui que les choses ont été mises dans « l'état duquel résulte la servitude. » (Art. 693.)

Enfin, l'art. 694 (1) porte : « Si le propriétaire de « deux héritages entre lesquels il existe un signe « apparent de servitude dispose de l'un des héri- « tages sans que le contrat contienne aucune con- « vention relative à la servitude, elle continue (2) « d'exister activement et passivement en faveur du « fonds aliéné ou sur le fonds aliéné. »

---

(1) La L. 36, ff. *de servit. præd. rust.*, renferme à peu près une semblable disposition.

(2) Cette expression n'est pas exacte, car pour que la servitude

570. Ainsi, suivant les deux premiers articles, pour qu'il y ait destination du père de famille, il faut :

1° Qu'il s'agisse d'une servitude tout à la fois continue et apparente ;

Et, 2° que les choses aient été mises dans l'état où elles se trouvent par le même propriétaire, et que cela soit prouvé.

Tandis que d'après le dernier de ces articles, la servitude, en l'absence de toute clause contraire dans l'acte de transmission de l'un des fonds, aura lieu s'il s'agit d'une servitude seulement apparente, dont le signe existait déjà lors du contrat, quand bien même les choses n'auraient pas été mises en cet état par le même propriétaire.

Deux conditions sont donc exigées par les articles 692 et 693, qui ne le sont point par l'article 694 : tellement qu'une servitude de passage, qui est discontinue (art. 688), ne résulterait point de la destination du père de famille, telle que la définissent les articles précités, quand bien même elle serait apparente, parce qu'elle s'annoncerait, par exemple, par une porte et un chemin conduisant de l'un des fonds dans l'autre ; et tellement aussi que, lors même qu'il s'agirait d'une servitude continue et apparente tout à la fois, comme des fenêtres ouvrantes, elle ne résulterait pas non

---

pût *continuer* d'exister, il faudrait qu'elle existât déjà lors de la disposition de l'un des fonds ; or, d'après l'art. 637, et la règle *res sua nemini servit*, elle n'existait pas encore.

V. 37

plus de la destination du père de famille, si ce n'était point le même propriétaire qui eût mis les choses en cet état, s'il les y avait trouvées lorsque les deux fonds se sont réunis dans sa main, encore qu'il les eût maintenues depuis telles qu'elles étaient alors : par exemple, propriétaire d'un terrain sur lequel donnent les fenêtres d'un bâtiment, il s'est rendu acquéreur de ce bâtiment à une époque où les fenêtres existaient déjà, et ensuite il a aliéné l'un ou l'autre fonds. Tandis que d'après l'art. 694, la servitude aurait lieu dans l'une et l'autre hypothèse, s'il n'y avait rien de contraire dans l'acte de disposition de l'un des fonds.

Cependant, il est bien évident que pour qu'il y ait lieu à savoir s'il existe une servitude par suite de la destination du père de famille, il faut nécessairement supposer qu'il y a eu disposition de l'un des héritages, ou de partie de l'héritage s'il n'y en avait qu'un seul, ou qu'il est intervenu un partage; mais alors on se trouve précisément dans les termes de l'art. 694, qui statue sur le cas de cette disposition, de quelque manière qu'elle ait eu lieu; car il porte : «Si le propriétaire de deux héritages entre « lesquels il existe un signe apparent de servitude, « *dispose* de l'un des héritages, etc.; » et par conséquent on ne sait si c'est ce dernier article qui doit être appliqué, ou bien si ce sont les deux précédens.

Delà sont nés plusieurs systèmes sur la manière de les interpréter, et de les concilier entre eux.

571. Quelques personnes ont pensé que l'art. 694 n'est qu'un développement, ou, pour mieux dire, une application des deux premiers; en conséquence, qu'il doit s'entendre du cas seulement où la servitude est tout à la fois continue et apparente: tellement que si le propriétaire de deux maisons avait établi un passage pour communiquer de l'une à l'autre, et qu'il disposât de l'une d'elles, sans que l'acte contînt aucune clause relative à ce passage, il ne continuerait pas d'exister, ni en vertu des art. 692 et 693, ni en vertu de l'art. 694, quoiqu'il s'annonçât par un signe de servitude apparente, comme une porte de cour. Elles conviennent, au reste, quand la servitude est tout à la fois continue et apparente, qu'il n'est pas nécessaire que les choses aient été mises par le même propriétaire dans l'état où elles se trouvent actuellement; qu'il suffit qu'il les ait maintenues dans cet état depuis que les deux fonds ont été réunis dans sa main.

D'autres ont pensé qu'il y avait une distinction à faire entre les diverses espèces d'actes qui ont fait cesser la réunion, dans la même main, des divers héritages. Selon eux, quand l'acte invoqué à ce sujet est un acte de partage entre héritiers ou autres copropriétaires, il faut, en l'absence de toute convention relative à la servitude, 1° que celle qui est prétendue soit tout à la fois continue et apparente; 2° qu'il soit prouvé que les divers fonds ont appartenu au même; et, 3°, qu'il soit prouvé aussi que c'est par lui que les choses ont été mises en l'état où elles se trouvent : en un mot, on applique les art. 692 et 693 suivant leur teneur.

Mais si l'acte qui fait cesser la réunion est un acte de *disposition* de l'un des héritages, par vente, cession, échange, donation, ou autre titre, on n'exige rien autre chose, si ce n'est, 1°, que la servitude soit apparente, et 2° qu'il n'y ait pas dans le contrat de clause qui soit contraire à son maintien; par conséquent, il n'y aurait pas nécessité de prouver que les choses ont été mises dans l'état où elles se trouvent par celui qui a possédé les deux fonds.

572. Pour nous, nous croyons que la véritable destination du père de famille valant titre exige bien, il est vrai, le concours des circonstances et conditions exprimées aux art. 692 et 693, puisque la loi est formelle à cet égard; mais que l'art. 694 consacre aussi une autre manière d'établir les servitudes, par l'effet de la tacite volonté du propriétaire ou des copropriétaires : c'est la *disposition* quelconque de l'un de ces héritages, ou leur partage; et la preuve de cette intention résulte de l'existence d'un signe de servitude apparente avec la circonstance que le disposant ou les copartageans n'ont rien dit, dans l'acte, de contraire au maintien des choses; ce qui indique suffisamment qu'ils ont entendu qu'elles continueraient de subsister, soit en faveur du fonds aliéné ou du fonds conservé, soit au profit des parts de tels coparta-

geans sur celles des autres. Nous n'exigeons pas pour cela que les choses aient été mises dans l'état où elles se trouvent par le même propriétaire; leur existence au jour du contrat suffit. Les ayant conservées en cet état, celui qui aliène actuellement l'un des fonds, s'approprie, en l'approuvant, ce qu'ont fait ses prédécesseurs.

Mais c'est parce que la servitude résulte seulement de la volonté présumée des contractans, que nous conviendrons sans peine que l'art. 694 n'est pas applicable indistinctement à tous les cas où il existerait entre deux héritages un signe de servitude simplement apparente. Ainsi, dans le cas dont il a été parlé plus haut, où le propriétaire de deux maisons, qui avait établi un passage pour communiquer de l'une à l'autre, a disposé de l'une de ces maisons sans que l'acte contînt aucune convention relative au passage, il nous paraît raisonnable de dire que ce passage ne doit plus subsister; car il avait été établi plutôt pour la commodité du propriétaire, tant qu'il posséderait l'une et l'autre maison, que pour l'utilité des maisons elles-mêmes, puisqu'il n'était point nécessaire à leur exploitation. L'aliénation de l'une d'elles devant faire cesser cette communication, a dû par cela même faire cesser le passage par lequel elle s'opérait : chacun des contractans a vraisemblablement entendu, lors du contrat, qu'il en serait ainsi, et par conséquent la présomption sur laquelle est fondé l'art. 694 n'existant pas, il n'y a point de raison d'en appliquer la disposition. Si, au lieu d'un passage servant uniquement de moyen de communication d'une maison à l'autre, qui ont d'ailleurs toutes deux les sorties nécessaires à leur usage, on suppose un passage nécessaire à l'exploitation de l'un des deux fonds, alors, quoiqu'il s'agisse d'un signe de servitude seulement apparente, on devra décider que le maintien de ce passage a été dans l'intention des contractans, par cela seul qu'ils n'ont rien dit dans l'acte pour le supprimer : on appliquera l'article précité, soit que les choses aient été mises en cet état par le propriétaire actuel, ou l'un de ses prédécesseurs, également propriétaire des deux fonds, soit qu'elles aient commencé lorsque les deux héritages appartenaient à différens maîtres. Ainsi, propriétaire d'un terrain partie en vigne, partie en terre labourable et sur laquelle règne un chemin qui conduit de la voie publique à la vigne pour son exploitation, je vends l'une de ces parties (n'importe laquelle) sans faire mention du chemin dans l'acte : il est clair, dans ce cas, que le chemin doit subsister; car si c'est la vigne qui a été vendue, on ne peut raisonnablement croire, surtout si elle n'a pas d'autre issue, que l'acquéreur a entendu acheter, non pas avec le droit de passage, mais en vue de pouvoir ensuite s'en faire céder un moyennant indemnité, en vertu de l'art. 682 : une telle supposition serait tout-à-fait invraisemblable. Le doute, d'ailleurs, s'il y en avait, devrait s'interpréter contre moi, vendeur (art. 1602), et, de plus, la vente d'une chose comprend ses accessoires et tout ce qui a été destiné à son usage perpétuel (art. 1615). Tous les principes, en pareil cas, militeraient donc en faveur de l'acheteur de la vigne. Or, quoiqu'ils soient moins nombreux en faveur du vendeur, on doit néanmoins décider que si j'avais vendu la terre et gardé la vigne, je serais également censé m'être réservé le passage dont il s'agit, par la raison que mon intention ne saurait, non plus, être douteuse, et que l'art. 694 veut que la servitude *apparente* existe sur le fonds aliéné, en faveur du fonds réservé, comme sur le fonds réservé, en faveur du fonds aliéné.

Quant à la distinction rappelée plus haut, entre les actes de partage et ceux de disposition de l'un des héritages, elle ne repose sur rien de solide; elle est même combattue formellement par les principes de la matière, notamment par la L. 23, §. 3, ff., *de servit. præd. rust.*

D'après cette loi, que nous avons déjà eu occasion de citer (1), lorsque l'on partage un fonds auquel il est dû un droit de passage, sans en faire mention dans l'acte de partage, le passage est dû à chacun des copartageans, qui, pour l'exercer, devront passer tous sur la partie du fonds partagé par où l'on passait avant la division pour arriver au chemin dû par le fonds voisin. Par la même raison, le passage qui n'existe que sur le fonds

(1) Voy. *suprà*, n° 420, note.

partagé, et qui est nécessaire à l'exploitation des différentes parties de ce fonds, est-il censé maintenu par le partage, quand il n'y a dans l'acte aucune clause à ce contraire.

573. En résumé, dans le cas prévu aux art. 692 et 693, il y aura véritable destination du père de famille valant titre constitutif de servitude ; dans celui prévu à l'art. 694, qui sera rare, parce qu'il n'y a que bien peu de servitudes qui soient apparentes sans être en même tems continues, il y aura servitude résultant de l'intention des parties, manifestée par la *disposition* de l'un des héritages ou par un acte de partage, sans que le contrat ou l'acte contienne aucune clause contraire à cette intention. Mais, à vrai dire, les deux modes dérivent de la même cause, la volonté du propriétaire ou des copropriétaires, de laisser les choses dans l'état où elles se trouvent quand la réunion vient à cesser.

574. D'après cette analyse des art. 692, 693 et 694 combinés, la question de savoir comment doit se faire la preuve que les deux fonds ont appartenu au même, et que c'est par lui que les choses ont été mises dans l'état où elles se trouvent actuellement, perd beaucoup de son importance, puisque la servitude existera, pourvu qu'elle soit au moins apparente, s'il est prouvé que les choses étaient déjà en cet état à l'époque où les deux fonds étaient réunis dans la même main, quand bien même il ne serait pas prouvé que c'est par le propriétaire de l'un

et de l'autre qu'elles y ont été mises : leur existence
à cette époque atteste qu'il les y a maintenues, et
cela suffit. Et cette preuve pourra se faire par témoins, même sans commencement de preuve par
écrit, comme en matière de possession, parce que
ce n'est qu'un *fait*, qui, de sa nature, n'était d'ailleurs guère susceptible d'être constaté par écrit(1).

§. III.

De l'établissement des servitudes par la prescription.

575. Suivant l'art. 691 , les servitudes continues
non apparentes, et les servitudes discontinues,
apparentes ou non apparentes, ne peuvent s'établir
que par titres.

La possession même immémoriale ne suffit pas
pour les établir, sans cependant qu'on puisse attaquer aujourd'hui les servitudes de cette nature
déjà acquises par la possession, dans les pays où
elles pouvaient s'acquérir de cette manière.

La prescription n'a donc lieu que pour les servitudes qui sont tout à la fois continues et apparentes.

576. Ainsi, la servitude *altiùs non tollendi* ou

---

(1) M. Pardessus, dont l'avis n'est point partagé par plusieurs auteurs qu'il cite au n° 291, pense que, pour prouver par témoins que les
deux fonds ont appartenu au même , il faut au moins un commencement de preuve par écrit. Nous ne le croyons pas ; car ce n'est
encore là qu'un fait.

celle de ne pas bâtir du tout sur tel terrain, quoique nécessairement continue, puisqu'elle n'a pas besoin du fait actuel de l'homme pour être exercée, ne peut et n'a jamais pu s'acquérir par prescription, parce qu'elle est négative, qu'elle n'est point apparente (art. 689), et qu'ainsi le réclamant n'a rien pu posséder. Rien n'indiquerait en effet que si le voisin n'a pas élevé davantage son bâtiment, ou n'a pas bâti sur son terrain, ce n'est que parce qu'il se l'était interdit; car il a pu ne l'avoir pas fait parce qu'il ne lui convenait pas de le faire; c'était une pure faculté de sa part; par conséquent, son inaction n'a pu fonder, au profit du premier, aucune possession valable, aucune prescription (art. 2232). La notification que celui-ci lui aurait faite de ne point bâtir, suivie de son inaction pendant le tems requis pour la prescription, aurait pu jadis, en certains pays, servir de base à l'établissement de la servitude de cette manière, parce qu'elle faisait supposer l'existence d'un titre, et que n'étant point contredite pendant tout le tems requis pour la prescription, cette supposition se transformait en présomption de droit; mais le Code ne dit rien de semblable, et cette notification serait inefficace pour fonder la prescription, attendu que la loi actuelle n'en parle pas, qu'elle n'est point un titre, et que le Code dit indistinctement que les servitudes non apparentes ne peuvent s'acquérir par prescription. Pourquoi voudrait-on, en effet, obliger un propriétaire à se jeter dans les embarras d'un procès pour éviter les conséquences qui pouvaient jadis résulter de cette notification?

577. Ainsi encore un droit de passage, lors même qu'il s'annoncerait par un signe extérieur, comme une porte, un chemin, frayé non-seulement sur l'héritage prétendu assujéti, mais encore sur celui (1) en faveur duquel on réclamerait la servitude, et faisant suite, ne saurait non plus s'acquérir aujourd'hui par le moyen de la prescription, parce qu'une telle servitude est essentiellement discontinue (art. 688). A plus forte raison en serait-il de même, si le passage ne s'annonçait par aucun signe extérieur, comme serait le droit de sortir le foin d'un pré par un autre pré, puisqu'alors la servitude serait tout à la fois non apparente et discontinue.

578. Le motif qui a déterminé les rédacteurs du Code à rejeter l'établissement, par le moyen de la prescription, des servitudes dont il vient d'être parlé, c'est parce que la possession, dans ces sortes de servitudes, ne peut avoir le caractère de publicité, et surtout de continuité, nécessaire pour constituer une possession parfaite (2). Sans doute, la possession acquise ne se perd pas par cela seul

_____

(1) Car si ce n'était que sur le fonds prétendu assujéti, il n'indiquerait pas nécessairement l'existence du passage comme servitude, puisqu'il aurait pu n'avoir été pratiqué que pour l'utilité de ce fonds seulement.

(2) *Voy.* ce que nous avons dit à ce sujet, *suprà*, n° 7.

que l'on ne fait pas constamment, pour la conserver, des actes de propriétaire; car si elle ne s'acquiert que *corpore aut facto et animo simùl* (1),
elle se conserve néanmoins *animo tantùm* (2); mais
du moins faut-il pour l'acquérir avec effet de pouvoir fonder la prescription, qu'elle ait les caractères propres à attester que l'on a joui du droit,
comme si on l'avait acquis par titre; or, en matière
de servitudes non apparentes et de servitudes discontinues, apparentes ou non, ces caractères ne
se rencontrent pas dans l'exercice du droit, parce
que réellement on ne le possède pas quand on ne
l'exerce pas (3). On peut supposer d'ailleurs que
celui qui a souffert des actes isolés, plus ou moins

---

(1) L. 3, §. 1, ff. *de acquirend. vel amitt. possess.*

(2) Même loi, §. 7, et L. 6 au même titre.

(3) *Servitutes prædiorum rusticorum , etiamsi corporibus accedunt, in-
corporales tamen sunt : et ideò usu non capiuntur : vel ideò , quia tales
sunt servitutes, ut non habeant certam continuamque possessionem ; nemo
enim tàm perpetuò, tàm continenter ire potest, ut nullo momento possessio
ejus interpellari videatur. Idem in servitutibus prædiorum urbanorum observatur.* L. 14, ff. *de servitut.*
Cette décision était conforme à la loi *Scribonia ,* qui avait rejeté
l'usucapion comme moyen d'acquérir les servitudes rurales qui , auparavant, s'acquéraient par le même laps de tems que les immeubles
mêmes. Mais on n'a jamais été bien d'accord sur les effets de cette loi.
Au surplus, dans la suite, les servitudes ont pu s'acquérir, non pas
par usucapion, mais par prescription : savoir, par l'usage pendant dix
ans au vu et au su du propriétaire ou possesseur de l'héritage sur
lequel on les exerçait sans titre ; ou par dix ans entre présens, et vingt
ans entre absens, quand on avait un titre émané *à non domino prædii
servientis.* L. 10, ff. *si servit. vindicetur;* L. 1, §. 23, ff. *de aqua et aquæ
pluv. arcend.;* L. 1 et 2, Cod. *de servit. et aqua;* et L. ult. Cod. *de præscr.
longi temp.* Vinnius, ad INSTIT. , §. 4 *de servitut.* , n° 4; Voët , *ad*
PANDECTAS, tit. *comm. præd. tàm urban. quàm rust.* , n° 3 *in fine.*

répétés, ne l'a fait que par pure tolérance, par familiarité et rapports de bon voisinage, plutôt que comme obligé à les souffrir; la solution de cette question, plutôt de fait que de droit, ne reposant que sur des conjectures et de simples probabilités plus ou moins graves, suivant les circonstances du fait, les auteurs du Code ont sagement pensé, afin de prévenir les usurpations, et les nombreux procès qui en étaient anciennement la suite, qu'il valait mieux ne point admettre la prescription comme moyen d'établir les servitudes de cette espèce.

579. Mais religieusement attachés au principe conservateur, *La loi n'a pas d'effet rétroactif* (art. 2), ils ont maintenu celles qui étaient déjà acquises lors de la publication de la loi sur *les servitudes*, dans les pays où elles pouvaient s'acquérir de cette manière (art. 691). D'où il suit que celles à l'égard desquelles le tems (1) requis pour la prescription n'était point encore totalement écoulé,

(1) Dans quelques pays ce tems était de dix années, dans d'autres de vingt, et enfin dans quelques autres de trente.

Il y avait des pays où la prescription ne faisait jamais acquérir les servitudes, et là on disait : *Nulle servitude sans titre.* La Coutume de Paris, notamment (art. 186), avait admis cette règle, à tel point qu'une servitude ne s'acquérait même pas par cent ans d'exercice.

Plusieurs coutumes faisaient, ainsi que le Code, une distinction entre les diverses espèces de servitudes, et n'admettaient la prescription que pour celles qui étaient tout à la fois continues et apparentes.

Comme tout cela est transitoire, nous éviterons de nous jeter dans les immenses développemens qu'exigerait l'explication de ce sujet : il nous faudrait faire, pour ainsi dire, autant de chapitres sur ce point

n'ont pu s'acquérir depuis, lors même qu'il n'aurait manqué à la prescription que quelques jours, et même un seul ; car la jouissance du droit, postérieurement à la publication de la loi, n'a plus eu les caractères d'une possession valable, et par conséquent le tems qui manquait alors à la prescription manque encore aujourd'hui. Peu importe que, d'après l'art. 2281, et en conformité de l'art. 2, les prescriptions commencées lors de la publication du titre *de la prescription*, soient réglées conformément aux lois anciennes, avec cette modification toutefois, que celles pour lesquelles il fallait encore, suivant ces lois, plus de trente ans à compter de la même époque, seront accomplies par ce laps de tems ; car la loi nouvelle a bien pu ne pas reconnaître aux faits passés sous son empire les caractères nécessaires pour constituer une possession valable, quoique les lois anciennes, du moins celles de certains pays, attachassent ces caractères aux mêmes faits : elle n'a pas pour cela porté atteinte à des droits acquis, puisqu'il n'y en avait pas encore ; elle a seulement empêché qu'il pût s'en acquérir en pareil cas ; dès lors sa disposition a plutôt porté sur l'avenir que sur le passé ; elle est moins une dérogation au principe, qu'une modification des effets qu'il aurait produits sans elle (1).

---

qu'il y avait de coutumes, d'usages locaux, de règlemens particuliers, et nous ne sortirions jamais de ce dédale : notre travail présenterait nécessairement des lacunes.

(1) C'est ainsi que nous avons envisagé la chose au tome 1er, n° 71,

580. Celui qui prétend que, lors de la publication de la loi sur *les servitudes*, il avait déjà acquis par la prescription une de celles que le Code déclare ne pouvoir s'acquérir désormais de cette manière, peut, sans contredit, prouver sa possession par témoins, comme dans tous les autres cas où il ne s'agit que de prouver un fait de possession; mais le tems n'est pas éloigné où ce genre de preuve ne pourra plus, de fait, être administré, par la mort des personnes qui auraient pu déposer de la possession; alors les propriétaires qui ont droit à ces servitudes, et qui sont dépourvus de titre, seront exposés à se les voir contester avec succès, s'ils ne prennent au plus tôt les précautions nécessaires pour s'en assurer la conservation.

Sans doute, lorsqu'il s'agira d'un passage, et que ce passage sera reconnu nécessaire, et avoir été nécessaire depuis plus de trente ans, parce qu'autrement le fonds se serait trouvé enclavé et sans issue sur la voie publique, le droit, par cela même, sera hors de toute atteinte, d'après ce que nous avons dit précédemment (1). Aucune indemnité ne pourra même être exigée de celui qui l'exercera (art. 685). Mais, hormis ce cas, si le propriétaire du fonds qui doit le passage s'oppose à son exercice, s'il intente à ce sujet l'action en complainte(2):

---

en appliquant à la prescription ce principe, que la loi n'a pas d'effet rétroactif.

(1) N° 429 et suiv.

(2) C'est-à-dire en trouble de jouissance.

comme la possession annale, quoique paisible, publique et à titre non précaire, ne suffit point pour faire *maintenir* celui qui réclame une servitude de cette nature, suivant ce que nous démontrerons en parlant des actions auxquelles peuvent donner lieu les servitudes, section VII, ce dernier devra succomber, s'il ne prouve ensuite au pétitoire que le droit lui était déjà acquis lors de la publication de la loi *sur les servitudes ;* mais peut-être cette preuve, qui pouvait se faire hier, ne pourra plus se faire demain.

581. Pour obvier à cet inconvénient, le propriétaire qui a droit à la servitude doit d'abord en demander, à l'amiable, une reconnaissance volontaire, à ses frais, au maître de l'héritage assujéti. Si celui-ci s'y refuse, le premier est bien fondé à le sommer de lui délivrer cette reconnaissance, et s'il se refuse encore à la donner, à l'assigner en reconnaissance du droit (1); comme un créancier hypothécaire assigne le tiers-détenteur de l'immeuble en déclaration d'hypothèque. Et alors si le défendeur conteste et succombe, il doit supporter les dépens, suivant la règle générale (art. 130 Cod. de procéd.), tout comme si c'était sur une opposition de sa part à l'exercice de la servitude qu'il eût été assigné et qu'il eût succombé. Mais s'il

_____

(1) En observant le préliminaire de conciliation, s'il y a lieu de l'employer parce qu'on ne serait pas dans un des cas d'exception. (Art. 48 et 49 Code de procéd.)

déclare, sur les premières poursuites, qu'il reconnaît le droit, les frais de l'instance ne doivent être à sa charge qu'autant qu'il a d'abord été sommé de le reconnaître, et, en outre, qu'autant que, d'après les circonstances de la cause, il avait de justes raisons de douter de son existence, ce qui serait laissé à la sagesse du tribunal. Bien mieux, dans le cas où il aurait déclaré s'en rapporter à la preuve qui serait faite par le demandeur, et que cette preuve aurait eu lieu, les frais pourraient encore être laissés à la charge de ce dernier, si le tribunal reconnaissait qu'il y a eu bonne foi de la part du défendeur, qui ne voulait pas *contester* un droit acquis, mais s'assurer de son existence avant de le reconnaître ; à la différence du cas où, s'opposant à l'exercice de la servitude, il succomberait ensuite dans sa prétention ; car il y aurait alors lieu d'appliquer le principe général, que celui qui succombe dans une contestation doit supporter les dépens du procès. Au surplus, le coût de la sommation doit, dans tous les cas où il n'y a pas eu d'opposition à l'exercice de la servitude, rester à la charge de celui qui l'a fait faire, puisqu'elle n'était que dans son seul intérêt, pour acquérir un titre qui lui manquait.

582. La prescription ne pourrait, au reste, être invoquée avec succès, si celui qui l'invoquerait comme moyen d'acquisition de la servitude n'avait fait qu'user d'un droit attribué à la pro-

priété par un statut local (1), comme dans le cas dont nous avons parlé plus haut, n° 395, où un statut autorisait le propriétaire d'un arbre, dans certains lieux, à en laisser les branches s'étendre sur le fonds du voisin.

583. Pour pouvoir fonder la prescription et faire acquérir les servitudes qui peuvent s'établir de cette manière, la possession doit réunir les conditions suivantes:

Il faut qu'elle soit paisible;

Publique;

Non équivoque;

A titre non précaire (art. 2229), et non le résultat d'actes de pure faculté ou de simple tolérance de la part de celui contre qui la prescription est invoquée. (Art. 2232);

Elle doit avoir eu la durée déterminée par la loi, et n'avoir pas été interrompue. (Art. 2219-2242.)

Il faut, en outre, pour que la prescription ait lieu, qu'elle ait pu courir contre la personne à qui on l'oppose; et que le fonds sur lequel on réclame la servitude eût pu lui-même s'acquérir par ce mode.

Toutes ces propositions vont être successivement développées.

584. Il faut que la possession soit *paisible;* car la violence ne peut fonder qu'une possession ré-

---

(1) Arrêt de cassation du 31 décembre 1810. Sirey. 1811—1—81.

prouvée par les lois comme par les bonnes mœurs : la possession utile ne commencerait que lorsque la violence aurait cessé; mais elle commencerait dès cette époque, nonobstant le vice de son principe : il a été purgé. (Art. 2233 analysé.)

585. Il faut qu'elle soit *publique :* par exemple, si vous creusiez un souterrain sous ma maison, qui est voisine de la vôtre, sans que je pusse m'en apercevoir, une telle possession ne fonderait aucune prescription. En disant que la propriété d'un souterrain sous le bâtiment d'autrui peut s'acquérir par la prescription, l'art. 553 suppose que le propriétaire du bâtiment a pu connaître la possession, ce qui est une question de fait et non de droit. Pareillement, si un propriétaire inférieur venait clandestinement, la nuit, par exemple, prendre l'eau dans le fonds supérieur pour la conduire chez lui, comme cela se voit si fréquemment, de tels actes, quelque multipliés qu'ils pussent être, et quel que fût le tems depuis lequel ils auraient été pratiqués, ne fonderaient aucune possession efficace, et par conséquent aucune prescription.

586. Il faut qu'elle ne soit point *équivoque.* Ainsi le fermier d'un fonds voisin d'un champ qui lui appartient a établi une conduite d'eau du fonds affermé à celui qui lui est propre; comme il a renouvelé plusieurs fois son bail (lui ou son successeur), l'eau a passé pendant plus de trente ans du fonds affermé dans le sien. Le propriétaire aurait

pu s'y opposer, sans doute, ou du moins faire des actes de protestation, des actes conservatoires, mais il a négligé d'en faire. En pareil cas, la possession ou jouissance de l'eau n'est pas valable, parce qu'elle est équivoque; car on ne peut dire avec certitude si le fermier, en envoyant cette eau sur son fonds, en a joui comme ayant un droit de servitude sur l'héritage affermé, ou s'il en a simplement fait, comme fermier, et, par conséquent à titre précaire, l'usage qui lui a paru le plus utile. Il aurait donc fallu, de sa part, une notification au propriétaire, ou si celui-ci s'était opposé à ce mode de jouissance, une contradiction à cette opposition. A partir de l'époque où aurait eu lieu cette notification ou cette contradiction, la prescription aurait pu commencer son cours; sans cela, la possession aurait toujours eu un caractère équivoque.

587. Il faut enfin qu'elle ne soit pas à titre *précaire*. Dans l'espèce précédente elle présentait aussi ce caractère (art. 2236). Si donc je produis un écrit quelconque par lequel vous me demandiez de vous laisser faire tel ou tel acte sur mon fonds tant que bon me semblerait, cet acte attestera que votre possession n'a eu d'autre base qu'un titre précaire et une pure tolérance de ma part.

Au reste le vice de violence, de clandestinité ou de précaire, ne peut être allégué par l'adversaire de celui qui invoque la prescription, qu'autant que c'est à son égard que ce dernier a eu une possession entachée de ce vice : peu importe qu'elle eût eu ce caractère à l'égard de tout autre (1).

588. Il convient de déterminer les caractères des actes de pure faculté et de ceux de simple tolérance, puisque lorsque la possession est fondée sur de tels actes, elle ne peut produire la prescription tant que leur nature n'a pas changé ; et c'est surtout en matière de servitudes qu'il importe de bien se fixer sur la qualité et les caractères de ces actes, parce que très souvent de simples relations de bon voisinage ont été la cause d'une usurpation, ou le prétexte d'une prétention injuste.

Ainsi, de ce que j'ai laissé écouler plus de trente ans depuis la construction de mon bâtiment sans y pratiquer les jours autorisés par l'art. 676, ou, s'il est éloigné de plus de 6 pieds de la ligne séparative, de ce que j'ai négligé d'y ouvrir des vues d'aspect (art. 678), il ne faut pas conclure que vous avez acquis contre moi la servitude *luminis non aperiendi*, à l'effet de pouvoir m'empêcher maintenant d'avoir ces jours. En laissant les choses en cet état, je n'ai fait qu'user d'une pure faculté. Il y a encore une autre raison : vous réclameriez par-là contre moi une servitude *négative,* c'est-à-dire une servitude essentiellement non apparente;

---

(1) Le §. 4 Instit. *de interdictis,* s'exprime ainsi : *Si modò, nec vi, nec clàm, nec precariò nactus fuerat* ab adversario *possessionem : etiamsi alium vi expulerat, aut clàm arripuerat alienam possessionem, aut precariò rogaverat aliquem, ut sibi possidere liceret.*

or, une telle servitude ne peut s'acquérir par prescription.

Ainsi encore, de ce que j'ai négligé jusqu'à présent de me servir des eaux pluviales qui coulent devant mon fonds, et dont, à mon défaut, vous vous êtes servi jusqu'à ce moment, vous ne pouvez prétendre que j'ai perdu tout droit à ces eaux, et que vous avez acquis celui de les prendre par préférence à moi; car je puis dire que si je ne m'en suis pas servi, c'est parce que je ne les jugeais point utiles à mon héritage : en cela je n'ai fait qu'un acte de pure faculté (1). Par la même raison, si je construis un puits après plus de trente ans depuis que celui de mon voisin existe, et que par-là je coupe la veine d'eau qui alimentait ce dernier, mon voisin ne pourra prétendre qu'il a acquis par prescription le droit d'avoir l'eau comme auparavant, et que j'ai perdu celui de faire chez moi aucun acte capable de nuire à l'exercice du sien (2). On multiplierait facilement les exemples, mais ceux-ci suffisent.

En un mot, les actes de pure faculté s'entendent d'un droit qui a pour cause unique l'utilité ou la volonté de la personne qui agit ou qui n'agit pas, et qui supposent qu'un autre n'est point obligé envers elle, ou ne possède rien de ce qui lui appartient; ce qui est exclusif des obligations, ainsi que des

---

(1) Voy. *suprà*, n° 157 et suivans.
(2) *Ibid.*, n° 156.

droits de propriété, ou autres, qu'aurait à exercer cette personne.

En effet, c'est bien de ma part une faculté que de poursuivre ou de ne pas poursuivre mon débiteur, dont la dette est échue; c'est aussi une faculté que j'ai, que de poursuivre ou de ne pas poursuivre celui qui est détenteur de ma chose; mais mon inaction ne sera cependant pas considérée comme un acte de pure faculté, parce que cette qualification, appliquée aussi aux obligations et aux droits de revendication, rendrait la prescription un vain mot, tandis que ces droits sont très-prescriptibles : jamais elle n'aurait lieu, puisque celui à qui on l'opposerait alléguerait qu'il a usé d'une simple faculté en ne poursuivant pas son débiteur jusqu'au moment actuel, ou en ne réclamant pas sa propriété; ce qui serait absurde. Les actes de pure faculté s'appliquent, au contraire, à des droits qui nous viennent de la nature ou de la loi, et qui se renouvellent sans cesse : la nature des choses ou la loi les garantissant, mon inaction ne doit être réputée qu'un acte de pure faculté, un acte *négatif*, bien entendu. Et toutes les fois qu'à raison de cette garantie, mon inaction ne pourra me causer un grave préjudice, qu'on pourra même supposer que je n'avais pas d'intérêt à faire l'acte *affirmatif*, je serai censé avoir simplement usé d'une pure faculté dans le parti que j'aurai pris, et la prescription n'aura point couru contre moi. La question dépend donc aussi des circonstances du fait.

589. Quant aux actes de simple tolérance, il ne faut pas les confondre avec ceux de pure faculté. Les uns et les autres ne constituent, il est vrai, aucune possession valable, et, par conséquent, ne fondent aucune prescription ; mais les premiers diffèrent des seconds en ce que, dans ceux-ci, la personne contre laquelle on veut invoquer aujourd'hui la prescription a pu agir, jouir ou ne pas jouir, user ou ne pas user de la chose qui est l'objet du litige ; tandis que dans ceux-là, elle n'a pas joui, elle n'a pas usé, du moins exclusivement, et c'est celui qui invoque la prescription qui a joui, qui a usé de la chose, puisque autrement il n'y aurait pas lieu de dire qu'on l'a *toléré*.

Ces actes de simple tolérance ne sont donc rien autre chose que des actes de pur précaire, de familiarité, de bon voisinage (1). Pour les apprécier et les juger, il faut apprécier les circonstances elles-mêmes dans lesquelles ils sont intervenus. Toutes les fois que celui qui prétendra n'avoir usé que d'une simple tolérance en laissant le voisin faire tel ou tel acte, ne devait pas éprouver, de ce fait, un préjudice tant soit peu considérable, ni une grave incommodité, on pourra raisonnablement penser que le tiers n'a en effet agi que par suite de tolérance : par exemple, si après que ma récolte est enlevée, je laisse mon voisin passer sur mon ter-

---

(1) *Pracibus conceduntur, vel à familiaritate aut vicinitate profluunt.* Les docteurs.

rain pour sortir le foin de son pré , afin d'abréger le trajet à la voie publique, ou si je le laisse venir de tems à autre, pendant le jour, puiser de l'eau à mon puits , etc.

590. Mais comme les actes de familiarité, d'amitié , de bon voisinage, de simple tolérance , en un mot, ne s'appliquent guère qu'à une jouissance qui constituerait seulement des servitudes discontinues, et qu'aujourd'hui ces sortes de servitudes ne sont pas susceptibles de s'établir par prescription , l'appréciation exacte , et en même tems assez délicate, assez difficile en certains cas, de ces sortes d'actes, est infiniment moins importante qu'elle ne l'était anciennement , si ce n'est encore à l'égard des servitudes de cette espèce que l'on prétendrait avoir déjà été établies lors de la publication du Code, dans les pays où elles pouvaient s'acquérir par ce mode. Il vaut toujours mieux , même aujourd'hui, retirer une reconnaissance de celui à qui l'on permet ces actes de voisinage; on peut par-là prévenir un procès, quoique mal fondé.

591. Il n'est pas nécessaire , pour que la servitude puisse s'établir par le moyen de la prescription , que ce soit le propriétaire du fonds dominant qui l'exerce : le fermier, le locataire, ou tout autre qu'il aurait placé dans le fonds , bien mieux, le simple possesseur, de bonne ou mauvaise foi, pourront la faire acquérir au fonds par leur jouissance. Cela ne saurait être douteux à l'égard du fermier

ou de tout autre mis dans l'héritage par le propriétaire, puisque celui-ci possède par leur ministère
(art. 2228); mais cela est vrai aussi à l'égard du
simple possesseur, parce que dans les fictions du
droit sur la matière, c'est moins lui que le fonds
qui a exercé la servitude; il a été le moyen par
lequel elle a été acquise au fonds. C'est le fonds qui
est censé avoir joui, puisque la loi nous dit que les
servitudes sont établies pour l'utilité des héritages.
(Art. 637.) (1)

592. Il faut aussi que la possession ait eu la durée déterminée par la loi, et qu'elle n'ait pas été
interrompue.

Quand celui qui invoque la prescription n'a
aucun titre émané d'un tiers, sa possession doit
être de trente ans, attendu qu'aucune disposition
ne limite à un moindre laps de tems la durée de
la prescription en pareil cas, et dès lors qu'il y a
lieu d'appliquer la règle générale de l'article 2262.

Il en serait de même s'il avait un titre d'acquisition, mais qu'il fût de mauvaise foi, c'est-à-dire
s'il connaissait, lors de la concession de la servitude, que celui qui la lui concédait n'était pas propriétaire de l'héritage assujéti.

---

(1) Nous faisons, à cet égard, une différence entre la simple stipulation de servitude par le tiers, et l'acquisition par la prescription
elle-même opérée par son moyen. Au premier cas nous appliquons
l'art. 1119, qui déclare nulle la stipulation pour autrui, du moins en
général. *Voy.* au surplus ce qui a été dit *suprà*, n° 549; et en ce qui
concerne la *conservation* de la servitude par le moyen d'un tiers possesseur, la L. 12, ff. *quemad. servit. amitt.*

593. Mais dans le cas où celui qui invoque la prescription aurait reçu de bonne foi, du non-propriétaire (1), la servitude dont il s'agit, et en aurait joui pendant dix ans entre présens, et vingt ans entre absens (par rapport au maître de l'héritage), nous pensons (2) qu'il peut valablement prétendre l'avoir acquise, comme il aurait, d'après les art. 2265 et 2266, acquis la propriété de l'immeuble lui-même, si c'eût été l'immeuble qui lui eût été vendu, donné, légué ou cédé. Qui peut le plus peut le moins. On ne voit pas pourquoi le législateur aurait eu égard au titre émané d'un tiers quand il s'agit de l'acquisition de la propriété, en ce sens qu'alors la prescription s'accomplit par une jouissance d'une bien moindre durée; tandis que ce titre serait regardé comme non avenu lorsqu'il s'agirait seulement d'un droit de servitude.

On fait toutefois trois objections : la première est fondée sur ce que le Code ne fait pas cette distinction.

La seconde, qui n'est que le développement de la première, est puisée dans l'article 2265 lui-même, qui admet bien, il est vrai, l'acquisition d'un im-

---

(1) Car si c'était du propriétaire, il n'y aurait pas lieu à la question, puisque la servitude aurait été pleinement établie par l'effet du titre seul, en supposant ce propriétaire capable de disposer de ses droits.

(2) Cette opinion est controversée : elle est adoptée par M. Delvincourt, et rejetée par M. Pardessus.

meuble par la possession ou jouissance pendant dix ans entre présens, et vingt ans entre absens; mais la servitude, dit-on, n'est pas un immeuble, c'est simplement un droit immobilier; et comme cette prescription est une exception au principe général sur la durée du tems requis pour pouvoir acquérir, par ce mode, une prescription de faveur, il n'y a que ceux qui se trouvent dans le cas spécialement prévu par la loi qui aient le droit de l'invoquer.

Enfin la troisième consiste à dire que l'admission de la prescription de dix et vingt ans présenterait de graves inconvéniens, qu'elle serait pleine de dangers pour les propriétaires qui ne cultivent pas par eux-mêmes leurs héritages : un fermier, un colon partiaire, ou tout autre détenteur à précaire, pourait facilement, à l'insu du maître, fournir à un voisin un titre qui serait pour lui le moyen d'acquérir promptement la servitude.

Il est vrai que le Code, en parlant de l'établissement des servitudes, se borne à dire qu'elles s'acquièrent (sous certaines distinctions) par titres et par prescription (art. 6go); et en ce qui touche la prescription elle-même, il ne distingue pas entre le cas où celui qui réclame la servitude s'appuie sur un titre émané d'un tiers, et le cas où il n'a pas de titre du tout: d'où il semblerait que, dans tous les cas, sa jouissance devrait être de trente années, puisqu'il n'a pas été fixé un laps de temps plus court. Mais on répond que si le Code, au titre *des servitudes*, ne

consacre pas la distinction, d'autre part il ne l'ex-
clut pas non plus ; en conséquence, il y a lieu à
l'application des principes du droit commun : or, la
prescription de dix et vingt ans, avec titre et bonne
foi, est dans les termes du droit commun.

Quant à la seconde objection, il nous semble
qu'on peut y répondre avec succès. L'art. 5a6 dit
positivement que les services fonciers, comme
l'usufruit des immeubles, sont eux-mêmes des *immeubles* par l'objet auquel ils s'appliquent : dès
lors, l'art. 2265 ne leur est donc point étranger.
Cet article, qui prêterait son appui à celui qui aurait
acheté le fonds assujéti et réclamerait ainsi la propriété, doit, par une raison au moins égale, le lui
prêter quand il ne réclame qu'une servitude, une
simple modification de la propriété elle-même. C'est
ainsi qu'on a jugé en cassation (1) que celui qui
avait acheté de bonne foi, *à non domino,* un droit
d'usufruit sur un immeuble, a pu le prescrire par
dix ans entre présens, et vingt ans entre absens. Or,
la raison est la même pour les servitudes. Tous ces
droits sont, si l'on veut, simplement des droits
immobiliers, mais enfin le Code lui-même dit positivement que ce sont des *immeubles* par l'objet
auquel ils s'appliquent.

La troisième objection n'est pas mieux fondée,
parce qu'elle s'appliquerait également au cas où le

(1) Le 17 juillet 1816 (Sirey. 17—1—152). *Voy.* au tome précédent,
n° 5o2, et *suprà,* n° 7.

fermier, par exemple, au lieu de conférer au voisin un titre de servitude, lui aurait conféré un titre de propriété; et d'après l'art. 2238, combiné avec l'art. 2265, celui-ci pourrait très-bien prescrire par dix ans entre présens, et vingt ans entre absens. Remarquons d'ailleurs que nous exigeons en lui la bonne foi, que nous voulons qu'il crût, lors de la concession, que le concédant n'était pas un fermier, mais bien un propriétaire. D'après cela, il n'y a pas plus d'inconvéniens à craindre en ce qui touche la servitude, qu'en ce qui concerne la propriété elle-même, surtout si l'on songe que le propriétaire aurait une action en dommages-intérêts contre le fermier qui aurait ainsi porté atteinte à ses droits; ce qui est une garantie de plus contre les abus que l'on paraît redouter.

Au reste, si celui qui a concédé sur l'héritage d'autrui un droit de servitude sans l'aveu du propriétaire, devenait lui-même propriétaire du fonds, la servitude se trouverait établie à l'instant même, comme si le maître avait ratifié la concession. En sorte que, bien que le fonds sortît ensuite de sa main avant le tems ordinaire de la prescription, le concessionnaire exercerait la servitude vis-à-vis du tiers, comme vis-à-vis du concédant. L'exception qui résultait, contre ce dernier, de l'acte de concession, s'élèverait également contre son successeur quelconque.

594. Il faut que la prescription n'ait pas été

interrompue, et elle peut l'avoir été de deux manières : naturellement, ou civilement. (Art. 2242.)

Il y aurait eu interruption naturelle si celui qui a joui de la servitude avait été privé, pendant plus d'un an, de sa jouissance, soit par le propriétaire, soit même par un tiers. (Art. 2243.)

Une citation en justice, un commandement ou une saisie, signifiés à celui qu'on veut empêcher de prescrire, forment l'interruption civile. (Art. 2244.)

La citation en conciliation devant le bureau de paix interrompt aussi la prescription du jour de sa date, lorsqu'elle est suivie d'une assignation en justice donnée dans les délais de droit (art. 2245); et ces délais sont d'un mois à dater du jour de la non-comparution ou de la non-conciliation. (Art. 57, Cod. de procéd.)

Si l'assignation est nulle par défaut de forme, si le demandeur se désiste de sa demande, s'il laisse périmer l'instance, ou si sa demande est rejetée, l'interruption est regardée comme non avenue. (Art. 2247.)

Mais la citation en justice, donnée même devant un juge incompétent, n'en est pas moins interruptive de prescription. (Art. 2246.)

Il y a encore interruption quand celui au profit duquel courait la prescription a reconnu le droit de celui contre lequel il prescrivait. (Art. 2248.)

595. Si le fonds au profit duquel est exercée la

servitude appartient à plusieurs par indivis, l'interruption qui a lieu à l'égard de l'un d'eux, ou sa reconnaissance, suffit pour interrompre la prescription à l'égard de tous. (Art. 2249.)

596. Dans tous les cas où il y a eu interruption, le tems antérieur n'est jamais compté : la prescription n'a pu commencer que par un nouveau cours. C'est une notable différence d'avec la simple suspension de prescription, comme dans le cas de minorité. Dans ce dernier cas, le tems antérieur à la suspension se joint à celui qui s'est écoulé depuis qu'elle a cessé.

597. Au reste, celui qui exerce aujourd'hui la servitude et prouve l'avoir anciennement exercée, est présumé l'avoir exercée dans le tems intermédiaire, sauf la preuve contraire. (Art. 2234.)

598. Et pour compléter la prescription de la servitude, on peut joindre à sa possession celle de son auteur, de quelque manière qu'on lui ait succédé, soit à titre universel ou particulier, soit à titre lucratif ou onéreux. (Art. 2235.)

599. Pas plus en matière de servitude qu'en matière de propriété, la prescription ne court contre les mineurs et les interdits. L'art. 2252 ne fait aucune distinction; il porte de la manière la plus absolue qu'elle ne court point contre ces personnes. En sorte que si, parmi ceux qui possèdent par indivis un fonds sur lequel un tiers exerce un

droit de servitude, il se trouve un mineur ou un interdit, la prescription n'aura couru contre aucun des copropriétaires, par la raison que la servitude étant indivisible, elle ne peut s'acquérir pour partie. Si l'état de mineur ou d'interdit de l'un des propriétaires par indivis d'un fonds auquel il est dû une servitude, suffit pour conserver le droit des autres, en empêchant de courir contre eux la prescription à l'effet d'éteindre la servitude, par une raison au moins égale, cet état suffit pour conserver la franchise de l'héritage tant qu'il demeurera indivisé.

600. La prescription à l'effet d'acquérir les servitudes ne court point non plus entre époux. (Art. 2253.)

601. Elle court, il est vrai, en thèse générale, contre la femme au profit des tiers, sauf son recours contre son mari, s'il était chargé de l'administration de ses biens (1); mais il en est autrement dans les cas où l'action de la femme contre eux réfléchirait contre le mari, parce que, par exemple, il aurait vendu un droit de servitude sur les biens de celle-ci, et serait garant de la vente (art. 2256). La loi suppose, en pareil cas, qu'il fait usage de son ascendant sur elle pour l'empêcher d'agir contre le tiers, ce qui n'est, à la vérité, qu'un em-

_____

(1) Ce n'est pas dans tous les cas, en effet, qu'il en est chargé : il ne l'est point dans celui de séparation contractuelle ou judiciaire, ni, sous le régime dotal, à l'égard des paraphernaux.

pêchement de fait, mais qui a paru suffisant pour motiver l'application de la règle *contrà non valentem agere, non currit prescriptio.*

602. Enfin il est nécessaire, pour que la servitude puisse s'acquérir par prescription, que le fonds sur lequel elle est exercée soit aliénable pendant tout le tems qu'a duré la jouissance invoquée par le prescrivant.

Ainsi comme, en principe, les immeubles proprement dits *dotaux* ne peuvent être aliénés ni hypothéqués pendant le mariage (art. 1554), et, en conséquence, que la prescription à leur égard ne peut commencer tant qu'il subsiste, à moins cependant que la séparation de biens ne vînt à être prononcée, auquel cas ils deviendraient prescriptibles, quelle que fût l'époque où la possession (1) aurait commencé (art. 1561); pareillement, aucune servitude ne peut, dans la même hypothèse, s'acquérir sur ces mêmes biens, ni par titre, ni par prescription.

603. Cependant, quoique les biens appartenant à l'état ou aux communes ne puissent être aliénés qu'en vertu d'une loi (2), rien n'empêche néanmoins qu'un particulier n'acquière, et par la prescription ordinaire, un droit de servitude sur ceux

, (1) Il y a dans l'article : «Quelle que soit l'époque à laquelle la « *prescription* a commencé; » mais c'est une inexactitude de rédaction, puisque l'on venait de dire qu'elle ne pouvait commencer pendant le mariage, et qu'il est bien certain que le mariage n'interrompt ni ne suspend le cours de celle qui aurait commencé auparavant.

(2) *Voy.* tome précédent, n° 197 et 209.

de ces biens qui ne sont point affectés à un usage public ou communal (1); car la prescription court contre l'état et les communes comme contre les particuliers. (Art. 2227.)

604. Anciennement on décidait qu'aucun droit ne pouvait être acquis par prescription sur des biens grevés de substitution, par le motif, disait-on, que tant que la substitution n'était pas ouverte, les appelés ne pouvaient agir pour interrompre la prescription, et par conséquent que c'était le cas d'appliquer la règle *contrà non valentem agere, non currit prescriptio;* d'autant mieux qu'à l'empêchement de droit (en le supposant réel), se joint ordinairement, en pareil cas, l'empêchement de fait; car il est possible que les appelés soient mineurs, qu'ils ne soient même pas encore nés. Et nous avons entendu enseigner cette doctrine aussi par rapport aux biens grevés de substitution en vertu des dispositions du Code civil ; mais nous ne saurions y donner notre assentiment. Le principe général en matière de prescription, c'est que tous les biens, tous les droits sont susceptibles de s'acquérir et de se perdre par ce mode (art. 2262). Il y a des exceptions, sans doute, mais nous n'en voyons aucune dans le Code relativement aux biens grevés de substitution, comme nous en voyons une en faveur des immeubles dotaux. On ne peut nier

---

(1) *Voy.*, au sujet de cette restriction, ce qui a été dit *suprà*, n° 295 et suivans.

que le droit des appelés ne soit un droit conditionnel, dépendant de la circonstance qu'ils survivront
au grevé : or, quiconque a un droit conditionnel
peut faire tous les actes nécessaires ou utiles à sa
conservation (art. 1180). Ainsi, il n'y a pas d'empêchement de droit à l'interruption de la prescription ; et comme, hormis les cas où la loi a fait, d'un
simple empêchement de *fait*, une cause de suspension de prescription, il n'y a pas lieu d'invoquer,
pour prétendre qu'elle n'a pas couru, la maxime
précitée, on doit tenir qu'en effet, dans les principes
du Code, elle n'a point été suspendue par la circonstance seule que la substitution n'était point
encore ouverte; sauf, bien entendu, la suspension
pour cause de minorité des appelés, et par la même
raison, s'ils n'étaient pas encore nés, et sauf aussi
leur action en dommages-intérêts contre les héritiers du grevé, qui a laissé dépérir les biens, dans
le cas où ils ne le seraient point eux-mêmes. (1)

605. Nous avons, jusqu'à présent, expliqué les
cas où les servitudes peuvent s'acquérir par prescription, et ceux où elles ne le peuvent; maintenant il importe de voir si l'on peut, de cette
manière, acquérir un nouveau mode d'exercice
de la servitude que l'on a déjà.

L'art. 708 dit bien que le mode de la servitude
peut se prescrire comme la servitude même, et de

---

(1) Car s'ils se portaient ses héritiers purs et simples, il se ferais
confusion, ce qui les soumettrait à la garantie.

la même manière, mais cet article est placé sous la section qui traite de l'extinction des servitudes, tandis que nous ne nous occupons en ce moment que de ce qui est relatif à leur acquisition.

Le point en question n'est, au surplus, pas douteux, mais il est besoin de faire quelques distinctions.

606. Le nouveau mode d'exercice de la servitude peut être plus avantageux ou moins avantageux au maître du fonds dominant, que ne l'était le mode primitif, et augmenter ou diminuer ainsi l'étendue de la servitude, sans cependant en constituer une nouvelle, même de l'espèce de celle dont il s'agit.

Ou bien le nouveau mode en constituerait une nouvelle, sinon quant à l'espèce, du moins quant à l'être moral, à l'individu intellectuel.

Dans la première hypothèse, et quand le nouveau mode serait plus avantageux au maître du fonds dominant, il faut distinguer : s'il s'agissait d'une servitude qui ne serait pas susceptible de s'acquérir par prescription, le nouveau mode ne pourrait pas non plus s'acquérir de cette manière. Par exemple, j'avais, en vertu d'un titre, le droit de passer à pied par votre fonds ; je passe par le même endroit pendant plus de trente ans à cheval ou avec voiture : dans ce cas, je conserve simplement mon droit de passage à pied, parce que, en passant à cheval ou en voiture, j'ai implicitement usé du droit de sentier, d'après la règle *minus majori inest* (1); mais je n'ai pas acquis le nouveau mode, qui est plus ample, car il constituerait une servitude qui n'est plus susceptible aujourd'hui de s'acquérir par prescription, puisqu'elle est essentiellement discontinue (art. 688-691). Que s'il s'agissait d'un nouveau mode de servitude susceptible de s'acquérir de cette manière : par exemple, j'avais simplement le droit d'avoir sur votre terrain des vues au moyen de fenêtres ouvrantes de trois pieds de hauteur sur deux et demi de largeur, et depuis plus de trente ans j'en ai pratiqué de six pieds de haut sur quatre de large; ou bien j'avais le droit d'avoir une conduite d'eau qui devait m'en donner vingt-quatre pouces cubes, et j'ai eu depuis plus de trente ans un canal qui m'en a donné quarante-huit pouces; dans ces cas, et autres semblables, le nouveau mode d'exercice a définitivement remplacé l'ancien.

Toujours dans la première hypothèse, mais lorsque le nouveau mode est moins avantageux au propriétaire du fonds dominant, par conséquent, qu'il a diminué la charge du fonds assujéti, il n'y a pas la même distinction à faire à raison des diverses espèces de servitudes : dans tous les cas, l'ancien mode sera éteint et remplacé par le nouveau. Ainsi, ayant eu d'abord le droit d'avoir des fenêtres de six pieds de hauteur, ou quarante-huit pouces cubes

(1) L. 21, ff. *de regul. juris.* L. 2, ff. *quemad. servit. a'mitt.* par *à fortiori.*

d'eau, ma fenêtre n'a eu pendant trente ans que quatre pieds, ou je n'ai pris que vingt-quatre pouces d'eau seulement ; ou bien ayant eu le droit de passer avec des chars ou charrettes, je n'ai passé qu'à pied, mais par le même endroit ; il me sera interdit de revenir au mode primitif puisqu'il est prescrit (art. 708). Mais je conserve mon droit de servitude avec le nouveau, autrement ce ne serait pas seulement son mode d'exercice qui serait éteint par la prescription, comme le dit l'article précité, ce serait la servitude elle-même (1).

607. Dans la seconde hypothèse, où le nouveau mode constituerait une nouvelle servitude, sinon quant à l'espèce, du moins quant à l'être moral, on doit faire la même distinction que dans la première, et voir si ce nouveau mode s'applique à une servitude susceptible de s'acquérir par prescription, ou s'il ne s'y applique pas.

S'il s'y applique : par exemple, ayant eu d'abord le droit d'avoir une fenêtre d'aspect donnant sur telle partie de votre fonds, j'en ai eu une pendant plus de trente ans sur une autre partie ; ou bien, ayant eu le droit d'avoir une fenêtre d'aspect, j'en ai simplement pratiqué une à jour oblique, ou *vice versâ;* dans ces cas, j'ai perdu l'ancien mode, il est vrai, mais j'ai acquis le nouveau, qu'il me soit

_____

(1) La L. 2 ff. *quemad. servit. amitt.* précitée, confirme cette décision à l'égard de la servitude de passage.

plus avantageux ou moins avantageux, n'importe.

S'il ne s'y applique pas : *putà,* ayant eu le droit de passer sur telle partie de votre fonds, j'ai constamment passé depuis plus de trente ans sur la partie opposée, on peut soutenir que l'ancien mode est éteint par le non-usage, et que le nouveau n'est pas acquis pas la prescription. Ce dernier point est incontestable, puisque la servitude de passage est discontinue. Ce qui est seul susceptible de controverse, c'est de savoir si au moins la servitude n'a pas été conservée, à la charge de l'exercer désormais d'après l'ancien mode, dans le cas où le maître, du fonds assujéti voudrait s'opposer à ce que le nouveau fût encore suivi. Mais on doit tenir pour la négative, précisément parce que la loi porte expressément que le mode de la servitude peut se prescrire comme la servitude même, et de la même manière (art. 708), c'est-à-dire par le non-usage. Or, on n'a point usé de ce mode depuis plus de trente ans, on le suppose. La L. 10, §. 1, ff. *quemad. serv. amitt.* renferme une décision absolument conforme. Suivant cette loi, celui qui ayant le droit de prendre l'eau pendant la nuit, ne s'en est servi que pendant le jour (*vel vice versâ*) durant le tems requis pour l'extinction des servitudes par le non-usage, a perdu le droit de s'en servir d'après le mode primitif; et comme dans notre droit actuel on ne peut pas plus acquérir par prescription un mode de servitude discontinue, qu'on ne pourrait acquérir la servitude elle-même, la conséquence nécessaire, c'est que la servitude est éteinte.

608. Il en serait autrement, sans doute, s'il était établi que le changement de mode a eu lieu d'un commun accord entre les parties; mais ce serait au maître du fonds dominant, menacé de perdre son droit, à prouver qu'en effet cet accord a existé, et qu'il s'est fait ainsi un changement de la servitude elle-même.

609. De ces principes l'on doit encore tirer la conséquence que si, même à l'égard des servitudes continues et apparentes, le propriétaire de l'héritage assujéti est un mineur ou un interdit, l'ancienne servitude ou l'ancien mode d'exercice aura bien été éteint pour avoir été abandonné pendant tout le tems requis pour la prescription à l'effet de libérer l'héritage, si d'ailleurs la prescription elle-même a pu courir contre le propriétaire du fonds dominant, mais qu'il n'aura point été remplacé par une nouvelle servitude ou par un mode plus étendu que l'ancien, puisque la prescription, qui serait ici la seule cause de cette novation, n'a pu courir contre le mineur ou l'interdit. Cette décision pourra paraître à quelques personnes plutôt fondée sur la subtilité de principes que sur l'équité, et cependant nous la croyons conforme aux règles de la matière.

SECTION VI.

Des droits du propriétaire du fonds dominant, quant à l'exercice de la servitude, et des obligations du maître du fonds assujéti.

SOMMAIRE.

§. Ier.

Droits du propriétaire du fonds dominant, quant à l'exercice de la servitude.

§. II.

Obligations du propriétaire du fonds assujéti.

620. *Dans les servitudes négatives, il doit s'abstenir de faire ce qu'il s'est interdit.*

621. *Et généralement dans toute servitude il ne doit rien faire qui tendrait à en diminuer l'usage ou qui le rendrait moins commode.*

622. *Il peut cependant, en certains cas, demander et obtenir un changement quant au lieu de l'exercice du droit.*

623. *Manière de procéder en cas de contestation sur la sincérité des motifs qui font demander ce changement.*

§. 1er.

Droits du propriétaire du fonds dominant, quant à l'exercice de la servitude.

610. Par le seul fait de la constitution de servitude, le propriétaire du fonds dominant a le droit de faire tout ce qui est nécessaire pour en user et la conserver. (Art. 696-697.)

Ce droit lui est tacitement concédé par le constituant lui-même, suivant cette règle de logique, *qui veut la fin veut les moyens.* Voilà pourquoi la concession d'un droit de puisage à la fontaine d'autrui, sans autre explication, renferme le passage nécessaire pour aller à la fontaine et en revenir. (Même art. 696.)

611. Le propriétaire du fonds dominant peut donc faire sur le fonds assujéti tous les travaux nécessaires pour user de la servitude et la conserver : par exemple creuser un béal, s'il s'agit d'une prise d'eau ; pratiquer un chemin , s'il s'agit d'un

passage, en se conformant toutefois au titre s'il a réglé la nature et l'étendue des travaux.

612. Mais ces travaux sont à sa charge et non à celle du propriétaire du fonds asservi (art. 698), parce qu'il n'est pas dans la nature du droit de servitude que celui qui la doit soit tenu de faire quelque chose, mais bien seulement de *souffrir* ou de *ne pas faire.* (1)

613. Cependant, on a pu convenir (2) que les travaux nécessaires à l'exercice du droit seraient à la charge du maître du fonds assujéti (*ibid*); et dans ce cas, l'obligation n'est pas seulement personnelle, de manière que le constituant et ses héritiers en fussent seuls tenus, et non les simples successeurs à la chose; elle est réelle, à l'imitation de celle qui naît de la constitution d'hypothèque. Sur le cas de la servitude dite *oneris ferendi*, qui avait, et qui a encore, selon nous (3), cela de particulier, que le maître du mur était tenu de l'entretenir en état de supporter la charge du voisin, la L. 6, §. 2, ff. *Si servit. vindicetur*, dit que ce n'en est pas moins le fonds plutôt que la personne qui doit la

---

(1) L. 15, §. 1, ff. *de servitutibus.*

(2) L'art. 698 porte : « Ces ouvrages sont à ses frais, à moins que le « titre d'établissement de la servitude ne dise le contraire; » mais il est bien évident qu'il en serait de même si c'était par un acte *postérieur* que les travaux eussent été mis à la charge du maître du fonds assujéti; car cet acte, en confirmant ainsi la constitution, vaudrait, par cela même, titre d'établissement de la servitude. Ces mots sont donc simplement explicatifs.

(3) Voy. *suprà*, n. 503.

servitude, même sous ce rapport : *Hanc servitutem non hominem debere, sed rem.* Or, notre
article 698 consacre d'une manière générale ce que
cette loi décide pour la servitude *oneris ferendi.*

614. Et puisque l'obligation est réelle, il s'ensuit
que celui qui a concédé la servitude, ainsi que tout
successeur quelconque à l'héritage, peut toujours,
en abandonnant le fonds assujéti au maître du
fonds dominant, se libérer de la charge de faire
les travaux. (Art. 699.)

615. Là, toutefois, se présente une question sur
laquelle on a élevé une controverse, celle de savoir
s'il serait obligé d'abandonner le fonds en totalité,
ou s'il lui suffirait d'abandonner seulement la partie sur laquelle s'exerce la servitude : par exemple,
dans celle de passage, le terrain sur lequel règne
le chemin; dans celle de conduite d'eau, la partie
sur laquelle est creusé le canal?

Quelques personnes prétendent que l'obligation
du propriétaire du fonds assujéti, de faire les travaux, étant réelle, comme celle d'un détenteur
hypothécaire, elle subsiste en totalité sur chaque
partie du fonds, et par conséquent que ce propriétaire ne peut s'en affranchir que de la même manière dont pourrait s'affranchir le détenteur. Or,
celui-ci serait tenu de payer toutes les dettes à quelque somme qu'elles pussent monter, ou de délaisser
l'immeuble en totalité. (Art. 2114 et 2168 combinés.)

On ajoute que l'abandon de la seule partie sur laquelle s'exerce la servitude serait parfois un sacrifice illusoire, pour l'affranchissement d'une charge qui n'a peut-être été consentie que moyennant un prix plus ou moins considérable : tel serait le cas où il s'agirait de la servitude de supporter une terrasse, que le propriétaire du fonds assujéti se serait soumis à entretenir en bon état, et dont il voudrait maintenant abandonner le sol, devenu à jamais inutile pour lui par la construction de la terrasse qui le couvre.

Enfin l'on dit que l'article 699 parle expressément de l'abandon du *fonds assujéti*, et non pas seulement d'une partie de ce fonds.

Sans contester la justesse de l'assimilation de la charge, pour le propriétaire du fonds assujéti qui s'y est soumis, de faire les travaux nécessaires à l'exercice de la servitude, à l'obligation d'un détenteur hypothécaire, nous ne saurions néanmoins adopter la conséquence qu'on en tire.

Oui, sans doute, il y a charge réelle pour ce propriétaire, mais seulement quant à ce qui est affecté de la servitude; car c'est là véritablement le fonds assujéti; et l'article précité n'a pu vouloir parler d'autre chose. Ce ne serait que par un équivoque qu'on entendrait ces mots : *fonds assujéti*, de tout le fonds, tel qu'il était lors de la constitution de la servitude, de manière que les parties, par exemple, qui en auraient été détachées, seraient encore affectées du droit, quand bien même il res-

terait encore mille fois plus de terrain qu'il n'en
faudrait pour son exercice. Mais cette équivoque
disparaît devant l'analyse des principes de la matière et l'interprétation de la volonté présumée
des contractans.

D'abord, il est incontestable qu'ils ont bien pu
n'établir la servitude que sur telle ou telle partie
du fonds seulement, et en pareil cas, il est clair
que tout le surplus n'en est point affecté (1). Or,
quand un lieu a été spécialement désigné dans le
titre constitutif, pour l'exercice du droit, par
exemple, lorsque, propriétaire d'un champ d'une
étendue plus ou moins considérable, *putà* de cent
arpens, je vous concède un passage sur l'un des
bords de ce champ, par tel endroit désigné, n'est-il
pas évident que je n'entends point par là grever
la totalité de mon terrain, mais bien seulement la
partie indiquée pour fournir le passage, celle, en
un mot, sur laquelle le chemin devra être pratiqué? Le simple bon sens, d'accord avec les
principes de la matière, ne permet pas une autre
interprétation de mon intention. Jamais je n'ai pu
vouloir, par une telle concession, affecter de la servitude les parties de mon champ qui sont à l'autre
extrémité, et sur lesquelles, d'après le titre lui-
même, vous n'auriez pas le droit de passer, puisque

(1) La L. 6, ff. *de servit.* dit positivement qu'on peut établir la servitude pour une partie seulement du fonds dominant : *ad certam
partem fundi.* Par une raison au moins égale, peut-on ne l'établir
que sur une portion seulement du fonds assujéti.

le passage ne vous a été accordé que sur la région opposée; et, dans la plupart des cas, cette assignation spéciale se trouvera dans le titre constitutif (1): alors elle sera la loi des parties; par conséquent, l'abandon de la portion sur laquelle uniquement est assise la servitude, sera, dans l'esprit de l'article 699 lui-même, l'abandon du fonds assujéti, et affranchira le maître du fonds asservi de l'obligation de faire les travaux, à laquelle lui ou son auteur s'était soumis.

Que l'on suppose aussi que j'ai simplement concédé le passage sur mon champ, sans autre explication, sans indication spéciale du lieu par où il s'exercerait: ce cas est prévu à la loi 9, ff. *de servitutibus*, et le jurisconsulte Celse y décide en principe: 1° que le concessionnaire peut choisir le lieu qui lui conviendra pour exercer la servitude; mais 2°, qu'il doit le faire *civiliter*, de manière à ne pas nuire au maître du fonds assujéti, par exemple, qu'il ne doit pas passer à travers les vignes ou par la maison de la métairie, s'il y en a une, quand il peut passer ailleurs sans grande incommodité (2); 3° en-

---

(1) C'est assez ce que suppose l'art. 701 en disant : « Le propriétaire du fonds débiteur de la servitude ne peut changer l'état des lieux ni « transporter l'exercice de la servitude dans un endroit différent de « celui *où elle a été primitivement assignée.* »

(2) Notre article 701, dernière disposition, est conçu dans le même esprit; il va même plus loin encore, puisqu'il autorise, dans les cas qu'il prévoit, le maître de l'héritage assujéti à demander le changement du lieu par où s'exerçait déjà la servitude, n'importe le tems depuis lequel les choses se trouvent en cet état.

fin, qu'une fois qu'il a fait son choix, il ne peut plus exercer la servitude par un autre endroit; et tout cela, ajoute Celse, est applicable à la servitude de conduite d'eau.

Ainsi, même dans le dernier cas, une fois que le lieu du passage a été fixé, le propriétaire du fonds dominant a épuisé son droit quant au choix de la partie par où devait s'exercer la servitude, et il ne peut plus l'exercer par un autre endroit: donc les autres parties du fonds sont libres, puisqu'il ne peut pas maintenant les faire servir à l'exercice de cette servitude; donc celle-là seulement sur laquelle s'exerce le passage est réellement affectée, et forme le fonds assujéti. Les autres pourraient tout au plus en être tenus subsidiairement, pour le cas où, par un événement de force majeure, comme le débordement d'une rivière, un éboulement, elle deviendrait impropre à l'usage du droit, ce que nous ne contestons rigoureusement pas dans l'hypothèse actuelle, mais ce qui ne combat point notre sentiment, puisque cet événement n'a pas eu lieu; par conséquent encore, en abandonnant cette partie, celui qui doit la servitude abandonne le fonds assujéti dans le sens naturel et légal de l'article 699.

Entendre autrement cet article, c'est rendre illusoire la faculté qu'il accorde au propriétaire assujéti, ou plutôt le droit qu'il lui reconnaît et qui est tellement inhérent à la nature des servitudes qu'on n'aurait assurément pas, sans ce droit, admi-

V. 40

la convention par laquelle ce propriétaire a pris sur lui les travaux nécessaires à l'exercice ou à la conservation de celle qui a été établie; car, dans presque tous les cas, on préférerait faire ces travaux plutôt que d'abandonner le fonds en totalité; et s'il peut s'en présenter quelques-uns où l'abandon de la seule partie sur laquelle s'exerce le droit n'offrirait qu'un faible dédommagement au maître du fonds dominant, tel que celui que nous avons donné d'abord comme exemple, ils seront si rares comparativement, qu'il est permis de croire que le législateur n'y a eu aucun égard. D'ailleurs, il y a toujours pour le maître du fonds dominant acquisition de la propriété du terrain sur lequel il n'avait auparavant qu'un simple droit de servitude : il pourra maintenant en faire ce que bon lui semblera, et cela suffit pour justifier cette décision, si l'on s'attache aux principes de la matière.

616. Le propriétaire a bien, comme nous venons de le dire, le droit de faire les travaux nécessaires à l'exercice ou à la conservation de la servitude, mais il ne doit rien faire, ni dans son fonds, ni dans le fonds assujéti, qui puisse aggraver la condition de ce dernier : il ne peut user du droit que suivant son titre, et sans pouvoir faire des changemens préjudiciables à l'autre propriétaire. (Art. 702.)

617. Ainsi, s'agit-il d'un droit de passage, et que le fonds dominant vienne à être divisé, la servitude reste due sans doute pour chaque portion,

mais tous les propriétaires (1) sont obligés de l'exercer par le même endroit (art. 700) ; et il en serait
ainsi, par la même raison, s'ils possédaient encore
le fonds en commun.

618. S'agit-il d'une prise d'eau , les divers propriétaires du fonds dominant, que nous supposons
avoir été divisé, s'en distribueront le volume comme
ils l'entendront, *temporibus aut mensurâ*, sans pouvoir en exiger un plus considérable que lorsque
le fonds n'était point encore partagé.

§. II.

Obligations du propriétaire du fonds assujéti.

619. Dans les servitudes affirmatives, le maître
du fonds asservi est tenu de souffrir que l'autre
propriétaire fasse tous les travaux nécessaires à
l'exercice et à la conservation de la servitude, suivant ce qui a été explicitement ou implicitement
convenu, et même de faire les travaux, s'ils ont été
spécialement mis à sa charge par le titre constitutif (art. 699), ou par un acte postérieur (2); sauf à
lui à faire l'abandon du fonds assujéti pour s'affranchir de cette charge.

620. Dans les servitudes négatives , comme la

---

(1) L'article dit tous les *copropriétaires* , mais c'est une rédaction
inexacte, puisque, lorsque le fonds est divisé, ceux qui en possèdent
les diverses portions ne sont plus copropriétaires, mais bien propriétaires , chacun séparément.

(2) Voy. *suprà*, n° 612, note.

prohibition de bâtir sur tel terrain, il doit s'abstenir de faire ce qu'il s'est interdit.

621. Et généralement il ne doit rien faire qui tendrait à diminuer l'usage de la servitude, quelle qu'elle soit, ou le rendrait moins commode. (Art. 701.)

Ainsi, il ne peut changer l'état des lieux, ni transporter l'exercice de la servitude dans un endroit différent de celui où elle a été primitivement assignée. (*Ibid.*)

622. Cependant, comme l'équité veut que nous fassions le bien d'autrui, quand nous n'en éprouvons aucun dommage notable, si l'assignation primitive de la servitude était devenue plus onéreuse au propriétaire du fonds assujéti, ou si elle l'empêchait d'y faire des réparations avantageuses, il pourrait offrir au propriétaire de l'autre fonds un endroit aussi commode pour l'exercice de ses droits, et celui-ci ne pourrait pas le refuser. (*Ibid.*)

623. S'il y avait contestation sur la sincérité des motifs du changement demandé, le tribunal, après avoir pris l'avis d'experts nommés à cet effet, ou même après avoir ordonné et fait une descente de lieux, ce qui vaut généralement mieux encore, statuerait en conséquence.

SECTION VII.

Des diverses actions auxquelles peuvent donner lieu les servitudes.

SOMMAIRE.

aurait suffi pour l'acquisition du droit par prescription.

638. *Mais lorsqu'à la possession annale actuelle, celui qui l'invoque joint un titre non précaire, le juge de paix peut le maintenir en jouissance, quoique la servitude ne soit pas du nombre de celles qui s'acquièrent par prescription.*

639. *Cela ne devrait pas être, si le titre produit était sous signature privée non reconnue ni tenue pour reconnue.*

640. *En principe pur, cette dernière décision devrait même s'appliquer à tous les cas où le titre produit est contesté sous d'autres rapports; motifs de la jurisprudence contraire.*

641. *Celui qui a la possession annale régulière d'une servitude susceptible de s'acquérir par prescription n'a rien plus à prouver pour pouvoir continuer d'en jouir : controversé.*

942. *Celui sur le fonds duquel un autre exerce mal à propos un droit de servitude, a contre lui l'action négatoire, et la complainte si la possession n'est pas annale, ou si, étant annale, la servitude n'est pas susceptible de s'acquérir par prescription et que le défendeur n'ait pas de titre.*

643. *Celui qui a gagné au possessoire et qui a succombé au pétitoire, ne doit pas pour cela être condamné aux dépens du possessoire; sans préjudice des dommages-intérêts, s'il y a lieu.*

644. *Le jugement au pétitoire est sujet à appel, à moins que le fonds prétendu assujéti ne fût pas d'un revenu de plus de 5o fr. par prix de bail ou de rente. Il y a également lieu à appel du jugement rendu au possessoire.*

645. *Peu importerait qu'on eût joint à la complainte une demande en dommages-intérêts n'excédant pas 5o fr.*

646. *Il en serait autrement si, dans ce cas, la propriété ou la possession annale n'était pas contestée par le défendeur.*

624. Celui qui a un droit de servitude a, pour le faire reconnaître par celui qui le lui conteste,

l'action qu'on appelle dans la doctrine, action *confessoire* (1).

625. Comme on l'a dit plus haut (2), cette action est réelle, puisqu'elle est le moyen d'exercer un droit réel : elle peut donc s'intenter contre tout détenteur quelconque du fonds assujéti.

626. Elle est immobilière, et par conséquent elle doit, ainsi que toutes celles qui sont relatives aux servitudes, être portée au tribunal de la situation de l'immeuble prétendu assujéti. (Art. 59, Cod. de procéd.)

627. Elle est indivisible (3), c'est-à-dire que chacun des copropriétaires de l'héritage dominant, ou, après la mort de celui qui le possédait seul, chacun de ses héritiers, avant le partage de ses biens, a qualité pour l'exercer seul (art. 1224), parce qu'il ne peut pas demander pour une partie ce qui n'est pas susceptible de parties. Mais après le partage, l'action appartient seulement à celui ou à ceux au lot desquels est échu l'immeuble ou à qui cet immeuble a été adjugé sur licitation. (Art. 883.) (4)

628. Le défendeur peut, au surplus, quand il

---

(1) Dont il est parlé au § 2, INSTIT. *de actionibus*, et ainsi nommée parce que le défendeur est assigné pour reconnaître et *confesser* l'existence de la servitude, pour avouer que son héritage est assujéti envers celui du demandeur. *Voy.* aussi le titre *si servit. vindic.* ff.

(2) N° 475 et suivant.

(3) L. 2, § 2; L. 72, *princip.* ff. *de verb. oblig.*, et L. 4, §. 3, ff. *si servit. vindic.* Voy. *suprà*, n° 473.

(4) Voy. *suprà*, n° 470, et L. 1, ff. *si servit. vindic.*

n'y a pas encore eu partage du fonds, et qu'il est poursuivi par un ou plusieurs des intéressés seulement, demander au tribunal que tous les copropriétaires soient mis en cause, afin qu'il n'ait pas à redouter leur tierce-opposition, s'il venait à être renvoyé de la demande. Mais il n'en serait pas de ce cas comme de celui où un acquéreur à réméré est assigné pour l'exercice du rachat par un ou plusieurs des héritiers du vendeur : cet acquéreur peut exiger que les autres héritiers soient mis en cause, afin de s'accorder sur la reprise de l'immeuble en entier, et s'ils ne s'accordent pas, il est renvoyé de la demande (art. 1670) : ici la mise en cause des cohéritiers a évidemment lieu par l'héritier demandeur ; tandis que dans le cas de la servitude, elle a lieu à la requête du défendeur, qui la réclame dans son intérêt, et vis-à-vis de celui qui avait le droit de lui demander le total de la chose, puisqu'il n'en pouvait pas demander une partie seulement.

629. *Vice versâ*, l'action peut être intentée contre chacun des copropriétaires du fonds assujéti, et après la mort de celui à qui il appartenait en totalité, contre chacun de ses héritiers (art. 1225), sauf au défendeur à demander un délai pour mettre en cause ses copropriétaires. Néanmoins si le partage du fonds avait eu lieu, celui au lot duquel il serait échu, et qui serait assigné pour se voir condamner à reconnaître l'existence de la servitude et à en souffrir l'exercice, n'aurait pas cette faculté,

de demander un délai pour mettre en cause ses co-intéressés. (*Ibid.*)

630. L'action confessoire est une espèce de revendication (1) appliquée à une chose incorporelle, et qui a cela de particulier, qu'elle est ouverte non-seulement à celui qui n'est point en exercice du droit de servitude, mais encore à celui qui l'exerce réellement et qui est troublé dans sa jouissance (2); au lieu que lorsque la revendication a pour objet la restitution de la chose quant à la propriété, l'action ne peut être ouverte à celui qui est en possession, quoiqu'il fût troublé dans sa jouissance; car il ne pourrait demander la restitution de ce qu'il a déjà: il pourrait seulement exercer une action possessoire, la complainte, pour faire cesser le trouble dont il aurait à se plaindre.

631. Indépendamment de l'action confessoire, celui qui a un droit de servitude peut, mais sous certaines conditions et distinctions, intenter une action possessoire, s'il est troublé dans la jouissance de son droit. Toutefois cette action ne dérive pas du droit de servitude lui-même, mais bien du fait de possession ou exercice de ce droit : la servitude prétendue en est seulement, la plupart du tems, la cause occasionelle.

632. D'abord, pour que l'action possessoire

---

(1) *Voy.* le titre *si servit.* VINDICETUR, *etc.* ff.

(2) Voy. le § 2, aux INSTIT. tit. *de actionibus.*

puisse avoir lieu avec succès, il faut le concours des circonstances suivantes :

1° Que celui qui prétend être en possession d'un droit de servitude exerce ce droit, par lui ou ses auteurs, depuis une année au moins (art. 23, Cod. de procéd.);

2° Que sa jouissance soit à titre de *droit*, et non précaire, ni violente, ni clandestine (1) (*ibid*); mais la présomption de possession pour soi, et paisible, serait en sa faveur, sauf preuve contraire (art. 2230-2268);

3° L'action, pour être recevable, devrait être intentée dans l'année du trouble. (Même art. 23.)

633. Avec le concours de ces conditions, si la servitude est de nature à pouvoir s'acquérir par prescription, c'est-à-dire si elle est tout à la fois continue et apparente (art. 690-691 combinés), l'action possessoire peut être utilement intentée, et le juge de paix qui en connaît (art. 3 Proc.), doit maintenir en jouissance celui qui exerce la servitude, et faire défense à l'autre partie de l'y troubler, sauf à celle-ci à se pourvoir au pétitoire, si elle prétend que le droit de servitude n'existe pas (2).

634. Le juge de paix compétent est celui de la

_____

(1) Par rapport à l'adversaire ou l'auteur de celui-ci : *ab adversario.* Voy. *suprà*, n° 587.

(2) *Voy.* les arrêts du 24 février 1808 (Sirey, 8—1—493); du 16 juin 1810 (Sirey, 11—1—164); et enfin du 1ᵉʳ mars 1815 (Sirey, 15—1—120).

situation de l'immeuble sur lequel s'exerce la servitude. (Même art. 3, Cod. de procéd.)

635. Mais lorsque la servitude n'est pas du nombre de celles qui peuvent s'acquérir par prescription, parce qu'elle est non apparente, ou discontinue, apparente ou non, n'importe, il n'y a point de jouissance qui puisse *seule* fonder l'action possessoire au profit de celui qui allègue cette jouissance ; son action serait non recevable ; et dans tous les cas où il serait attaqué par l'autre partie, comme troublant la jouissance de celle-ci, il devrait succomber au possessoire, sauf à lui à se pourvoir au pétitoire, s'il croyait avoir acquis le droit de servitude.

En effet, à quoi aboutirait la possession annale, lors même qu'elle serait avouée, puisque la possession trentenaire elle-même ne signifierait rien, qu'elle ne dispenserait pas de produire un titre constitutif de la servitude, selon le vœu des articles 690 et 691 précités? Or, si l'action possessoire a pour objet de forcer l'adversaire à reconnaître et respecter la possession quand elle existe réellement, c'est parce qu'elle est un droit, une chose utile pour celui qui peut l'invoquer en sa faveur (1).

636. Il en serait de même à l'égard d'une servitude susceptible de s'acquérir, avant le Code, par

_____

(1) Telle est la jurisprudence : entre autres arrêts, voyez celui de cassation, du 28 février 1814 (Sirey, 14—1—124).

prescription, dans le pays où elle s'exercerait, si, depuis le Code, elle n'a pu s'acquérir de cette manière : la complainte, ou action possessoire, ne serait point recevable en faveur de celui qui invoquerait la possession appliquée à une telle servitude, quoique la possession annale eût existé avant le Code et qu'elle eût été continuée depuis (1). Il n'y a pas là d'effet rétroactif donné à l'article 691, car cette possession, quoique continuée sous le Code, ne pouvant conduire à l'acquisition de la servitude, ce n'est pas enlever un droit à celui qui l'a eue et qui l'a encore, puisqu'elle serait pour lui sans utilité réelle.

637. Enfin, lors même que la possession antérieure au Code aurait été suffisante pour l'accomplissement de la prescription et l'acquisition du droit par ce moyen, le juge de paix ne serait pas davantage compétent pour connaître de l'action en complainte intentée par celui qui a eu cette possession, puisque, d'après les principes ci-dessus exposés, et que la Cour suprême a constamment reconnus, la complainte, dans ce cas, ne pourrait avoir d'autre base que le droit acquis par la prescription, et qu'ainsi ce serait cumuler le pétitoire et le possessoire, contre la disposition formelle de de la loi (art. 25, Cod. de procéd.). C'est ce que dit clairement l'arrêt du 3 octobre 1814 précité. Ce

―――――――――――

(1) Arrêts de cassation du 13 août 1810 (Sirey, 10—1—138); du 3 octobre 1814 (Sirey, 15—1—145).

serait donc au tribunal de première instance à décider, sur le *pétitoire*, si la prescription était ou non déjà acquise lors de la promulgation de l'art. 691; et pour cela, la question de possession annale actuelle étant indifférente dans ses résultats, ne peut être soumise avec effet au juge du simple possessoire. Le propriétaire du fonds sur lequel est prétendue la servitude devrait toujours, en pareil cas, soit qu'il fût demandeur, soit qu'il fût défendeur, être maintenu dans la libre jouissance de son fonds, sauf à l'autre partie à se pourvoir au pétitoire, si elle croyait avoir acquis la servitude.

638. Mais lorsque à la possession annale actuelle, alléguée en matière de servitude non susceptible de s'acquérir par prescription, celui qui peut l'invoquer en sa faveur, et qui est troublé, produit aussi un titre non précaire, la Cour de cassation décide que sa complainte est recevable, et que le juge de paix est compétent pour discuter le mérite et l'application du titre, bien qu'il fût contesté (1); qu'appliquer le titre en pareil cas, ce n'est point cumuler le pétitoire et le possessoire (2).

---

(1) Par un arrêt du 17 mai 1820 (Sirey, 20—1—324), la Cour a dit qu'en un tel cas, le juge de paix *est tenu* d'examiner le titre, et d'accueillir ou rejeter l'action possessoire, selon que le titre contesté fait ou ne fait pas cesser la présomption de précaire.

Mais par un autre arrêt du même jour, elle a décidé que si, dans le cas dont il s'agit, le juge de paix peut renvoyer les parties à se pourvoir au pétitoire, *il n'y est cependant pas obligé.* Nous préférons cette dernière décision.

(2) *Voy.* l'arrêt de la même Cour, du 6 juillet 1812 (Sirey, 13—1—81).

639. Cela, selon nous, ne serait point applicable au cas où le titre produit serait sous signature privée, non reconnue ni tenue pour reconnue; car alors ce titre n'en serait point un tant qu'il ne serait pas déclaré émaner de celui à qui on l'opposerait, ou de son auteur (art. 1322 analysé). Et le juge de paix ne serait pas plus compétent en pareil cas, pour faire procéder devant lui à la vérification, que ne le serait, en matière commerciale, un tribunal de commerce, qui doit, aux termes de l'art. 427 du Code de procédure, renvoyer sur ce point les parties devant le tribunal civil. Le titre n'étant point constant, et s'agissant d'une servitude non susceptible de s'acquérir par prescription, il y aurait lieu, comme lorsqu'il n'en est produit aucun, de déclarer l'action possessoire non recevable.

640. En principe, il en devrait même être ainsi toutes les fois que le titre produit est contesté sous d'autres rapports : comme sous celui du vice de précaire; car le juge de paix n'est pas compétent pour juger une question de la solution de laquelle peut dépendre celle du droit lui-même. Mais la jurisprudence, qui est contraire à cette doctrine, peut se justifier par l'avantage de prévenir, autant que possible, les difficultés mal fondées de la part de celui qui a fourni un titre réel; d'autant mieux que tous ses droits lui demeurent réservés pour faire apprécier, au pétitoire, ce titre à sa juste valeur, si en effet le juge de paix l'a lui-même mal apprécié en en faisant le motif d'après le-

quel il a accueilli, comme recevable, l'action possessoire. Il peut d'ailleurs interjeter appel du jugement.

641. Mais quel sera l'effet de la maintenue en
possession au profit de celui qui exerce la servitude sans titre, dans le cas où il s'agira de l'une
de celles qui peuvent s'acquérir par prescription ?
l'affranchira-t-elle de l'obligation de prouver, au
pétitoire, s'il est ensuite attaqué par cette voie, qu'il
a acquis le droit par titre ou par prescription,
comme il serait affranchi de toute preuve s'il s'agissait de la propriété ? sera-t-il présumé avoir acquis
la servitude, sauf preuve contraire ; ou cette possession n'engendrera-t-elle en sa faveur aucune présomption de droit ?

Cette importante question, très-controversée anciennement (1), l'a encore été depuis la publication du Code (2).

Elle paraît cependant clairement décidée par la
L. 8, §. 3, ff., *si servit. vindic.* Le jurisconsulte
Ulpien, dans cette loi, se demande quelle est celle
des deux parties qui doit remplir le rôle de demandeur, c'est-à-dire être affranchie de l'obligation

---

(1) Brunemann, sur la L. 9, Cod. *de servit. et aquâ;* Mascardus,
de probationibus, n° 1306, la décidaient, ainsi que la Glose, en faveur
du propriétaire du fonds prétendu assujéti. Heinneccius, *Elementa
juris*, n° 1137, tout en professant l'opinion contraire en principe, dit
toutefois que l'autorité de la Glose l'a emporté dans la pratique.

(2) MM. Delvincourt et Pardessus décident que la possession fait
présumer l'existence de la servitude, sauf preuve contraire. M. Toullier pense différemment.

de faire aucune preuve à l'appui de sa prétention ;
car le défendeur n'a rien à prouver tant que son
adversaire lui-même n'a point établi la sienne (1).
Seulement si celui-ci a justifié de sa demande, le
défendeur prouve son exception, s'il en invoque
une, suivant la règle *reus excipiendo fit actor;* mais,
encore une fois, tant que le demandeur n'a point
prouvé l'existence de son droit, le défendeur, soit
dans les actions réelles (2), soit dans les actions personnelles, n'a lui-même rien à prouver pour être
renvoyé de la demande. Or, dans l'espèce de cette
loi, où la contestation roule sur la servitude *tigni immittendi,* le jurisconsulte décide la question par une
distinction. Il dit que si les poutres résident déjà
dans le mur, en d'autres termes, s'il y a déjà exercice du droit, *possession*, que le possesseur rem-
plira simplement le rôle de défendeur, c'est-à-dire
qu'il sera affranchi de l'obligation de faire la preuve
de son droit de servitude ; que si, au contraire,
les poutres ne reposent point encore dans le mur,
celui qui prétend au droit de les y avoir, doit, soit
en demandant, soit en défendant (ainsi que tous
les bons interprètes ont toujours entendu ce texte),
prouver que le droit de servitude existe réellement.

A quoi servirait, en effet, la possession, si celui
qui l'a en sa faveur était ensuite obligé de prouver
qu'il a acquis la servitude? L'adversaire serait sans

(1) L. *ult.* Cod. *de rei vindic.* L. 23, Cod. *de probat.*
(2) Sauf ce que nous allons dire tout à l'heure au sujet de l'action
négatoire, qui est cependant réelle.

doute forcé, pour détruire l'effet de la maintenue, de se pourvoir au pétitoire, d'intenter l'action appelée *négatoire ;* mais, on le répète, si, sur cette action, celui qui a été reconnu possesseur du droit, par le juge compétent pour connaître de la possession, et qui a été maintenu dans sa jouissance, doit prouver, par titre ou prescription, l'existence de ce droit, la possession n'a aucun effet qui ne puisse être ainsi rendu illusoire; et dès lors on ne concevrait pas le motif qui aurait porté le législateur à expliquer, avec tant de soin, aussi bien en matière de servitude qu'en matière de propriété (car la loi ne distingue pas), les conditions requises pour qu'on doive être déclaré possesseur. On peut, à la vérité, objecter qu'il y a une différence sensible entre la revendication appliquée à la propriété et la revendication d'un simple droit de servitude. Celui qui défend à l'action en revendication proprement dite n'est point obligé de dire, et encore moins de prouver, qu'il est propriétaire de l'objet revendiqué, ni comment il l'est devenu : il possède, cela suffit. C'est au demandeur à justifier lui-même de sa propriété, s'il est réellement propriétaire; en sorte qu'il n'aurait encore rien fait en prouvant que le défendeur ne l'est point (1), puisqu'il ne résulterait pas de cette preuve qu'il l'est lui-même, condition cependant nécessaire pour que la chose doive lui être restituée. Tel est le grand

_____

(1) L. *ult.* Cod. *de rei vindic.*, précitée.

V.   41

avantage de la possession, et voilà pourquoi on se le dispute avec une ardeur qui va quelquefois jusqu'à la violence (1). Au lieu que lorsqu'il s'agit d'un droit de servitude, il ne suffit pas au défendeur qui l'exerce de se renfermer dans un silence absolu; d'attendre que le demandeur ait lui-même fait sa preuve touchant la franchise de son fonds; car les héritages étant, de droit, présumés libres, la preuve du demandeur est toute faite. Aussi est-il dit au § 2 Instit. *de actionibus*, que dans l'action négatoire il y a cela de particulier, que le demandeur n'est point tenu de prouver sa prétention, de prouver que son héritage est libre; au contraire, c'est au défendeur à prouver que cet héritage est assujéti envers le sien. Il serait incontestablement soumis à cette preuve s'il n'avait pas la possession annale, tandis que s'il s'agissait de la propriété du fonds et qu'il fût en possession, quoique ce fût depuis moins d'une année, il n'aurait rien à prouver tant que le demandeur au pétitoire n'aurait pas lui-même fait sa preuve. Or, peut-on dire, la loi ne fait pas résulter la servitude de la simple possession annale; elle n'a même nulle part attaché à cette possession, la simple présomption d'existence de la servitude : elle est muette sur ce point; par conséquent, la présomption contraire, celle que les héritages sont censés libres, exerce toute sa force nonobstant la possession.

---

(1) *Voy.* tome précédent, n° 243.

On peut encore ajouter que ce serait imposer au maître du fonds assujéti l'obligation de prouver une négation, c'est-à-dire que son fonds ne doit pas la servitude; or une telle obligation répugne aux vrais principes (1), à raison de l'impossibilité de la remplir, du moins généralement.

Cependant, tel n'est pas notre sentiment. Ce système rendrait sans effet réel l'avantage de la possession, et il est mille fois improbable que la loi ait été conçue dans cet esprit. L'art. 3 du Code de procédure, d'accord avec la loi du 24 août 1790, met dans les attributions des juges de paix les usurpations commises dans l'année sur les cours d'eau, et toutes les autres actions possessoires. Ce sont là des faits le plus souvent relatifs à la matière des servitudes; et lorsque, au lieu d'être des actes mal fondés, ce sont des actes légitimes, ces actes ne sont rien autre chose que l'exercice d'un droit de servitude véritable; mais puisque la loi veut que celui qui les a faits paisiblement, à titre non précaire, depuis une année au moins, et qui n'a pas cessé de les faire depuis plus d'un an (art. 23 Procéd.), soit maintenu dans sa jouissance et possession, c'est bien certainement parce qu'elle présume qu'il avait le droit de les faire. Elle n'a donc pu vouloir n'attacher à la possession qui réunit tous ces caractères, qu'un effet momentané et pour ainsi dire

---

(1) L. 23 Cod. *de probat.* ci-dessus citée.

illusoire, comme il le serait évidemment dans ce système.

Quant à l'objection tirée de ce qu'on réduit ainsi le demandeur sur le pétitoire, à l'obligation de prouver une négation, on y répond facilement. La négation, dans l'espèce, n'est point de celles qui ne tombent point en preuve; car elle peut se transformer en affirmation d'un fait positif contraire à la prétention du défendeur; par exemple, si le demandeur rapportait une pièce par laquelle celui-là a reconnu que ce n'était que par pure tolérance de la part de celui-ci qu'il a fait les actes de possession à raison desquels il a été maintenu au possessoire, pièce qu'alors le demandeur n'a point produite parce qu'elle était adirée, ou pour autre cause. D'ailleurs, comme le défendeur n'invoque aucun titre, il est clair que la servitude ne peut résulter que de la destination du père de famille, qui vaut titre, ou de la prescription. Or, dans beaucoup de cas, le demandeur ne serait point réduit à l'impossibilité de prouver que la prescription n'a pu avoir lieu : par exemple, s'il s'agissait d'une servitude de vue, il prouverait facilement que le bâtiment pour lequel on la réclame a moins de trente ans d'existence; si c'était la destination du père de famille qu'invoquât le défendeur (que nous supposons toujours avoir la possession annale), le demandeur ne serait point non plus placé dans une impuissance, de fait, de prouver que les conditions requises par la loi n'ont pu être remplies.

642. Nous venons de dire que celui sur le fonds duquel un autre exerce mal à propos une servitude a l'action *négatoire* pour s'y opposer; et s'il y a moins d'un an que la servitude s'exerce, ou s'il s'agit de l'une de celles qui ne peuvent s'acquérir sans titre, il peut intenter simplement l'action en complainte pour faire cesser le trouble, et se plaindre du nouvel œuvre s'il y en a eu. (1)

643. Celui qui a gagné au possessoire, mais qui a succombé au pétitoire, doit-il être aussi condamné aux dépens du possessoire?

Le possessoire et le pétitoire sont deux instances différentes; ils ne doivent pas être cumulés. On a pu avoir raison de défendre ou d'attaquer au possessoire, parce qu'on avait la possession, et tort d'avoir défendu ou attaqué au pétitoire, parce qu'on n'avait pas le droit : dès-lors, les dépens du possessoire ne doivent pas être adjugés, au pétitoire, à celui qui a succombé dans la première instance, quoiqu'il ait triomphé dans l'autre, sauf à lui à réclamer des dommages-intérêts, s'il y a lieu; et qui pourront compenser le montant des dépens auxquels il a pu être condamné.

_____

(1) *Voy.*, au sujet de l'action appelée *dénonciation de nouvel œuvre* (*novi operis nunciatio*), dont il est fréquemment fait mention dans nos anciens auteurs et même dans la pratique, mais dont nos Codes modernes ne parlent pas, voyez, dis-je, la *Compétence des juges de paix*, par M. Henrion de Pansey, page 386 et suiv.

644. Non-seulement il y a lieu à interjeter appel du jugement rendu au pétitoire, quelque peu importante que fût la servitude prétendue (1), parce que la valeur en est indéterminée; mais on peut aussi interjeter appel du jugement rendu au possessoire.

L'appel se porte au tribunal de première instance.

645. Et il y aurait également lieu à appel du jugement rendu au possessoire, encore que le demandeur eût aussi conclu à des dommages-intérêts pour une somme n'excédant pas 5o fr. Ce point, si long-temps et si vivement controversé, jugé même si souvent en sens contraire par la cour suprême elle-même, ne fait plus de doute aujourd'hui (2). Les juges de paix, il est vrai, jugent en dernier ressort jusqu'à concurrence de 5o fr. inclusivement, d'après la loi du 24 août 1790 précitée, mais l'objet de la complainte, la maintenue en possession, la possession controversée

_____

(1) A moins toutefois que le fonds sur lequel elle serait réclamée ne fût lui-même l'objet d'une décision en dernier ressort, parce qu'il ne serait pas d'une valeur de plus de 1000 fr. représentée par plus de 5o fr. de revenu *par prix du bail ou de rente* (lois du 24 août 1790, tit. 4, art. 5, et du 27 ventose an VIII, art. 7); car alors la question de servitude devrait être jugée aussi en dernier ressort. En effet, bien qu'une servitude soit quelque chose d'indéterminé dans sa valeur, néanmoins dans l'hypothèse, elle est au moins déterminée au-dessous de 1000 fr.; car il serait absurde de dire qu'elle peut valoir plus que le fonds assujéti lui-même. Or, jusqu'à cette somme, les tribunaux de première instance jugent en dernier ressort.

(2) *Voy.* l'arrêt du 22 mai 1822 rendu sections réunies.—Sirey— 22—1—375.

entre les parties, n'est pas moins d'une valeur indéterminée, quoiqu'à cette complainte on ait joint une demande en dommages-intérêts qui n'excède pas cette somme. L'addition de cette demande à l'action possessoire ne peut évidemment qu'augmenter la valeur du litige, et circonscrire davantage la compétence du juge de paix en ce qui touche le point de savoir s'il doit juger en dernier, ou bien en premier ressort.

646. Il en serait autrement, sans doute, si la propriété du fonds sur lequel a été commis le trouble, ainsi que la possession annale, n'étaient pas contestées par le défendeur, et que la demande en dommages-intérêts n'excédât pas cinquante francs : alors le juge de paix devrait juger en dernier ressort, comme l'a très-bien décidé la cour suprême par deux arrêts de cassation du 15 décembre 1824 (1); mais toutes les fois que la propriété du fonds, et même la simple possession annale, sont contestées par le défendeur, la demande en dommages-intérêts pour le préjudice souffert par le nouvel œuvre, ou par le simple exercice d'une servitude sans nouvel œuvre, devient indifférente sous le rapport dont il s'agit, quand bien même le demandeur ne conclurait pas nommément à la destruction de certains travaux, mais à la simple cessation du trouble.

_____

(1) Sirey, 1825—1—215.

SECTION VIII.

De quelles manières s'éteignent les servitudes.

SOMMAIRE.

656. *Il en est autrement de l'usufruit; une fois éteint par la perte totale de la chose, il ne revit plus : raison de la différence.*

657. *La perte de la partie seulement sur laquelle s'exerçait la servitude, peut, suivant les circonstances, entraîner l'extinction absolue du droit.*

§. III.

Extinction des servitudes par la confusion.

658. *La réunion des deux fonds dans la même main opère confusion et extinction de la servitude.*

659. *Conséquence.*

660. *Espèce traitée dans la L. 31 ff. de servit. præd. rust. où il n'y a pas eu confusion quoiqu'il y ait eu réunion.*

661. *Suite.*

662. *Il n'y a pas non plus confusion lorsque j'acquiers une portion par indivis d'un fonds qui doit une servitude à celui que je possède en propre.*

663. *Ni dans le cas où vous et moi achetons en commun un fonds qui en doit une à chacun de nous en particulier.*

664. *Secùs si la servitude eût été due à un fonds que nous avions aussi en commun, pour des parts semblables à celles que nous avons dans le nouveau.*

665. *L'acquisition, par le propriétaire de l'héritage dominant, de la partie du fonds assujéti sur laquelle s'exerce la servitude en opère aussi l'extinction.*

666. *Pour que la confusion opère irrévocablement l'extinction de la servitude, il faut que la réunion résulte d'une acquisition irrévocable de la propriété du fonds dominant ou assujéti.*

667. *Ainsi, dans le cas du délaissement par hypothèque, la servitude revit.*

668. *Il en est de même dans celui de réméré.*

669. *Ou d'une donation révoquée.*

670. *A l'égard aussi de la servitude qui existait entre l'immeuble*

d'un testateur qui l'a légué sous condition suspensive, et le fonds de l'héritier, si la condition vient à s'accomplir.

671. *Et ainsi dans tous les cas de restitution en entier, d'annulation ou de rescision du contrat d'acquisition de l'un des immeubles.*

§. IV.

Extinction de la servitude par la résolution du droit de celui qui l'a concédée.

672. *Celui qui n'avait qu'un droit de propriété temporaire, résoluble, révocable, rescindable, n'a pu constituer une servitude qu'affectée des mêmes chances de résolution.*

673. *Exemple tiré de celle qui a été établie par un emphytéote, ou par un grevé de substitution.*

674. *Ou par un acquéreur à réméré, ou dont l'acquisition est rescindée pour cause de lésion.*

675. *Ou par un donataire dont le titre a été révoqué.*

676. *Ou lorsque le contrat du constituant a été rescindé ou annulé pour incapacité ou autre cause.*

677. *La règle* resoluto jure dantis, resolvitur jus accipientis, *ne s'applique point au cas où c'est celui qui a concédé la servitude qui a obtenu l'annulation de son titre de propriété.*

678. *Ni aux cas prévus aux articles* 132 *et* 133 *du Code.*

679. *Si c'est le droit de propriété de celui à qui la servitude a été concédée, qui vient à se résoudre, avant que la servitude ne soit acquise au fonds par l'usage, le propriétaire qui rentre dans le fonds ne peut la réclamer.*

§. V.

Extinction de la servitude par l'arrivée du jour ou de l'événement qui doit, d'après le titre, mettre fin à son exercice.

680. *Si la servitude a été établie sous telle ou telle modalité, ainsi qu'elle a pu l'être, elle prend fin par l'arrivée de l'événe-*

ment prévu dans le titre, même dans les principes du droit
romain.

681. *Suite.*

§. VI.

Extinction des servitudes par le non-usage.

682. *Les servitudes s'éteignent par le non-usage pendant trente
ans.*

683. *C'est là une prescription ordinaire : conséquences.*

684. *A partir de quelle époque commencent à courir les trente
ans à l'égard des servitudes discontinues.*

685. *Et à l'égard des servitudes continues.*

686. *Distinction du droit romain, relativement au doublement du
tems requis, dans certains cas, que nous n'avons point du
tout admise.*

687. *Le mode de la servitude peut se prescrire comme la servitude
elle-même, et de la même manière; renvoi quant à la
question de savoir si le nouveau mode a pu s'acquérir par
prescription.*

688. *Tant que l'héritage dominant n'est pas divisé, la jouissance
de l'un des propriétaires, ou sa qualité de mineur, empêche
la prescription de courir contre les autres.*

689. *Après le partage, chacun doit conserver son droit pour sa
part.*

690. *Et après la division du fonds assujéti, les parts sur lesquelles la servitude ne serait point exercée en seraient
affranchies par la prescription.*

691. *Le tiers acquéreur de bonne foi prescrit, par dix ans entre
présens et vingt ans entre absens, la propriété pleine de
l'immeuble, même à l'égard de la servitude qui n'a point
été exercée pendant ce laps de tems; mais il doit remplir
aussi les conditions de la prescription vis-à-vis du maître
de l'héritage dominant.*

647. Les servitudes prennent fin,

1° Par la remise;

2° Lorsque les choses sont dans un état que la servitude ne peut plus s'exercer;

3° Par la confusion, ou la réunion des deux héritages dans la même main;

4° Généralement, par la résolution du droit de celui qui a concédé la servitude, et même de celui à qui elle a été concédée;

5° Par l'événement de la condition, ou autre fait prévu;

Et 6° par le non-usage pendant le tems requis par la loi.

Ce sera l'objet des six paragraphes suivans, par lesquels nous terminerons l'explication de l'importante matière des servitudes, et du second livre du Code.

§. Iᵉʳ.

Extinction des servitudes par la remise qui en est faite.

648. Les servitudes s'éteignent par la remise qui en est faite par le propriétaire, capable de disposer de ses droits.

649. Si le fonds dominant appartient à plusieurs par indivis, la remise faite par l'un d'eux seulement, sans le consentement des autres, ne nuit point à ceux-ci, par la raison que l'un des associés

ne peut nuire à la chose commune (1). En sorte que, sous ce rapport, la servitude existe encore, parce qu'étant une chose indivisible, elle ne peut pas plus être remise pour partie que constituée pour partie (2). Mais le propriétaire de l'héritage assujéti pourra toujours opposer la remise à celui qui la lui a faite (3); tellement que si le fonds vient à être adjugé à celui-ci sur licitation ou autrement, la servitude alors sera tout-à-fait éteinte; et si le fonds vient à être partagé, il ne pourra l'exercer pour la part qui tombera dans son lot, de même que si la remise avait eu lieu après le partage, cas dans lequel évidemment cette part, qui forme maintenant un nouveau fonds (4), n'aurait plus à prétendre à la servitude.

650. En sens inverse, si le fonds assujéti venait à être divisé, et que la servitude fût ensuite remise à l'un des copartageans, sa part en serait affranchie (5). Si ce fonds appartenait à plusieurs par

---

(1) L. 34, ff. *de servit. præd. rust.* Voy. *suprà*, n° 468.

(2) Même loi 34.

(3) Argument de la L. 11, ff. *de servit. præd. rustic.*, qui décide que lorsque l'un des copropriétaires d'un fonds a concédé une servitude sans le consentement des autres, la servitude, à la vérité, n'existe pas, parce qu'elle ne peut être établie pour partie, mais que celui qui l'a consentie peut être écarté par l'exception de dol, s'il veut s'opposer à ce que le voisin fasse ce qu'il lui a permis de faire. Par une raison au moins égale, il en doit être de même quand il s'agit de la remise, qui est plus digne de faveur.

(4) L. 6, § 1, ff. *quemad. servit amitt.*; argument de la L. 6, § 1, ff. *communia servit. tam urb. quàm rust.* Voët, sur ce titre.

(5) L. 6, ff. *de servit.;* Voët, *loco præcitato.*

indivis au moment de la remise faite à l'un d'eux seulement par le propriétaire unique du fonds dominant, et qu'il vînt à appartenir ensuite en totalité à celui à qui la remise a été faite, la servitude serait éteinte absolument, surtout si c'était sur licitation qu'il se fût rendu acquéreur des parts de ses copropriétaires, parce qu'alors, aux termes de l'article 883, il serait censé avoir été seul propriétaire dès le principe, et par conséquent la remise s'appliquerait à tout le fonds. Durant même l'indivision, elle produirait effet au profit des autres copropriétaires, si elle avait eu lieu à titre onéreux, sans réserve à l'égard de ces derniers : celui qui l'aurait stipulée serait censé en avoir fait la condition de la stipulation qu'il a faite pour lui-même, conformément à l'article 1121 et à ce que nous avons dit plus haut, n° 467, pour le cas où l'un des copropriétaires stipule seul une servitude au profit du fonds commun; car s'il peut l'améliorer par la stipulation d'une servitude, ainsi que le décide Voët (1) dans les principes du droit moderne, à plus forte raison peut-il aussi l'améliorer par l'affranchissement d'une servitude qui le grève. Mais la remise peut avoir eu lieu par testament ou autre acte à titre purement gratuit, et uniquement en faveur de celui qui a été dénommé dans l'acte; elle peut même n'avoir eu lieu par acte à titre onéreux, qu'avec réserve de tous droits à

---

(1) Tit. *communia servit. præd. tam, urb. quàm. rust.*, n°s 9 et 10.

l'égard des autres copropriétaires : et à ces cas s'applique ce qui vient d'être dit.

651. La remise peut être expresse ou tacite.

Expresse, elle se règle par l'acte qui la contient et qui en détermine les conditions ;

Tacite, lorsque le propriétaire du fonds dominant a autorisé le maître du fonds assujéti à faire quelque chose qui est un obstacle , non passager (1), mais perpétuel à l'exercice de la servitude : par exemple, lorsqu'ayant le droit de faire écouler mes eaux sur votre terrain, ou un droit de passage , je vous autorise à bâtir sur l'endroit même où s'exerce la servitude (2). Mais ce que je fais moi-même sur mon fonds, et qui est contraire à la servitude, n'en fait présumer la remise qu'après trente ans, à moins que quelques autres circonstances n'indiquassent clairement qu'il y a eu renonciation, abandon du droit ; car le non-usage doit avoir cette durée pour que la servitude soit éteinte. (Art. 707.)

652. Si j'avais tout à la fois sur votre bâtiment la servitude *altiùs non tollendi*, et celle d'égout de mon toit, la simple autorisation que je vous accorderais d'élever davantage votre bâtiment n'entraînerait pas remise de la servitude d'égout ; vous ne

---

(1) Si ce n'était qu'un obstacle passager, il n'y aurait pas lieu d'en induire remise de la servitude. L. 17, ff. *commun. servit. præd. tam urb. quàm rust.* ; ce serait là un simple précaire.

(2) L. 8, ff. *quemad. servit. amitt.*

pourriez toujours élever votre maison qu'à une hauteur qui ne ferait point obstacle à l'écoulement des eaux de mon toit (1).

653. La remise de la servitude établie au profit d'un fonds hypothéqué, sans l'assentiment des créanciers hypothécaires, ne peut pas nuire à leur droit. Il faudrait même le décider ainsi, encore que la servitude n'eût été établie que depuis les constitutions d'hypothèques; car le droit hypothécaire s'est étendu à cette amélioration de l'héritage. (Art. 2133.)

§. II.

Extinction des servitudes par suite de changemens survenus dans l'état du fonds.

654. Puisqu'il faut deux héritages pour qu'une servitude puisse exister, il s'ensuit que dès que l'un des fonds vient à périr, la servitude est éteinte. C'est ce que porte l'art. 703 en ces termes : « Les servitudes cessent lorsque les choses se trouvent en « tel état qu'on ne peut plus en user. »

Tel serait le cas où le débordement d'un fleuve aurait détruit l'un des deux fonds; celui où la source qui était grevée d'un droit de puisage serait venue à se tarir tout-à-fait, ou bien que la maison au profit de laquelle existait un droit de vue a été démolie, incendiée, etc.

655. Mais suivant l'article 704, la servitude revit

---

(1) L. 21, ff. *de servit. præd. urb.*

« si les choses sont rétablies de manière qu'on
« puisse en user ; à moins qu'il ne se soit déjà écoulé
« un espace de tems suffisant pour faire présumer
« l'extinction de la servitude, ainsi qu'il est dit à
« l'article 707 ; » c'est-à-dire, à moins qu'il ne se soit
écoulé trente ans sans jouissance du droit.

Ainsi, dans le cas où une maison au profit de laquelle existait un droit de servitude vient à être
démolie, ou détruite par force majeure, la servitude renaît (1) si l'on reconstruit la maison avant
trente ans. L'article 665 porte une semblable disposition en disant : « Lorsqu'on reconstruit un
« mur mitoyen ou une maison, les servitudes
« actives et passives se continuent à l'égard du nou-
« veau mur ou de la nouvelle maison, sans toute-
« fois qu'elles puissent être aggravées, et pourvu
« que la reconstruction se fasse avant que la pres-
« cription soit acquise. »

656. C'est une notable différence d'avec le droit
d'usufruit, qui est définitivement éteint par la destruction du bâtiment sur lequel il résidait, quand
bien même un autre édifice serait reconstruit de
suite à la même place et en tout point semblable
au premier (2). L'article 624 ne dit pas, en effet,
comme l'article 665, que le droit revit si le bâti-

---

(1) La L. 20, §. 2, ff. *de servit. præd. urb.*, décide également que si
la maison est rétablie, la servitude renaîtra ; mais il faut pour cela
que les choses soient remises dans le même état qu'auparavant.

(2) *Voy.* tome précédent, n° 679.

ment vient à être rétabli ; il prononce l'extinction pure et simple de l'usufruit par suite de la destruction de l'édifice.

Cette différence est puisée dans les principes du droit romain sur l'une et l'autre matière.

D'après la L. 10, §. 1, ff., *quibus modis ususf. amittitur*, l'usufruit établi sur une maison s'éteint absolument par la démolition de la maison, quand bien même elle serait ensuite rétablie.

Au lieu que suivant la L. 20, §. 2, ff., *de servit. præd. urb.*, la servitude éteinte par la destruction de la maison renaît par son rétablissement, pourvu que le nouveau bâtiment soit de la même sorte et à la même place : *Ut idem intelligatur.*

Mais cela n'a été admis que par faveur, par motif d'utilité, et non pas d'après la pureté des principes : *Si sublatum sit ædificium, ex quo* STILICI-DIUM *cadit, ut eadem specie et qualitate reponatur,* UTILITAS *exigit ut idem intelligatur: nam alioquin, si quid strictiùs interpretetur, aliud est quod sequenti, loco ponitur. Et ideò, sublato ædificio,* USUSFRUCTUS *interit, quamvis area pars est ædificii.*

La substance de la chose qui était l'objet de l'usufruit a réellement été éteinte, et la reconstruction du bâtiment en serait seulement un autre, un nouveau ; tandis que pour les servitudes, qui ne sont rien autre chose que des qualités actives et passives des héritages (1), on a cru devoir considérer

----

(1) L. 86, ff. *de verb. signif.* Voy. *suprà,* n° 475.

fictivement la nouvelle maison comme la première : elle la remplace.

657. La perte de la partie seulement sur laquelle s'exerçait la servitude pourrait, suivant les circonstances, ou restreindre le mode de son exercice, ou donner simplement lieu à en changer la place, ou même entraîner l'extinction de la servitude, sauf son rétablissement, si les choses étaient elles-mêmes rétablies dans les trente ans : cela dépendrait des termes dans lesquels la constitution a été conçue ; car si le lieu de l'exercice de la servitude avait été bien marqué et limité dans le titre, le droit ne résiderait que sur cette partie du fonds (1) ; et si elle venait à être détruite, la servitude elle-même serait éteinte.

§. III.

Extinction des servitudes par la confusion.

658. Comme on ne peut avoir de servitude sur son propre fonds, il y a extinction de celle qui existe lorsque les deux héritages se trouvent réunis dans la même main (art. 705). Il se fait confusion de droits.

Il n'y a aucune différence, à cet égard, entre le

---

(1) *Ad certam partem fundi tàm remitti, quàm constitui potest.* L. 6, ff. *de servit.* ; par la même raison on peut ne l'établir que sur telle partie du fonds assujéti. *Voy.* aussi la L. 6, §. 1, ff. *quemad. servit. amitt.*, qui parle du cas où le lieu de l'exercice de la servitude de passage a été déterminé, et qui donne pour ce cas une solution différente que pour celui où la servitude règne indistinctement sur tout le fonds.

cas où c'est le maître du fonds dominant qui acquiert le fonds assujéti, et le cas inverse.

Mais il faut, comme nous allons le dire avec
plus de développemens, que l'acquisition soit de
la totalité du fonds, ou au moins de la partie pour
laquelle ou sur laquelle a été établie la servitude;
car la L. 6, ff. *de servit.*, déjà citée plusieurs fois,
dit positivement qu'on peut acquérir la servitude
pour une partie déterminée du fonds : *ad certam
partem fundi*, c'est-à-dire pour tel ou tel côté seulement. Par conséquent, si le propriétaire du fonds
dominant acquiert cette partie, la confusion est
complète comme s'il eût acquis tout le fonds.

659. Du principe que la réunion des deux fonds
dans la même main fait cesser la servitude, il suit
que si j'achète l'héritage sur lequel j'en exerce
une, et que je le vende ensuite, il passera libre à
l'acquéreur (1), à moins que je ne fasse des réserves
à cet égard, ou à moins que, lors de la revente, le
signe de cette servitude (ou de toute autre) ne
subsiste encore ; auquel cas, s'il n'y a pas de clause
contraire dans l'acte, la servitude existera en faveur
du fonds revendu, comme elle existerait en faveur
de celui que j'ai conservé, si c'eût été à son profit
qu'elle eût été établie, conformément à l'art. 694
et à ce que nous avons dit n° 570 et suivans.

660. Trois fonds contigus appartiennent à divers, et le propriétaire de celui qui est inférieur

---

(1) L. 3o *princip.* ff. *de servit. præd. urb.*

stipule une prise d'eau du propriétaire supérieur, par le moyen d'un canal pratiqué sur le fonds intermédiaire, dont le propriétaire consent à l'exercice de la servitude. Ensuite le maître du fonds inférieur achète l'héritage supérieur et puis vend le premier de ces fonds? Julien, dans la loi 31, ff. *de servit. præd. rust.*, se demande s'il n'y a pas eu confusion, et par conséquent extinction de la servitude. Mais il décide la question par la négative; attendu que le fonds intermédiaire, également grevé, appartenait à un tiers à l'époque où les deux autres étaient dans la même main, et a fait ainsi obstacle à la confusion en conservant sur lui la servitude.

661. Il en serait de même, dans l'espèce, si, au lieu de supposer que les trois fonds appartenaient à différens maîtres, on supposait que l'intermédiaire et le supérieur étaient au même : l'acquisition que le maître du fonds inférieur ferait du supérieur n'opérerait point confusion, la servitude continuant sur le fonds intermédiaire; et par conséquent l'aliénation qu'il ferait ensuite du fonds inférieur, sans aucune mention contraire à son maintien, donnerait à l'acquéreur le droit d'en jouir; comme il en jouirait lui-même si c'était le fonds supérieur qu'il eût aliéné : parce que, dans l'un comme dans l'autre cas, elle a continué de résider sur le fonds intermédiaire. C'est ce que décide clairement Javolenus dans la L. 15, ff. *quem-*

ad. servit. amitt., où il suppose qu'un droit de passage a été établi par trois fonds, et que le propriétaire dominant acquiert celui du milieu : la servitude, dit-il, continue de subsister sur les deux autres, attendu qu'elle n'est éteinte par confusion que dans les seuls cas où on ne peut plus en user comme d'une servitude, c'est-à-dire, d'après la règle *res sua nemini servit*, lorsqu'on devient aussi propriétaire de tous les fonds qui la doivent : *Totiens servitus confunditur, quotiens uti ea is, ad quem pertinet, non potest.*

Et en effet, suivant la L. 18 ff. *de servit. præd. rust.*, la servitude de passage par plusieurs fonds (et il en serait de même de celle de conduite d'eau), ne forme qu'une seule servitude (1); dès lors s'applique le double principe : *Servitus pro parte amitti nequit* (2); *Pro parte servitus retineri potest* (3). Donc en conservant la servitude sur un fonds, on l'a conservée sur les autres, puisqu'elle est indivisible.

---

(1) Nous croyons néanmoins que cela n'est vrai que dans le cas où ces divers fonds appartenaient au même constituant. C'est ce que nous avons déjà fait entendre précédemment, n° 186 ; et Ulpien, dans cette loi 18, ne suppose pas, comme Julien dans la loi 31, au même titre, précitée, que les divers fonds assujétis appartiennent à différens maîtres; circonstance, au surplus, qui n'a point empêché Julien de décider que la confusion, dans l'espèce qu'il traite, ne s'est point opérée; qu'il aurait fallu, pour cela, la réunion des trois fonds dans la même main.

(2) L. 11, ff. *de servit.*; L. 10 *princip.* ff. *quemad. servit. amitt.*; art. 709 et 710.

(3) L. 8, §. 1, ff. *de servit.*; L. 30, §. 1, ff, *de servit. præd. urban.*

662. Voilà pourquoi lorsque j'acquiers une partie par indivis du fonds qui m'en doit une, ou auquel j'en dois une moi-même, par exemple la moitié, il n'y a point confusion (1), *quia pro parte servitus retinetur;* non pas sans doute en ce sens que l'on retient une partie de la servitude en elle-même, et abstraction faite du fonds, car cela ne serait pas possible; mais en ce sens que la servitude continue de subsister, et que l'on y a intellectuellement un droit proportionné aux parts que l'on a respectivement dans les divers fonds auxquels elle s'applique.

663. Il n'y aurait pas non plus confusion et extinction de la servitude dans le cas où vous et moi achèterions en commun le fonds qui en doit une à l'héritage particulier de chacun de nous, attendu que rien n'empêche qu'un fonds commun à deux, ou à un plus grand nombre, ne soit assujéti envers un fonds qui est propre à l'un des associés seulement (2). Ainsi, lorsque je deviens héritier pour partie de celui dont le fonds doit au mien une servitude, je conserve mon droit sur le fonds de la succession, tant que, par le partage des biens ou par l'effet d'une licitation, je n'en deviendrai pas seul propriétaire.

664. Au lieu que si nous achetions en commun le fonds qui doit une servitude à celui que nous

---

(1) Même L. 30, §. 1, ff. *de servit. præd. urb.*
(2) L. 27, ff. *de servit. præd. rust.*

avons aussi en commun, il y aurait confusion absolue et extinction de la servitude (1). Il faudrait
toutefois, pour cela, que les parts fussent les mêmes
dans l'un et l'autre fonds; car si vous n'aviez que
le quart, par exemple, dans celui qui est assujéti,
et les trois quarts dans l'autre, il est clair que vous
auriez intérêt au maintien de la servitude, et elle
continuerait en effet de subsister avec des avantages proportionnés à vos droits dans l'un et l'autre
héritage.

665. Au surplus, comme nous l'avons dit, dans
le cas où le mode d'exercice de la servitude aurait
été déterminé sur telle partie du fonds assujéti,
comme dans celle de passage, de puisage, de conduite d'eau, et que le propriétaire du fonds dominant se rendrait acquéreur de cette partie (*pro
regione, pro diviso*), la confusion serait complète,
et la servitude entièrement éteinte. De même, si
la servitude était seulement établie pour une partie du fonds dominant, *ad certam partem fundi*,
comme dit la L. 6, ff. *de servitut.*, l'acquisition
que ferait, de cette partie, le maître du fonds assujéti, opérerait l'extinction absolue de la servitude.

666. Mais pour que la confusion opère l'affranchissement du fonds asservi, il est nécessaire que
la réunion résulte d'une translation irrévocable et
incommutable de la propriété du fonds acquis:
autrement, si l'acquisition est révoquée, annulée,

_____

(1) Même loi 27, ff. *de servit. præd. rust.*

ou rescindée par quelque cause que ce soit; en un mot, si son effet est détruit, celui de la confusion l'est pareillement, et la servitude, qui avait été éteinte, renaît aussitôt telle qu'elle était auparavant.

667. Tel est le cas où le propriétaire de l'un des héritages entre lesquels existe la servitude se rend acquéreur de l'autre, et fait ensuite le délaissement aux créanciers hypothécaires, ou est vaincu par une surenchère : la servitude éteinte par la confusion renaît au profit de son fonds ou sur son fonds, comme elle existait avant la réunion. (Art. 2177.)

668. Il en est de même si c'est par suite de l'action en réméré, exercée dans le délai convenu (1), ou de l'action en rescision pour vilité du prix, qu'il restitue l'immeuble, encore bien que, dans ce dernier cas, il eût pu le conserver en payant un supplément de prix. (Art. 1681.)

669. La même décision est applicable aux cas aussi de donation révoquée pour survenance d'enfans ou inexécution des charges, ou par l'effet de la stipulation du droit de retour ou l'accomplissement de toute autre condition résolutoire.

670. Mais si la donation, ou toute autre aliénation, a eu lieu sous une condition suspensive, la

---

(1) Car après, ce serait une véritable revente, soumise à de nouveaux droits de mutation, et l'immeuble ne reviendrait au premier vendeur qu'affecté de toutes les charges dont l'aurait grevé l'acquéreur à réméré, vendeur à son tour. La confusion de la servitude aurait donc eu lieu.

confusion ne s'étant point encore opérée tant que la condition n'était pas accomplie, il n'y a pas lieu, jusque-là, d'en rescinder les effets et de faire revivre la servitude, puisqu'elle n'a point été éteinte.

Il en est autrement du cas où un testateur ayant une servitude sur un fonds appartenant à son héritier, lègue, sous une condition suspensive, son héritage à un tiers, et que la condition vient à s'accomplir : dans l'intervalle qui s'est écoulé depuis la mort du testateur jusqu'à l'accomplissement de la condition, le fonds de l'héritier était affranchi de la servitude, parce que cet héritier était propriétaire aussi de l'héritage dominant (1). Mais il y a lieu à la rétablir par suite de la résolution de la propriété de l'héritier en faveur du légataire, opérée par l'événement de la condition du legs.

Il en serait de même, *vice versá*, si la servitude avait été établie au profit du fonds de l'héritier sur celui du défunt : il y a parité de raison. Le testateur n'a entendu le léguer que tel qu'il était dans sa main (2).

671. Si le contrat d'acquisition de l'un des fonds est rescindé ou annulé pour cause de minorité, interdiction ou autre incapacité de la part de celui qui avait aliéné, la restitution est *in integrum*, et par conséquent les choses, de part et

---

(1) L. 12, §. 2, ff. *famil. ercis.* ; L. 66, ff. *de rei vindic.*
(2) *Voy.* L. 18, ff. *de servitut.*

d'autre, sont remises aussi au même état qu'auparavant : la servitude revit; comme elle revivrait également si le contrat était annulé pour dol, erreur, violence ou autre cause; comme elle revivrait enfin, si un héritier se faisait, en vertu de l'art. 783, relever de son acceptation (1), qui avait opéré l'extinction de celle qui existait entre son immeuble et celui du défunt. On multiplierait encore facilement les exemples, mais ceux que nous venons de donner suffisent.

§. IV.

Extinction de la servitude par la résolution du droit de celui qui l'a concédée.

672. D'après la maxime *resoluto jure dantis, resolvitur jus accipientis*, et qui est consacrée par l'art. 2125 relativement aux hypothèques, parce qu'en effet *nemo plus juris in alium transferre potest, quàm ipse habet* (2), la servitude concédée par celui qui n'avait sur l'immeuble qu'il a assujéti qu'un droit de propriété temporaire, résoluble, révocable, rescindable ou sujet à annulation, cesse avec le droit du constituant; à la différence du cas où son droit prend seulement fin par la disposition qu'il en fait, par l'aliénation du fonds; car

---

(1) Pure et simple, car celle qui a lieu sous bénéfice d'inventaire n'opère point confusion. (Art. 803.)

(2) L. 54, ff. *de regul. juris.* Voy, *suprà*, n° 545.

alors, loin que la servitude prenne fin aussi, elle suit l'immeuble en toute main, contre tout détenteur quelconque (1).

673. Ainsi, la servitude établie par l'emphytéote, dont le droit de *propriété* (2) n'était que *temporaire*, cesse avec l'emphytéose, suivant ce qui a été dit plus haut, n° 55o.

Il en est de même des servitudes imposées sur les biens grevés de substitution, par le grevé, dans le cas où la substitution vient à s'ouvrir et que les appelés ne sont point héritiers purs et simples du grevé.

674. Ainsi encore, la servitude établie par l'acquéreur à réméré, ou par tout autre acquéreur sous condition résolutoire (3), s'évanouit par suite de l'exercice du réméré (art. 1673), ou de l'événement prévu. (Art. 1183.)

675. Il en est de même de celle qui a été établie par un donataire dont le droit est révoqué pour cause d'inexécution des conditions sous lesquelles la donation a été faite (art. 954), ou pour survenance d'enfans (art. 953), ou par l'effet de la stipulation de retour (art. 952), ou même enfin pour cause d'ingratitude, si toutefois, dans ce dernier cas, la servitude n'a été établie que depuis

---

(1) L. 12, ff. *comm. præd. tàm urb. quàm rust.* Voy. *suprà*, n° 476.

(2) *Moins pleine.* Voy. tome précédent, n° 265.

(3) Car la stipulation du réméré n'est rien autre chose qu'une condition résolutoire, mais *potestative* de la part du vendeur.

l'inscription qui aurait été faite de l'extrait de la demande en révocation, en marge de la transcription de l'acte de donation. (Art. 958.)

676. Enfin, dans tous les cas où le contrat d'acquisition de celui qui a imposé la servitude vient à être rescindé pour minorité, interdiction ou autre incapacité dans celui qui avait aliéné, pour dol, erreur, violence ou lésion, ou pour vice de formes, la servitude s'évanouit, parce que le demandeur en rescision ou en nullité reprend son héritage franc et quitte de toutes les charges réelles que lui a imposées l'acquéreur; sauf au cessionnaire de la servitude à intervenir dans l'instance pour la conservation de ses droits, et même à attaquer le jugement par tierce-opposition, s'il prétendait que la rescision ou l'annulation ne devait pas être prononcée. Mais ce n'est pas le moment d'entrer dans l'explication de ce point; nous le ferons quand nous parlerons de l'effet que peut produire un jugement à l'égard des tiers, au titre *des Obligations conventionelles en général,* en traitant de l'autorité de *la chose jugée.*

677. Nous nous bornerons seulement à faire observer que si c'était sur la demande de celui qui a concédé la servitude que son contrat d'acquisition fût rescindé ou annulé, quand d'ailleurs c'était en état de capacité qu'il l'avait concédée, la servitude ne serait point éteinte; la maxime *resoluto jure dantis, resolvitur jus accipientis,* ne serait point

applicable, parce qu'elle ne l'est point au cas où, comme dans l'espèce, la résolution du droit du concédant est purement l'effet de sa volonté; sauf à l'autre partie à ne pas recevoir l'immeuble tant qu'il ne sera pas affranchi de la servitude. Mais s'il le reprend en cet état, il est obligé de la souffrir, sous la réserve de son recours en indemnité contre celui qui l'a établie. Cette doctrine résulte, 1o de l'art. 2125, qui ne prononce la résolution des hypothèques que dans les seuls cas où ceux qui les ont constituées n'avaient sur l'immeuble qu'un droit suspendu par une condition, ou résoluble dans certains cas, ou sujet à rescision; or, le droit de celui dont il s'agit n'était point de cette nature, puisque s'il n'eût pas lui-même, comme nous le supposons, demandé l'annulation ou la rescision de son contrat, il jouirait encore de l'immeuble, et la servitude s'exercerait sans difficulté; et ce qui est décidé pour les hypothèques s'applique, par parité de raison, aux constitutions de servitudes. 2o D'après les L. 4 *princip.*, ff. *quib. mod. pignus solvitur*, et 43, §. 8, ff. *de ædil. edicto*, celui qui a acheté une chose entachée d'un vice rédhibitoire, et qui l'a ensuite affectée d'un droit de gage, ne peut, il est vrai, et ainsi que nous l'avons dit nous-même quant à la servitude, forcer le vendeur à la reprendre tant qu'elle n'est pas rendue libre; mais si ce dernier la reprend, il la reprend avec le droit de gage. Il ne doit pas en effet dépendre de l'acheteur de faire évanouir, à sa volonté, le droit qu'il a concédé à un tiers. Ainsi, la maxime précitée n'est point applicable aux cas où la résolution n'a eu lieu que sur la demande de celui qui a établi un droit réel sur la chose, mais bien seulement aux cas où elle a été forcée à son égard.

678. On ne l'applique pas non plus au cas où la servitude a été constituée par les envoyés en possession définitive, et que l'absent reparaît ou que ses descendans se présentent dans les trente ans. Ils reprennent les biens dans l'état où ils se trouvent (art. 132 et 133), suivant ce qui a été dit précédemment, n° 545. Au lieu que si la servitude avait été établie durant l'envoi en possession provisoire, elle s'évanouirait par le retour de l'absent effectué durant cet envoi (1), attendu que pendant son cours la possession n'était qu'un dépôt dans la main des envoyés. (Art. 125.)

679. En sens inverse, si le droit de propriété de celui qui a stipulé la servitude, ou à qui elle a été donnée ou léguée, vient à être résolu, rescindé ou annulé, avant que la servitude ne soit acquise au fonds par l'usage, nous pensons que le propriétaire qui rentre ainsi dans le fonds ne peut s'en prévaloir. La stipulation faite par le tiers, ou la libéralité faite à son profit, est, à l'égard de ce pro-

---

(1) Nous disons *durant cet envoi,* parce que si ce n'était, dans le même cas, qu'après l'envoi définitif que reparût l'absent, on pourrait soutenir que ce qui a été fait sur les biens par les envoyés en possession provisoire a été confirmé et validé par l'effet de l'envoi en possession définitive. Le droit de l'auteur descend au successeur.

priétaire, *res inter alios acta, quæ aliis nec nocet nec prodest*. C'est encore ce que nous avons établi plus haut, n° 554 et suivant.

§. V.

Extinction de la servitude par l'arrivée du jour ou de l'événement qui doit, d'après le titre, mettre fin à son exercice.

680. On a vu plus haut (1) qu'en principe les servitudes sont constituées à perpétuité, et uniquement pour les fonds, sans égard à leurs possesseurs, mais cependant que l'on peut convenir que celle qui est concédée ne durera que jusqu'à telle époque, qu'elle prendra fin par l'arrivée de tel événement, ou qu'elle ne pourra être exercée que par le propriétaire actuel de l'héritage dominant, ou seulement tant que vivra le maître du fonds assujéti. Toutes ces modifications, que n'admettait pas, il est vrai, le droit civil des Romains, étaient néanmoins consacrées par le droit du préteur, qui protégeait les clauses insérées à cet effet dans les actes constitutifs des servitudes (2).

681. Comme nous nous attachons au moins autant à la volonté des contractans qu'on ne le faisait dans la législation romaine; que tout ce qui a été convenu et qui ne blesse nullement l'ordre public est une loi que les parties doivent observer

---

(1) N° 480 et suivant.
(2) L. 4, ff. *de servitut.*

(art. 1134), il n'est point douteux que si une servitude a été établie sous l'une ou l'autre de ces
modalités, elle ne doive prendre fin par l'événement de la condition ou de la circonstance qui
devait, d'après le titre, mettre un terme à son existence.

§. VI.

Extinction des servitudes par le non-usage.

682. Les servitudes s'éteignent enfin par le non-
usage pendant trente ans. (Art. 706.)

683. C'est là une prescription ordinaire : dès lors,
elle ne court pas contre les mineurs ni les interdits
(art. 2252); et, à l'égard des servitudes dues à des
immeubles dotaux proprement dits, elle ne peut
commencer pendant le mariage, à moins qu'il n'y
ait eu séparation de biens, auquel cas elle pourrait
commencer après la séparation (art. 1561 et 2255
combinés). Dans tous les autres cas elle court contre
la femme mariée pendant le mariage (art. 2254),
à moins, 1° que l'action de celle-ci ne pût être
exercée qu'après une option à faire sur l'acceptation ou la renonciation à la communauté; ou
2° que cette action, exercée contre le tiers, ne dût
réfléchir contre le mari qui aurait aliéné le droit
de la femme et se serait porté garant (art. 2256).
Sauf ces exceptions, la prescription court contre
la femme et peut opérer l'extinction des servitudes
qu'elle a sur les fonds d'autrui; sauf son recours

V.   43

contre son mari, s'il y a lieu, pour avoir laissé dépérir ses droits (art. 1428). En un mot, ce que nous avons dit (1) au sujet de l'acquisition, par la prescription, des servitudes sur les biens des incapables, s'applique, en général, à l'affranchissement, par le même moyen, des fonds de ceux qui leur en doivent.

684. Les trente ans commencent à courir selon les diverses espèces de servitudes.

Lorsqu'elles sont discontinues, c'est à partir du jour où l'on a cessé d'en jouir (art. 707); et le tems de non-jouissance par un propriétaire est valablement opposé à son successeur (2), si toutefois, ainsi qu'il vient d'être dit, la prescription a pu courir contre lui, parce qu'il n'était ni mineur ni interdit.

Mais on en jouit, comme on l'a dit précédemment (3), par son fermier, son locataire et tout autre détenteur à titre précaire, par l'usufruitier, l'emphytéote (art. 2228), et même par un tiers possesseur du fonds, de bonne ou mauvaise foi, n'importe (4); car en exerçant la servitude, ce possesseur prête son ministère au fonds, qui est supposé l'exercer, et qui la conserve par ce moyen. Il suffit qu'il l'exerce *nomine prædii* (5).

685. Quand il s'agit de servitudes continues, les

---

(1) N° 599.
(2) L. 18, §. 1, ff. *quemad. servit. amitt.*
(3) *Voy.* n° 591.
(4) LL. 5-6 *princip.* — 12, 20 et *sequent.* ff. *quemad. servit. amitt.*
(5) L. 25, ff. *quemad. servit. amitt.*

trente ans commencent à courir du jour seulement où il a été fait un acte contraire à l'exercice de la servitude (même art. 707); par exemple, en bâtissant sur le terrain sur lequel on s'était interdit de bâtir (1).

Il importe peu, au reste, que cet acte ait été fait par un autre que le propriétaire du fonds assujéti ou par lui-même : fait par un emphytéote, un usufruitier, un fermier, locataire ou colon, enfin par un possesseur quelconque, il opérerait le même effet; car dans tous les cas il serait vrai de dire que la servitude n'a point été exercée, et par conséquent qu'elle s'est éteinte par le non-usage. Si ce fait émanait du propriétaire du fonds dominant, qui a, par exemple, bouché les fenêtres au moyen desquelles il exerçait un droit de vue, la présomption de remise de la servitude, sur laquelle est fondée la prescription, serait même encore plus grave, mais cela n'ajouterait rien à l'effet résultant du non-usage du droit pendant le tems déterminé par la loi (2).

---

(1) Cette distinction paraît aussi consacrée par la L. 6, ff. *de servit. præd. urb.*

(2) En disant, au n° 491, que la prescription à l'effet d'éteindre les servitudes continues ne commence son cours que du jour où *le propriétaire du fonds assujéti* a fait un acte contraire à l'exercice de la servitude, nous n'avons point cependant voulu dire par là qu'il fallait nécessairement pour cela que l'acte eut été fait sur son fonds, car s'il l'avait été sur le fonds dominant, et que le tems requis par la loi se fût écoulé depuis, la prescription, fondée sur la présomption de remise de la servitude serait, comme nous le disons ici, encore plus grave. Aussi l'art. 707 dit-il, sans distinction, que les trente ans commencent à courir du jour où il a été fait un acte con-

686. Le droit romain faisait, quant à l'extinction des servitudes par le non-usage, une distinction entre les servitudes dont le mode de jouissance est alternatif, et les autres; et par rapport aux premières il sous-distinguait.

D'après la L. 7, ff. *quemad. servit. amitt.*, la servitude de conduite d'eau ou de passage qui ne devait être exercée que pendant l'été, et non l'hiver (*aut vice versá*), ou bien de deux années l'une, ou de deux mois l'un, ne s'éteignait par le non-usage qu'après un temps double de celui qu'il fallait dans les cas ordinaires (1) : *duplicato tempore constituto hæc servitus amittitur.* Tandis que pour celle qui devait s'exercer de deux jours l'un, ou la nuit et non le jour (*vel vice versá*), le tems n'était pas doublé, pas plus qu'il ne l'était à l'égard de celle qui

---

traire à la servitude. Nous n'avons donc voulu qu'établir le point de départ de la prescription, et si nous avons spécialement parlé de l'acte fait par le propriétaire assujéti, et contraire à la servitude, c'est parce qu'en effet c'est ordinairement sur le fonds de ce propriétaire qu'ont lieu les actes de cette nature, puisqu'il est seul intéressé à son extinction. Ainsi, l'énonciation contenue au numéro précité doit s'entendre en ce sens.

(1) Ce temps a varié. Avant Justinien il était de deux ans pour les servitudes rustiques, sans distinction du cas d'absence du maître du fonds dominant. Quant aux autres, comme elles n'avaient en général pas besoin du fait de l'homme pour être exercées puisqu'elles l'étaient par le fonds dominant lui-même, le tems, qui était également de deux années, ne commençait à courir que du jour où il avait été fait un acte essentiellement contraire à la servitude. L. 6, ff. *de servit. præd. urb.* précitée.

Justinien a étendu le tems de la prescription, pour l'extinction des unes et des autres, à dix années entre présens, et vingt ans entre absens. L. *ult.* Cod. *de præscrip. long. temp.*

avait été établie pour en jouir de deux heures l'une, ou pendant le jour, ou seulement à une certaine heure de la journée; attendu, dit le jurisconsulte Paul, que dans ces cas il n'y a qu'une seule servitude : *quia una servitus est.* Au lieu que dans les premières, *tempus non est continuum, quo, cum uti non potest, non sit usus.*

Mais, comme nous l'avons dit précédemment, n° 492, quelles que soient les modalités dont une servitude de conduite d'eau ait pu être affectée relativement à son exercice, elle n'en est pas moins, d'après le Code, qui ne distingue pas, une servitude *continue* (art. 688), quoique le tems de son exercice soit lui-même discontinu. Il l'est d'ailleurs dans la servitude *alternis diebus,* comme dans celle *mensibus alternis* : la durée de l'interruption de jouissance ne fait rien à la chose. Dans l'un comme dans l'autre cas, le fait de l'homme, pour faire cesser l'interruption de jouissance, par exemple, pour rouvrir le canal, n'est pas moins nécessaire; seulement il est plus répété dans un cas que dans l'autre; mais dans tous deux, une fois l'opération faite, la servitude s'exerce sans le fait de l'homme, et pendant son repos ; ce qui n'est pas dans les véritables servitudes discontinues, telles que celles de passage, de puisage, et autres semblables.

La distinction de la loi romaine reposait uniquement sur ce que, pour les anciens, ce qui pouvait se faire tous les jours, chaque jour, était censé avoir le caractère de continuité, tandis que dans notre droit la continuité ou la discontinuité de la servitude dépend uniquement de la circonstance que le fait *actuel* et persévérant de l'homme est ou n'est pas nécessaire pour son exercice. Il y aurait donc, d'après cela, plus de raison de regarder chez nous comme continue la servitude de prise d'eau qui doit s'exercer de deux années l'une, que celle qui doit s'exercer de deux jours l'un; car le fait de l'homme serait bien moins souvent nécessaire pour cette dernière. Mais il est plus vrai de dire qu'elles sont toutes deux continues.

Au surplus, le tems de la prescription n'est jamais doublé dans notre législation, et nous ne connaissons d'autres règles à cet égard que celles qui sont tracées par l'art. 707, dont nous venons d'expliquer les dispositions.

687. Le mode de la servitude peut se prescrire comme la servitude elle-même, et de la même manière. (Art. 708.) (1)

Et le nouveau mode ne sera acquis que suivant les distinctions que nous avons précédemment établies en parlant de l'acquisition des servitudes par la prescription, n° 605 et suivans.

688. Tant que l'héritage en faveur duquel est établie la servitude est possédé par plusieurs par indivis, la jouissance de l'un empêche la prescription à l'égard de tous. (Art. 709.)

_____

(1) *Voy.* L. 10, §. 1, et L. 18, §. 1, ff. *quemad. servit. amitt.*

Par conséquent, si parmi les copropriétaires, il s'en trouve un contre lequel la prescription n'ait pu courir, comme un mineur, il aura conservé le droit de tous. (Art. 710.) (1)

Tel est l'effet de l'indivisibilité du droit.

689. Mais quand l'héritage dominant vient à être divisé, c'est comme s'il avait été d'abord établi une servitude pour autant de fonds que le fonds divisé forme maintenant d'héritages distincts (2); et d'après cela, ceux qui auront usé du droit, ou contre lesquels la prescription n'aura pu courir, l'auront seuls conservé; il sera éteint à l'égard des autres (3).

690. *Vice versâ,* si c'est le fonds assujéti qui vient à être divisé, les parts sur lesquelles la servitude ne sera point du tout exercée pendant le tems requis pour la prescription en seront affranchies, et les autres demeureront assujéties (4).

691. Nous terminerons l'explication de cette matière par la question de savoir si la servitude ne pourrait pas également s'éteindre par le non-usage pendant dix ans entre présens, et vingt ans entre

---

(1) L. 10 *princip.* ff. *quemad. servit. amitt.*

(2) L. 6, ff. *quemad. servit. amitt.*

(3) Même loi. *Voy.* aussi *suprà*, n° 470 et suivans.

(4) *Ibid.* Mais cette loi établit, au sujet de l'extinction de la servitude de passage, par le non-usage, quand le fonds assujéti vient à être divisé, quelques distinctions qui sont plutôt fondées sur de pures subtilités que sur de véritables motifs. Nous nous dispenserons, pour cette raison, de les expliquer.

absens, au profit de celui qui a acquis par juste titre l'immeuble assujéti.

Selon nous, cette question, quoique très-délicate, à raison des termes généraux de l'art. 706, doit cependant être résolue par l'affirmative (1); car c'est moins là une prescription à l'effet de libérer le fonds de la servitude qui le grève, qu'une prescription à l'effet d'acquérir la propriété pleine et absolue de ce même fonds, en vertu de l'art. 2265, ce qui rend inapplicable cet art. 706 dans sa disposition générale, que les servitudes s'éteignent par le non-usage pendant *trente ans.*

En effet, le Code lui-même consacre bien, relativement aux hypothèques, cette distinction entre le tiers acquéreur de bonne foi, et le débiteur personnel ou son héritier.

Suivant l'art. 2180, la prescription est acquise au premier contre les créanciers hypothécaires par le même laps de tems que celui qui lui serait nécessaire pour acquérir la propriété de l'immeuble à son profit, avec cette restriction toutefois que, lorsque la prescription suppose un titre, c'est-à-dire lorsqu'il s'agit de celle de dix et vingt ans, elle ne commence son cours qu'à partir de la transcription du contrat d'acquisition, parce qu'il était juste que les créanciers pussent être avertis que l'immeuble a changé de main, qu'ils sont mainte-

_____

(1) Nous avons décidé la même chose relativement à l'usufruit, tome précédent, n° 673.

nant exposés à une prescription d'une plus courte durée, et par conséquent qu'ils ont à faire les actes nécessaires à la conservation de leurs droits. Mais leurs inscriptions n'interrompent nullement le cours de la prescription établie en faveur du tiers détenteur, et du débiteur lui-même.

Au lieu qu'à l'égard de ce dernier, la prescription de l'hypothèque ou du privilége est absolument (1) mesurée sur celle de l'action personnelle d'où dérive le privilége ou l'hypothèque.

D'où cette différence peut-elle résulter, si ce n'est de ce que le tiers détenteur prescrit à l'effet d'acquérir l'immeuble, plutôt qu'à l'effet de le libérer des charges qui le grèvent? Or, comme les servitudes sont, aussi bien que les hypothèques et les priviléges, des droits réels, ce qui est établi en faveur de l'acquéreur, relativement au droit hypothécaire, doit également avoir lieu par rapport au droit de servitude. Dans l'un comme dans l'autre cas, celui qui a prescrit l'immeuble l'a prescrit dans son entier, sans diminution du droit de propriété. Ainsi, l'art. 706 doit s'entendre générale-

---

(1) Aujourd'hui ; car anciennement elle était de quarante ans par rapport au débiteur ou à son héritier encore détenteur de l'immeuble hypothéqué, quoique celle de l'action personnelle ne fût, comme actuellement, que de trente années, et c'est à un de ces points de l'ancien droit que fait allusion l'art. 2281 en disant : « Les pres- « criptions commencées à l'époque de la publication du présent titre « seront réglées conformément aux lois anciennes. Néanmoins, les « prescriptions alors commencées, et pour lesquelles il faudrait en- « core, suivant les lois anciennes, plus de trente ans à compter de la « même époque, seront accomplies par ce laps de trente ans. »

ment de la prescription invoquée par celui qui a constitué la servitude ou par son héritier; quant à celle qui est établie en faveur des tiers acquéreurs de bonne foi, elle a son siége dans le titre même *de la prescription*, principalement dans les art. 2265 et suivans, et l'on n'avait point à s'en occuper au titre *des servitudes*. Les dispositions de ce titre ne dérogent point au droit commun sur la matière des prescriptions; or, le droit commun veut que celui qui acquiert de bonne foi, et par juste titre, un immeuble, en devienne exclusivement propriétaire par une jouissance de dix ans entre présens et de vingt ans entre absens, calculée par rapport à celui contre lequel la prescription est invoquée. Aussi faudrait-il une jouissance libre du fonds pendant tout ce tems, quand bien même il ne serait pas nécessaire qu'elle eût eu la même durée par rapport à l'acquisition de la propriété, parce que le propriétaire (en supposant que ce ne fût pas lui qui eût transmis le fonds, ni aucun autre en vertu de son mandat, car autrement la prescription serait superflue) a été présent, tandis que celui à qui était due la servitude, et qui ne l'a point exercée vis-à-vis de l'acquéreur, a été absent (1);

---

(1) Mais, *vice versá*, si la prescription de la propriété n'avait pu avoir lieu contre le propriétaire, parce qu'il était mineur ou interdit, ou parce qu'il a été absent, la servitude subsisterait encore, quand bien même le détenteur du fonds assujéti en aurait joui librement, vis-à-vis de celui à qui est due la servitude, pendant dix ans entre présens et vingt ans entre absens : seulement ce tems de non - jouissance de la servitude pourrait profiter au maître du fonds.

sans préjudice encore des causes de suspension de prescription pour minorité ou interdiction, qui auraient pu exister en sa personne.

Vainement dirait-on qu'il pourra arriver que le maître de l'héritage dominant ignore si le possesseur actuel du fonds assujéti est un acquéreur, ou simplement un fermier, et qu'ainsi la négligence qu'il mettra peut-être à exercer la servitude, dans la pensée qu'elle ne doit s'éteindre que par le non-usage pendant trente ans, ou parce qu'il ne jouirait pas par lui-même de l'immeuble, lui deviendra funeste; qu'il n'est pas averti, comme les créanciers hypothécaires, par la transcription du contrat d'acquisition, seul point de départ de la prescription de dix et vingt ans contre ces derniers; car on répondrait qu'un propriétaire pourrait alléguer à peu près les mêmes raisons : il ne sait pas non plus, ou du moins il peut ne pas savoir si celui qui possède son fonds a ou n'a pas un titre, ni de quelle nature est ce titre, et cependant la loi n'en a pas moins établi la prescription dont il s'agit contre lui, au profit de l'acquéreur de bonne foi. Et quant à l'objection tirée de ce que cette prescription ne court du moins contre les créanciers hypothécaires qu'à partir de la transcription du contrat de l'acquéreur, et qu'ainsi ils sont suffisamment avertis, ou y répond en disant que les motifs ne sont pas les mêmes à l'égard d'un propriétaire dont l'héritage est voisin de celui qui lui doit la servitude, tandis que les créanciers sont souvent très-éloignés du fonds qui leur est hypothéqué. D'ailleurs, presque toujours la transcription est effectuée, et pour ce cas du moins on ne saurait récuser la similitude que nous établissons, sous ce rapport, entre eux et le propriétaire qui a négligé d'exercer son droit de servitude, d'autant mieux encore que la plupart des servitudes n'ayant pas besoin du fait actuel de l'homme pour être exercées, s'exerçant, pour ainsi dire, d'elles-mêmes, par la disposition des héritages et des travaux qui ont été faits, la prescription de dix et vingt ans aura des inconvéniens bien moins graves qu'on ne pourrait le craindre.

Il n'y a d'objection solide à faire à cette décision que la disposition expresse du Code en ce qui touche les hypothèques, et son silence relativement aux servitudes ; mais quand les raisons sont les mêmes, et que la loi n'est pas formellement contraire, on doit adopter la décision qu'elle porte sur le cas semblable, d'après la maxime *ubi eadem ratio, idem jus esse debet.* Or, elle n'est point contraire, parce que l'art. 706 statue en général, sans supposer qu'un tiers acquéreur de bonne foi, qui a joui du fonds comme libre, en a prescrit la propriété, et l'a ainsi acquis sans restriction, sans modification.

FIN DU CINQUIÈME VOLUME, DU TITRE DES SERVITUDES.
ET DU SECOND LIVRE DU CODE CIVIL.

TABLE

DES MATIÈRES.

SUITE DU TITRE III.

CHAPITRE VI.

TITRE IV.

Des servitudes ou services fonciers.

CHAPITRE PREMIER.

CHAPITRE III.

SECTION PREMIÈRE.

V. 44

FIN DE LA TABLE.

ERRATA.

Pag. 23, *lig.* 10, au lieu d'un même fonds, *lisez* du même fonds.

Pag. 74, *lig.* 13, prétendu que des droits d'usage, *lisez* prétendu des
droits d'usage.

Pag. 268, *supprimez* les lignes 11-12 et 13.

Pag. 280, *lig.* 22, qu'on peut faire, *lisez* qu'on ne peut faire.

Pag. 329, *lig.* 8, l'article 661, *lisez* l'article 656.

Pag. 687, *lig.* 9, bien moins pour cette dernière, *lisez* bien moins
que pour cette dernière.

www.ingramcontent.com/pod-product-compliance
Lightning Source LLC
Chambersburg PA
CBHW031438210326

41599CB00016B/2043